宇沢弘文
傑作論文
全ファイル

Hirofumi Uzawa

A firm believer in the need to work
on important issues grounded
in economic reality and social justice

1928-2014

宇沢弘文

東洋経済新報社

宇沢弘文氏（一九二八―二〇一四年）は数理経済学の分野で大きな業績をあげた後、現実の経済社会への関心を強め、水俣病などの公害問題や、成田空港建設をめぐる問題の解決に自ら取り組みました。その活動は医療、教育、地球環境など広大な分野にわたっています。活動の背景には宇沢思想の根幹といえる、「社会的共通資本」――人々がゆたかな経済生活を営み、すぐれた文化を展開し、人間的に魅力ある社会を持続的、安定的に維持することを可能にするような社会的装置――を社会全体の財産として管理・運営していかなければならない、という考え方がありました。

それはまさに、人間のための経済学と呼べるものです。IT化が進展し、経済活動がグローバル化していく今日、そのような思想はいっそう重みを増しているといえるでしょう。

本書は宇沢氏の手元にあったおよそ二〇〇〇本、五〇〇〇万字に及ぶ原稿をご逝去の半年前にお預かりし、夫人の宇沢浩子氏のご承諾を得て東洋経済新報社が編集・出版するものです。本書に収録した原稿の掲載先となった書籍、雑誌、あるいは原稿が発表された講演は巻末の「掲載先一覧」にまとめました。

東洋経済新報社

目次

第Ⅴ部 医療と社会的共通資本

第Ⅶ部 農村とコモンズ

第Ⅷ部 未来への提案、これからの経済学

宇沢弘文　傑作論文全ファイル

宇沢先生が生涯をかけて教えてくれたこと

——人間と地球のために経済学者は何をすべきか

コロンビア大学教授　ジョセフ・E・スティグリッツ

二〇〇一年のノーベル経済学賞受賞者で、一九九七年から二〇〇〇年まで世界銀行上級副総裁兼チーフエコノミストを務め、現在はコロンビア大学教授のジョセフ・E・スティグリッツ氏は、宇沢弘文氏がシカゴ大学教授時代に主宰した数理経済学セミナーでの愛弟子だった。スティグリッツ氏は学術研究以外の面でも宇沢氏に多くの教えを受けたといい、世界的に知られる学者となってからも宇沢氏との親交は続いた。二〇一六年三月一六日、東京・渋谷区の国連大学で開かれた「宇沢弘文教授メモリアル・シンポジウム　人間と地球のための経済——経済学は救いとなるか?」で、スティグリッツ氏は基調講演を行い、宇沢氏との交流を振り返るとともに、その思想や行動から私たちが学ぶべきことを訴えた。以下、講演内容の全文を紹介する。

私の進路を変えた宇沢先生との出会い

私が宇沢先生と出会ったのは、五一年前のことです。当時、スタンフォード大学からシカゴ大学に移られた宇沢先生は、シカゴ大学で開かれたセミナーに、私たち数人の学生を誘ってくれました。そのなかには、私と共同でノーベル賞を受賞したジョージ・アカロフ教授もいました。宇沢先生は、MIT、スタンフォード、イェールの各大学から若手経済学者を集めて、シカゴを世界の知の集積地にしようと考えたのです。その考えはみごとに実現しました。私たちは、シカゴに集まったわずか一ヵ月ほどの間に、全員、宇沢先生の信奉者になってしまったのです。私は今も、宇沢先生が語っておられたことを折に触れ思い出します。

宇沢先生のスタンフォードからシカゴへの移籍は興味深いできごとでした。なぜなら、シカゴ大学が保守的な右派経済学の中心地であったにもかかわらず、宇沢先生はその立場に属していなかったからです。集まった若手経済学者たちはシカゴ大学で、収入の分配にまつわる不平等を議論することなど最悪だと考えていました。一方、宇沢先生はご自身の研究が成長理論へと到達するなかで、不平等という概念の重要性や、外部性としてあまり顧みられていなかった環境問題についてもよく話をされていました。

宇沢先生は、私自身はもちろん、ジョージ・アカロフ教授をはじめ、私と同年代の多くの経済学者の人生に大きな影響を与えました。シカゴにいる間、私たちは、ほとんど毎日のように夕食を共にしました。私は飲めないのですが、先生はお酒を楽しんでいましたし、他の門下生たちも同様でした。私たちは、飲みながら、経済学だけでなくいろいろな話をしました。先生はその人生観や、日本についての考え――第二次世界大戦後に日本に何が起こったのか、戦後の復興、将来日本が進むべき道筋などについて、私たち学生に圧倒的な情熱を持って話してくれました。

数学的手法を活用する能力に秀でていた宇沢先生は、私たちに最新の手法を紹介してくれました。たとえば先生は当時、微分位相幾何学の研究で知られるレフ・ポントリャーギンの理論に大変傾倒しておられ、それを問題解決に応用することを教えました。しかし、私たちが感銘を受けたのは、先生が数学的手法を使いこなすだけでなく、それを重要な社会的意味合いを持つ問題を解決するために応用しようとした点にあります。

多くの人は、先生の「二部門成長モデル」[*1]の論文を読んでも、その研究意欲と決意の深さの真価を理解できないと思います。それはその背景にマルクス経済学の概念があることに気づかないからです。マルクス経済学は私たちがアメリカで学んだ経済学の対極にあり、私自身の経済学者としてのキャリアがいずれ向かうであろう方向からも遠く離れたものでした。しかし先生は、終戦直後の日本で熱烈に受け入れられたマルクス経済学の考え方の一部を現代の経済学に取り込もうとしたのです。先生は不平等の研究に数学をどう活用するかということにも強い関心を寄せており、私はその難題に強く惹かれました。それがきっかけとなって、当初考えていた物理学の専攻をやめ、経済学の道に進むことにしたのです。

私は社会における不平等の問題に関心があったのですが、そうした問題に対する宇沢先生の姿勢は「毎週一つの論文を書き上げるほどの熱の入れようだ」と評されていました。これほどの情熱を持ってそうした研究に取り組んだ人はほかにいないでしょう。また、先生は戦争と暴力という今日的な問題にも熱意を持って取り組んでいました。私とリンダ・ビルムズの共著 *The Three Trillion Dollar War*（邦訳『世界を不幸にするアメリカの戦争経済　イラク戦費3兆ドルの衝撃』）は、先生にこそ見ていただくべきだと思いました。その本は、アメリカが参戦した、必要のない破壊的な戦争に対して、経済学者がどのように声を上げることができるか、ということを書き綴ったものなのですが、その内容を適切に評価してくれるのは先生以外にないと思うからです。

もう一つ宇沢先生に関してお伝えしたいことがあります。それは先生が持っておられた人生観です。先生は、人の人生はそれぞれが持って生まれた価値を探求し続けることにある、という信念を持っていました。

お話ししたいことはほかにもたくさんあります。シカゴでの数年間は、本当によく一緒に時間を過ごしました。こんなこともありました。ある時、先生はイェール大学からシカゴに招いた若い経済学者をためらいながら批判されました。その経済学者は不平等の問題を、強い懸念を持って研究していました。半面、彼は裕福な両親のもとに生まれ、とても素敵なスポーツカーまで与えられていました。宇沢先生は、「不平等が問題だと言いながらあんなスポーツカーに乗るのかね？」と首を振っていました。これは先生が価値観を貫いていたという事例です。

といっても、先生は誰に対しても優しく接しました。サマースクールでのことですが、私たちは一〇時間から一二時間に及ぶ長い会合で、経済学的なさまざまなアイデアについて議論をしました。経済学が生活そのもののようになっていたのです。先生はそのようなディスカッションの場だけでなく授業も持っていたので、私はそちらにも参加しました。先生が教える内容を聴き、実際に授業も見ようと考えたのです。授業が始まった時、先生は学生に、この講座から何を得ようとしているか、なぜこの講座を選択したのかと尋ねました。すると、一人の若い日本人学生が「私は成績表にAがほしいのですが、先生は全員にAを下さると聞いていますので」と答えたのです。ほかの学生たちは、先生がこの成績第一主義の学生とどうやり取りするかを大変興味深く見守っていましたが、結局、先生はこの成績主義の学生も大変寛大に扱われました。

宇沢先生のシカゴ大学時代は、スタンフォード大学にいた時期と同じく、知的生産性が非常に高い時代でした。先生は間違いなく最も多くの業績を残した経済学者の一人であり、さまざまな学問分野にわたる問題について、数多くの論文を書き残しています。先生は大変魅力的な人柄の持ち主ですから、先生がシカゴ大学を離れようと決めた時には、皆が必死で説得して引き留めようとしたほどでした。しかし当時、アメリカはベトナム戦争に参戦しており、先生はお子さんが暴力的な環境に巻き込まれないようにしたいと考えていました。先生はご家族を守るために日本に帰ることを決断したのです。

先生がアメリカを離れた時、私たちの誰一人として、日本で先生のその後の人生がどのように変化していくかを想像できませんでした。日本への帰国後、皆さんもご存知のように、先生は学者として研究に没頭するだけでなく、自動車が引き起こす社会問題や環境問題に関わっていくようになりました。

私自身も環境問題に取り組むようになってからは、先生が果たした役割、そして先生の知的活動が時とともにどう発展していったのかについて考えを巡らせるようになりました。先生をアメリカやイギリスにお招きして、環境問題や気候変動に関する研究についての講演をお願いする機会もありました。最後に私が先生とお話ししたのは数年前、京都でのことでした。その時、先生と竹について素晴しい議論を交わすことができました。竹は先生が後年、関心を持っていた分野の一つなのですが、気候変動や温室効果ガスの削減に際して大変有用だと考えられている物質なのです。[*2] そのように近年、先生と議論してきた問題は、私が本日お話しするテーマでもあります。

地球の限界の下で、持続可能な社会をどう作るのか

私は今日皆さんと、グローバリゼーションが進む一方でプラネタリーバウンダリー（地球の限界）に直面している経済社会を、今後どのようにして持続可能なものとしていくかということを考えたいと思います。人類の活動は今、地球にとっての許容限界点・プラネタリーバウンダリーを超えており、私たちはそのなかで生きているのが現実です。

パリで開催された国連気候変動枠組条約第二一回締約国会議（ＣＯＰ21）では、気温上昇が産業革命前と比べて摂氏二度以内に収まるレベルに温室効果ガスの排出量を制限することができる合意に達することはできませんでした。この摂氏二度という目標は二〇〇九年のコペンハーゲンの会議で得られた世界的合意に基づくものでした。率直にいえば、パリで排出量を制限する拘束力のある合意を得られなかったのは、アメリカとその議会、気候変動を否定する共和党が最大の障害となったためなのです。

その一方で、パリ会議には重要な成果もありました。それは温室効果ガスの排出量制限に向けて各国が動き出す機運を高めたことです。今回の会議でその重要性が示された炭素価格の導入が実現すれば、より多くの企業が排出量削減に向けて行動を起こさざるを得なくなります。そうした取り組みはやがて気候変動政策のより強い支持者層

を形成することにつながるでしょう。

先進国・途上国を含め世界的に公平な方法で気候変動問題に取り組んでいくことや、プラネタリーバウンダリーのなかで持続的な成長を実現することは難問ですが、私はそれらは間違いなく可能であると考えています。問題は世界を取り巻く現在の政治情勢が、世界的に公平な方法で気候変動に取り組むことを許すかどうかという点です。

これ以上の経済成長は必要ないという人もいますが、あえて申し上げると、継続的な成長は必要です。それは世界人口の半分に当たる、貧困からようやく抜け出そうとしている層の人たちが必要最低限の生活水準に達するまでの成長が必要だから、というのが理由です。とはいえ、永久に成長し続ける必要はありませんし、成長は現在よりはるかに小さな環境負荷で成し遂げられると思います。

ただし、そのような形で成長を実現するには、従来とは根本的に異なる構造が必要になるでしょう。ここで重要になってくるのは、生活の質ということです。その際、成長の測定基準が生活の質を測れるようなものになっていなければなりませんが、今のところ私たちの物差しはその本当に大事なことを測ることができていません。

私が委員長を務めた、フランスの「経済パフォーマンスと社会的発展の計測に関する委員会」のメッセージにもある通り、GDPは生活の満足度を測定する基準として適切ではありません。どれほど工場や機械を稼動させてGDPを増やしたとしても、ほとんどの人の生活の質は悪化しているかもしれないからです。GDPは、成長が経済・社会・政治そして環境の面からみて持続可能なのかということについて、何の答えももたらさないという点も強調したいと思います。たとえばアメリカの経済成長は近年の金融危機の前でさえ持続可能ではありませんでしたし、今日の世界の経済成長も平等性が大きく欠けているため社会的に持続可能でないのです。またそれは何より環境面からみて持続可能ではありません。

GDPは、生活の質の多くの側面をとらえていません。GDPを通して安心やレジャーや絆などに関する意味ある取り組みの本質を知ることはできないのです。ある人はGDPを増やさなくても、そこそこの生活水準があれば、創造的な刺激や快適さを感じるかもしれません。

それでも私たちには生産性を向上させ、健康や生活の質に関わる諸々のことを改善し続けていく必要があります。そうした改善を重ねていくにしても、持続可能な成長を実現した社会は、現在私たちが暮らす社会とは全く様相が異なるものになります。それは、私の同僚であるエド・フェルプスの言葉を借りれば「あふれ出る豊かさ」と表現できるような可能性を持った、「学び続ける社会」となるでしょう。しかし今日、発明や学習への動機は環境保護のほうには向いていません。人々は生活の質を向上させる方向には動機づけられておらず、もっと消費すること、もっとモノへの支出を増やすことへと駆り立てられているのが実情です。

一例として、ヨーロッパとアメリカが、生産性の向上によって生じた時間的余裕という「配当」をどのように使ったか、その大きな違いについて見てみましょう。これはケインズが七五年前に論文に書いた内容ですが、二百年前の人々は食べ物、服、簡素な住まいなど生存に必要な最低限のものを得るためだけに、一生を費やさなくてはなりませんでした。ところが、現代ではこのような最低必需品を得るために費やす時間は週二、三時間にまで短縮されました。生産性の著しい向上に気づいたケインズは、生産性向上による「配当」としての時間を何に使うのかについて調べました。

その結果、ヨーロッパでは「配当」のかなりの部分をレジャーなど余暇を利用した活動に使ったのに対し、アメリカでは平均的な世帯の労働時間が四〇年前に比べても長くなっていることがわかりました。アメリカの人々は生産性向上の「配当」を、より大きくなった物欲を満たすために使ったのです。

そこで皆さんは経済学者の視点に立って、こうおっしゃるのかもしれません。「使い道は私たち学者が決めることなのか？」と。しかし、世界的視野に立ってみると、状況は違ってきます。アメリカのやり方は消費に偏った一方通行的な「配当」の使い方であるため持続可能ではありません。もし世界のすべての人々がこのやり方に従うなら、プラネタリーバウンダリーの範囲内で生きていくことはできず、私たちのこの星が存在し続けられなくなってしまうのです。

地球の限界の問題に対して、経済学は何ができるのか

宇沢先生は常々、私たちにすべてのことに疑問を持つように、と教えてくれました。私は今でもこの教えを守っています。そこで、経済学の新しいアプローチである、選好の内生性を重視するということについてお話ししたいと思います。

伝統的な経済学では人の選好は生まれたときから決まっており、それ以外のどこからも発生するものではないという前提を置いてきました。ところが実際には固定化された選好を持って生まれてくる人間などいませんし、選好は後天的に形作られるものです。それは私たちが所属する社会によって形作られ、またどのように形作るかは自分たちで決めることができるのです。そのように選好は内生的であるという事実は、幸福についての奥深い問題を提起します。伝統的な経済学はそうした問題を避けようとしています。これまでの取り組みはパレート最適の概念を活用したものでした。それは固定化した選好を持った人々をひとかたまりにして、その人たちの幸福度を最大化しようという取り組みです。

このような考察を進めていくと、一体どういう社会がよい社会なのか、経済学は社会からどのような問題を投げかけられているのかという疑問が生じてきます。

今日、アメリカをはじめいくつかの国々では、物質的な幸福度が最優先となってしまいました。アメリカの共和党を含めたいくつかの団体では、地球を救い、プラネタリーバウンダリーのなかで生きていくためにかかるコストはいくらなのかと、あたかも他に選択肢があるかのような議論がなされています。私たちは費用対効果の分析結果

に従って生活、いえ生き残っていくことができるというのでしょうか。銀行家はしばしば経済学徒としては優秀ですが、彼らは想像もできないような不道徳な行為をしてみせます。それらは詐欺、市場操作、差別、貧しい人たちからの搾取などを伴う行為で、金融業界にはそうしたことが蔓延しています。

宇沢先生が取り組んでおられた分野の一つに、人口は内生的であり、プラネタリーバウンダリーの範囲内で生きていくためには人口を抑制する必要があるという考え方があります。実際に先進国では人口減少がすでに起きています。そうした国々では人々はそれまでとは違った選択をしているのです。一部は彼らが直面している経済状況がそうさせているのかもしれません。しかし、経済的、社会的進歩がより広範囲に行き渡るに従って、そうしたことが起こってくるのは事実だといえるでしょう。

ここで少し、シカゴ大学とその経済学に話を戻しましょう。宇沢先生は不幸にもその環境の真っ只中で生き延びなければならなかったのです。当時、ミルトン・フリードマンがシカゴ大学の経済学派のリーダーであり、株式市場価値の最大化は社会的幸福度を最大化するので望ましいという議論を展開していました。この議論はアメリカをはじめ多くの国々の法体系に大きな影響を与えました。実際、企業は株価の最大化に努めなければならないとする法律が作られた国が数多くあったのです。しかし注目に値するのは、この議論は実際には間違っていたと結論づけられたことです。その議論は非常に制約された条件の下でしか有効ではなかったのです。

ところが、フリードマンのような考え方が採用されてしまったことで、短期的な視野に基づく経営、経済パフォーマンスの低下、不平等の拡大が起こりました。そのことは私が近著 *Rewriting the Rules of the American Economy*（邦訳『スティグリッツ教授のこれから始まる「新しい世界経済」の教科書』）のなかで取り上げた主要テーマになっています。この本ではそうした考え方が及ぼした影響、一九八〇年代初期に経済のルールを書き換えることに至った経緯、私たちは今どのように再びルールを書き換えるべきかについて書いています。

フリードマンらが提唱した理論は、自己の利益を追求することが社会的満足度を向上させるとした、アダム・スミスの言葉を反映しているようにも思います。自己の利益の追求というと貪欲であれ、と言っているようで、貪欲であることはよいことのように聞こえてきます。貪欲のよさを謳った有名な映画もありましたね。

銀行家の貪欲さが社会的満足度を上げたと思う人は一人もいないと思います。私も貪欲ということが正しいとは思いませんし、繰り返しますが、それが正しいというのは極めて制約された条件下でのみあてはまるのです。興味深いことに、アダム・スミス自身、「スミスはそう信じていた」といわれているようなことを信じてはいませんでした。つまり、スミスが自己の利益の追求というときには、それは啓発された自己利益を意味しており、彼はその限界も理解していたのです。しかし、残念ながらフリードマンはそうではありませんでした。頑なな経済学の誤った考えのツケは回ってきました。シカゴ学派の人たちが社会やグローバリゼーション、さらに個人にまで影響する経済政策の立案において、重要な役割を担っていたからです。

私たちはどのような社会を作り、どのような人になりたいのか、よく考えなければなりません。私たちは本当に、経済学に出てくる自己中心的な「ホモ・エコノミクス（経済人）」になりたいのでしょうか。これはこれから経済学を勉強しようとしている人たちへの警告になるかもしれませんが、少なくともアメリカに限っていえば、経済学を学んだ学生は、学ばなかった学生よりもより自己中心的になるという研究結果があります。この結果が日本に当てはまるかどうかはわかりませんが、学ぶ内容が人格形成に影響するということを示しています。仕事の内容が人格に影響するという別の研究もあります。ですから、銀行業界で働く人はそうでない人よりも自己中心的になるのです。銀行に勤めている人をつかまえて、「あなたは銀行家ですよ」と言ってあげれば、その人はより一層自己中心的に振る舞うようになるということです。

学んだことや仕事の内容が人格形成に影響するということは、多くの実験から明らかです。そのことが強化されていくプロセスまであるのです。自己中心的な人が多いほど、また政策が彼らの行動を助長するのであれば、より多くの自己中心的な人々があふれ出すというプロセスです。これがアメリカにこれまで根づいてきた力学であり、また私たちが壊そうとしている力学でもあるのです。

グローバリゼーションの分野は今日、このような自己中心的な戦いが多く繰り広げられているところですが、特に激しい戦いとなっているのが貿易協定の領域です。アメリカと環太平洋地域の国々との間で協議されている環太平洋パートナーシップ協定（ＴＰＰ）は環境保護をさらに困難なものにし、医薬品の入手を困難にすることで健康や安全を脅かし、さらには経済の安定性にとっても脅威となるものです。これは自己中心的な動機を持った企業によって推し進められている悪い貿易協定であり、そうした企業は民主主義の基本的な価値を蝕むほどの影響力を持っています。ヨーロッパはそのことに気づき、投資条項に懸念を示しています。日本がこのＴＰＰに合意するならば、不当で偏った方法で推し進められて不正に操作された投資条項を盛り込んだ、二流の条件を受け入れるしかなくなるでしょう。この点がはっきりと理解されていることを望みます。

これから気候変動の問題についてお話ししますが、ＴＰＰはそれに取り組むために必要な規制を通すことを難しくしてしまうということもここで付け加えたいと思います。

気候変動問題の解決策としての炭素価格の設定

最後に、世界が直面している最大の課題、気候変動問題を取り上げたいと思います。大気は地球公共財であるので、この課題の経済学的な根本問題は、世界の人々は、誰もが大気の恩恵を受けたいと思っているけれども、誰も清浄な大気を維持するための対価を支払おうとしない、というものです。どのように負担を分担するのかが経済学上の問題となっています。この問題を一層複雑にしているのが歴史的な経緯です。裕福な国々は過去において、温室効果ガスの大部分を排出してきており、また一人当たり排出量では環境へ大きな影響を与え続けています。一方、発展途上国は過去に気候変動に対して及ぼした影響は少ないにもかかわらず、その影響を被りやすい状況に置かれています。

温室効果ガスの問題は、第三者に正または負の影響が及ぶ「外部性」の問題になります。原則的にはすべての国がその外部性を制御することによって、すべての国の状況をよりよい方向に変えることができます。ただし、これには問題が二つあります。まず、豊かな国から貧しい国に資源が適切に移転されない限り、発展途上国に負担が過度にかかると考えられることです。また、温室効果ガスの大気濃度の上昇に最も大きな影響を及ぼしたのは先進国です。そうした豊かな国々がぜいたくをしながら、貧しい国には成長をあきらめさせるというのは道徳的に間違っていると思いますし、政治的にも実行不可能です。

現在この問題に対して採られている解決手法は機能していません。京都方式（京都議定書に基づく方式）と呼ばれる標準的なキャップアンドトレードは温室効果ガスを排出する枠の配分を伴いますが、その枠には何兆ドルもの価値があるので、配分の過程で大きな議論を引き起こし、合意に達するのは大変困難です。化石燃料に対して助成を行わないという案件でさえ、国際合意を取りつけるには至っていません。

未来に向けて前進する倫理的な対応として、貧しい国々に一人当たり換算でより多くの排出枠を割り当てる明確な原理はいくつかあります。先進国、途上国を含む各国が温室効果ガスの大気中濃度に対して、過去どれだけ影響を与えてきたかを考慮する方式です。それは誰もが正しい方式だというでしょう。しかし残念ながらアメリカは同意しないでしょうし、一部の先進国も同様です。

これらの国々は、一人当たり公平に排出枠を分配するという方式に合意する考えすらないのですから、過去の影響度も考慮に入れることなど、なおさら難しいといえます。テーブルに積まれた大金を前にすると、倫理など、どこかに吹き飛んでしまうのです。

加えて、この方式は排出枠の移転に関して根本的な問題を抱えています。もしアメリカが大量の排出枠を貧しい国に移転する意思があるとした場合、貧しい国はアメリカから得た余剰の排出枠を売り払うことができ、彼らは何もせずにお金を得ることになってしまいます。残念ながらアメリカの納税者はこの方式に大反対するでしょう。ちょうどロシアが、温室効果ガスを削減しようともせず、排出枠をただ浪費してしまったようなことがたびたび起こるでしょう。

また、排出枠の設定に関しても問題があります。この方式のいわゆる利点は、国が排出枠を国内企業に与えることで、企業の排出量削減コストの埋め合わせが可能となり、キャップアンドトレードシステムへの政治的な支持を取り付けることができるということです。半面、排出枠を与えることはお金を手渡すに等しく、政治問題になりました。この問題は、統治能力の高い国々においてすら制度導入の障害となり、その他の国々では多くの汚職の原因となったのではないかと思います。

排出枠の設定は、将来の排出量が読めないために、非常に高いリスクを伴ってもいます。たとえば、もし中国が二〇〇〇年に、当時最適と思われた予測値に基づいて排出枠を設定していたら、二〇一〇年には汚染物質を排出する権利の代償として少なくとも年間一〇〇〇億ドルを他の国々に対して支払うことになっていたでしょう。

このような理由から、私はキャップアンドトレード方式は機能しないと考えているのです。二〇一五年一二月に開かれたパリの会議では別の枠組みが設けられました。自主的取り組みと呼ばれるものですが、この方式も恐らく機能しないでしょう。地球的公共財の利用の基本原理として、自主的取り組みは機能しません。パリ協定は必要な合意にはるかに届かず、参加国が提出する目標にさえ拘束力を与えていません。ただ、パリの会議で評価できることはあります。それは今後のプロセスを定め、次の会議を二、三年後に開催することを決定したことです。私はその会議に向けたアジェンダを設定しようとしているところです。

選択肢として炭素価格の設定[*3]があります。ほとんどの経済学者が、炭素価格を設定することが温室効果ガスの排出を抑制する最善の方法だと考えています。適切な炭素価格を導入すれば、世界規模での低炭素経済を実現できるでしょう。税収は大幅に向上し、他の税金を削減することができます。その結果、総体的にデッドウェイトロス（死荷重。課税によって生じる経済的負担）が縮小し、場合によってはマイナス（すなわち経済的にはプラス）になります。

経済学の基本原理は、よいものより悪いものに課税するべき、という単純なものです。今日の日本は税収をいかに増やすかという課題に直面していますが、迷うことなく炭素税について検討すべきだと思います。皆が環境問題を本当に社会的に意義深いと考え、炭素税を導入するならば、それは経済効率も全体的に向上させるでしょう。また、企業が炭素価格の導入に対応するための設備投資を行うことから、総需要も拡大するでしょう。

炭素税の導入は、喫緊の問題である総需要の不足を軽減し、税収を増やし、環境を改善します。三つの課題を一挙に解決できる政策などなかなかありません。より一般的に言うと、炭素に価格を設定すれば自国のお金を国内に留めることができます。国際炭素排出量取引とは異なり、炭素価格の導入により、国は炭素排出から徴収した収入のすべてを保持することができ、徴収のための実質費用は国が得られる収入よりはるかに低くなります。

自主的協定による場合でさえも——もちろん拘束力のあるやり方が求められますが——私の考えでは炭素税をより簡単に実現する方法があります。炭素価格を導入していない国に対しても国境で課税し、炭素排出削減に貢献できるようにするのです。

調べてみたのですが、こうした税制は、WTOでも法的に認められると考えています。このような税制は国の政治・経済をも変えるものです。というのは、それは世界中のすべての国に対して、自主的協定に加わる動機を与えるからです。企業が国に対して協定に加わるよう説得する動機も生み出します。

世界規模で気候変動問題に取り組む、効果的で公平な手法という観点から、もう一つ導入すべき仕組みがグリーンファンドです。グリーンファンドは、温室効果ガス排出を抑制して気候変動を緩和したり、起こった影響に適応したりするための資金を賄うもので、発展途上国がそうしたことを行う経済的負担を軽減するための基金です。気候変動に対応するためのコストは、発展途上国で特に大きいと考えられます。先進国が炭素価格の導入によって得た収入のうち、たとえば、二〇パーセント程度でもグリーンファンドに回せば、「差異ある責任分担」といわれる手段を実行に移すことになるでしょう。

豊かな国々は貧しい国々が自主的協定に加わり、炭素価格を他の国々と同等に設定した場合にのみグリーンファンドから資金を提供することにすれば、私たちがプラネタリーバウンダリーの範囲内で生きていくことは可能になるでしょう。この仕組みは経済成長と矛盾しないばかりでなく、正しい形での成長を促すことができます。経済危機の後遺症で総需要が不足している場合は、さらに大きな効果を発揮するでしょう。持続可能性を考慮に入れて成長を正しく測定すればその効果は明らかなはずです。

国境を越えた炭素税の実施を望む国々の有志連合が強制力のある炭素価格に合意すれば、未来に向けた最高の保障になると私は信じています。同時にグリーンファンド創設も実現すればなおさらです。

宇沢先生が示した経済学者のロールモデル

最後に、グローバリゼーションと技術の発展が機会とリスクの両方をもたらすことを説明して、締めくくりたいと思います。今のＧＤＰの成長とグローバリゼーションの進展は前例のない環境破壊を引き起こし、私たちはプラネタリーバウンダリーの範囲をはるかに超えて生きている状況にあります。貿易協定、特に新しく導入されようとしているＴＰＰは環境保護のためにできることを制限し、状況を悪化させるでしょう。

一方で、グローバリゼーションと技術の発展は、私たちがプラネタリーバウンダリーの範囲内で生きていく新しい世界を約束するものでもあるのです。世界中でその新しい世界への強い願望が共有されれば、必ず実現できます。

しかし新しい世界を実現するために必要な変化は、単独で起こることはありません。私たちがこれまで起こしてきたことと、選択肢があるということを理解して初めて実現するのです。

ここに研究者が重要な役割を演じる領域があります。なぜなら研究者はこれまで起きてきたことを具体的に理解することを助け、また政治的な制約や、何かを売り込もうとしたり、特定の利害に動かされる者たちから自由だからです。私たち研究者は、社会の幸福に本当の関心を持った、数少ない存在なのです。私たち研究者が共通の目的に向かって協力して取り組んだとき、初めてこの新しい世界は作られるのです。

宇沢弘文先生の一生は、このことがどのようにして成し遂げられるのかの証左でした。研究者はその役割はどうあるべきか、それをどのように演じるのか。先生は私に、そしてこれから何世代も続く後進の研究者たちに、模範を示してくださったのです。

（編集部注）

＊1　宇沢氏の代表的な論文の一つ。消費財と投資財の二部門で構成する新しいモデルによって、経済成長のプロセスを考察した。

＊2　宇沢氏は、竹は再生産期間が極めて短いことから、持続的に再生産できる天然資源となる可能性を指摘。その多様な構造的特質から工業利用の可能性も大きいとして、研究の必要性を訴えていた。

＊3　干ばつや熱波による農産品や健康被害、洪水など、炭素排出に関する外部コストを、それを引き起こした者に負担させる仕組み。炭素価格を決める具体的な手法としては、主に炭素税と排出量取引制度の二つがある。

第Ⅰ部

社会的共通資本への軌跡

第1章　一高リベラリズム、経済学との出会い

宇沢弘文氏は一九二八（昭和三）年に鳥取県米子市に生まれた。三歳のころに一家で上京。宇沢氏は、一九四一年に旧制の東京府立第一中学校（一九四三年に都制施行で都立一中（現・日比谷高等学校））に入学。さらに、旧制第一高等学校（一高）、東京大学へと進んだ。宇沢氏が目指した「人を幸せにする経済学」のバックボーンを貫くリベラリズムの思想は、旧制一高を中心とする学生時代に培われた。

旧制一高の頃

私が旧制一高に入学したのは、一九四五年四月のことです。そのときには、東京はすでに何度か大空襲を受け、交通機関も大きな被害を受けていました。一高は全寮制でしたので、入学は入寮を意味していましたが、実際に入寮したのはばらばらで、四月から六月にかけてだったように記憶しています。

敗戦はすでに確定的でした。入学直前に、一高校長をされていた安倍能成《よししげ》先生が、新入学生全員を嚶鳴堂《おうめいどう》に集め

てなされた訓示は今でも鮮明な記憶として残っています。「日本の敗戦はpossibleではなく、probableだ」。当時、校長の訓示には必ず憲兵が立ち会っていたといわれていましたので、安倍能成先生は、敗戦がすでに確定的であることを、このように、しかも英語で言われたのだと私たちは理解したのでした。

戦争中、一高はリベラリズムの温床とみなされ、軍が文部省に対してきびしく一高の廃校を要求していました。とくに問題となったのは生徒自治の原則にもとづく全寮制だったと聞いています。そこで、各寮に、教授が一人ずつ寮監として、泊まり込んで、生徒を監督するという名目をつくっていました。しかし、軍はそれにあきたらず、リベラリストとして令名の高かった木村健康先生を憲兵隊に連行して、何日間も勾留して、理不尽な取り調べをしたのでした。木村先生をはじめとして、教授たちの献身的な努力がなかったら、一高はきっと廃校になっていたに違いないと、私たちは教授たちのご苦労に心から感謝したのでした。

一高には、すぐれた学問的業績をあげられ、それぞれの学問分野で第一流の教授が数多くおられましたが、その多くの方々と親しくしていただくことができました。これらの大先生たちはどなたも、私たち生徒を一人の独立した人格として丁重に遇して下さったことは、今でもつよく印象として残っています。一高に限らず、旧制高校には、学者としてすぐれた方々が教授としておられ、生徒たちを心から可愛がってくださったのが一般的でした。生徒たちも、これらの大先生たちを心から敬愛し、たんに学問の師としてだけでなく、人生の偉大な先達として尊敬していたのでした。

当時の一高の雰囲気を良くあらわし、また「リベラル・アーツ」の大学の理想像を描き出した書物の一つに清岡卓行《たかゆき》の名著『詩礼伝家』があります。『詩礼伝家』には、一高の漢文の教授であった阿藤伯海《はくみ》先生と、先生に師事した何人かの生徒たちとの間のうるわしい交友が美しい文章で記されています。阿藤先生と著者自身をはじめとして、先生の学問的後継者である高木友之助（元中央大学総長）、三重野康（元日銀総裁）たちとの間に繰り広げられた師友の交情はまさにリベラリズムの精神に則った真の意味における大学のあるべき姿を示すものです。

一高が新制大学の教養学部になってから、何回か訪れる機会をもちましたが、清岡卓行の名著『詩礼伝家』に描かれているような美しい、理想的な師弟関係は遠い過去のものとなってしまったような印象を受けました。

私はラグビー部に所属していましたので、入寮というのはラグビー部の部屋に布団や身の回りのものを運び込むことを意味していたわけです。中学のときにラグビーをやったこともなく、運動神経の極度に鈍い私がラグビー部に入ったのは、たまたま最初に勧誘にきたのがラグビー部だったという単純な理由からでした。一緒にラグビー部に入った人たちも大体同じような理由からで、入ってから練習があまりにもきびしいのをみて、辞めていった人がけっこういました。私も何度も辞めようとしたのですが、うまくゆかず、とうとう一高の三年間をラグビー部の部屋で過ごすことになってしまいました。しかし、ラグビー部で知り合った先輩、友人たちの多くは高潔な人格と魅力的な人柄の持ち主で、真に心を許すことのできる友人として、それから五〇年以上の人生をつき合ってきました。

当時、旧制高校は全国で二〇校しかなかったと記憶していますが、極くわずかの例外を除いては全寮制でした。これらの旧制高校に共通していえることは、多くのすぐれた教授たちを学問の師、人生の先達として敬愛し、一生心を許すことのできる数多くの友人を得ることができたことです。

ラグビー部で知り合った友人について共通して言えることがもう一つあります。それは、お互いに競争したり、相手に不利益になるようなことは決してしないということです。常にお互いに助け合って、協力して茨の人生を歩もうとすることです。これは、ラグビーというスポーツの性格にもよるものかも知れません。ラグビーでは、スクラムを組むときにも、ウィングにボールを回すときにも、常にお互いに助け合って、協力して試合を進めることが何よりも大事なこととされています。トライに成功した選手は、決して喜んで飛び上がったり、手を振り回したりしません。黙々として、恥ずかしそうに小走りに自陣に戻ります。これは、トライに成功したのは、チーム全員の協力があったからで、たまたまその選手が幸運にトライすることができたのだという謙虚な気持ちをいつももっているからです。この点、サッカーとは対照的です。

敗戦後しばらくして、安倍能成先生は文部大臣になられました。代わって一高の校長になられたのは、京大教授の天野貞祐《ていゆう》先生でした。天野貞祐先生も安倍能成先生と同じ哲学者で、カント哲学の権威として、私たちの尊敬の的でした。

一九四六年、占領軍の指令によって、学校教育制度の改革がおこなわれることになりましたが、天野貞祐先生は、新学制移行に反対して一高の校長を辞められたのです。そのとき、全校生徒を倫理講堂に集めて、辞任のあいさつをされました。占領軍の命令による新学制への移行は、旧制高等学校の廃止をともない、日本の社会的、歴史的条件を無視したものであり、日本の将来を危うくするものであるという天野先生の、声涙ともに下る名告辞はいまでも、私の耳に鮮やかに残っています。自分はいまここに一高校長を辞し、野に下って、カントの研究に還るという天野先生の言葉に、私たちがしんとして聞き入ったことをつい昨日のように思い出します。ところが、三年ほど経ってからですが、天野先生は文部大臣になり、新学制の形成の実質的責任者になられたのです。天野先生が文部大臣になられて、その節を変えられたことについては、先生なりの深い考えがおありだったのだと思いますが、私はいまでも釈然としないものをもたざるを得ません。とくに、翌一九四七年に発足した新学校制度がもたらした弊害の大きさを思うとなおさらです。

数学科に進む

一九四八年四月、私は東大の数学科に入学しました。当時、入学試験は各学科ごとにおこなわれていましたので、東大に入学したという意識はまったくなく、数学科に入ったという感じしか残っていません。

旧制一高では、私は理科乙類（略して理乙）でしたので、同級生の多くは、医学部に進学しました。私も当初は医学部を志望していました。今と違って、東大の医学部に入るのはあまりむずかしくなく、私程度の成績でも、受けたら受かっていたと思います。しかし、旧制一高の卒業が間近になって、自分の一生の進路を真剣に決めなければならなくなって、医師という職業を選ぶことに大きな不安をもちはじめたのです。

私は当時、医師という職業は聖職と思っていました。今でも、その気持ちは変わりません。医師は患者の身体に大きな侵襲を加え、その心の奥深くに立ち入って、治療をおこなうわけで、もし医師の資格をもたない俗世界の人間が、このような行為をおこなえば、きびしい罪に問われることは必然です。したがって、医師はたんに医学の深奥を極め、医療技術を修得するだけでなく、高潔、清廉潔白な人格をもち、すべての患者を癒すために全力をつくすというコミットメントを必要とすると考えていたのです。ヒポクラテスの誓いのなかに、そのもっとも重要な掟の一つとして、医師が自らの弟子をえらぶときの心構えがありますが、私は、その掟をそのまま信じていました。当時の医学部の選抜方法は、必ずしもこのヒポクラテスの掟に忠実なものではありませんでした。したがって、医の道を志すものは、自分自らで、ヒポクラテスの基準をみたすか、否かを判断しなければないわけですが、私自身とてもヒポクラテスの基準をみたす高潔な人格をもち合わせていないと判断せざるを得ませんでした。

中学からずっと一緒で、一高でも理乙で同じクラスだった原田尚という友人がいました。消化器が専門で、名医の誉れ高い人ですが、現在は獨協医科大学の学長をしています。原田の父君はえらいお医者さんでした。私はよく原田の家に遊びに行ったものですが、夕食をごちそうになっているとき、急患の報せを受けて、原田の父君が食事を中断して、寒そうに（その頃の東京の冬は寒かったものです）オーバーコートの襟を立てて、家を出ていかれる姿を見たのは、一度や二度ではなかったように記憶しています。原田はいつも父君の姿を見ていて、医者になるということは、きわめて自然だったに違いありません。当時、一高の寮では、栄養失調による下痢とか、発疹チフスが流行していて、おそらく医者が足りなかったためでしょうか、原田が藤田真之助先生の助手として、医務室でみんなを診ていた姿が鮮明な記憶として残っています（診ていたというと正確ではありませんが、私たちにはそのように感じられたものです）。

原田は、人格高潔、清廉潔白な人柄をもち、すべての患者を癒すために全力をつくすというヒポクラテスの誓いをそのまま具現化したような感じの人でした。かれはまた、絵をよくし、ピアノの名手でもありました。あるとき、高名なピアニストが一高にきて、演奏会を催したことがあります。そのとき、原田がそのピアニストの後ろに腰掛けて、楽譜をめくる役をやっていました。その原田の姿を見て、顕微鏡を覗いて写生すれば丸い蚤になってしまい、安藤先生のドイツ語の授業でゲーテやシラーの歌をうたえば鳩ポッポになってしまう私には、医者になるのは無理だとつくづく痛感したものです。Ars longa, vita brevis（Art is long, life is short）という有名なヒポクラテスの言葉を「芸術は長く、人生は短し」の訳文通り受け取っていたせいもありました。ヒポクラテスの言葉の ars（art）が医術を意味するということを知ったのはずっと後になってからのことです。

一高の三年間を通じて、理乙の授業はドイツ語と生物が中心で、しかも、ラグビーと食料事情のため、ほとんど勉強らしい勉強をしていませんでした。ラグビーの練習はきつくて、午前中授業に出ると、お腹が空いて、とても練習に出られなかったので、止むなく、寮の部屋で寝ていることが多かったからです。そのため、受けられる科目が極めて限定されてしまって、数学科以外はむずかしいといわれたわけです。

私は中学生の頃、数学が好きで、かなり高度な数学を自分で勉強していました。高木貞治《ていじ》先生の『解析概論』はほぼ全部読んでいましたし、群論、代数的整数論もかなりの程度勉強していました。（編集部注：宇沢氏が後に著した）『好きになる数学入門』の第六巻の最後の章の最後に証明する定理は有名なニュートンの定理です。ケプラーの二つの法則を仮定して、ニュートンの万有引力の法則を導き出すという定理ですが、中学三年のとき、その証明に成功してうれしかったことを今でもはっきりと思い出します。

一高に入ってからも、数学はほとんど勉強しないで、もっぱら中学のときの蓄積で間に合わせていましたので、数学科を受験する自信はまったくありませんでした。東大の数学科には、高木貞治先生をはじめとして、世界の数学の最高峰に位置する先生方が綺羅星の如くならんでおられたからです。しかも、入学定員一五名のところに、受験者数が三百人をはるかに上回り、倍率がたしか二三倍という難関でした。受験生は出身高校ごとにまとめられていましたが、私のすぐ後ろにいた一人がとなりの友人に向かって言っている言葉を聞いて、これは駄目だと観念しました。

「今度、抽象代数学の本を出版するのだが、メンゲが跋《ばつ》を書いてくれた」

メンゲというのは、当時一高で私たちがもっとも尊敬し、懼《おそ》れていた数学の教授の渾名《あだな》です。

合格者発表の日、私は当然不合格と思っていましたから、発表は見に行きませんでした。両親がまだ疎開していた鳥取に帰って、山の中のお寺で一年間しっかり勉強し直そうと決意して、荷物をまとめていました。ところが、ラグビー部の仲間の一人が、わざわざ本郷まで発表を見に行ってくれていて、部屋に帰ってきて、私が合格しているというのです。そこで、私はそんな質《たち》の悪い冗談をいうのは止してくれと言ってしまったわけです。その友人はかんかんになって怒ってしまい、とうとう二人でまた本郷まで発表を見に行ったのでした。ちなみに、メンゲに跋を書いてもらったと言っていた生徒は落ちていました。

私が一高ラグビー部でもっとも親しくしていた友人の一人に伊藤順という同級生がいました。伊藤が右のロック、私が左のロックでしたが、伊藤はラグビーの天才的プレイヤーで、運動神経の極めて鈍い私と好対照でした。伊藤は顔が閻魔大王そっくりで、私たちはエンマとよんでいましたが、試合でいつも相手のチームからエンマ・ケアと言われてマークされていました。エンマの家は東京にあって、私たちはよく遊びに行ったものでした。あるとき、エンマが、父君の書斎から、一冊の分厚い書物を持ち出してきて、君は数学が好きだから、この本を読んでみたらと言って私に手渡してくれたのです。それは、エンマの父君が書かれたドイツ語の鉱物学にかんする研究書で、しかもシュプリンガーの黄表紙のシリーズの一冊でした。シュプリンガーの黄表紙というのは、ドイツのシュプリンガー書店から刊行されていた自然科学、数学の研究書のシリーズで、当時世界の最高峰に位置していて、その著者となることは、私たちにとって人生最高の夢として、羨望の的となっていたものでした。

エンマの父君は伊藤貞市《ていいち》といって、東大教授で、えらい学者だとは聞いていましたが、世界で最初に、X線による鉱物の結晶分析を群論の考え方を使って解明した大学者だということを、そのとき初めて知ったわけです。その書物はドイツ語の鉱物の名前がたくさん出てきて、そのサブスタンス（要旨）は私にはまったく理解できなかったのですが、群論を使って鉱物の結晶を特徴づけるみごとな解析の部分は感動しながら、夜を徹して読み明かしたのでした。私は、中学のとき、かなり群論の勉強をしたのですが、抽象的な理解に止まっていました。群論の考え方を使うと、鉱物の結晶という自然の神秘を解き明かすことができるということに私は新鮮な感動を覚えたのです。一高に入ってからすっかり忘れてしまっていた数学に対する情熱がよみがえってくるのを抑えることができませんでした。今から考えると、私が数学科に進むことになったのは、エンマの父君の書物を読んで、感動したのが、決定的な要因だったような気もします。

エンマ自身も父君の跡を継いで立派な鉱物学者になり、数多くのすぐれた業績をあげました。長い間、ハーヴァード大学の教授をしていましたが、私が日本に帰った同じ年に、シカゴ大学に移りました。それから何年かして、エンマが亡くなったという知らせを受け取ったとき、私の青春もエンマと一緒にあの世に行ってしまったような悲しみを覚えたのでした。

私は、まったく予期しなかった、憧れの数学科に入学を許されて、天にも昇る気持ちでした。ところが、教務から連絡があって、私は、取得単位と出席日数の両方が大幅に不足していて、卒業できないという宣告を受けたのです。そのときも、発表を見に行ってくれた友人が、私を連れて、関係する教授や教務の方々のところにビッテに行ってくれたのです。ビッテというのはドイツ語でお願いという意味ですが、旧制高校特有のすばらしい、心暖まる制度です。成績の悪い生徒の場合、友人が本人を連れて先生方のところに行って、どうして成績がわるいかという事情をつぶさに説明して、成績をよくしてもらったのです。じつは、その友人は、一高に入ったときは一緒でしたが、途中でドッペッって（留年して）まだ二年生でした。私が曲がりなりにも研究者になることができたのも、その友人に負うところが大きいと思っています。

東大の数学科の雰囲気は、私の期待をはるかに超えるものでした。私たち新入学生は一人一人、教室主任をされていた弥永昌吉《いやながしょうきち》先生の研究室にお伺いして、数学科の学生としての心得をお聞きすることになっていました。私は、弥永先生にはじめてお目にかかったときの印象は今でも鮮明な記憶として残っています。

弥永先生は代数的整数論がご専門で、数々のすぐれたお仕事をされ、当時すでに日本を代表する数学者として令名の高い先生でした。若いとき、フランスにながく留学された故もあって、フランス的なエスプリに富んだすばらしいエッセイも数多く書かれていました。

その、弥永先生が、数学科に入ったばかりの新米の私を、自分が数学を教える学生としてでなく、一緒に数学を勉強する仲間として遇してくださったのです。弥永先生はもともと、謙虚なお人柄で、ものやさしい話し方をされる方ですが、一新入学生を、一緒に助け合って数学という山に登る伴侶と考えて下さったことは、私にとってほんとうに感激の極みでした。そのときの感激は、経済学に転じてからも、私の心に深く残っていて、苦しい研究生活の支えとなったのです。ずっと後になってからですが、弥永先生が私のために文章を書いて下さったことが何回かありますが、私のことを決して自分が数学を教えた学生だったとはおっしゃらないで、一緒に数学を勉強した仲間だったとお書きになるのです。

数学科の学生として過ごした三年間ほど、充実した、楽しいときはなかったような気がします。大学の講義にはあまり顔を出さず、セミナーと研究会に頻繁に出席して、もっぱら図書室から、本や雑誌を借り出して、家で読むという生活が中心でした。私にとって、一高の三年間は、数学の勉強という点からは、空白に等しかったのですが、一緒に数学科に進んだ友人のなかには、すでに現代数学の深奥を極め、世界の最先端を行く、新しい研究に取り組みはじめた学生が何人かいました。かれらの議論を聞きながら、私も遅ればせながら、新しい数学を理解するために全力をつくしました。数学というのは、少し高い視点に立つと、それまで複雑、混沌と思われたことも、鳥瞰図を見るようにはっきりと明確に分かるようになるものです。私が中学の頃、苦労して勉強していたことも、現代数学の考え方をとると、極めて明快に理解できるだけでなく、もっと奥深いところまで考えを進めることができることに新鮮な驚きを感じていました。

数学というのはもともと、数、空間、時間という自然の要素の間の神秘的な関係を理解し、それらの間に存在する微妙な自然の法則を明らかにするための方法、手段を意味します。数、空間、時間という自然の要素は、なかなか人間を寄せ付けないだけでなく、人間が手を加えたり、修正したりすることを許しません。人間にできることはたかだか、お互いに力を合わせて、この自然の要素にできるだけ近づいて、その間に存在する厳然たる法則を理解するよう努めるにすぎません。すぐれた数学者がみな、謙虚な人柄の持ち主で、常に謙譲の心を忘れないのは、この、数学の本質に関わるところが大きいように思われます。

数学科の特別研究生となる

一九五一年春、私は数学科を卒業して、特別研究生として数学教室に残ることになりました。特別研究生として残ったというとき、多少説明をする必要があるように思います。特別研究生というのは戦争中にできた制度で、手当をもらって、自由に研究ができるというものでした。特別研究生は略して特研生とよばれていて、「特権」を連想させる要素もありますが、軍部の過酷な支配下にあって、日本の学問を支えるという点からきわめて大きな役割をはたしたといってもよいと思います。戦争が終わってからも、特別研究生の制度は残され、平和の時代にあって、学問の発展に新しい役割を果たすことになったのです。後になって知ったのですが、外国のすぐれた大学にはどこでも、特別研究生と同じような制度があります。たとえば、ハーヴァード大学の Junior Fellow の制度がその一例です。

卒業間近になって、私は弥永先生に呼ばれて、特別研究生か、助手かどちらか、好きな方を選びなさいといわれました。どちらも同じような待遇だが、特別研究生の方が税金がかからない点いいのではないかというアドバイスもいただいて、私は当然、特別研究生を選んだわけです。ところが、突然、特別研究生の制度が廃止されることになって、私たちは大学院の学生になって、研究奨学生となり、しかも手当は奨学金の性格をもち、返還の義務を負うことになってしまったのです。その年に卒業して、特別研究生に予定されていた私たちは、文部省の、この一方的措置を認めず、研究奨学生ではなく、最初に約束された特別研究生として通すことにしたわけです。一人一人の研究者、学生の魂の自立、アスピレーション、職業的プライドをまったく無視して、行政的な辻褄だけを合わせようとする文部官僚の本質を垣間みた思いでした。

東大に進んでからも、一高時代の友人たちとはしょっちゅう会っていました。そのような交友関係の一つが、私のそれからの一生に決定的な影響を与えることになったのです。そのことをお話しするために、戦争末期から戦後にかけての一高についてふれておきたいことがあります。

一高の特設高等科のこと

私が一高にいた頃、特設高等科という特別のクラスがありました。中国からの留学生で構成され、はっきり数えたことはなかったのですが、一〇〇人近くいたのではないかと思います。南寮が特設高等科の生徒のために使われていました。

戦時中、中国を侵略した日本帝国陸軍は、全国いたるところで、八路軍の「便衣隊」によるゲリラ活動に悩まされました。そのとき、日本帝国陸軍に「知恵者」がいて、このゲリラ活動を防ぐもっとも効果的手段は、中国の青少年たちを日本に連れてきて、「日本的教育」を施せばよいというブリリアントな（素晴らしい）アイデアを思いついたのです。そして、文部省に命じて、一高に特設高等科を設けて、中国からの留学生を受け入れさせたわけです。

特設高等科の制度が始まった頃、中国からの留学生は、蔣介石《しょうかいせき》と毛沢東の二派に分かれて、激しい議論を展開したと聞いています。しかし、私が一高に入学したときには、毛沢東派が完全な勝利を収めていて、私たちにも毛沢東の思想を伝えるために積極的な努力をしていました。

私のいた理乙のクラスはとくに、特設高等科の生徒が多かったように記憶しています。毛沢東が延安で書いたパンフレットを何冊か貸してもらって、特設高等科の友人に、その意味を教えてもらいながら読んで、何とも言えない感動を覚えたものです。そのなかには、一九三八年すでに、日本軍の敗北を論理的に、説得的に予言した有名な『持久戦論』、その他に『矛盾論』もあったように記憶します。当時はコピーすることなど考えられませんでしたので、私に貸してくれたパンフレットはすべて、ぼろぼろになっていて、丁寧に取り扱わないと、分解しそうな状態でした。

私の友人のなかには、特設高等科の生徒たちから伝えられた毛沢東の思想に完全に共鳴して、さらに進んで、マルクス経済学の書物をくわしく勉強しはじめた人々もいました。さらに戦後間もなく、ハーバート・ノーマンの手によって府中の刑務所から救い出された共産党の指導者のなかに、志賀義雄、伊藤律という二人の一高の卒業生がいました。その二人の積極的なオルグ活動もあって、戦後の一時期、一高は左翼運動のメッカの観を呈することになったのです。中国の若者たちに「日本的教育」を施そうという軍部の発想が、逆に日本の若者たちに「中国的教育」を施すことになってしまったのは、皮肉というより他ありません。

ずっと後になりますが、一九七六年、私は初めて中国を訪れたとき、西安では真っ先に、八路軍弁事処に行きました。八路軍弁事処は、中日戦争の最中、八路軍に志願する中国の若者たちを延安に送り届けるためにつくられた施設です。蔣介石軍の厳重な包囲下にあって、周恩来が中心になって活躍した八路軍弁事処は、一五年にわたった抗日戦争のなかでも特筆されるものだったといわれています。その八路軍弁事処で、延安時代の毛沢東が書いた数多いパンフレットが陳列してありましたが、その中に、戦争末期の暗い時期に、特設高等科の友人から借りて読んだパンフレットがあって、なつかしい当時の友人たちの顔を一人一人思い出しながら、思わず懐旧の情にふけってしまいました。

敗戦後間もなく、特設高等科の友人たちは一人残らず、姿を消してしまいました。秘密のルートを通じて、舞鶴から祖国に帰り、八路軍に参加して、今度は蔣介石軍を相手に戦ったということをしばらくしてから風の便りに聞きました。一九四九年一〇月、中国革命が成功したときには、特設高等科の友人たちの中にはすでに戦死してしまった人も少なくなかったということです。生き残った特設高等科の友人たちもほとんど、朝鮮戦争で戦死してしまって、極く少数しか残っていないということを、これも西安の八路軍弁事処を訪れたときに聞きました。今から五〇年以上も前のことですが、親しくしていた中国の友人たちが、祖国の苦難にみちた歴史の奔流に巻き込まれて、若くしてこの世を去ってしまったことを思うと深い悲しみを覚えざるを得ません。しかも日本軍による中国の侵略が、その原因であることを思うとたまらない気持ちになります。

Sturm und Drang（疾風怒濤の時代）

敗戦後の日本の思想的、政治的流れを主導していたのは日本共産党でした。私の友人たちのなかでも、すぐれた才能をもち、するどい社会正義の感覚をもっていた人々はこぞって共産党に入党し、共産党員にあらざれば人にあらずというのが時代的風潮でした。とくに、上に述べたような事情もあって、一高から東大に一緒に入った仲間のなかには、共産党員になった人が多かったように思います。その中に、一高のときにすでに入党し、東大でも党細胞の指導的役割を果たしていた友人がいました。私より一学年下でしたが、すぐれた学問的才能、するどい政治的感覚、きびしい社会的情熱をあわせもった大人物でした。欠点といえば、人柄があまり良くないということぐらいでした。

私は当時、いくつかのマルクス主義経済学の勉強会に入っていましたが、その中で一番活発だったのは、その友人が中心になっていた勉強会でした。しかし、私にはどうしてもマルクス主義経済学のエッセンスが理解できず、悩んでいました。とくに、スターリンの『言語論』が難解で、何回読んでも分かりませんでした。そのとき、その友人から、宇沢さん程度のマルクス主義経済学の理解ではとても共産党の入党試験は受からないと言われたわけです。ちょうどそのしばらく前から、数学科の特別研究生でありながら、ほとんどの時間を経済学のために使ってしまっていることに良心の呵責を感じはじめていました。マルクス主義経済学で尊敬すべき先達のこの言葉は、私の胸につよく刺さり、経済学の勉強に全面的にコミットしなければならないと思ったのです。

当時、世情は騒然としていて、数学科の友人の多くも、大学から外に出て、積極的に政治運動に関わっていました。たとえば、出隆《いでたかし》さんが東大教授を辞めて、共産党から立候補したとき、一高から一緒だった数学科の友人の何人かは出隆さんの選挙応援に参加しました。そして、占領軍を誹謗したという罪に問われて、逮捕され、警視庁の地下の牢獄に何ヵ月も留置されたりしました。その友人たちが地下牢から釈放されて出てきたときに、もやしのように青白くなっていたことがなぜか心につよく焼き付けられています。その頃の処分はきびしく、政治運動に関わって逮捕されると即座に退学処分を受けたものでした（もっとも、その友人たちはみんな一年後には復学を許されました）。当時の理学部長はエンマの父君で、私たちは伊藤天皇と呼んで、懼れていたものです。

経済学に転ずる

数学科の特別研究生を辞めることは思ったよりたいへんでした。その頃、私は弥永先生のもとで代数的整数論を学ぶ傍ら、末綱恕一《じょいち》先生のところで数学基礎論を勉強していました。どちらの先生も、お前は自分の一番得意なことを止めて、一番不得意なことに手を出そうとしていると言われて、なかなか許していただけませんでした。私はとうとう、日本の社会がこれだけ経済的に混乱し、疲弊していて、国民の大部分が飢えと貧困に悩んでいるときに、数学というアリストクラティック（貴族的）なことをこのままやりつづけるのは、人間として苦痛だとまで言ってしまったのです。大恩あるお二人の先生に対して、若気の至りとはいえ、礼に失することを申し上げてしまったと今にいたるまで後悔しています。とくに弥永先生には、私がその後苦境に陥ったときにはいつも、救いの手を差し伸べていただきました。何と感謝してよいのか、言葉を知りません。

数学教室の特別研究生を辞めて一人で経済学の勉強を本格的に始めてからしばらく経ったときのことです。小田急線の電車のなかでぱったり稲田献一さんに出会ったのです。稲田さんは、一高のラグビー部の先輩で、名キャプテンといわれた人です。私と同じように、一高のラグビー部から東大の数学科に進まれ、卒業後しばらくして、経済学に転じたのでした。稲田さんは、私が経済学に移ったことをご存知で、経済学のいい先生を知っているから紹介してやると言われたのです。もっとも、いい先生というのは、一高の水泳部の友人のお姉さんが結婚した相手だという程度の意味だったと記憶しています。

じつは、そのいい先生は、東大の経済学部で教えていらした古谷弘という方で、大学、学部を問わない、リベラルな研究会を主宰されていました。ちょうどそのとき、古谷先生はハーヴァード大学に留学されていて、舘龍一郎《たちりゅういちろう》先生が留守をあずかっておられました。したがって、稲田献一さんを除けば、私が最初にお目にかかった「生きている」経済学者は館先生になります。しばらくして、古谷先生もハーヴァード大学から帰ってこられました。私はこの三人の経済学者から、それまで勉強していたマルクス経済学とはまったく違った経済学を学ぶことになったわけですが、それは、私の経済学者としての生き方に決定的な影響を与えることになりました。

旧制高校では、アダム・スミスの『国富論』、ジョン・スチュアート・ミルの『自由論』『経済学原理』、デヴィッド・リカードの『経済学および課税の原理』、ロバート・マルサスの『人口論』、アルフレッド・マーシャルの『経済学原理』、カール・マルクスの『資本論』、ソースティン・ヴェブレンの『有閑階級論』は必読の書とされていて、私も一応「読んだ」つもりでした。また、一高で生徒が出していた雑誌『向陵時報』には、「ケインズの国家論を論ず」と題した大論文も載っているほどで、私たちの間で、ケインズの経済学はたいへん評判になっていました。私もケインズの経済学について一応の理解をもっていると思っていました。しかし、古谷先生が古典を読めとおっしゃった意味は、そのような一般教養的な読み方ではなく、専門的な観点から、それぞれの書物の理論的内容を正確に理解して、学説的な位置づけをはっきり心に留めるように読めということだったわけです。私はそれから、経済学の古典を体系的に、専門的な立場から順々に読み通す作業をはじめました。これらの古典はできるだけ、原書で読むようにしていました。私は当時、暇があると日本橋の丸善に行って、本を注文したものです。とうとう丸善から中元と歳暮をおくられるお客になったほどです。現在にいたるまでに、経済学の古典のほんの一部分しか読み通していませんが、経済学の勉強を専門家としてはじめるときに、古谷先生から、この貴重なアドバイスを受けたことは、私の経済学研究のあり方に重要な意味をもつことになりました。

経済学の古典のなかで一番難解だったのは、ケインズの『一般理論』でした。当時、経済学の専門家になるためには、ケインズの『一般理論』が完全に分かっていなければならないと言われていました。初めは日本語の訳で読んだのですが、経済学の内容どころか、日本語の文章としてまったく意味が分からないところが多く、苦労したことを覚えています。丸善で J. M. Keynes の *The General Theory of Employment, Interest, and Money* を買い求めて、読み出したところ、今度は英語の文章を理解するのが、精いっぱいで、とても経済学的な内容まで手がまわりませんでした。そんなある日のこと、館先生にこの話をしたところ、先生が、二時間近くにわたって、ケインズの『一般理論』の考え方について、みごとな解説をして下さったのです。それは、現実の企業制度と金融制度のエッセンスの説明に始まって、労働の雇用量と国民所得の水準がどのように決まってくるか、また、財政支出の規模が変わったときに有効需要にどのような影響を及ぼすか、さらに進んで貨幣の供給量をふやしたときに、市場利子率がどのように変わり、有効需要にどのような影響を及ぼすかについて、現実の貨幣の流れと関係づけながら、じつに分かりやすい解説だったのです。私はそのとき、まさに目から鱗の落ちる思いでした。ずっと後になって、館先生にこのことをお話ししたところ、先生はまったく覚えておられず、私にとっては、意外な感じをもったものです。

稲田献一さんからはいわゆる数理経済学の手ほどきを受けたわけですが、一番印象に残っているのは、当時出版されたばかりのケネス・J・アロー（Kenneth J. Arrow）の『社会的選択と個人的評価（*Social Choice and Individual Values*）』の輪講を受けたことです。一九五二年に刊行された、アローのこの書物は、その問題提起の深遠さ、分析的手法の斬新さをもって、経済学の考え方に新機軸をもたらしたもので、ヴェブレンの『営利企業の理論』、ケインズの『一般理論』とならんで、二〇世紀最高の経済学の古典とされている書物です。稲田さんはいちはやく、アローがこの難解な書物の中で提起した問題の重要性に気づくと同時に、その論理的欠陥を指摘されたのです。だいぶ後になってからですが、稲田さん自身、経済学のこの新しい分野に輝かしい一章を展開されることになります。私は当時、アローのこの理論のエッセンスは正確に理解できなかったように記憶していますが、経済学者としてのアローに深く傾倒し、その仕事を追うことになったわけです。何年か経ってからのことですが、私が書いた分権的経済計画にかんする論文が契機となって、アロー教授に招かれて、スタンフォード大学に行くことになりますが、それはもともと、稲田さんからの輪講を受けたのがきっかけだったのです。

第2章　市場原理主義への疑問

宇沢氏は、その後、ケネス・アロー教授に送った論文が認められ、一九五六年にスタンフォード大学経済学部に研究助手（Research Associate）として招かれることになった。宇沢氏はそこで「二部門成長モデル」、最適成長理論への貢献など、数理経済学分野で輝かしい業績を上げていった。

一九六四年にはシカゴ大学からの誘いを受け、三六歳で教授に就任。毎夏、全米から優秀な学生を集めて開催した宇沢氏のセミナーには、二〇〇一年度にノーベル経済学賞を受賞したジョセフ・スティグリッツ、ジョージ・アカロフ両氏らも参加している。しかし、この頃、シカゴ大学では、マネタリズム、新自由主義経済学である、シカゴ学派を形成したミルトン・フリードマン氏が台頭する。その市場原理主義的な経済学説に対し、宇沢氏は真っ向から反対する立場を取った。

市場原理主義の弊害

日本の経済社会はかつては、制度的諸条件も、また政府の政策もどちらかというと、一人一人の人間的尊厳を守り、市民的権利を尊重するというリベラルな性向をもっていて、全体として比較的安定していた。それが、小泉政権の五年間に経済的、社会的格差が拡大して、極めて不安定な、殺伐とした、魅力のない国になってしまった。じつはこの流れは日本ほどではないにせよ、アメリカ、中南米、アジア、ヨーロッパの国々に共通した面を持つ。内橋克人さんは一九六〇年代に始まるこの変化の波を「ネオリベラリズム循環」あるいは「市場原理主義の循環運動」という視点に立ってくわしく分析し、この思想的なうねりがどこに向かってゆくのかを深く考察して、平易な文章にまとめたのである。

アメリカの産業的、金融的資本が、市場原理主義を武器として、世界の多くの国々の自然、社会、文化、そして人間を破壊してきた。市場原理主義は先ず、アメリカで起こった。そして、チリ、アルゼンチンなどの南米諸国に始まって、世界の数多くの国々に輸出され、社会の非倫理化、社会的靭帯の解体、文化の俗悪化、そして人間的関係自体の崩壊をもたらしてきた。その市場原理主義が自民党政権、とくに小泉政権の五年間に全面的に輸入され、日本社会はいま、戦後六〇年を通じて最大の危機を迎えている。日本では、市場原理主義が、経済の分野だけでなく、医療や教育という社会的共通資本の核心にまで、その悪魔の手を伸ばしつつあるからである。市場原理主義の精神に則って、医療、教育の規制緩和、効率化の名のもとに、実質的には官僚的管理を極端な形に押し進めてきた結果、現場の医療関係者や教師たちはいま極限的な状況に追いつめられている。その非人間的な状況を象徴するのが、いたいけな小中学生の、いじめによる自殺の頻発である。このような悲惨な事件が日本ほど頻繁に起こっている国は世界のどこにもない。

ネオリベラリズムとシカゴボーイズ

「ネオリベラリズム循環」という言葉はもともと、新潟大学の佐野誠教授が一九八〇年代以降のアルゼンチン経済の流れを分析して、その特徴を「ネオリベラリズムサイクル」と名付けたことに始まる。この「ネオリベラリズム循環」を生み出すのに中心的な役割を果たしたのが「シカゴボーイズ」と呼ばれたチリを中心とした中南米の経済学者の一群である。いずれもシカゴ大学で経済学を学び、「シカゴ学派」と呼ばれる経済学の特異な思考方式に徹底的に洗脳されて、故国に帰り、その使徒として経済の制度的設計、政策的選択に中枢的な関わりをもち、「ネオリベラリズム循環」の悪夢を生み出すのに決定的な役割を演ずることになったのである。

この「シカゴ学派」の考え方を象徴するのが市場原理主義である。市場原理主義は簡単にいってしまうと、儲けることを人生最大の目的として、倫理的、社会的、人間的な営為を軽んずる生きざまを良しとする考え方である。人間として最低の考え方である。

市場原理主義の思想的源流をつくったのがミルトン・フリードマンである。内橋克人さんは、フリードマンに焦点を当てて、市場原理主義の思想的背景とその経済学的意味を深く分析し、その制度的、政策的帰結について立ち入って考察する。そして「ネオリベラリズム循環」がどのようなプロセスで形成され、どのような経済的、社会的、倫理的帰結を生み出していったのかについて透徹した分析を展開する。フリードマンとその周辺をめぐる興味深いエピソードを数多く紹介し、それらのエピソードを通じて、市場原理主義論者の考え方の反社会性、非倫理性を浮き彫りにするという手法を用いて、「ネオリベラリズム循環」が悪夢的である所以《ゆえん》をみごとに読者の目に明らかにする。私は当時、シカゴ大学でフリードマンと同僚であって、内橋さんの語られるエピソードの多くは、直接見聞きしていた。内橋さんの描写がじつに的確に、その実態を捉え、しかも当時私たちがなかなか理解できなかった、市場原理主義の倫理的、社会的、制度的帰結についてもみごとに分析していることに一驚した。

フリードマンは、その生涯を通じて、市場原理主義に徹した生きざまを貫いた。かれの学問的、思想的、そして日常的な営為は、市場原理主義を如何にして貫徹するかにあった。というより、私たちは、フリードマンの論文、論攷《ろんこう》、そして日常的な会話を通じて、市場原理主義は何であるのかを知ったのである。

フリードマンとゴールドウォーター

フリードマンの基本的な思想を象徴するエピソードがある。一九六四年のアメリカの大統領選挙の直前に出たニューヨークタイムズの記事である。

一九六四年、アメリカ軍によるベトナム侵略が不可逆的にエスカレートしつつあった。その年の秋、リンドン・ジョンソンとバリー・ゴールドウォーターとの間におこなわれた大統領選挙は、まさに救いのない、セカンド・ワーストの選択であった。とくに、ゴールドウォーターはベトナムで水素爆弾を使うべきであるとつよく主張して、さすがに共和党の保守派も困惑の色を隠し得なかった。その頃、ニューヨークタイムズの第一面に次のような記事が載ったのである。

Mr. Goldwater says he does not want to have Professor Milton Friedman as his adviser because he is too extreme.

（ゴールドウォーター氏は、ミルトン・フリードマン教授は過激すぎることを理由に、彼をアドバイザーに迎えることを望まない、と述べた）

〝狂気〟の政治家ゴールドウォーターに'He is too extreme（過激すぎる）'とまで言われた教授がシカゴ大学にいるというので、私たちはじつに肩身の狭い思いをした。これにはある経緯があったのである。

そのしばらく前のことであるが、フリードマンが、ゴールドウォーターに招ばれて、政策的なアドバイスをしたことがある。フリードマンは帰ってくるなり、こう言って歩いた。

Goldwater is the man. Compared with him, Richard Nixon is a communist!

（ゴールドウォーターは素晴らしい。彼に比べれば、リチャード・ニクソンなどはコミュニストだ）

フリードマンがゴールドウォーターに与えた政策的なアドバイスのなかに、ＴＶＡ（テネシー川流域開発公社）の Privatization（民営化）があった。

大恐慌のさなか、ルーズベルト大統領によって打ち出されたニューディール政策の柱の一つがＴＶＡの創設であった。ＴＶＡはテネシー川の全流域の総合的な開発を促進し、産業の発展と市民の生活の安定を可能にするような社会的共通資本の形成を通じて、アメリカ経済のかつてない規模と強度をもった大恐慌に対して有効な対応策を打ち出そうとしたわけである。

フリードマンのアドバイスを鵜呑みにしたゴールドウォーターは、ＴＶＡの民間への払い下げを公約のなかに入れた。ところが、アメリカ南部の諸州は、社会的共通資本としてのＴＶＡの恩恵を大きく受けていて、ＴＶＡの民間への払い下げに対して拒否反応を示した。南部を選挙地盤とするゴールドウォーターは、大統領選はおろか、その政治生命も危うくなってしまった。そこで急遽、ＴＶＡの民間への払い下げを撤回することにしたばかりだったのである。

第3章　帰国――ヴェトナム戦争の奔流に巻き込まれて

宇沢氏は「当初一年の予定でアメリカに行ったのですが、結局足掛け一四年間も外国の大学で過ごすことになってしまいました。その一四年間は、アカデミックな面でももっとも生産的な時期だっただけでなく、私的な面でも、私の一生を通じてもっとも楽しい時期でした」と振り返る。一方で、一九六〇年代、ベトナム戦争の泥沼にはまり込んでいったアメリカに失望を深めていった。

ヴェトナム反戦運動に関わる

私が長いアメリカ生活を打ち切って、日本に帰ろうと思った直接の動機はヴェトナム戦争です。ケネディ大統領によって始められたヴェトナム戦争が本格化したとき、私はシカゴ大学にいました。史上最強の軍隊をもったアメリカが、その全軍事力を投入して、アジアの一小国ヴェトナムに対して、侵略戦争を展開したのがヴェトナム戦争だったのです。アメリカ軍がヴェトナムでおこなった大量殺人、残虐行為、自然と社会の徹底した破壊もまた、史上最大の規模をもつものでした。このアメリカ軍の残虐行為に対して、アメリカの良心ある人々は心から憤激し、全米いたるところで、はげしい反戦運動が展開されました。アメリカ社会はずたずたに分断され、南北戦争以来の社会的混乱と政治的分裂を経験することになったわけです。

ヴェトナム反戦運動の担い手はもっぱら大学の教授と学生たちでした。とくに、シカゴ大学では早い時期から、学生たちによる反戦運動が活発に展開されました。たしか一九六五年の終わり頃だったと記憶していますが、学生たちが大学の本部棟を占拠したことがあります。じつは、学生による大学の本部棟の占拠は、シカゴ大学が最初で、その後、全米の大学に波及することになったわけです。

当時、アメリカでは徴兵制度でしたが、大学の成績の悪い学生、反戦運動をしていることが分かった学生を優先して兵隊にとるという政策がとられていました。そこで、学生の成績を徴兵局に送らないよう大学当局に要求するという運動がアメリカ全国の主な大学で起こったわけです。シカゴ大学の本部棟の占拠は、この運動の一環として起こったもので、また同時に、大学当局が、政府に対して、そのヴェトナム政策を非難することを要求したのです。そこで、私は三人の若い教授たちと相談して、調停に当たることになったのです。私たちが提示した調停案は、全学の教授たちが、学生の成績は付けないという案でした。かなりの曲折を経ましたが、結局、私たちの調停案を双方が受け入れ、学生たちは本部棟の占拠を止めたのです。このとき印象的だったのは、学生たちが本部棟の占拠を始めたとき、大学の本部職員はそれぞれ適当な避難場所を見つけてそこで仕事をし、学生たちもまた、建物、器具を大事に取り扱い、毎日ていねいに清掃していたことです。そのとき、ビジネス・スクールの学生が中心となって、Capitalism and Freedom というグループを組織して、ピケを張っている学生たちに棍棒などをもって、殴り込みをかけていました。これは、ミルトン・フリードマンがその直前に書いた *Capitalism and Freedom* という書物の題名からとった名前です。

このとき、私と一緒に調停に当たった三人の若い教授たちはそれぞれ、哲学、物理、政治を専門としていましたが、私たちはその後、*The Voice* という雑誌をつくって、大学内外の反戦の声、反戦運動の動きをシカゴ大学の教授、学生たちに知らせるという運動を力を合わせて始めることになったわけです。三人の若い教授たちの一人にジョン・ドランという哲学者がいました。かれがM・I・Tでノーム・チョムスキイと同僚だったこともあって、この *The Voice* はチョムスキイが始めたアメリカ全国の主な大学で組織された反戦運動の一環だったように記憶しています。

私たちの反戦運動に対して、教授たちの反応はあまり芳しいものではありませんでした。とくに、経済学部は当時すでに保守的な考えをもつ教授たちが多く、極めて批判的な雰囲気でした。しかし、ヴェトナム反戦運動は、一人一人の教授の学問的良心、倫理的なコミットメントに関わるものであって、学問と思想の自由の名のもとに、むしろ大学教授としての責務であるという考えが支配的でした。シカゴ大学は大学院大学でしたので、私の周りにいた学生はすべて、研究者を志した人たちばかりでした。かれらの多くも、積極的にヴェトナム反戦運動に関わることになったのです。

私は前々からの約束で、一九六六年八月から一年間、イギリスのケムブリッジ大学に行かざるを得ませんでした。一年後、シカゴに帰ってきたときには、状況は一変していました。*The Voice* を一緒に出していた三人の若い教授たちは事実上解雇され、消息を絶ってしまっていました。じつは、かれはいずれも助教授の身分でテニュア（Tenure. ここでは、終身的な地位の保障とでも理解しておいて下さい）をもっていなかったのです。テニュアをもっていない助教授でも、当時はほぼ自動的に再任されるのが一般的でしたから、三人とも、ヴェトナム反戦運動に関わったために、再任されず、事実上解雇されてしまったわけです。私は正教授でしたからテニュアをもっていて、何事もなかったわけです。このことはいつまでも苦い、重く苦しい記憶として、私の心に残らざるを得ませんでした。

話は飛びますが、それから二八年経った一九九四年のことです。その年の三月から五月にかけて、私はミネソタ大学に滞在していました。ある日突然、*The Voice* を一緒に出していた三人の若い教授の一人であるジョン・ドランから電話がかかってきたのです。聞くところによれば、ジョン・ドランは数年前からミネソタ大学で哲学を教えることになったとのことで、大学新聞で私が来ていることを知ったということでした。直ぐ会いにいったのですが、ジョン・ドランが最初に言ったのは、二八年ぶりだねという言葉でした。かれは哲学科の正教授として、医の倫理を中心テーマとする研究センターをつくる作業に従事しているといって、その構想を楽しそうに語ったのです。じつは私も、医療を社会的共通資本として具現化するために、医の倫理を一つの中心的な研究テーマとしていて、偶然の一致に喜び合い、これからまた、協力して一緒に研究活動をつづけようと固く約束しました。私は、長い間の心の重荷が一つ軽くなったような爽快な気分になったのでした。

人生を狂わされた学生たち

一方、シカゴに残してきた学生たちはどうなったのでしょうか。一年間のケムブリッジ滞在を終えて、シカゴに帰ってきたとき、私の周りにいた学生たちの大部分が姿を消してしまっていました。徴兵を逃れるために、国外に出て行った学生も何人かいました。正確な数は分かりませんが、ヴェトナム戦争を通じて、アメリカ全体で、一〇万人近い学生が徴兵を逃れるために国外に出て行ったといわれています。これらの学生はほとんどすべて、アメリカに帰ってきていません。極く少数の人々が帰国していますが、いずれも、逮捕され、重い刑に処せられ、新聞紙上で話題になっています。

学生のなかには、経済学の研究者になるという夢を捨てて、郷里に帰って行った人も何人かいました。なかでも、つよく印象に残っているのは、B君のことです。B君はじつは、ある州立大学の学生で、私のところで預かっていた学生でした。博士論文のテーマが、当時私が研究していたことだったからです。B君はなかなか才気のある優秀な学生でしたが、極めて保守的な思想の持ち主で、みんな困っていました。そのB君が、有名なミルウォーキー・フォーティーンの一人として、逮捕されてしまったのです。ミルウォーキー・フォーティーンというのは、一四人の反戦活動家たちが、ウィスコンシン州の首都ミルウォーキーの徴兵局を夜おそく襲って、徴兵カードを全部持ち出して、燃やしたのです。そして、FBIに連絡して、反戦歌を高らかにうたいながら、逮捕されたわけです。B君は懲役一〇年の重い刑に処せられて、いくつもの刑務所を転々とした後、釈放されて、故郷の町に帰っていったということを風の便りに聞きました。一九八〇年、私はB君がいた大学にしばらく滞在したことがあります。そのとき、B君の消息を尋ねたのですが、どうしても分かりませんでした。ずっと後になってから、B君がその町で、新聞配達をしながら、ひそやかに生きているということを知りました。

シカゴ大学で親しくしていた仲間の一人にC君といって、アメリカ人にはめずらしく、おとなしく、控えめな学生がいました。かれは、ヴェトナムでのアメリカ軍の残虐行為を自分自身がやっていると思い込み始めたのです。やがて頭がおかしくなって、故郷に帰っていきました。かれの家は、故郷の州で有数の山林地主で、自分の家の山の中に小屋を建てて、一人で住んでいると聞きました。二〇年以上も経ってから、私がまだ東大にいたころのことです。ある日、C君が何の予告もなく、突然私の研究室に現われたことがあります。どういう用事で日本に来たのかと聞きますと、お前に会うためにやって来たというのです。その日は私の家に食事に招いたのですが、ほとんど何も食べず、話しかけてもあまり答えず、ふわっとした感じで幽霊と向き合っているような薄気味の悪さを感じたものでした。それから一年ほど経って、同じシカゴ大学の仲間だった日本人の経済学者と一緒になる機会があって、C君が訪ねてきたことを話したところ、C君はもう大分前に亡くなったというのです。私はそのとき、上田秋成の『雨月物語』を読む思いでした。ちなみに、この日本人の経済学者もすぐれた才能をもった学生でしたが、ヴェトナム戦争の奔流に巻き込まれ、自らを見失い、数奇な思想的遍歴を経ました。そのかれも、つい最近風邪をこじらせて、あっという間に亡くなってしまいました。

もう一つ、私の心に残っていることがあります。それは当時シカゴ大学の学生で、間もなくある州立大学の助教授になったM君のことです。M君はおそらく、私がこれまで知り合った経済学者のなかで、もっともすぐれた学問的能力をもった人です。彼はアメリカ人でしたが、ヴェトナム戦争に関わる私の苦しみを、自らの苦しみとして受け止めて、ともに悩んでくれたのですが、勤めていた州立大学を突如辞めて、山のなかに入ってしまいました。その後、かれの姿を見かけたという友人が何人かいましたが、この一〇年以上、かれの消息は絶えてありません。

すぐれた才能をもち、するどい社会正義の感覚をもっていた経済学の学生の多くがヴェトナム反戦運動に関わって、姿を消してしまったのですが、かれらが残っていたら、アメリカの大学の経済学はまったく違った姿になっていたに違いありません。それよりも心残りなのは、これらの人間的魅力にあふれた数多くの学生たちが、ヴェトナム戦争の奔流に巻き込まれて、悲惨な人生をおくり、なかには、若くして、この世を去ってしまった人も少なくないということです。私はその責任の一端を負いながら、かれらの苦難を救うために、何もすることができなかったことに対して、つよい良心の呵責を感じざるを得ません。

帰国

ヴェトナム戦争はますますエスカレートして、アメリカ軍による、無差別な残虐行為はますます拡大され、悲惨なものになっていきました。それにともなって、アメリカ国内の反戦運動はいっそう高揚し、政府の弾圧も日に日にきびしくなっていきました。私は、自らの選択として、アメリカという国に留まること自体、アメリカのヴェトナム侵略に加担することになってしまうという気持ちをつよくもたざるを得なくなったのです。

ちょうどその頃、東大の経済学部から帰ってこないかというお話がありました。私は経済学部の出身ではありませんが、古谷先生（残念ながら、若くして亡くなられてしまいましたが）、館先生をはじめ、私が経済学を真剣に勉強し始めたときの先達、友人が多く、故郷に帰る心境でした。一九六八年四月のことです。

東大に帰るのに一つ障碍がありました。それは、東大での地位が助教授だったことです。当時、東大の経済学部では年功序列の慣習が守られていて、私より数年年上の人がまだ助教授だったこともあり、また数学科出身ということに対する違和感があったのではないかに思います。年功序列の制度はいうまでもなく、アカデミックな組織ではあり得ないものです。東大でも、数学科をはじめ、アカデミックな伝統のしっかりしている部局ではもちろん、年功序列の制度はとられていないことはいうまでもありません。しかし、経済学部の場合、学問の性格上、客観的にアカデミックな基準を明確にすることが必ずしも容易でなく、また戦前、戦中の時期に、教授会のなかに深刻な対立が生じた苦い経験をもっています。その上、マルクス経済学と近代経済学というまったく並立しがたい考え方が共存しなければならない経済学部でアカデミックな規範を貫くのは不可能に近いといってもよいからです。

シカゴ大学では、大学を辞めるとき、同僚の教授たちの了承を得るという不文律がありました。シカゴ大学で正教授の私が東大の助教授になるというのは、他の教授たちからつよい反対がありました。上のような事情を説明しても納得してもらえず、結局、翌年、私が東大で教授になるまで、シカゴ大学の正教授の地位を名目的に保存するという配慮を大学当局がして下さることになったわけです。

第4章 帰国して直面した「豊かな社会」の貧しさ

一九六八年、宇沢氏は帰国した。だが、数字の上では飛躍的な発展を遂げたはずの日本で見えたのは、高度経済成長の陰で深く傷ついた環境と人々の姿だった。特に、水俣病患者の悲惨な実態を目の当たりにしたことで、宇沢氏は、これまでの経済学のあり方に深刻な疑問を感じる。それは、社会的共通資本をはじめとする、新しい「宇沢経済学」を模索する重要な契機となった。

水俣病の衝撃

私は一九五六年、日本を出て、一九六八年に帰ってきました。日本経済の高度成長は一九五五年にはじまり、一九七一年八月のニクソン・ショックから一九七三年一一月のオイル・ショックにかけて終わるわけですから、私は高度経済成長期の大部分を外国で過ごしたことになります。

私は外国の大学にいたとき、もっぱら経済統計を見ながら、日本経済のすばらしい発展を心から喜んでいました。

当時、世界の各国で、ケインズ経済学の理論的枠組みにもとづいて、政府の経済統計が整備されつつあって、それを見れば、マクロ経済の実態を知ることができるように思われたのです。また、政府の経済統計を参考にしながら、ケインズ経済学の理論的展開をはかることが、私たち理論経済学者の間で流行していました。私も日本経済の高度成長のエッセンスを理論モデルに定式化するという作業をしていました。二部門経済モデルをはじめとして、数多くの経済理論の論文を発表していました。

ところが、一九六八年、足掛け一三年ぶりに、日本に帰ってきたとき、経済統計から見た日本と現実の日本のあまりにも大きな乖離に私は大きな衝撃を受けました。経済統計から推測した日本経済のはなやかな高度成長とまったく裏腹に、日本社会の実態は、混乱を極め、自然と人間の破壊がいたるところでおこなわれていたのでした。当時の日本社会の特質をもっとも象徴的にあらわすできごとが水俣病問題でした。水俣の地を訪れ、胎児性水俣病の患者に接したときの衝撃は、私のそれまでの経済学の考え方を根本からくつがえし、人生観まで決定的に変えてしまったといって言い過ぎではないように思います。

水俣病は、チッソ株式会社が数十年間にわたって水俣湾に排出した水銀が、広大な不知火海のほぼ全域にわたって、魚介類の体内に蓄積され、有機水銀に変化し、それを大量に食した人々の脳神経を冒し、言葉に言いあらわすことのできない苦しみを与えつづけてきました。チッソは言うまでもなく、水俣市で支配的な地位を占める企業であって、かつては市の人口の三分の二以上がなんらかのかたちで、その生計をチッソに依存し、市の税収の三分の二をチッソが支払っていました。利潤追求、雇用確保という経営的、経済的動機にもとづいて、ひたすら生産力の向上を追ったチッソは、その営業行為が、周辺の自然をいかに汚染し、人々の健康、生命にどのような被害を与えるかを考慮に入れることはまったくなかったのです。魚が死にはじめ、猫が狂い死にし、多くの水俣病患者が地獄のような苦しみを味わい、なかには、亡くなる水俣病患者が出るようになってからも、チッソは事実を糊塗し、弁護に自らの責任を回避するのに汲々とし、被害者の救済ということを忘れていたのです。行政もまた、チッソの弁護に狂奔し、被害者と被害者を支える人々に対して、さまざまなかたちで妨害をおこなっていました。

水俣湾はかつて、魚が湧き出すといわれたほど、すぐれた漁場でした。また水俣は風光明媚な自然に包まれて、訪れる人々の心をなぐさめる景勝の地です。このすばらしい自然のなかで、人々は漁業という生業に従事し、経済的には決してゆたかとは言えないものの、人間的には大へんゆたかな、平和な生活を営んでいたのです。ところが、チッソの営業行為によって、この美しい水俣湾は完全に破壊され、分かっているだけでも一万人を超える人々が水俣病に苦しみ、水俣湾では漁業という生業をつづけることができなくなってしまったのです。

水俣を訪れて

私が水俣の地を訪れたのは、熊本大学の若い医学者原田正純さんに連れていっていただいたのが最初でした。原田さんは神経内科のお医者さんですが、早くから現地で、最初の胎児性水俣病患者をはじめ、数多くの水俣病患者の診療に当たられるだけでなく、水俣病問題の社会的、経済的、政治的背景について、洞察力に富んだ研究を数多く発表された方です。原田さんはまた、『水俣病』（岩波新書、一九七二年）をはじめとして、数多くのすぐれた啓蒙書を通じて、水俣病問題の悲惨な、反社会的現状を広く一般の人々に知らせ、水俣病問題に対する社会的関心を高め、その根元的解決への途を明らかにされてこられました。

それから、私は何度も水俣に行って、原田さんの後について、水俣病患者のお宅を訪れることができました。私が、直接水俣病の患者に接し、その苦しみを知り、その悩みを分かち合うことができたのは、ひとえに原田さんのおかげです。

原田さんに連れられて、水俣病患者のお宅を訪れる度に、私はいつも感動的な場面に出会いました。それは、胎いずれも、医療の現場で働く医師たちの、患者に対する思いやりの深さを強く感じたものでした。原田さんは、いつも笑顔で、やさしく患者さんに接していました。水俣病の多くの患者さん、とくに胎児性水俣病患者の方々が、原田さんを見ると、じつにうれしそうな表情をして、はいずりながら、原田さんに近づこうとする姿でした。そして、原田さんがやさしい言葉でいたわり、容態を聞く光景をみて、私は、医師と患者の間の理想的な信頼関係をみた思いがし、原田さんこそ、現代医学の規範でなければならないとつよく感じたものです。同時に、医学の道を志しながら、途中で挫折した後、社会の病いを癒すという気持ちに駆られて経済学を専門分野として選んだ私は、それまで研究してきた経済学のあり方に対して、つよい疑問をもち、深刻な反省を迫らざるを得ませんでした。

水俣病問題は、水俣病にかぎらず、高度経済成長期を通じて、全国いたるところで起こった公害問題について共通のものと言ってもよいと思われたのです。それから、私は、阿賀野川、四日市、西淀川、大分、志布志、むつ小川原、伊達、川崎、千葉など全国の数多くの地域を訪れて、公害の実態を調査して歩きました。そして、公害による被害者の方々と親しく交わることができ、また公害反対運動にたずさわっている人々の全面的なご協力を得ることができました。しかし、公害による被害者の方々も、公害反対運動にたずさわっている人々もひとしく、はじめてお目にかかったときには、私に対してきびしい警戒感と不信感をもち、ときとしてはつよい反感と敵意さえもっていて、調査どころではありませんでした。それは、私が経済学者であり、しかも東大教授であることが原因でした。今でも印象に残っているのは、伊達に行ったときのことです。伊達火力発電所建設の反対運動を展開していた漁民たちに取り囲まれて、それこそ袋叩きにあいそうになりました。しかし、何日か滞在して、みなさんと話し合っているうちに、すっかり親しくなることができたのです。私が東京に帰る日には、漁民の方々が朝早く帆立貝を取りに海に出て、たくさんの帆立貝をおみやげに下さったことは、今でも忘れられません。公害の被害者、公害反対運動にたずさわっている人々はほとんど例外なく、おおらかな生き方、魅力的な人柄の持ち主でした。

経済学と水俣病

水俣病をはじめとして、全国の公害問題にかかわることによって、私は、それまで専門としていた近代経済学の理論的枠組みの理論的矛盾、倫理的欠陥を強く感ずるようになっていきました。

いわゆる近代経済学の考え方は、基本的には新古典派経済理論の枠組みによって与えられています。新古典派経済理論は、すべての希少資源が私有されている分権的市場経済制度を前提として議論が展開されます。私有されていないものは一般に自由財ないしは公共財として取り扱われ、企業も個人も、なんらの制約条件なしに、自由に使うことができるとされています。もし仮に、これらの自由財ないしは公共財が、生産、消費という経済活動にさいして、制約的となる場合には、私有制を導入して、生産手段の所有関係を明確にすればよく、あくまでも企業あるいは個人の選択の自由を拘束するようなことがあってはならないとされています。

チッソは長い間、水俣湾という自然をたんなる自由財ないしは公共財とみなして、自由に汚染し、徹底的に破壊するという犯罪行為をおこなってきたわけですが、それはあくまでも営業の自由の名のもとに、公然とおこなわれてきたのです。しかし、水俣湾という自然は決して自由財あるいは公共財ではありません。水俣湾は、有史以来、地元の人々にとって、共通の財産として、大事に取り扱われ、海を汚すことはきびしく禁止されていました。水俣湾の魚を取って、生計を立てる人々は、水俣湾の海を神聖なものとして、尊崇してきました。その、大切な人々の共通財産である水俣湾を、チッソは勝手に使って、徹底的に汚染し、破壊しつくしてしまいました。その、数多くの人々が脳神経中枢を冒され、言語に絶する苦しみを味わいつづけてきたのです。「水俣病患者を見ると、これが犯罪でないのならば、ほかに犯罪がありうるものかという感想をなんびとでも抱くであろう。」。これは、惜しまれながら若くして世を去った刑法学者の藤木英雄東大教授が、その名著『公害犯罪』（東京大学出版会、一九七五年）のなかに残された言葉です。

そして、水俣病をはじめとする数多くの公害問題の原因を解明し、その人間的被害の実態を分析し、その根元的解決の途を探ることができるような理論的枠組みとして、社会的共通資本の考え方に到達したのでした。

社会的共通資本の考え方については、本書の他の章でもくわしく述べますが、簡単に言ってしまうと、社会的共通資本は、一つの国ないし特定の地域が、ゆたかな経済生活を営み、すぐれた文化を展開し、人間的に魅力ある社会を持続的、安定的に維持することを可能にするような社会的装置です。社会的共通資本は社会全体にとって大切な共通の財産であって、社会的な基準にしたがって慎重に、大事に管理、運営されるものです。社会的共通資本の管理、運営は市場的基準、あるいは官僚的基準によって決められるべきものではなく、あくまでも、一人一人の市民の人間的尊厳を守り、魂の自立を保ち、市民的自由が最大限に確保できるような社会を形成するという視点にたっておこなわれるものです。

社会的共通資本は、一つの国ないしは社会が、自然環境と調和し、すぐれた文化的水準を維持しながら、持続的なかたちで経済的活動を営み、安定的な社会を具現化するための社会的安定化装置といってもよいと思います。大気、森林、河川、湖沼、海洋、水、土壌などの自然環境は言うまでもなく、社会的共通資本の重要な構成要因です。公害問題は、産業的あるいは都市的活動によって、自然環境が汚染、破壊され、その機能が阻害され、直接、間接に人間に対して被害を与えるものです。したがって、公害を防ぐためには、産業的あるいは都市的活動に対して、きびしい規制をもうけて、自然環境という社会的共通資本を傷つけることがないようにすることが要請されます。そして、ひとたび公害問題が発生したときには、自然環境を汚染、あるいは破壊した企業（場合によっては、特定の個人）の責任をきびしく追及するとともに、社会的観点にたって、公害被害者の本源的救済をおこなわなければならないわけです。

社会的共通資本は、英語の Social Overhead Capital の訳語です。Social Overhead Capital という言葉は、第二次世界大戦後の経済学の教科書には出てきませんが、一九三〇年代までの教科書には、Social Overhead Capital にかんしてかなり大きな一章がもうけられていました。たとえば、その頃のもっとも標準的な入門書であるタウシッグの教科書がそのよい例です。また、一九五八年に出版されたハーシュマンの *Strategy of Economic Development*（『経済発展の戦略』巌松堂出版、一九六一年）には、Social Overhead Capital という言葉が多少異なった意味に使われています。社会的共通資本は、Social Overhead Capital の概念を一般化したものですが、伝統的な経済学、とくに新古典派経済理論の理論的枠組みのなかに組み込むことは必ずしも容易ではありません。水俣病患者にはじめて接して以来、三〇年近い期間を通じて、私の研究活動はもっぱら、社会的共通資本の考え方を発展させ、その理論的内容を精緻化して、その現実的な意味を明らかにすることに終始してきたと言っても言い過ぎではないと思います。

日本の近代経済学者は水俣病、公害問題をどのように考えてきたか

日本の近代経済学者の大部分はほとんど信仰に近いようなかたちで新古典派理論を信じていて、社会的共通資本の概念を使って、公害問題を考えようとすることに対して、ほとんど敵意に近い批判、誹謗ともいえるコメントが私に対して向けられました。これらの誹謗、中傷を取り上げて、いちいち答えることは、私の名誉を傷つけることになると思って、私は一切無視することにしました。モース上院議員の故事にならったわけです。かつてジョンソン大統領がヴェトナム戦争の軍事的拡大を強行したとき、フルブライト上院議員が、その実態を明らかにして、世論の流れを一八〇度転換した歴史的なフルブライト公聴会を開いたことがあります。その席上、当時国務長官であったディーン・ラスクがモース上院議員に向かって投げかけた悪質な誹謗、中傷の繰り返しに対して、モース上

院議員が次のように言ったのです。

I refuse to honor you by answering.

I don't want to go down the gutter with you by answering.

（私が、回答することはあなたを称えることになるので、これを拒否する。

私は、あなたと同レベルまで落ちたくはないのだ）

当時、私に直接、間接向けられた誹謗、中傷の大部分はじつは、東大経済学部の同僚たちからでした。それらはいずれも、日本の近代経済学者が水俣病、公害問題をどのように取り扱ってきたかということを端的にあらわすとともに、新古典派経済学の本源的欠陥を明らかにするものです。思い出すままにいくつか紹介しておきたいと思います。みなさんは、良識ある人々がこのような発言をするとはおそらく信じないでしょう。私自身も自分の耳を疑ったほどです。

「日本の国民が公害を選択した」

高度経済成長は国民が選択した結果であって、それにともなって、水俣病、その他の公害問題が起こったのであって、経済学者として、とやかく言うべきではない。この考え方は、近代経済学者に共通したものです。

「水俣病は自らの選択によって罹った」

水俣病患者は、自らの選択にもとづいて水俣に住み、自らの選択にもとづいて魚を食べて、その結果として、水俣病に罹ったのである。私はこの言葉を聞いて、胎児性水俣病患者の悲惨な姿を思い浮かべて、悲痛な思いに耐えられませんでした。

「こんな汚い家に住んでいるから水俣病に罹るのだ」

この非道な発言は、かつて同僚だった人が、医師から構成された水俣病の調査団に加わって、ある水俣病患者の家を訪ねたときに言った言葉です。この発言に対しては、主治医の医師の方々や支援の人々からつよい非難と抗議が出され、かれは勤めていた大学から解雇されました。

「川の上流にある工場が有毒な化学物質を川に流していて、下流の町の人々は川の水を飲料水として使っているという典型的な公害問題を解決するのに二つの方法がある。下流の町が上流の工場にお金を払って、浄化装置をつくって、川の水を汚染しないようにしてもらうか、あるいは下流の町が自分の費用で浄化設備をつくって、川の水を浄化して飲料水として使うかのどちらかである」

この、反社会的な、社会正義に反する結論は、川の水を自由財、あるいは公共財とみなす新古典派経済学の論理的結論ともいえます。川は社会的共通資本であるという立場にたつとき、市民の共通財産である川は決して汚したり、破壊してはならないわけで、当然、工場が自らの負担で浄化装置をつくって、川の水を汚染しないようにすることになります。

「原子力発電所の建設に反対するなら福井県に電力を送らないようにすればよい」

敦賀の原子力発電所の建設反対運動に対して向けられた言葉です。

「つよい奴がよわい奴をやるのは当然だ」

この言葉は、有名なソンミ事件で、小さな女の子が、全身火傷を負って血だらけになって、裸で泣きながら走って逃げるところをアメリカ兵が機関銃で集中的に乱射しているライフの表紙の写真を見て、同僚の一人が私に言った言葉です。私はつよい憤りと怒りを感じて、思わずわれを忘れてしまいました。今から数年前、その女の子が奇跡的に救われて、傷もあまり残らないで、無事に成人していることを知ったときほどうれしかったことはありません。

「人間は鼻毛を伸ばして、大気汚染に対応するから自動車公害は問題にならない」

この言葉は、自動車工業会のスポークスマン的な役割を果たしていた教授の発言です。

「空気や水の分子一億に対して有毒な化学物質の分子が一つや二つあってもまったく問題とならない」

この言葉は、ダイオキシンなどの有毒な化学物質の排出がほんの微量であっても、深刻な公害を惹き起こすという私の主張にたいするコメントです。これらの有毒な化学物質の単位はppb、pptです。一ppbというのは、空気や水の分子一〇億個に対して、有毒な化学物質の分子が一個あることを意味し、また一pptというのは、空気や水の分子一兆個に対して、有毒な化学物質の分子が一個あることを意味します。

「環境が大切というなら、日本中の水田を全部つぶして公園にすればよい」

自然環境が社会的共通資本の重要な構成要因であって、その汚染、破壊によって、日本全体の経済厚生が大幅に低下するという私の主張にたいするコメントです。

「地球温暖化はお金になりますねえ」

私が地球温暖化の問題を研究していると話したとき、経済学部の同僚が即座に言った言葉です。

「一流の経済学者は環境問題はやらない。環境問題は、三流、四流の経済学者の仕事だ。一流の経済学者は環境問題をやるとしても、片手間にやるにすぎない」

これも地球温暖化の研究を始めて間もない頃、経済学部の教授に、だれか研究の手伝いをしてくれる人はいないか相談に行ったときの言葉です。

「地球温暖化を解決するのは簡単だ。地球上にある固定化されている炭素を全部二酸化炭素として大気中にある状態に戻して、そこから出発すればよい」

この発言が何を意味しているのか、まったく理解できません。地球上にある固定化されている炭素が全部二酸化炭素として大気中にある状態というのは、ほぼ原始地球の状態で、地表温度は一六〇〇度の高温です。この発言はおそらく、地球温暖化を深刻にとらえている人々を揶揄するためにしたのだと思いますが、本人の無知と傲慢を顕現するものとなってしまったわけです。

私がはじめて、近代経済学に対する全面的な批判を公にしたのは、一九七一年一月四日の日本経済新聞に寄稿した「混迷する近代経済学の課題」と題する一文でした。じつは、この論考を書くために、私は何ヵ月も、苦悩にみちた思考をつづけなければなりませんでした。その同じ年の一二月に、アメリカ経済学会の年次総会で、ジョーン・ロビンソン教授が「経済学の第二の危機」と題するイーリー講演をして、まったく同じ立場にたって、しかしはるかに雄弁に近代経済学のおかれている危機的状況を語ったのです。

第Ⅱ部

『自動車の社会的費用』を著す

第5章　自動車の社会的費用を問う

高度成長によって豊かになったはずの日本社会は公害、交通事故などの深刻な影を抱えるようになっていた。そこに目を向けた宇沢氏は一九七四年、『自動車の社会的費用』を出版する。ロングセラーとして知られる同書の中で、自動車が走るために費やされる社会的費用を取り上げた。人々が本当の豊かさを享受するために、経済学はどうあるべきなのか。宇沢氏はそうした思索への傾斜を強めていった。

「自動車の社会的費用」を世に問う意味

わたくしは十数年間外国にいて、数年前に帰国したが、そのときに受けたショックからまだ立ち直ることができない。はじめて東京の街を歩いたときに、わたくしたちのすぐ近くを疾走する乗用車、トラックの風圧を受けながら、足がすくんでしまったことがある。東京の生活になれるにつれて、その恐怖感は少しずつうすれていったが、いまでも道を歩いているとき、自動車が近くを追い越したりすると、そのときの恐怖感がよみがえってくる。子どもたちはじきになれてしまって、あまり苦にしなくなったようであるが、毎日学校から帰ってくるまで、交通事故にあわないかと心配することが現在までつづいている。

これはわたくしがとくに臆病だということよりは、日本における自動車通行のあり方が、世界のどのような国に比べても、歩行者にとって危険なものとなっているからである。日本で、とくに大都市で育って生活している人たちにとっては、いつの間にか現在のような自動車通行のあり方は当然のこととおもわれるようになっているかもしれない。しかし、このように歩行者がたえず自動車に押しのけられながら、注意しながら歩かなければならない、というのはまさに異常な現象であって、この点にかんして、日本ほど歩行者の権利が侵害されている国は、文明国といわれる国々にまず見当たらないといってよい。

このような印象を受けるのは、わたくしだけではない。久しぶりに帰国する人々はほとんどみな、わたくしと同じような経験をしたであろう。また、日本を訪れる外国人がまず最初に感ずるのも、日本において自動車通行がいかに歩行者の権利を侵害しているか、ということであり、また、このような自動車通行を許している日本社会に対する不可解な感じであろう。かつてポール・サミュエルソン教授が日本を訪れたときに、自動車のことにふれて、「まともなアメリカ人だったら、東京の街で一ヵ月間生活していたら完全に頭がおかしくなる」という発言をした。このサミュエルソン教授の言葉に、他の外国人もおそらく共感を覚えているにちがいない。ただ、サミュエルソン教授のように遠慮のない発言をしないだけであろう。

日本における自動車通行の特徴を一言でいえば、人々の市民的権利を侵害するようなかたちで自動車通行が社会的に認められ、許されているということである。ところが、自動車通行にかぎらず、すべての経済活動は多かれ少なかれ、他の人々の市民的権利になんらかの意味で抵触せざるをえないのが現状である。このことは、産業公害の例を出すまでもないことであろう。むしろ、経済活動にともなって発生する社会的費用を十分に内部化することなく、第三者、とくに低所得者層に大きく負担を転嫁するようなかたちで処理してきたのが、戦後日本経済の高度成長の過程の一つの特徴でもあるということができる。そして、自動車は、まさにそのもっとも象徴的な例である。

もっと一般的に言えば、社会的費用の発生は資本主義経済制度のもとにおける経済発展のプロセスに必ずみられる現象である。ところが、経済学の分野で、社会的費用あるいは外部不経済という問題が整合的な理論体系のなかで論究されたことはなかったといってよい。もちろん、外部不経済にかんしてはセシル・ピグーの古典的貢献をあげることができるし、またソースティン・ヴェブレンもこの点にかんして基本的な考え方を提供している。しかし、ピグーやヴェブレンたちの貢献は必ずしも経済理論のなかに整合的なかたちで組み込まれてこなかった。外部不経済あるいは社会的費用の問題は例外的な現象としてとらえられ、依然として正統的な経済理論の枠外に位置している。

戦後日本経済の高度成長のプロセス、あるいは自動車の社会的費用というような問題を分析しようとするとき、どうしても正統的な経済理論の限界に突き当たらざるをえなくなる。ここで正統的な経済理論というときには、日本でいう近代経済学の理論的支柱を形づくっている新古典派理論を指すが、この正統的な経済理論はたんに日本社会に特有なこれらの問題を十分解明することができないだけではない。世界の多くの先進工業諸国で現在起こりつつあるさまざまな経済的現象は、もはやこの正統派理論の枠組みの中で分析することができなくなってきた。ジョーン・ロビンソン教授は、経済が現在直面しているこの状況をいみじくも「経済学の第二の危機」と呼んだのであるが、ケインズ経済学を生みだした一九三〇年代の「経済学の第一の危機」に匹敵するような意味を、現在の状況はもっているといってよい。

わたくし自身、この数年間にわたって、公害、環境破壊、都市問題、インフレーションなどの現代的課題を取り扱うとき、新古典派の理論体系の構築を試みるという困難な作業をつづけてきた。本書では自動車の社会的費用をどのように考えたらよいか、という問題に焦点を当てながら、これまでの作業の一端を紹介することにした。自らの試行錯誤のプロセスをこのようなかたちで発表することに対してわたくし自身強い抵抗を感じないわけにはゆかない。とくに自動車の社会的費用にかんする研究と新古典派経済学に対する理論的検討と二つの作業をほぼ同時に進めながら、しかも両方とも未完成の段階で発表することについて大いに躊躇せざるをえなかった。しかし、自動車の社会的費用は現在多くの人々が強く関心をもっている問題であり、わたくしのこれまでの思考の過程がなんらかの意味で参考になれば、という気持ちから、あえて本書を上梓することにした。

自動車の普及の代償

自動車の普及ほど、戦後日本の高度経済成長の特徴を端的にあらわしているものはないであろう。住宅環境は依然として貧しく、教育などの文化的施設は内容の乏しいままに放置され、医療など社会的施設にも十分な資源が投下されていない。また自然は荒廃し、都市からは緑が年々失われるにまかせてきた。それに反して、つぎからつぎに建設される大規模な高速道路には膨大な資源が投下され、鉄骨をふんだんに使った頑丈そのものという構造をもつ道路桁をいたるところにみかける。人々の住む家は崩壊し、消失しても、高速道路だけはいつまでも存続しつづけるであろう。また、狭い裏通りまで厚く舗装され、自動車通行はますます便利になってきて、人々はこぞって自動車を求め、運転することに生きがいを感じているようにみえる。その結果、自動車の保有台数は年々きわめて高い率で増えつづけて、自動車および関連産業が日本経済のなかで占めるウェイトは圧倒的な大きさとなってきた。

都市・自然環境の貧しさと自動車関連の施設に投下された社会的・私的資源の膨大さとの対照において、日本と肩を比べることのできる国は、いわゆる先進工業諸国のなかに見出すことはむつかしい。

人々が競って自動車を購い、利用することをなにもことさら取り上げて論ずる必要はない。わたくしにはその資格もないし、その意図ももたない。各人が汗を流して得た収入をどのように使おうと、それは人それぞれの価値判断にもとづくものであって、人々が自らの嗜好にもっとも適した生活をおこなうことができるということ自体、市民社会の発展のもっとも重要な契機でなければならないことは、いまさらここにくり返すまでもない。

しかし人々が自動車を使用するときには、たんに自動車購入のための支払いやガソリン代などという私的な資源の利用に対する代価だけではすまされない問題が起きてくる。すなわち、自動車を使用するときには必ず道路という社会的資源を使わなければならないが、道路は一般には人々が生活してゆくために欠くことのできない、都市環境のもっとも重要な構成要因であるからである。したがって、自動車利用は、道路という社会的資本の使用を媒介として、一般市民の生活に必然的に大きな影響を与えないわけにはゆかない。

しかも日本の社会のように、市民の基本的生活をゆたかにするという目的のもとに道路の建設がおこなわれるというよりは、むしろ自動車通行を便利にするということに重点がおかれてきたところでは、自動車通行が市民生活に与える被害はもはや無視できないものになっている。このとき、自動車を所有し、運転することは、各人が自由に自らの嗜好にもとづいて選択できるという私的な次元を超えて、社会的な観点から問題とされなければならない。

ミシャンはその著『経済成長の代価』（都留重人監訳、岩波書店、一九七一年）のなかで、自動車をピストルに喩えてこの間の事情を説明しているが、自動車所有によって大きな社会的費用の発生しているときには、各人の選択の自由がどのような社会的意味をもつのか、ということについても反省をせまられてくる。

つい先だっても、家の近くの道路で、小学生が学校の帰りに自動車に轢かれて死亡するという事故があった。駅に通ずる比較的通行量の多い道路であるが、東京の多くの道路にみられるように、歩道と車道との分離がおこなわれていない。その小学生は、かなりのスピードで走ってきた自動車とブロック塀との間にはさまれて、全身の血を失うかというほどの出血で、病院に運ばれたときにはすでに死んでしまっていたのである。事故の現場には数日間、花が供えられていたが、今ではその事故はすっかり忘れられてしまって、自動車がはげしく警笛をならしながら、歩行者を押しのけて走っている。

このような自動車事故はいま日本国中でいたるところにおきていて、事故にあった被害者本人だけでなく、その家族、友人の悲しみははかりしれないものがあるが、その悲惨さに対する人々の感覚はすっかり麻痺してしまっているようにみえる。自動車事故による死亡者が年々二万人にも達し、一〇〇万人近い負傷者がでているにもかかわらず、歩・車道も分離されていない欠陥道路に依然として自動車の通行が許されている。そして、都市と農村とを問わず、子どもたちにとって、自動車をさけるという技術を身につけることが、生きてゆくためにまず必要となっている。これまで貴重な遊び場だった街路は自動車によって占有され、代替的な遊び場もない。学校でも家庭でも、自動車に注意するようにまず最初にしつけられる。このような非人間的な状況をわたくしたちはどのように理解したらよいであろうか。

バーナード・ルドフスキーはその著『人間のための街路』(平良敬一・岡野一宇訳、鹿島出版会、一九七三年)で、アメリカの都市における街路は人間のためではなく、ハイウェイと駐車場として自動車のためのものとなってしまったことを指摘し、これはアメリカ特有の現象であって、旧大陸や東洋にはもっと人間的な街路が存在していたということを主張している。ルドルフスキーは歩道に対しても痛烈な批判を試み、つぎのように言っている。「歩道は一方を建物、もう一方を死の危険を伴う道路に挟まれた安全性の疑わしい地帯である。しかし、現代の都市住民はそれを当然と感じている。この狭い小道を通るのはまるで道の両側から拷問を受けているようなものであるのに、歩道といえばこれしか知らないからかれらはそれを屈辱と感じないのだ……」(同書、二七〇ページ)。ルドルフスキーは、歩道も存在しない多くの日本の都市における街路に自動車が歩行者を押しのけて走っているのをみて、どのように感ずるであろうか。

日本ではもはや、子どもたちがのびのびと街を歩き、学校に通い、遊びにゆくということはできなくなっている。たえず自動車に注意するようにしつけられ、おどおどとした態度で道を歩かざるをえなくなっている。子どもたちがこのように絶えず自動車に注意するように歩いているにもかかわらず、日本における交通事故による子どもたちの死傷は、世界のどの国に比べてみても、比較できないほど多い。たとえば、一九七〇年の統計によれば、日本における交通事故の犠牲者の約二〇%が子どもと一〇代の若者によって占められている。

このように、人々が自由に安全に都市の街路を歩き、田舎の道を歩くことができないような国を、はたして文明国といってよいであろうか。たしかに、日本の場合、街路を歩いていて、殺人・強盗などにあうことは少ない。都市人口当りの統計をみても、日本の都市の多くは世界でもっとも安全であるといってもよいであろう。たとえば、一九七三年の統計をとってみても、アメリカの都市のいくつかについて、人口一〇万人当たり五〇人近くの殺人があったとされているが、東京の場合わずかに数人程度である。

日本の都市はこのようにアメリカの都市よりはるかに安全であるが、日本の都市における歩行者が直面する自動車による危険性は比較できないほど大きい。それはたんに、自動車に轢かれて死傷するという、直接に被害を受けるものだけでなく、排ガス、騒音などによる公害の悪影響のもとで生活しなければならなくなっているということを考えに入れると、その危険性はさらにいっそう大きなものになる。

日本における可住面積当たりの自動車の保有台数は異常に高く、たとえばアメリカの約八倍であるということを考えると、窒素酸化物、炭素酸化物など有毒な物質を含む排ガスを大量に放出しながら、人家の密集した狭い街路を疾走する自動車が、公害現象を通じて市民の健康をどれだけ破壊しているか、たんに有毒物質の物理的排出量ではかれない深刻な問題を提起している。

同じようなことは自動車通行にともなう騒音・振動という公害現象にもみられることである。東京の環状七号線に典型的にみられるように、道路のふちぎりぎりに家屋の密集しているところに、日夜を問わず自動車通行が大量におこなわれているが、その騒音・振動によって住民の生活がどれだけ破壊されているか、はかりしれないものがあろう。日本よりはるかに道路の幅も広く、家屋も余裕をとって建てられているアメリカやイギリスにおいても、騒音公害が住民の健康に及ぼす影響の深刻さがはやくから指摘されている。

さらに指摘しなければならないのは、自動車の普及にともなう交通犯罪の増加である。交通犯罪のほとんどは自動車に関連するものであるが、年々その犯罪件数は高い率で増加しつつあり、しかもそのうち少年犯罪の占める割合がきわめて大きい。そのうえ、殺人・強盗などの凶悪犯罪もまた自動車を利用してはじめて可能となるような性格のものがふえてきている。

また、観光道路の建設と自動車通行にともなう自然環境と社会環境との破壊も無視することができない。もともと観光道路は自然の美しさを求めて建設されるものであるが、そのような自然は観光道路の建設によって失われてゆく。観光道路と自然の美しさとは根本的に矛盾するものだからである。

自動車の通行によって、都市環境は破壊され、自然は汚染されてきた。そして、市民生活の安全を脅かし、社会的な安定性は失われつつある。しかし、自動車通行の及ぼす社会的害毒が大きいにもかかわらず、自動車の保有台数は依然として増加する長期的な趨勢をもち、年々膨大な資源が、自動車の生産、道路の建設に向けられている。

このような現象に対して、自動車を利用するときに得られる便益の大きさを指摘し、この便益を求めて人々が自動車保有を望むからであるという説明が、往々にしてなされている。そして、政府は道路の建設・改良によって、自動車利用にともなって発生する便益をさらに大きなものとするように、公共投資の配分をおこなうべきであると主張する人々もいる。

しかし、このような主張をする人々は、上にあげたような自動車通行にともなって発生する社会的害毒をどのように考えるのであろうか。この点について、往々にして公共投資の配分にかんするコスト・ベネフィット分析が援用されることがある。道路建設あるいは自動車通行について、この分析の考え方を説明すればつぎのようである。たとえば、ある道路の建設をするとき、自動車通行によって人々がどれだけの経済的便益を享受できるか、ということをなんらかの方法で測り、それらを集計して社会的便益の大きさが推定される。それに対して、道路の建設・

維持に対してどれだけの希少資源が投下されなければならないか、という額に、自動車通行によってどれだけの被害が発生するかに対する評価額を加えて、社会的費用が計測される。そして、社会的便益が社会的費用をどれだけ上回っているかによって、道路のルートなり規模なりを決めようというのがコスト・ベネフィット分析の基礎にある考え方である。

のちに説明するように、道路建設および自動車通行にともなって発生する社会的費用は、自然環境および都市環境の汚染・破壊を通じて起きると考えられる。このような環境破壊によって発生する被害は、所得水準の高い人ほど主観的に大きなものとなるとみてよいから、所得水準の高い地域ほど社会的費用も大きくなる。これに反して、平均的所得水準の低い地域では私的消費量も少なく、環境破壊による主観的損失も小さくなる。いまたとえば、所得水準の高い地域Aと低い地域Bとがあって、あるキャパシティをもった道路をこのどちらの地域に通すか、という問題を考えてみよう。道路建設・維持にかんする直接的な費用および道路から得られる社会的便益は、AルートとBルートとのどちらの場合にもまったく等しいと仮定する。このとき、上に述べたように、富める地域Aの方が貧しい地域Bより社会的費用が大きくなる。したがって、コスト・ベネフィット分析を適用して道路計画をたてれば当然Bルートが選択されることになる。この結果、B地域ではその環境が悪化して、住民の実質的生活水準はさらに低くなる。

このコスト・ベネフィット分析的な考え方にしたがうとき、たとえどのように大きな社会的費用を発生したとしても、社会的便益がそれを大きく上回るときには、望ましい公共投資として採択されることになり、実質的所得分配はさらにいっそう不平等化するという結果をもたらす。日本における道路建設投資の推移をながめるとき、このようなコスト・ベネフィット分析的な基準が支配していたといっても過言ではない。

自動車による市民的権利の侵害

しかし、交通事故によって人命が損傷され、公害現象によって市民の生活が脅かされるというような社会的費用を惹き起こしている自動車通行にかんして、このコスト・ベネフィット分析的な基準を適用しようとするのは、市民社会の重要な前提条件を否定するものである。

近代市民社会のもっとも特徴的な点は、各市民がさまざまなかたちでの市民的自由を享受する権利をもっているということである。このような基本的な権利は、たんに職業・住居選択の自由、思想・信条の自由という、いわゆる市民的自由だけでなく、健康にして快適な最低限の生活を営むことができるという、いわゆる生活権の思想をも含むものである。このような基本的権利のうち、安全かつ自由に歩くことができるという歩行権は市民社会に不可欠の要因であると考えられている。

近代市民社会の特徴はさらに、他人の自由を侵害しないかぎりにおいて、各人の行動の自由が認められるという基本的な原則が守られているということであるが、自動車通行によってまさにこの市民社会におけるもっとも基本的な原則が破られている。すなわち、自動車通行によって、歩行者の安全を阻害し、住宅環境を汚染・破壊しているにもかかわらず、あえて自らの私的な便益を求めて自動車を使用している。そして、そのとき発生する被害が無視できないようになっているにもかかわらず、その点に十分な配慮がなされていないのである。このことはまた、社会的秩序の形成・維持の面においても、人間意識の内面にかかわる点においても、きわめて深刻な問題を提起してきたということができよう。最近、西欧諸国で自動車のあり方に対して強い反省が起きてきたのは、自動車を中心とする社会では、まさに近代市民社会を支えてきたこの市民的自由の原則が侵害されつつあるという危機意識がその背後にあると考えてもよい。このような危機意識を象徴するものとして、アリスデアー・エアードの *The*

Automotive Nightmare (Hutchinson of London, 1972、タイトルの意味は悪夢の自動車）をあげることができる。イギリスの自動車専門誌『モータリング・フィッチ』（*Motoring Which?*）の編集に永年たずさわってきた著者が、自動車のもたらした社会的問題の深刻さの故に、ついに自らの職業をかけて、自動車にかかわるあらゆる面についての批判を試みたのであるが、エアードのつぎの言葉は印象的である。

「わたくしは自動車に魅了されてしまっていることを否定はしない。自動車なくしてはわたくし自身の職業も存在しえないし、また自動車によってはじめてすばらしい楽しみを享受することができた。しかし、このような便益に対して、わたくしたちは代償を払わなければならない。しかも、その代償はわたくしたちにとって、もはや支払いきれないほど高いものになってきた。現在まで、わたくしたちはたんにそのほんの一部を支払ったにすぎず、将来コストがどれだけ高くつくか、想像することができない。いま確実に言えることは、そのコストがわたくしたちの多くが現在気付いているよりはるかに高くなるであろうということだけである。」（同書、一〇ページ）

ところが、日本の社会においては、自動車は欧米諸国とは比較にならないほど深刻な問題を提起している。もともと市民的自由にかんして明確な意識が形成されるまえに、きわめてはやいテンポで重化学工業化が進められ、高度経済成長がつづけられてきた。とくに自動車のもつこのような非社会的な側面に対しても、十分な社会的対応策がとられないまま、自動車の普及は諸外国にその比をみないようなはやさで実現してきたからである。したがって、日本の場合、欧米諸国よりはるかにおくれたかたちでしか、自動車にかんする社会的費用の内部化がなされてこなかったといえよう。このことによって、逆に自動車の所有・使用がきわめて低廉なコストでおこなえることになり、さらに自動車の普及を促進させてきたという結果となって現われてきた。

第6章 自動車の社会的費用と経済学

宇沢氏は、市場の機能を重視する新古典派経済理論が切り捨ててきた外部不経済の問題に切り込んだ。数理経済学者としてアメリカで名を上げた宇沢氏は、自動車の社会的費用を計測するために社会的共通資本という概念を持ち出した。その後、社会的共通資本の考え方は、宇沢経済学の基軸として展開される。

自動車の社会的費用と経済学の課題

日本の社会は、自動車を使用することがどのような社会的費用を発生させているか、ということに十分な配慮をおこなわないまま、各人がそれぞれ自らの便益をのみ追求しようとする一般的傾向を生みだしてきた。このとき発生する社会的費用は、交通事故、公害問題などのかたちで、第三者または社会一般に転嫁されることになり、所得分配の実質的配分をさらにいっそう不平等なものとし、市民が基本的生活を営むことをさらにいっそう困難なものとしつつある。

このような悪循環のプロセスを断ち切って、より安定的な経済社会を構築することがはたして可能であろうか。この設問は現代経済学に課せられたもっとも重要な問題の一つであるが、まだ説得力のある明快な回答はだされていない。

この点にかんして、現代経済学、とくに近代経済学といわれている理論の枠組みのなかで、自動車の社会的費用というような問題を十分に解明することがはたして可能であろうか、という根本的な疑問が提起されざるをえない。というのは、近代経済学の理論的支柱を形成しているのは新古典派の経済理論であるが、新古典派の理論的枠組みのなかでは、一般に社会的費用を発生するような経済現象を整合的に分析することは、その理論的前提からの制約によってすでに不可能であるといってもよいからである。

新古典派経済理論の性格については、のちに説明することにしてここでは言及することをさけたいが、自動車の社会的費用というような問題を考察するときにまず問題とされる点を二つだけあげておきたい。

第一の点は、新古典派の理論は、厳密に純粋な意味における分権的市場経済制度にのみ適用され、そこでは生産手段の私有制が基本的な前提条件となっているということである。したがって、自動車の問題を考えるときにまず取り上げられるべき道路という社会的な資源については、その役割を十分に解明しえないような理論的枠組みをもっている。

第二の点は、新古典派理論では人間をたんに労働を提供する生産要素としてとらえるという面が強調され、社会的・文化的・歴史的な存在であるという面が捨象されている、ということである。したがって、自動車通行によって基本的な生活が侵害され、市民的自由が収奪されている、という自動車の社会的費用のもっとも重要な側面に十分な光を当てることができない。

新古典派経済理論のこの限界は、自動車の社会的費用の問題についてだけではなく、都市問題、公害、環境破壊、さらにはインフレーションなどという現代社会においてもっとも深刻な社会的・経済的問題を惹き起こしている現象についても妥当し、これらの現象を解明するための理論的枠組みを提供していない。

新古典派の経済理論が、このような非現実的な前提条件のもとに構築されていながら、長い期間にわたって経済学の理論的支柱を形づくってきたのは、どのような事情にもとづくのであろうか。そのもっとも大きな要因として、新古典派理論が、個々の経済主体の合理的行動にかんする公準から出発して、市場均衡のプロセスを定式化して組み立てられた、唯一の形式論理的に整合的な理論体系である、ということがあげられよう。形式論理的な整合性ということは、必ずしも現実的妥当性をもつということを意味しないが、経済学的な立場からの論証をおこなうためには、最低限要請されることでなければならない。

さきにあげたような現代社会に起きているさまざまな現象は、程度の差はあっても、日本をはじめとして世界の多くの国々にとって共通のものであり、それぞれ大きな社会的問題となっている。したがってこのような現象を解明できるような理論的枠組みの構築は多くの経済学者によって試みられてきた。しかし、これまでのところ、新古典派理論に匹敵しうる一般的妥当性と論理的整合性をもつ理論体系は残念ながら作られていない。

本書は、自動車の社会的費用という問題について、主として経済学的な側面からの分析を試みるものであるが、ここに述べたような事情もあって、経済学者の間で一つの共有財産となっている考え方を紹介するという性格のものではない。むしろ、自動車の社会的費用という問題を通じて、現代経済学の理論的前提にどのような問題点が存在し、どのような修正が必要とされているのか、ということを考えてゆこうとするものである。現実の経済社会における経済循環のメカニズムをどのように分析したらよいか、という問題について、わたくし自身これまで試行錯誤のプロセスを繰り返してきたのであるが、ここではその一端を紹介し、自動車の社会的費用をどのようにして計測したらよいか、という問題に対して一つの方式を提示したい。

社会的費用の内部化は、結局、歩行、健康、住居などにかんする市民の基本的権利を侵害しないような構造をもつ道路を建設し、自動車の通行は原則としてそのような道路にだけ認め、そのために必要な道路の建設・維持費は適当な方法で自動車通行者に賦課することによって、はじめて実現する。

このとき市民の基本的権利を侵害しないような道路とは、つぎのような構造をもつものと考えてよいであろう。まず、歩道と車道とが完全に分離され、並木その他の手段によって、排ガス、騒音などが歩行者に直接被害を与えないような配慮がされている。と同時に、住宅など街路側の建物との間もまた十分な間隔がおかれ、住宅環境を破壊しないような措置が講ぜられる必要がある。また、歩行者の横断のためには、現在日本の都市で使われているような歩道橋ではなく、むしろ車道を低くするなりして、歩行者に過度の負担をかけないような構造とし、さらに、センターゾーンを作って、事故発生の確率をできるだけ低くするような配慮をしなければならない。

この道路の構造は、自動車についてどのような公害防止装置が用意されているか、に依存する。排ガス、騒音にかんする規制がきびしければきびしいほど、道路の構造にかんする基準はゆるくなることはいうまでもない。

このような市民の基本的権利を侵害しないような構造をもつ道路を建設し、維持するためにどれだけ費用がかかるか、を計算し、自動車通行者の現実の負担額を差し引いた額を、自動車通行にかんする社会的費用の一つの尺度としようというのである。

自動車の社会的費用を計る

自動車は火薬とならんで、人類の発明のなかで、もっとも大きな害毒をもたらしたものである。自動車は、広範にわたって、自然環境を汚染、破壊し、人間の生命と健康を傷つけ、人々の生活を破壊し、人間的関係を不安定なものにしてきた。自動車の普及にともなって、犯罪量は飛躍的に増大し、その質も飛躍的に悪化してきた。自動車事故や自動車を使った犯罪の犠牲になって、もし自動車がなかったらと嘆く両親、子どもたちが年々ふえている。

世界全体で、毎年五〇万人の生命が失われるという、この被害の大きさをはかったものが自動車の社会的費用である。自動車の社会的費用の大きさをどのようにしてはかったらよいかについてはいろいろな考え方がある。自動車の社会的費用について、日本で最初に計測したのは、一九七〇年、運輸省によっておこなわれたものである。運輸省の計測は、一九六三年から一九六八年のデータについてなされている。まず最初に、交通安全施設の整備にどれだけ費用がかかったかを計算する。踏切道の立体交差化、信号機の設置、歩道や横断歩道橋、さらに児童公園の整備が主な項目である。つぎに、自動車事故による損失額を求めるわけであるが、運輸省の計測ではつぎのような方法がとられている。いまある人が自動車事故で死亡したとする。もしかりにその人が事故にあわないで、天寿を全うしたとすれば、一生を通じてどれだけ所得を得たかを推計し、その割引現在価値を計算して、死亡損失額とする。この考え方によれば、所得を得る機会をもたない老人が自動車に轢かれて死亡したときの死亡損失額は0である。むしろ、老人の場合、医療費がかかるから、その分を計算に入れると、死亡損失額はマイナス、つまり、プラスの死亡便益額が発生するという非倫理的な計算になるわけである。

運輸省の計測は、一人一人の死亡者について、その死亡損失額を計算するのではなく社会的な平均をとっている。自動車事故による死亡者の平均年齢は、一九六三年度の場合、三九歳、平均寿命七〇歳として、将来の所得は、その年度の一人当たりの国民総生産額（GNP）とし、割引率はGNPの成長率をとっている。また、自動車事故による負傷者の損失額として、医療費と賠償責任額のうち自己負担分だけをとっている。そのほかに、自動車事故による物的損失額、また交通警察費などが計上されている。

これらの項目をぜんぶ足し合わせたのが自動車の社会的費用で、一九六八年度については、一六四九億円という額が出されている。この年の自動車保有台数は約二三〇〇万台であるから、自動車の社会的費用は一台当たり約七万円というのが運輸省による計測である。

この計測例では、大気汚染、騒音、振動などという公害問題については、その社会的費用は正確に計測することは不可能だという理由で、計上されていない。のちに、野村総合研究所が公害問題も含めて自動車の社会的費用を計算して、一台当たり約一八万円となっている。

この、運輸省による自動車の社会的費用の計測に対して、自動車工業会から研究費をもらって反論を試みた人物がいる。一九七一年八月一五日の日経新聞に発表されたものである。その主張はまず、運輸省が自動車の社会的費用のなかに、児童公園や歩道橋の整備を入れていることを批判する。児童公園、歩道橋、さらには交通警察などは、自動車の普及とはまったく無関係であって、当然整備しなければならない施設だというのが、その言い分である。日本の道はもともと、歩行を中心に考えられ、つくられてきた。幅もせまく、折れ曲がっている道が大部分である。かつては、子どもたちは道で遊んだり、通学を楽しんだ。ところが、自動車がせまい道に侵入してきて、子どもたちの通学が大へん危険なものとなり、道で遊ぶということは考えられなくなってしまったのである。児童公園は自動車の普及によって止むを得ずつくらなければならなくなったわけである。

また、自動車工業会は、歩道橋の整備についても、自動車の普及とは無関係だと主張しているが、これはとんでもない言い分である。日本ではいたるところ、幅のあまり広くない道に、巨大な歩道橋がつくられている。老人や子どもにとって、歩道橋を渡るのはこの上もなく危険なことである。世界中、文明国といわれる国々で、このような歩道橋をみかけることはまずあり得ない。そのほかにも、自動車を自分で運転して事故にあった人は、自動車事故の危険を当然計算に入れて運転しているはずだから、その被害は、自動車の社会的費用から取り除くべきだというとんでもない主張もしている。このようにして、自動車の社会的費用は、運輸省のいうような七万円という額を大幅に削減して、六六二二円という結論を出している。

運輸省の計測方法でも、自動車事故による死亡、負傷の被害を、たんなる経済的損失だけに限定するという点で、非人間的な性格をもっている。自動車工業会から研究費をもらった人物の主張は、さらに非倫理的なものであったのである。

野村総合研究所の一八万円、運輸省の七万円、自動車工業会から研究費をもらった人物の六六二二円という数字をならべてみると、自動車の社会的費用のもつ社会的、人間的な意味が浮き彫りにされるといってよい。

自動車の社会的費用を正確にはかることができるのであろうか。この問題に対し社会的共通資本の考え方を使って、私なりの解答を与えたのが、一九七四年に刊行された『自動車の社会的費用』（岩波新書）である。じつは、社会的共通資本の考え方はもともと自動車の社会的費用を正確にはかるために考え出した概念であった。その結果、たとえば、当時の東京都を例にとると、自動車一台当たり、どんなに少なく見積もっても、一年当たり、二〇〇万円になる。同じ頃、あるアメリカの学者がニューヨークの場合についておこなった計測結果が自動車一台当たり一年間の社会的費用が一万ドル（三六〇万円）であった。

住みやすい、人間的な都市をつくるためには、都市の設計、その使い方、都市での生活すべての点で、自動車の社会的費用を充分考慮に入れることが何より大切であることを改めて強調しておきたい。

自動車の社会的費用の内部化

いま、歩行、健康、住居などにかんする市民の基本的権利の内容について、ある社会的合意が成立しているとしよう。自動車の通行をこのような市民的権利を侵害しないようにおこなおうとすれば、道路の建設・維持にどれだけの追加的な費用を必要とし、自動車の無公害化のためにどれだけの投資をしなければならないか、ということを計算する。この額は、道路がどれだけ稠密であるか、自動車の無公害化がどこまで技術的に可能であるか、等々の事情に依存することはいうまでもない。

この追加的な投資額に、現在の道路建設費を加え、自動車通行者が負担している額を差し引いたものが、ここで定義しようとする自動車通行の社会的費用である。なお、道路のキャパシティに限界があって混雑現象がおこるときには、その混雑にともなう限界的社会費用を自動車通行者に賦課し、この点にかんしては社会的費用の内部化は完全におこなわれているとする。

日本の多くの都市においては、市民の基本的権利を侵害しないような構造をもつ道路を建設することは、物理的に不可能な場合が多く、また、現存する住居の移動など社会的に大きな障害が存在する。このようなときには、自動車通行の社会的費用は無限大、ないしはきわめて大きいと考えられる。

さて、自動車通行の社会的費用の内部化ということは、ここに定義された社会的費用を自動車通行者が適当な方法によってすべて負担するときに実現される。すなわち、自動車通行は市民の基本的権利を侵害しないようなときにのみ許され、しかも、そのような道路建設なり交通安全施設の整備・維持費がすべて自動車通行者によって負担されているときにはじめて、自動車通行にかんして社会的費用が内部化されたということができる。

市民の基本的権利を侵害しないような道路とは、つぎのような構造をもつものでなければならない。まず、歩道と車道とが完全に分離され、しかも並木その他の手段によって、排ガス、騒音などが歩行者に直接に被害を与えないように配慮される必要がある。また、歩行者の横断のためには、現在日本の都市で作られているような歩道橋ではなく、むしろ車道を低くするなりして、歩行者に過度の負担をかけないような構造とし、さらに、センターゾーンを作ったりして、交通事故発生の確率をできるだけ低くする配慮をすることが要請される。と同時に、住宅など街路に沿った建物との間にもまた十分な間隔をもうけ、住宅環境を破壊しないような措置を講じなければならない。

さて東京都建設局の調べによると、一九七三年四月一日現在で、東京都において自動車通行が可能とされている公道は延長二万一〇六一キロメートルで、面積一一四平方キロメートルを占めている。したがって、平均して幅五・五メートル弱の道路に自動車が通っていることになる。

このうち、車道の幅が七・五メートル以上の道路延長は三〇一二キロメートルで、全体の一四・三％、約七分の一にすぎない。幅が五・五メートル以上の道路をとってみても延長六八八二キロメートルで、全体の三二・七％、約三分の一を占めるにすぎない。

しかも、東京都の道路については、さきに述べたように、歩道と車道とが分離されているのは、ごくわずかの部分にすぎない。

そこで、このような自動車通行を許されている道路について、その幅を拡げて、さきにふれたような市民の基本的権利を侵害しない構造に変えることが可能であるとして、そのためにどれだけ費用がかかるか、ということをみてみよう。

まず、歩道を車道から物理的に分離する必要がある。そのためには少なくとも、道路の幅を両側に四メートルずつ拡げなければならないであろう。しかし、歩道と車道とを物理的に分離しただけでは歩行者の権利を守ることはできない。排ガス、騒音など自動車通行にともなう公害現象によって、歩行者の健康が侵されないような配慮をする必要がある。そのためにはヨーロッパの多くの都市にみられるように歩道と車道との間に緩衝地帯をもうけ、並木を植えたりしなければならない。このような措置は、自動車通行による排ガス、騒音などを防止するための装置がどれだけ開発され、無公害化されているかに依存する。無公害化が進めば進むほど、上のような緩衝地帯の幅は狭くてもよくなる。しかし、完全な無公害化は望みえない以上、緩衝地帯なり並木なりは必ず用意されなければならないであろう。

また、歩行者の構断のためには、現在の施設とくに歩道橋などが、歩行者の基本的権利を侵害するものであることはいうまでもない。そこで、車道の位置を歩道より低くして、階段を使用しないで安全に横断できるような施設を用意する。または、ストックホルム市などで実際に採用されているように、歩道を交差点で中断しないでそのまま連続して通し、逆に車道を中断するという方式をとることが望ましい。自動車通行をいっそう不便なものとして、市内における自動車通行をできるだけ少なくするという副効果ももっているからである。

しかし、自動車の通行がおこなわれるようになって生じた子どもたちの遊びの場としての街路の喪失は、ここであげたような方法によっては解決できない。児童公園などの施設を代替的に用意することができようが、街路ほど十分な、しかも魅力的な遊びの場としての機能を全部は代替しえない。したがって、道幅の狭い街路の多くについては、自動車の通行を禁止するよりほかに手段はないであろう。

さらに、住民の生活環境を破壊しないようにするためには、道路と住居との間に緩衝地帯を設ける必要がおこってくる。この緩衝地帯をどのくらいの幅にし、どのような構造にすべきか、ということは、自動車の通行量、無公害化の程度などに依存し、その地域ごとに異なったものになる。

さて、東京都の場合、自動車通行を認められているこの二万キロメートル延長の道路について、その幅を拡げて歩道と緩衝地帯とをつくり、市民の基本的権利を侵害しないような構造をもった道路に変えることが、仮にできたとしよう。もちろん、このような道路の拡張は現実には不可能であろうが、二万キロメートル延長の道路に自動車通行が許されているという現状で、どれだけの社会的費用が発生しているか、その尺度を求めるために、このような道路の構造が仮に可能であるとしたら、どれだけの費用がかかるかをみようとするのである。

このような道路の構造変更について、少なくとも道路幅を現在のものより片側に四メートル、両側で八メートル拡げなければならないということは、さきにみた通りである。もちろん、この八メートル拡張というのは最小限であって、排ガスなどの公害や、子どもの遊びの場としての街路の喪失というような損失を相殺することは、とうていできない。

さて、八メートル拡張して、歩道および緩衝地帯整備のために、用地費および建設費がどれだけかかるであろうか。非常に大ざっぱな数字として、用地費と建設費とで仮に一平方メートル当たり一五万円としてみれば、東京都の二万キロメートルの道路についてのこのような道路構造の変更に対して、二四兆円の投資を必要とする。いま、この道路網を利用する自動車の台数を二〇〇万台とすれば、この二四兆円という投資額は自動車一台当たり一二〇〇万円となる。これはつぎのようなことを意味する。

いま仮に、二四兆円の投資をおこなって、東京都の道路構造を改造すれば、一応、市民の基本的権利を侵害しないような自動車通行が可能になる。したがって、自動車一台当たり、いま一二〇〇万円の投資をしておけば、この道路を使用しても社会的費用を発生しないということになる。

自動車通行にかんして、社会的費用の内部化という問題を考えるとき、自動車利用者がガソリン税、重量税などのかたちでどれだけ私的費用を上回る額を負担しているか、という点を考慮しなければならない。この問題を考えるために、自動車関係諸税からの税収額と、一般道路に対する国と地方公共団体の投資額を比較してみよう。たとえば一九七二年について前者は一兆五千億円であるのに対して、後者は一兆六千億円で、道路投資の九三%は自動車関連に対する税収から賄われていると考えてもよい。この比率は多少変動はあってもここ数年にわたってほぼ安定的であるから、大ざっぱにいって道路投資は自動車関係の税収とほぼ同じ程度の額であるといってもよいであろう。

この社会的費用をどのようなかたちで自動車通行者が負担したらよいか。もっとも単純な方法として考えられるのは、一二〇〇万円という投資額に対する年々の利息分を、自動車一台当たりについて年々賦課する方法である。この一二〇〇万円を他のもっとも生産的な用途に向けたときに、実質で一〇%の収獲率を生みだし、物価水準の平均上昇率を六%とすれば、名目利子率は一六・六%となるから、自動車一台当たりの年間賦課額は約二〇〇万円となるであろう。

もちろん、この数字はたんに仮説的なものにすぎないが、東京都における自動車の社会的費用の大体の大きさを知るために一つの尺度となりうるであろう。もし自動車一台に対して年間二〇〇万円が社会的費用税として賦課されたとすれば、自動車保有台数は著しく減少し、二万キロメートル延長の道路網はほとんど利用されなくなるであろう。また、東京都における二万キロメートル延長の道路のうち、たとえば、幅員五・五メートル以下の道路について原則として自動車通行を認めないとし、残りの道路にかんして上にあげたような構造変換の工事をしたとしよう。五・五メートル以上の道路延長は全公道の約三〇％であるから、総投資額約七兆円となり、自動車一台当たり年間六〇万円となるであろう。このように自動車通行の社会的費用は、道路利用にどのような直接規制が課せられているかということと、自動車保有台数が何台であるかということに依存する。逆に、自動車保有台数は、自動車一台当たりの社会的費用の大きさと、どのような方法で賦課金が課せられるかによって影響をうけることになる。したがって、市民の基本的権利についてある社会的合意が得られたとし、理想的な道路の構造がある程度確定しているときに、自動車通行が許されるような道路延長とそのときの社会的費用の大きさおよびその賦課方法を求めることが可能になる。そして、そのときの自動車保有台数は、ある意味で最適なものとなるということができよう。

このとき、社会的費用の賦課方式は、自動車保有に対してなされるものと、自動車使用に対してなされるものとの二つに分類される。どのような基準で配分し、具体的にどのようなかたちで賦課するか、ということは、理想的道路の構造および自動車の公害防止基準に依存する。また、自動車通行を認められる道路延長の決定にさいしては、どのような公共的交通機関が存在するかということと相互に関連するものであることは、言及するまでもないであろう。

ここでは都市交通について、自動車の社会的費用を考えてみたのであるが、観光道路にかんしてもまったく同じような考え方を適用することができる。すなわち、自然環境保全にかんするなんらかの社会的合意を前提として、その基準にあうような構造をもつ道路にだけ自動車の通行を認め、そのために必要な投資額は自動車通行者に賦課しようとするものである。

第7章　自動車は都市を破壊する

自動車は、確かに便利なテクノロジーの産物であり、すそ野の広い自動車産業は高度経済成長を支える原動力だった。そうした状況では、自動車の負の側面は、あまり注目されない。だが、宇沢氏の目には、自動車がもたらす影がはっきりと映っていた。

日本の都市の貧困化

一九六〇年代から現在にかけて、日本の都市は著しく貧困化した。たしかに、この期間を通じて、さまざまな都市のインフラストラクチャーに対する公共投資は巨額に上り、オフィス・ビルディング、住宅をはじめとする私的投資もまた膨大な額に上っている。物理的、土木工学的な観点からみて、日本の都市は大いに改善されたという人もいるかもしれないが、都市の果たすべき本来的な機能という観点からみるとき、日本の都市の貧困化は急速に進みつつあるということは否定しえない。このことを明らかにするために、都市の本来的な機能ということを先ず考えることから始めよう。

都市とはなにか。都市は、多くの人々がある程度限られた空間に住み、生活を営み、相互に密接な関連をもちながら、文化的、創造的な活動を展開する場である。それは、雇用の機会を提供し、所得を生み出し、それをさまざまな用途に費消する場を提供する。都市は、多くの人々が相互に密接な関連をもちながら生活を営むことを通じて、文化の創造、形成、維持をはかろうとする場である。この点に、都市の第一義的な意味が存在する。都市は土木工学的な存在を超えて、すぐれて、人間的な側面をもつ場である。

都市の機能をこのように考えるとき、日本の都市の劣悪化を招来したもっとも大きな要因は、自動車の普及である。この事情は、日本だけでなく、世界の多くの国々について共通した現象であるが、日本の都市の場合とくに深刻であって、たんに人々の生活の安全、快適という観点からだけでなく、日本の文化的特質にも深い関わりをもっている。

いうまでもなく、自動車の発明は、その利便性と効果性とにおいて、人類の歴史上、火薬銃の発明に匹敵する意味をもつ。自動車を利用することによって、人々はそれまで想像すらできなかったようなかたちでの移動をすることが可能になったと同時に、ものの運搬についても、巨大な重量物を遠くにまで運ぶことができるようになって、人類の生活様式は一変することになった。自動車の出現はこのようにして、人類の生活形態に対して、革命的という表現がそのまま当てはまるようなかたちで、大きな変化をもたらすべき特質をもっていた。

ワトキンス報告

一九二〇年代に自動車の大量生産技術が開発されるとともに、比較的安い価格で提供され、大衆も保有できるようになった。また道路も自動車通行が可能となるようなかたちに改造され、また新しく自動車専用の道路も建設されるようになった。そして、都市と農村を問わず、自動車は急速なテンポで普及することになった。このような現象は、アメリカでもっとも早い時期に起き、すでに一九三〇年代には全国的に高速自動車道路が網の目のように張りめぐらされていた。日本の場合、一九五〇年代の半ば頃から徐々に、自動車の普及が一般化し、一九六〇年代を通じて自動車道路の建設が全国的なレベルでおこなわれるようになった。日本における高速自動車道の建設の歴史で無視することのできない役割を果たしたのが、有名なワトキンス報告である。

これは、日本における最初の高速自道車道路である名神高速道の建設にさいして、日本政府は世界銀行に融資を求めたのであるが、一九五六年、世界銀行は、ワトキンス氏を団長とする調査団を日本に送って、調査をさせた。調査団は一九五六年、ワトキンス報告書を出して、名神高速道の建設をつよくリコメンドしたのであった。調査団は、財政学のエヴァレット・ヘーゲン教授、交通経済学のヴィルフレッド・オーエン博士をはじめとして、当時アメリカの学界で指導的な立場にたっていた学者が含まれており、六ヵ月間にわたって、詳細な現地調査をおこなって、この報告書を作成した。

しかし、団長のワトキンス氏はもとより、これらの学者はいずれも、自動車の普及がたんに人々の生活をゆたかにするだけでなく、経済発展の過程で、重要な役割を果たすということを信じて疑わない人々であった。そして、日本の歴史的、風土的な環境のなかで育てられ、守られてきた文化に対する著しい軽視がワトキンス調査団を支配していた。その雰囲気は、第二次世界大戦後、アメリカ占領軍の人々がもっていた意識と軌を一にするものであった。

じつは私は、ある事情があって、ヘーゲン教授のアシスタントとして、調査団に加わっていた。ヘーゲン教授からは、ケインズ経済学の考え方にもとづいたマクロ経済的実証分析について多くのものを学び、その後の私の経済学研究の方向について少なからぬ影響を受けた。そのことに対して、私はいまでも感謝しなければならないと思っているが、ヘーゲン教授をはじめとして、調査団の人々がもっていた、自動車に対する物神崇拝的な考え方には、なんとも異様な感じをもった。しかも、自動車に対する批判的な見方に対して、日本社会の後進性という解釈を与えようとする態度には釈然としないものをもたざるをえなかった。私自身報告を書いて、日本における自動車普及がいかに大きな害毒をもたらすかということを説明し、名神高速道建設は日本の経済社会に好ましくない効果をもつということを強調して、調査団に提出した。一介のアシスタントにすぎない私の報告は、当然のことながら一顧だにされなかった。

そのときから、三〇年以上の歳月が流れて、日本における自動車道路の建設、それにともなう自動車の普及はまさに、ワトキンス調査団のだれ一人想像もしなかったようなペースで進んできた。そして、この自動車の普及が、日本の社会、とくに都市に与えた影響は大きく、それらの多くは、日本の自然と社会を不可逆的に破壊しつつある。私は、この数年間、大阪の西淀川地区の環境破壊、公害問題に関心をもち、何度か、調査に訪れる機会をもった。西淀川地区は、名神高速道の終点に近く、この地区に密集する他の自動車道路との相乗効果もあって、想像を絶する環境破壊と大気汚染が起きている。公害による健康被害者、とくに呼吸器系の疾患は、全国でおそらくもっとも高い比率に上っていて、この地区に居住する人々の苦痛は見るにしのびないものがある。私は、西淀川地区を訪れるたびに、三五年前にワトキンス調査団のアシスタントをしていた頃の苦々しい経験を思い起こさざるをえない。

自動車の利便性と危険性

自動車はたしかに、その利便性においてきわめてすぐれた機能をもつ。しかし、その害毒は、利便性とはまったく比較にならないほど大きく、また深刻なものをもっている。まず、自動車は非常に危険な道具であるということである。汽車、電車、あるいは汽船などと異なって、自動車は一般の通行者と同じ空間で利用されることが多い。とくに、自動車の利便性の一つが、自ら居住する場所から直接に自動車を利用することができるという特質をもつことに起因する。歩行者に直接与える危害とその危険性については、私たちが日常絶えず意識しなければならないことである。また、自動車を通勤用に利用する人々の間で、自分自身の子どもをガレージの近くで轢き殺すという例が見られるのも、自動車の直接的危険性を象徴するものである。

自動車はまた、その所有者が自ら欲し、あるいは必要とするときにいつでも利用できるという利便性をもつ。このことはまた、自動車を使用する人は絶えず、周囲に目を配りながら緊張をして運転せざるをえないという状況を生み出す。もし多少ともこのような緊張感を失うときには、いつなんどき大きな事故に遭遇するかもしれないというのが一般的だからである。したがって、酩酊や心神不安定の状態で自動車を運転する人々の間で、事故の起こる確率が著しく高いということになるのであろう。

自動車は、人間には考えられないような速度で移動することを可能にし、また、信じられないほど巨大な重量物を遠いところに運ぶことができる。このような自動車の機能は、一方では膨大なエネルギーの消費を必要とすることになる。自動車は、その生産過程において、部品としてさまざまな工業製品を使うが、その部品の生産に投入される希少資源ならびにエネルギーもまた膨大な量に上る。このことが逆に、自動車生産が一つの産業として望ましいものとなり、資本家にとって利潤獲得のまたとない機会を提供するとともに、数多くの労働者を雇用し、新しい産業を誘発することともなる。また、自動車は、その生産の過程でも、その使用の過程でも、膨大なエネルギー資源、とくに石油を使う。このことは、石油産業にとって、自動車産業がもっとも大切な産業であるということを意味することになる。自動車が大気汚染の最悪の源であるというとき、そのかなりの部分が、この石油の燃焼に起因しているということはここに改めて言及するまでもないであろう。

自動車はさらに、その果たす機能に比してそれ自体が、あまりにも大きな空間的存在であり、あまりにも巨大な重量物であるということである。この問題点は当然、自動車を利用するためには、自動車が通行できるような空間、つまり自動車道路が必要となってくるということと密接に関わってくる。自動車を利用するために、このように巨大な空間、土地を、自動車通行のために割かなければならないということは、日本のように国土面積に比して大きな人口をもっている国にとって、深刻な問題を提起することになる。また、アメリカと異なって、日本のように古くから人々が生活し、そこに一つの文化的な雰囲気を形成している場合に、土地あるいは空間利用の形態に大きな変更を加えて、自動車が自由に使用できるように改変しようとするとき、必然的に大きな摩擦が起こる。しかもこのような摩擦は、社会的進歩にともなう前進的な摩擦ではなく、自動車に関係するかぎりほとんど退行的なものであるといってもよい。

自動車はまた、一台一台の生産に投入される希少資源が膨大な量に上るのに比較して、その寿命がきわめて短いという、顕著な欠陥をもっている。廃棄物となった自動車が、いたるところにその醜悪な姿を見せているのは、私たちが自動車道路、あるいはその周辺を走っているときによく目につく光景である。緑ゆたかな農村のあちこちに、また都市の、かなり稠密に人々が居住している場所の近くなどに、この自動車の残骸がうず高く積み上げられているのをみるとき、人々の心に荒涼とした、冷たい風が吹き込んでくる。

また、ガソリンを販売する場所も似たような印象を私たちに与える。ただ、ガソリン・スタンドの方がはるかに危険なものである。いわゆる文明国といわれる国々では、ガソリン・スタンドは原則として、人家からかなりの距離をもたなければ認可されないのが一般的であるが、日本のように国土面積当たりの自動車の保有台数が天文学的数字に上る国では、ガソリン・スタンドが人家に接してつくられざるをえない。とくに地震多発国の日本としては、人々につよい不安感を与えないわけにはゆかない。

自動車はまた、それを利用する人々の精神構造にきわめて好ましくない影響を及ぼすとともに、身体的な健康に与える弊害もはかりしれないものがある。自動車を運転する人の多くは、自動車のもつ巨大な力と速度が自分自身の延長線上にあって、自己との境界が曖昧になってしまうという心理的陥穽に陥ることがしばしば起こる。自らが運転する自動車の力と速度とがあたかも自己自身の力の発現であるかのように錯覚し、それが日常的なものとなってしまう危険が常に存在する。いわゆる暴走族の類いの多くが、このような倒錯に陥っていて、しかもそれを享受せざるをえないという中毒の状態にあるということは、比較的容易に理解できよう。しかしこのような現象は必ずしも暴走族といわれる人々に限られるものではなく、自家用自動車を常時運転している人々の多くに共通にみられるものであって、たんに明確なかたちで意識されるか、否かの相違にすぎない。

自動車がもたらす身体的健康への影響については周知のことであろう。アメリカの統計で、自動車利用と心臓疾患の統計的相関についてはよく例に出されるが、その他にも、関節関連の疾病が、自動車利用者に多くみられるという疫学的知見も得られている。

また、自動車の普及は犯罪の性格を著しく凶悪なものとしてきた。一つの社会について、凶悪な犯罪の発生数は、ほぼ自動車の保有台数に比例して増加するという基本的趨勢をもつように思われる。たとえば、この二十数年の期間をとってみても、いわゆる凶悪犯罪はほとんどすべて自動車を利用することによってはじめて可能になったといっても過言ではないように思われる。

これらの害毒は、自動車がもたらすわずかな利便を質的にも、量的にもはるかに凌駕するものであるということは疑いの余地がないように思われる。このような事情にもかかわらず、日本の都市はもっぱら自動車を中心として改造され、ますます自動車の利用が便利になるようにつくられてきた。この傾向はとくに、高度経済成長期に始まったが、現在にいたるまで、ある意味では加速度的に拡大されてきている。既存の道路、街路は、大幅に拡げられ、舗装され、自動車の通行ができるだけ便利になるようにつくりかえられてきた。道幅を拡げるために、住宅やその他の施設が撤去されたが、拡張が物理的に不可能な場合には、歩行者の安全を犠牲にするようなかたちで自動車を通行させるように工夫されてきた。いわゆるガードレールとか、白線によって歩行者を自動車から分離するという貧しい非人間的な方法がそれである。しかも、これらのガードレールの多くは、自動車の方に正面が向けられ、歩行者の側は、裏側になっていて、鋭い切口、ボルトの類いによって、歩行者の安全はいっそう脅かされるように工夫されている。白線を引いて、歩行者を分離するというときにも、歩行者のスペースがきわめてせまく、また電柱の類いに妨げられて、安定な歩行はきわめて困難であるのが実状である。

また歩道橋という奇妙な工夫もこらされている。歩道橋が、老人、子ども、あるいは身体障害者にこの上もない苦痛を与えているということは、なにも統計的な調査をおこなわないでも自明である。

このような特質をもった自動車がなぜ普及し、自動車道路の建設に膨大な希少資源が投下され、都市の非人間化がこのような極端なかたちで押し進められてきたのであろうか。自動車の普及がまず始まったのはアメリカであるが、アメリカ社会で、自動車の果たす役割が現在のように大きくなってきたのはある程度理解することができる。まず第一に、自動車の生産技術にかんする革新がおこなわれたのはアメリカにおいてであって、それは、石油資源の発見、市場化と相俟って、アメリカに大きな経済的利益をもたらしたということである。第二にあげなければならないのは、アメリカの風土的条件であろう。広大な国土に、低い人口密度、しかも気象的条件のきびしい地域が大部分を占めるアメリカで、自動車が必須の移動手段となるということは想像にかたくない。現在のように、自家用自動車を中心とする交通形態をとるようになってきたのは、アメリカの資本主義的な経済制度のもとで、ある意味では必然的な帰結であるといってよい。

公共的な交通手段の代わりに、私的な交通手段として自動車を利用するということは、分権的市場経済制度のもとではむしろ望ましいこととされ、また、このことによって自動車産業はいっそう利潤性の高いものとなってきた。事実、二〇世紀初頭から一九三〇年代までのアメリカの主要な都市の地図を取り出してみると、街路電車とバスとが網の目のように張りめぐらされていて、いかにも住みやすそうな、人間的な都市が頭に浮かぶ。しかし、第二次世界大戦後、ほとんどの都市から街路電車とバスは消えてしまい、郊外電車もなくなってしまった。都市によっては、自動車会社がバス会社を買収して、そのサービスを意図的に悪化させて、倒産に陥れるという手段によって、つぎつぎに、大量で公共的な交通手段を市民から奪ってしまったといわれている（シカゴ市が、そのもっとも代表的な例である）。

自動車の普及について、高速自動車道の建設が果たした役割も大きい。とくに、ガソリンの販売に課税して、その税収を自動車道路の建設に充当するという制度が一九一九年オレゴン州によって採用されたが、一九二〇年代にはすべての州が、この制度をとることとなって、自動車道路の建設にいっそうの拍車がかけられ、アメリカは自動車社会への道をひたすら歩むことになった。

日本の場合、アメリカとは基本的に異なる自然的、歴史的条件が支配している。まずあげなければならないのは、国土が狭く、しかも急傾斜の土地が多いということである。しかも人口密度は稠密であり、歴史の古い町や村が多い。さきにふれたような特質をもつ自動車は、このような日本の自然と歴史をもったところでは、その害毒がいっそう大きなかたちとなって現われてくる。

このような状況のもとで、一九五〇年代の半ば頃から現在にかけて、日本における自動車の普及がこのように急速に進んできたのはなぜであろうか。その、もっとも大きな要因は、自動車道路の建設であろう。公共事業としておこなわれた自動車道路の建設は、一方では、土木建設産業に対する巨大な有効需要を提供し、その利潤性を確保するとともに、他方では、政治的フェイボリティズムをたくみに利用して、自民党と官僚による支配体制を確立するために有効な手段となっていた。それはまた、自動車産業を頂点とする日本の産業群にとって、またとない利潤獲得の機会を提供することにもなったのである。しかも、人々のもっていた精神構造もまた、ワトキンス調査団のそれと同じようなものであって、自動車の普及こそ、社会の進化を示すもっとも重要な尺度だと考えていた。このようにして、日本における自動車道路の建設は歯止めのないかたちで進行し、それにともなって、多くの都市はもはや人間の住む場ではなくなってしまったといってよい。その、もっとも代表的なものが東京である。

私個人にとって、東京における都市の破壊をもっとも象徴的に感じるのは、赤坂見附の近辺である。このあたりは、私が中学生の頃毎日のように通ったところであるが、その頃は、閑院宮家のうっそうとした森を中心として、平河町の方にかけて、街路樹の美しい、東京のなかでももっとも魅力的なところの一つであった。私は、ワトキンス調査団のアシスタントをしたすぐあとアメリカに行って、十数年経ってから日本に帰ってきたのであるが、帰国後しばらくして赤坂見附のあたりを訪れて、あまりの変わりように、言葉にあらわせないような衝撃を受けたことをいまでも鮮明に記憶している。かつての美しい、人間的な街が完全に壊されて、上には巨大な高速道路の構造物が私たちを威圧し、下には、騒音と排ガス、そして危険を撒き散らしながら、おびただしい数の自動車が走っている。まさに地獄としかいいようのない光景だったのである。

このような光景はじつは赤坂見附の周辺だけではなく、都心のいたるところに見られることである。しかも、その後二〇年の間に、東京の高速道路網はますます拡大、整備され、自動車の保有台数もまた飛躍的に増加してきた。自動車がお互いにすれ違うことが物理的に不可能であるような狭い道路にまで自動車が侵入している。歩行者の安全ということは、自動車の運転者にも、道路行政に関わる人々の間にもほとんど意識されない。このような状況ではじめて、ガードレール、白線、歩道橋などという奇妙な工夫がなされるのであろう。

自動車がもたらす将来への不安——子孫に残したいもの——

ここ五年ほど日課のようにして走るようになってから、世の中を見る視点がかなり違ってきたように思われる。四〇〇メートルを二分以内で走るとマラソンであり、それ以上のときをジョギングと定義するのだそうだ。この定義は、年齢、性別を無視しているのであまり信頼が置けないかもしれないが、マラソンとジョギングの境界ぐらいの速さで走るとき、身体的昂揚感を覚え、なんとも言えない爽快な感じをもつことができる。これは、ゆっくりしたペースで二〇分間ぐらい走ると、脳のなかにエンドルフィンという化学物質が合成されて、人々の認識、思考の過程にいろいろな影響を与えるようになるからだという。

それはあたかも、ジョン・スチュアート・ミルの言う定常状態に似て、表面的には平衡を保っているようにみえながら、内面的には絶え間ない変化、進歩が起きているように思われる。つぎつぎに新しい考えが浮んでくるのであるが、残念ながら記憶としてはほとんど残らない。

街のなかを走っていると、これまで歩いたり、自動車に乗ったりしていてはとても気が付かなかったことが気になったり、分かったりするという効用がある。歩いているとどうしても行動半径が小さくなり、街を全体としてとらえることができないし、自動車に乗ってしまうと、街で生活する人々との間に何のつながりもなくなって何も見えなくなってしまい、極端にいってしまうと、交通体系の一環としての道路であったり、建造物になってしまって、人間的な側面は消されてしまうからであろう。

東京をはじめとして日本の都市の街を走ってみてつくづく感ずることがある。それは、日本の都市が如何にも貧困で、そこに生活する人々の人間的環境があまりにも悲惨だということである。たしかに、高度経済成長を契機として、道路もその物理的な構造という点からは見違えるほど丈夫なものになってきたし、街々の建造物も、立派なものが多くなってきた。使われている素材も、同じコンクリート、鉄、ガラスを使っていても、かつての荒涼としたものでなく、すばらしい外見をもつものが多くなってきた。しかしそれらはいずれも、物理的な、あるいはメカニカルな観点から立派にみえるだけのものが多く、そこに生活する人々の人間的な環境としてみたときには、どうしても貧困さが目立ってしまうものが多い。

都心部を離れて、郊外に出ると、そこには人間らしい平衡感覚が完全に失われてしまったのではないかと思われるような住宅が点在する。狭い、曲りくねった道々がただ自動車通行を容易にするためという観点から舗装されたり、巨大な信号機がつけられ、緑らしい緑はなく、荒れ果てた風景がつぎつぎにつづいて出てくる。

多くの家々は、その大きさに不似合な自動車置場をもっていて、庭一杯に食い込んでいる。自動車保有が貧困の象徴となっていることがおそらく、日本の多くの都市のもっとも特徴的な面ではなかろうか。歩き廻ったり、自動車に乗っているときにはあまり気にならないような、このような瑣末なことが、走っていると身近に感じられ、貧しい住環境のなかで、不似合な自家用自動車をもって、生活をますます苦しい、非人間的なものにしている状況を目の当たりに見ることができるようになる。このような思いにふけっているときがもっとも危険な瞬間である。後方から鋭い警笛をならして、異常な速度で通りすぎようとする自動車にはっとして身をよけたり、あるいは突然横道から自動車が飛び出してきたりして、肌に粟を生ずることが往々にしてあるからだ。

日本の都市の多くの街路はもともと自動車通行のためにあるのではない。人々がゆっくり歩いたり、子どもたちがあそんだり、また思わぬ人に出会ってしばらく語り合うことのできた場所だった。街路の多くは、幅も狭く、曲りくねっていて、道端には街路樹が植わっていたり、住宅に植えられた樹木が大きな影を投げかけたりしていた。いわば都市のなかの自然を形づくっていたのだ。これらの状況は、自動車の普及とそれを容易にするための道路改造によって一変してしまった。街路はもはや人間が人間らしい営みをおこなうことはできなく、もっとも危険な場所となってしまった。

絶え間なく交通事故の危険にさらされながら、騒音と振動に悩まされ、その上有毒な排ガスを私たちは胸一杯吸って歩かざるをえなくなってしまったのである。自動車の排ガスは数多くの有毒化合物を含有していて、人間の健康にどれだけの被害を与えるか、その具体的な過程についてはほとんど分かっていないものが大部分だという。これまで比較的注目されてきたのは窒素酸化物であるが、それすら、人の健康に及ぼす被害について、はっきりした医学的、疫学的知見は得られていない。このような汚染された大気に長い期間に亘って曝されている日本の子どもたちの健康は将来どうなるのだろうかということがいつも私の頭からはなれない。

高度経済成長によってたしかに、経済統計的な指標でみるかぎり、日本の経済は良くなったし、人々の生活水準も高くなってきた。しかし、自然的環境や文化的環境の荒廃をみるとき、私たちの孫の時代の日本はどうなってしまうか、不安な感じを拭い切れない。

ながい歴史を通じて継承してきた美しい自然、ゆたかな人間的環境、文化的な遺産をつぎの世代に残してゆくための効果的な手段を失って、短期的な利潤追求こそ最高の善であるかのような錯覚にとらわれた自由放任主義の亡霊が現在なお生きつづけているだけではなく、日本全体のあり方にはかりしれない影響を及ぼしつつある。このことをもっとも端的に表現しているのが、日本における自動車の普及とそれに伴って発生している莫大な額に上る社会的費用ではないかということを走りながら考えつづけるのである。

第Ⅲ部

近代経済学の限界と社会的共通資本

第8章　正統派近代経済学の限界

宇沢氏は現代資本主義から噴き出してくる環境破壊や格差拡大など、様々な社会問題に目を向け、そうした矛盾、問題を解明できない近代経済学に限界を感じていった。特に、アメリカの大学で過ごした一九六〇年代、ベトナム戦争の泥沼にはまり込んでいくアメリカを見つめたことは、宇沢氏の社会正義への鋭敏な思いを揺さぶり、社会の悪化に何もできない、あるいは荷担さえすることになった既存の近代経済学への苛立ちを深めていった。

経済学への批判

世界の経済学はいま一つの大きな転換点に立っている。現実に起きつつあるさまざまな経済的、社会的問題がもはや、新古典派的ケインズ経済学という、これまでの正統派の考え方にもとづいては、十分に解明することができなくなり、新しい発想と分析の枠組みとを必要としている。

一九二〇年代の終わり頃から一九三〇年代にかけて、ほとんどすべての先進的資本主義諸国をおそった大恐慌を前にして、それまでの正統派であった新古典派の経済学は、その根底から揺り動かされた。そして、ケインズの「一般理論」という新しい分析方法が生み出され、現代資本主義制度のもとにおける経済循環のメカニズムに新しい光が投げかけられ、国民経済の運営に大きな変革がもたらされた。

いわゆるケインズ革命が起きたのは、今から四〇年前のことである。その後、第二次世界大戦を経て、世界の多くの国々で、このケインズ的な発想法にもとづいて、経済政策が策定されるようになってきた。とくに、日本などの先進工業諸国で、二十数年という長期間にわたって、完全雇用に近い状態のもとで経済成長がつづけられてきたのも、このようなケインズ的政策にその一因を見出すことができるといっても過言ではないであろう。また、いわゆる発展途上諸国の経済発展にかんしても、ケインズ的な思考方法が重要な役割を果たしてきたということは、たとえば、アメリカによる対外経済援助のあり方を通じてもうかがい知ることができる。

しかし、一九六〇年代から一九七〇年代にかけて、先進工業諸国と、いわゆる発展途上諸国とを問わず、多くの社会的、経済的問題が発生してきた。いずれも公害、環境破壊、貧困、都市問題など所得分配の公正という問題に、多かれ少なかれかかわるものであって、ケインズ経済学の枠組みのなかでは十分に解明することができないだけでなく、その政策的な含意は往々にして逆進的な性格をもつようにさえなってきた。

一九三〇年代の大恐慌とそれにともなう新古典派理論の崩壊によってケインズ理論が生み出されたのと同じような意味で、七〇年代における経済学の危機は新しい理論を必要とするということができよう。ジョーン・ロビンソン教授のいう「経済学の第二の危機」である。

この経済学の第二の危機は経済学者にどのような影響を与え、どのような意識変革をもたらしたであろうか。この問題はたんに経済学を研究し、学習するわたくしたちにとって重要なものであるだけでなく、もっと広く、現代の社会問題に関わりをもち、将来の発展の方向を模索するときに、きわめて重要な足掛りを与えるものである。

現代経済学に対する批判は、大ざっぱにいってつぎの二つの類型に分類することができよう。第一は、経済学が、その分析対象をあまりにも狭く市場的現象に限定しすぎて、より広範な、政治的、社会的、文化的側面を無視ないし軽視してきたという批判である。環境破壊、公害、人間疎外、ゆたかさの中の貧困などすべて、このカテゴリーに属するものである。第二は、経済学の分析的方法にかんするもので、いわば内在的な批判である。すなわち、いわゆる近代経済学の理論的枠組みを形づくっている新古典派の経済理論が、あまりにも静学的な均衡分析に終始しすぎていて、インフレーション、失業、寡占、所得分配の不平等化などというすぐれて動学的な不均衡状態にかんする問題に対して有効な分析をおこなうことができないということにかかわるものである。

この二つのカテゴリーは必ずしも排他的なものではなく、またお互いに重要な関わり合いをもっているが、このように分類して考えることは、これまでなされてきた経済学批判に対して、なんらかの意味で積極的な回答を与えようと試みるときに、一つの思考的枠組みを提供するともいえよう。

日本経済の高度成長

第二次世界大戦後から一九七〇年代のはじめまでの日本経済をひと言で特徴づけるならば、国民総生産額（GNP）という市場経済指標の持続的、かつ高度な上昇であるといってもよい。一九五〇年代のなかばまでの戦後復興期はある意味では当然ともいえようが、その後も、二〇年近くにもわたって、国民総生産額が実質単位で年率一〇％前後という高い率で上昇しつづけてきたということは、まさに驚異的な現象であるといわなければならない。国民総生産額だけでなく、国民所得、雇用量、鉱工業生産指数などいずれの尺度をとっても、世界にその比をみないほどの高度の成長をつづけたのであるが、このような高度経済成長が可能になった背景を考えてみると、かなりの限定条件を必要とはするものの、大ざっぱにいって、つぎの二つの要因に分けることができよう。

第一に、第二次世界大戦直後における日本社会の変革の過程を通じて、さまざまな人間的能力がもっとも効率的に機能し、開発されるような社会的、経済的環境が、国内的にも国際的にも形成されていったことに、まずなによりも大きな要因を見出すことができるであろう。戦前までの軍国主義的な統制のもとで、凍結され、萎縮し、歪められていたものを解き放ち、自由な人間活動を可能にするような社会的条件の形成である。これは、個人にせよ、企業にせよ、それぞれ自らの私的な利益を追求し、分権的な市場機構を通じて、希少資源の社会的配分をおこなおうとする資本主義的な市場経済制度を核とする。

そして、このような市場経済制度を軸として、可能なかぎりの高度成長を志向して、政府の経済政策が強力に推し進められてきたことに第二の要因を見出すことができよう。しかも、日本の経済政策に一貫して流れていたのは、工業化、とくに重化学工業化を可能なかぎり急速なテンポでおこなって、高い国民総生産額の水準を実現しようという考え方である。先進技術の導入、輸出の奨励、生産基盤的な社会資本の充実などの面で積極的な政策がとられてきたのは、いずれも、このような考え方にもとづくものである。

この結果、高度経済成長期の終わり頃には、日本経済の規模はすでに、アメリカ、ＥＣ諸国とならんで、いわゆる自由主義諸国のなかでの三大工業圏の一つにまで成長してきた。製鉄、造船、自動車など多くの産業分野で、たんに産出量、輸出という量的な規模が世界有数であるというだけでなく、生産技術の面でも、欧米の先進工業諸国に比肩するか、あるいは凌駕するまでに発展してきた。このような意味で、日本が「経済大国」と呼ばれるようになってきたのも、必ずしも理解できないことではない。

ところが、国民総生産額とか、鉱工業生産指数などという統計的指標を離れて、日本の経済社会の実態面を眺めてみたときに、この高度成長は、はたして、わたくしたちになにをもたらしたのであろうか。二〇年にわたった高度成長は日本国土の物理的、自然的条件をほとんど原形を止めぬほどに変えていっただけでなく、同時に社会構造と人々の生活様式、意識にも大きな影響を及ぼしていった。急速なテンポでおこなわれた重化学工業化を経て、人々の所得水準の上昇と消費生活の多様化もまた目覚ましいものがあった。自動車、テレビ、電話などの普及率もまた世界有数の高さとなり、食事の平均的な内容も以前に比べてはるかに多様で良質なものとなり、住む家も比較にならないほど豊かになったような印象を与え、生活水準の上昇は一見きわめて大きかったようにみえる。都市には贅をつくした建築物が建ち並び、道を行く人々の服装もおそらく世界でもっとも華美なものとなってきたといってもよいであろう。

全国いたるところに高速道路が建設され、新幹線もまた北は北海道から南は九州の南端まで計画され、本州と四国を結ぶ橋が三本も建設されようとしている。またこれまで何日も歩かなければならなかった深山幽谷にまで観光自動車道路が数多くつくられ、人々は労せずして自然に接することができるようになってきた。このような物理的、経済的な側面だけから眺めて、高度経済成長はすばらしいと感ずる人は多いであろう。

高度成長の帰結

しかし、ひとたび高度経済成長のもたらしたものをその実質面に立ち入って、仔細に眺めてみると、その内容は、じつはきわめて貧困で殺伐としたものであることに気付かざるをえない。農村と都市とを問わず、自然の破壊と社会的、文化的環境の荒廃はまさに目を覆うばかりである。

一見豊かにみえる消費生活も利潤追求のための製品多様化であったり、外見的な欲求にもとづく空虚な消費形態によって左右されたりしていて、その実質的内容はむしろ貧困化していると考えざるをえない場合が多い。

都市に群立する近代的な建築も、風土的条件を無視した、鉄鋼とコンクリートとガラスからなる荒涼とした非人間的な外観と、住む人の心を不安定にさせる内装をもっている。街路には自動車がひしめき合って、人々は騒音と排ガスに満ちた谷間を絶えず生命の危険を感じながら歩かざるをえない。新幹線、高速道路、航空機という近代的な交通手段も、視点を変えれば不安定な、あるいは不快なものにすぎないということは、これらの交通手段を利用したことのある人ならばだれでも気付くであろう。まして観光自動車道を利用して自然を享受できると考えるのは、正常な感覚の持主だと言うことができるだろうか。

この空虚な消費生活を支えるために膨大なエネルギー、自然資源と人的資源とが浪費され、またこのような浪費がされなければ、経済循環のメカニズムが円滑に機能できなくなり、多くの失業者を生み出さざるをえなくなってしまった、というのが現在の日本経済の実情である。しかも、このような経済活動にともなって、多かれ少なかれ、その経済活動の当事者以外の第三者あるいは社会一般が被害を受けざるをえず、それにもかかわらず各経済主体がその被害に対して適正な代価を支払わなくとも済むという場合が一般的になっている。すなわち、社会的費用が十分内部化されていないということであるが、日本経済の高度成長そのものが、じつはこのような条件のもとではじめて可能になったということすらできるのである。

高度成長と市場機構

さきに、日本の高度経済成長を生み出した要因の一つとして、市場機構の効率的な運用ということを挙げたが、高度成長のもたらした好ましくない面は、多くこの点にかかわっている。市場機構にかかわる問題点についてこれまで多くの人々によって論ぜられてきたが、この問題は高度経済成長によってさらにいっそう深刻なものになりつつあり、その点はいくら強調してもしすぎるということはないように思われる。

市場機構の特徴はいうまでもなく、希少資源の配分が私的な利潤の追求を動機としてなされるということである。たとえ社会的な観点からいかに必要であり、また望ましいと思われるものでも、採算のとれる価格で多くの人々によって需要されないかぎり、その生産に希少資源を振り向けることはない。しかも人々はあくまで私的な動機にもとづいて選択し、往々にして局所的かつ短期的な視点に立って行動する。他の人々にどのような迷惑を及ぼそうと、またどれだけ環境を破壊しようと、法にふれないかぎりその点に対する配慮をする必要はなく、私的な便益と支払うべき価格とだけに依存して需要が決定される。企業もまたできるだけ自らの利潤が大きくなるような広告、宣伝と販売手段をとり、この傾向は市場の競争条件がきびしくなればなるほど強くなってゆく。

一九七二年秋、自動車の排ガス規制の猶予期間中に、二、三の自動車大手メーカーが高公害車の増産をはかり、その売り込みに必死の努力をして、目をみはるような利益をあげたことはまだ人々の記憶に新しいところである。自動車メーカーは自らの利益を得るためには国民の健康に大きな害毒をもたらすことになるような売り込みをあえてし、消費者もまた安く購入できれば高公害車でもあえて選択するという点で、市場機構のもつ非人間的な性格を象徴するような事件であった。

このような経済行動に対しても、それが反社会的であるとして規制することはできない、というのが近代経済学、とくに新古典派理論の立場である。そのような社会的理論は、個々人の価値観を集計して求めることなど民主主義的な社会では不可能であって、結局「もうかることは良いことだ」という市場経済的な論理を貫かざるをえない、というのが新古典派経済学の考え方だからである。

どのような経済行動が許容されるのか、ということにかんする社会的な倫理は、ときとしては顕示的に法体系のなかに組み込まれ、ときとしては慣習あるいは個々人の倫理的判断として陰伏的にあらわされる。そして安定的で公正な社会が実現するか否かは、市場機構とそれに対する社会的規制との間に緊張的平衡が成立するかどうかにかかっている。しかし高度経済成長期を通じて、できるだけこのような倫理的規制を除去して、市場機構ができるだけ広範に機能しうるような環境を形成することによって、希少資源の効率的配分をもたらし、経済成長を実現することが望ましいという考え方が支配的であった。

その結果、ありとあらゆるものが市場機構を通じて取り引きされ、利潤追求の対象となり、人々はできるだけ利己的な立場に立って競争的に行動するという傾向がますます強くなってきた。人々の間の社会的連帯感は失われつつあり、職人的な本能も消失し、すべて利潤を追求してものが生産され、売られてゆく。このような社会は必然的に現在の日本のように荒涼としたものにならざるをえないであろう。

たとえば、田中前首相の周辺に土地を転売して巨額の利益を得た人々がいたということが大きな政治的問題になったが、焦点は脱税行為があったか否かにしぼられてしまった。このような行為が社会的倫理にもとるかどうかという、より根源的な問題はついに問われなかった。しかし、このような投機的行為に対してきびしい社会的制約を加えないかぎり、市場経済制度のもたらす社会的不安定性はいっそう高まり、実質的所得分配の不平等化にいっそうの拍車がかけられることになるであろう。資本主義経済における行動の自由については、社会的に承認が与えられるか否かについて、より慎重に検討することが必要であって、「もうかることは良いことだ」という考え方が存在しつづけるかぎり、安定的な社会を形成することは不可能である。

また経済成長が国民所得の上昇とほぼ同義語とされ、それはただちに国民の経済生活水準の上昇、実質的満足感の増大につながるということが自明の理のように考えられていた。所得が高くなって、自動車を購入し、よりよい家に住むということが、はたして本当に人間にとって満足感の充足を意味するのであろうか。

自動車を利用して旅行することは一見すばらしいことのようにみえるが、じつはその反対であることが多い。たとえば子ども連れの家族が自動車に乗って旅行するのをみかけることがある。長時間にわたって子どもたちを狭い場所に押し込め、排ガスと騒音によって肉体的、精神的健康を傷つけていって、はたして人間的で充足感にあふれた旅行ができるのであろうか。またこのような生活環境のなかで育った子どもたちがどのような精神構造をもった人間に成長してゆくのか、考えるだけで恐ろしいような気がするのはわたくし一人ではないであろう。

自動車を利用することは日本の社会ではさらに大きな社会的問題を惹き起こさざるをえない。それは、道路環境の未整備のため歩行者に生命の危険を及ぼし、人々の生活環境を破壊せざるをえない状態にあるからである。このような社会的費用を惹き起こしながら、好むと好まざるとにかかわらず自らの便益を追ってゆかざるをえないという場合が一般的になっているのがわが国の現状である。ここには心情のやさしさや思いやりがまったく感ぜられない殺伐とした非人間的な社会しか存在しなくなってしまったのではなかろうか。

市場機構と開発政策

市場経済制度に内在するこのような問題点は、高度成長期における政府の公共投資、開発政策によっていっそう拍車をかけられることになった。大規模な工場団地の形成、都市の再開発、高速道路網、新幹線の建設などに代表される一九六〇年代の社会資本形成が市場経済的な基準にもとづいておこなわれ、自然および社会的環境の大きな変革がきわめて短期間におこなわれたことにその特徴がみられる。

事実、この期間を通じて起きた日本列島の変貌は、おそらく日本の長い歴史にその比をみないほどの規模であったに違いない。いたるところで山を拓き、海を埋め立て、川の流れを変えて、道路がつくられ、工場・住宅群が建ち並ぶ。都市もコンクリートと鉄の風景によって支配され、そこには、かつての人間的な生活の場はもはや存在しない。自然と社会的環境をできるだけ有効に利用できるように改変することによって経済活動の水準を高め、国民総生産を大きくして、国民所得水準を高めようとした高度成長の矛盾は、この開発計画の理念にもっとも端的に現われているといってよい。

もともと自然および社会的環境は、そこに生活する人間の生き方、意志に重要な関わりをもち、文化の形成に決定的な役割を果たしてきた。人間の歴史的体験、知識、習慣はすべて自然および社会的環境のなかに吸収され、わたくしたちに遺産として残され、またわたくしたちの形成した環境は将来の世代に継承されてゆく。しかも、ひとたび環境の大きな変更がなされるとふたたび元の状態に戻すことは不可能に近く、その形成は一般に長い期間にわたってきわめて緩やかな速度でしかなされない。

このことは自然環境についてはいうまでもないことであるが、都市などの社会的環境についても事情はまったく同様である。いずれも、長い年月を経て歴史的に形成されてきたものであって、そこに住んできた人々の行動様式と意識とを反映してそれぞれ異なった町並みをもち、人々の経済的、文化的、社会的行動を支えてきたからである。自然および社会的環境がどのような要因から構成され、どのようなメカニズムによって機能し、変化していくのか、という問題は複雑な内容をもち、現在の科学の限られた知識をもってしては到底その全貌をうかがい知ることができない。個々の部分的な知識についても、科学によって解明することが可能なのはきわめて限定されている、ということをわたくしたちはまず確認しておかなければならない。さらに、環境の変化が人間の経済的、文化的関係にどのような影響を及ぼすか、という問題にいたっては、社会科学の知識から確定的な命題を導き出すことはほぼ不可能に近い。

環境にかんして人間がもっている知識は、そのほとんどが歴史的体験を通して帰納されたものであって、近代科学の特徴である論理的帰納法にもとづいて得られた知識はごく一部分にすぎない。どのような食物をどのように食べ、どのような場所にどのような家を建てて住むか、などという人間の生存にかかわる知識は、ほとんどがいくつもの世代を通じて伝承されてきたものであって、論理的帰納にもとづく知識は重大な錯誤をもたらすことが少なくない。ところが高度成長期の開発計画は、環境のもつこのような歴史的、文化的側面を無視し、伝承の教えるところに反して、もっぱら経済的側面に焦点を当て、しかも論理的定式化が可能になる点だけを抽象して考えてきた。

しかも、経済的効果を市場経済制度の枠組みのなかで評価し、その費用についても社会的費用を無視して開発計画が策定され、実行に移されてきたのである。

わたくしは最近いくつかの観光自動車道路の建設を見て歩く機会をもったが、右に述べたような開発計画の特徴が共通にみられ、それによって大規模な自然破壊と社会的環境の荒廃が誘発されつつあるのをみて、激しい衝撃と強い憤りを覚えざるをえなかった。その典型的な例として南アルプス・スーパー林道があげられよう。南アルプス・スーパー林道は、伊那谷と甲府を結ぶために、長野県の戸台から山梨県の芦安まで約六〇キロメートルの自動車道を南アルプス国立公園を貫いて建設しようとする計画である。一九六七年に森林開発公団によって工事が始められ、現在北沢峠の周辺約一キロメートルほどを残してほぼ完成している。ところが、基礎調査の不備を理由として一九七二年に工事が中止されたままになっていて、環境庁の自然環境保全審議会での答申をまって工事を続行するかどうかが決定されることになっている。

このスーパー林道の建設経過と問題点は、南アルプス自然保護連合などによって編集された「南アルプス・スーパー林道の建設中止と現状凍結を訴える」（一九七四年）という資料のなかにきわめて要領よく説明されているので、くわしいことはここではふれないが、林道という名前がつけられてはいても、主な目的は観光開発のための自動車道と考えたほうがよい。建設を促進している地元の団体も、結局観光開発による地元の収入増を期待しているとしか言えない。森林開発といっても、資料のなかで伊藤精晤氏が主張されるように、逆に林道建設費用の負担金を捻出するために森林が伐採されるのではないかという疑問が提起されざるをえないほどである。

戸台からスーパー林道に入ると、花崗岩質に白く輝く甲斐駒ヶ岳の雄峰が前方にみえかくれし、その懐に抱き込まれるようにして原生林のなかを進む。おそらく日本でももっとも美しい自然景観の一つであり、山を歩くことの楽しさを心にしみて感ずることができるところである。しかし、スーパー林道の建設によってこの自然は見るも無残に破壊されてしまった。もともと粘板岩質の貧弱な地盤を中心に錯綜した構造をもっているところで無理な工法によって道路がつくられたため、尾勝谷の地すべりをはじめ数ヵ所に大きな崩壊がみられるだけでなく、いたるところに倒木と岩石が散乱し、荒廃しつくしたという感じを与える。道路建設のために切り取られた土砂は渓谷に捨てられ、三峰川《みぶかわ》のいたるところに土砂の堆積が望見される。

当初二〇億円といわれた建設費も予定をはるかに上回り、地すべり防災対策、緑化等、完全な道路にするためにこれまでに二六億円近くつかったといわれている。しかも、ほとんど恒久的におきると考えられる地すべり対策のためだけでも、これから年々莫大な費用を必要とする。スーパー林道が完成すれば、その修理対策だけで地元の雇用は確保されると地元で言われているが、これは事実に近いのではなかろうか。

自然破壊と人間性の喪失

観光開発と称して、日本全国にわたって自然景観のすぐれたところに観光自動車道路を建設し、年々多くの人々が自動車を利用してこれらの自然を観賞する。しかし、このような観光自動車道路の建設によって自然は大きく破壊され、心なき観光客によって地域の社会的環境もまた著しく汚染されてゆく。このような観光自動車道路の建設によって破壊されるのはたんに自然だけだろうか。同時に人々の心もまた荒廃し、破壊されてゆかざるをえない。自然破壊は、二重の意味で人間破壊にもつながっている。それは自然の破壊をあえておこなう人々の心の破壊を意味し、また破壊された自然のなかでは人間の精神は衰退し、滅亡してゆくことを意味するからである。

しかしこのような現象は観光自動車道路の建設に限られたことではない。むしろ観光自動車道路の場合には、高度成長の波にもまれて動きのとれなくなった過疎問題を解決しようという意図もあって必ずしも否定できないという面もある。もっとも、過疎対策としてほとんど効果がないか、むしろ逆に阻害要因が強いのが一般的ではあるが。

しかし全国的な高速道路網、新幹線、本四架橋にいたってはこのような弁明の余地がない。このような道路・鉄道網を建設して、人々がいままでよりもよりはやく移動することが可能になること自体良いことなのであろうか。その結果、たしかに資源配分の効率性は高まって、みかけ上の国民所得がふえる公算は大きい。しかし、よりはやく一ヵ所から他に移動することが可能になって、わたくしたちの生活はどれほど豊かになるのだろうか。

たとえば新幹線を例にとってみよう。東京―大阪間をわずか三時間あまりで走るこの鉄道が開通したとき、人々に鉄道の新しい時代が開けたような感銘を与えた。技術的な観点からみても新幹線の建設は世界の注目を集め、サンフランシスコのBARTをはじめとして、この鉄道に技術的な先達を求めて建設されている鉄道も少なくない。安全性、快適性においても、東名高速道路や航空機に比べてはるかにすぐれた性能をもっている。営業開始以来、利用者は莫大な数に上り、その営業係数も在来線とは比較にならないほどよく、しかも利用者の死亡事故皆無というすばらしい記録をもっている。しかし、在来線の急行に比べて、その乗り心地はすぐれているとは決していえず、また東京―大阪間を短時間に往復できるために、かえって結果的には肉体的に苦痛なかたちで旅行をしなければならなくなってきている。

そのうえ新幹線は、その沿線に住む人々に対してこの上もない苦痛を与えている。新幹線の騒音公害は日常生活を不快なものとしているだけでなく、長期間にわたって人間がこのような騒音にさらされているときに生ずるさまざまな肉体的、精神的損傷は、現在知られている点だけでもかなり深刻なものであるという。しかし、やむをえない用事で東京と大阪との間を旅行しなければならない人は、在来線のサービスが極度に悪くなっているためどうしても新幹線を利用せざるをえない。新幹線は、たんにそれ自身人間的な乗物でないというだけでなく、それあるが故に在来線という代替的な、少なくとも新幹線に比してより人間的な交通手段をわたくしたちから奪ってしまっている。

わたくしが新幹線の効用にかんして懐疑的にならざるをえないのは、スピードそのものを否定するからではない。

むしろ、技術的条件と自然的、社会的環境との間の均衡が攪乱されることによって、そこでは、公害問題が起き、それにもかかわらずあえて新幹線を走らせるという点に、人心の荒廃が進んでいるということをみることができるからである。新幹線はこうした現状の象徴であるという点を指摘したい。

高度成長の欠陥をひと言にしていえば、経済活動と環境との相克を狭義の経済的規範によって処理し、環境の果たす文化的、社会的な機能について十分な留意をしてこなかったということである。それはまたさまざまな開発計画、経済政策の策定に主体的な役割を演じてきた人々、とくに中央官庁の官僚群の考え方と行動にもかかわる問題である。これらの人々は、法律の専門的知識、工学的技術あるいは産業構造の経済分析など、それぞれの専門的分野において卓越した能力をもった人々であるかもしれないが、環境と経済との相克というすぐれて文化的、人間的な問題について、はたしてどれだけ理解し、あるいは少なくとも理解しようと努めてきたのであろうか。

わたくしはたまたまこれらの人々の多くが学んだ大学で教壇に立つ身であるが、大学の講義はそれぞれ専門的に分化した学問分野について、その限定された範囲内でのみ論ずるのであって、環境という視野の広範な問題について考え、何が本当に望ましいのかということを模索する機会はほとんどないといってよい。そのうえ、大学の入学試験も公務員試験もともに単次元的な知的能力を判断するような問題が主となっていて、思索的な能力を判断するようなものではない。しかも、小学校から始まる試験に対して正解をだす能力だけを異常に養うような、あるいは子どもたちの真の知的能力をこわしてしまうような教育がおこなわれている。

わたくしは一年ほど前、北海道で火力発電所建設に関連して紛争の起きている地域を訪ねて、反対運動を展開している漁民と話し合う機会をもった。火力発電所からの排水によって漁場が破壊されてしまう公算が高く、排ガスによる大気汚染によって近辺の農家が大きな被害を受けかねない。さらに石油輸送のパイプライン建設予定地が地盤軟弱のため住民の不安が大きい。このような状況で火力発電所本体の建設は強行されてしまったのであるが、最初から建設反対の運動にたずさわってきた漁民の意気はさかんであった。わたくしにとってとくに感動的であったのは、漁民の一人一人がそれぞれ魅力的な人柄の持ち主で、自らの職業に全人格をかけた清々しさと人間的誠実さにあふれていたことであった。そして、このような漁民たちが生活する基盤を破壊するような開発計画とその策定推進者たちに対して、なんともいえない腹立ちを感じたのであった。

このような現象は、もともと資本主義的な市場経済制度に内在する矛盾が、経済の高度成長によって誘発され、拡大化されたものであり、必ずしも日本経済に特有なものではなく、むしろ、資本主義的な経済制度をもつ国々にとって共通な、現代的な課題であるということができよう。

市場経済制度の矛盾

現代資本主義が直面する諸問題を、一市民の立場から眺めて、整理してみたときに、どのような問題が重要であると考えられるであろうか。日本経済についてみるならば、つぎのような問題をあげることができる。

まず第一には、広い意味における都市環境の悪化、破壊である。すなわち、高度成長の過程において、生産基盤的な社会資本の建設とそれによって誘発された私的な生産的資本の蓄積に比較して、生活関連的な社会資本の蓄積および都市環境の整備が著しくおくれてきた。そのために、東京、大阪などの大都市をはじめとして地方の中小都市にいたるまで、都市生活環境が相対的に著しく悪化してきたことである。このことは、具体的には住宅問題の深刻化、教育・医療制度の質的低下、公共的交通機関の退化となってあらわれているが、さらに、自動車の普及によって、これらの傾向はいっそう拍車がかけられ、現在日本の都市環境の質的低下はまさに世界にその比をみないものとなっているといっても過言ではないであろう。

第二にあげなければならないのは、経済活動にともなう自然環境の破壊である。さまざまな生産および消費活動に対して十分な社会的規制がなされてこなかったために、大気、水、土壌などの自然環境の汚染が、高度成長にともなって加速度的に悪化して、現在日本における環境破壊はこれもまた世界に類をみないまでとなってきている。水銀などの重金属汚染によって、健康を、さらには生命を失った人々の数が日本ほど多い国が他にあるであろうか。また、工場建設、宅地開発、あるいは観光開発の名のもとに、日本ほどその豊かな自然環境を破壊してきた国を他に見出すことができるであろうか。

またこれまでの偏った工業化、それに付随する都市化の進行にともなって、多くの農村地帯において、きわめて深刻な過疎現象が起きつつあることを指摘しなければならない。これもまた高度成長期を通して、農村における生産基盤的社会資本の蓄積がきわめて少なかったことに加えて、農村に対する生活関連的な社会的共通資本の建設が都市部よりさらにいっそうおくれてきたことに依存するものである。農村における過疎化は、生活関連的な資本蓄積およびサービスの質的低下をさらに促進し、若年層人口の流出を誘発して、大きな社会問題となってきた。

このような現象に加えて、所得分配の不公正化にともなって生じつつある社会的問題をあげる必要があろう。まず第一に、土地制度によって、とくに大都市周辺の地価上昇が、きわめて高い水準に定着化し、土地所有者と非所有者との関係がきわめて不平等なものとなってきていることである。

つぎに、さまざまな産業における寡占化に起因する価格の硬直化と寡占的利潤の発生によって、企業部門と家計部門との所得分配が不公正化している現象である。とくにこの現象は生活必需的な、価格弾力性の低い財・サービスに著しく、この点からも所得分配に悪影響を及ぼしている。

さらに、所得分配の不公正化は、一九七〇年代に入ってからとくに顕著にみられるようになったインフレーションによっていっそう拍車がかけられていることを指摘する必要があろう。一九七一年、国際通貨制度の混乱期において、日本銀行が大量にドルを買い、国内通貨量を増発したことに加えて、一九七二年から七三年にかけて福祉政策転換の名のもとに財政支出、とくに公共投資の大幅な増加によって、日本におけるインフレーションは、これまでのクリーピング・インフレーションの域を超えて、きわめて不安定な局面に入りつつあるのではないか、という危惧を抱かざるをえない。この危惧は、一九七三年一一月、アラブ産油諸国による原油価格の大幅な引上げによって現実化した。

さらに、多少とも長期的にみるならば、世界的な資源の希少化、国際的なインフレーションの定着、国内の福祉的政策への要請、環境保全のための規制の強化、住民運動などを通じての工場立地制限などという要因はすべて、このインフレーションの不安定性を高めるものである。このような点からも、インフレーションは、もっとも重要な政策的関心事となりつづけるであろうことは想像に難くない。そして、実質的所得分配の悪化はこのままではさけられない現象となりつつある。このことはさらに、現在の日本経済が直面しているもっとも重要な問題、すなわち、福祉経済制度をどのようにして計画し、どのような政策的な手段によって実現してゆくのか、という問題を提起する。この問題は別の観点から眺めるならば、市場機構を通じての配分過程と公的なメカニズムによる配分過程との関係をどのように考え、具体的な供給、分配をいかに計画するかという問題である。

経済学と現実的課題

日本経済が現在直面する諸問題のうち、主なものをあげれば、以上のようになることに大方の異存はないであろう。このような問題に対して経済学はどのように答えてきたであろうか。ここで、わたくしは、経済学というときに、いわゆる近代経済学に限定して考えているが、近代経済学の立場からこのような問題について満足しうる答えがだされてきたであろうか。この設問に対して、わたくしは否と答えざるをえない。

このような現象は必ずしも日本経済あるいは日本の経済学に限定されるものではなく、むしろ世界的に起きつつあることとである。日本経済から目を転じて世界経済を眺めてみたときにどのような問題が起きているであろうか。まず第一に注目せざるをえないのは、富める国々と貧しい国々との乖離が年々相対的に開きつつあることである。しかも、先進工業諸国においては、「過度の経済発展」にともなって、都市問題、環境破壊、インフレーションなどが進行し、実質的所得分配の不公正化がみられ、さまざまな社会的問題がおきている。これらはいずれも日本経済の場合に比べては楽観的にみえても、年々深刻化しつつあるということは否めない事実である。

また、いわゆる発展途上諸国における「低経済発展」の問題は依然として深刻であり、飢餓線上をさまよう人々が大きな比率を占め、発展の可能性を短時日のうちに見出すことはほぼ不可能とさえいってもよい。この南北間の乖離は、貿易、資本の自由化によって、経済理論の教えるところとは逆に、むしろ悪化しつつあるのが現状である。そして、先進工業諸国と発展途上諸国とを問わず、インフレーションの進行はほとんど例外なくみられ、実質的な所得分配の不平等性については、たんに国際間の格差が拡がりつつあるだけでなく、国内的にもさらに悪化しつつあるのもまた否定しがたい事実である。

このような現象をどのように分析し、どのような政策的手段、あるいは制度的な改革によって解決していったらよいであろうか。この点について経済学はどれだけの貢献をしてきたのであろうか。ここにあげたようなさまざまな問題について事実的データを収集し、積極的に分析を試みてきた経済学者は多い。そして、社会的な観点から有意義な政策的含意を導き出してきた経済学者の数も少なくない。しかし、これらの経済学者たちは、事実の解明、現象の分析にさいして、経済学の助けをかりないで、むしろそれぞれの知的洞察力にたよってこのような業績をなしとげてきたともいえる。逆に、正統的な経済学の思考方法に忠実にもとづいて分析をおこなおうとする人々は、往々にして、非現実的な、非社会的ともいえるような結論を出してきた。経済学が現代の問題に答えられるか、という設問に対して、たんに個々の経済学者がこれらの諸問題に対してどのような分析をおこなってきたか、ということよりも、経済学はこのような問題を解明し、分析するための理論的枠組みを用意してきたか、という観点からとらえたときに、わたくしは否定的な回答をせざるをえないと思うのである。

「経済学の第二の危機」

一九六〇年代の後半から現在にかけて起きてきたこのような経済学の理論的な枠組みと現実的な諸条件との乖離を、もっとも直截に、劇的なかたちで表明したのは、ジョーン・ロビンソン教授のイーリィ講演「経済学の第二の危機」である。一九七一年一二月、アメリカ経済学会の年会で、当時会長であったケネス・ガルブレイスの司会のもとにおこなわれたこの講演は、たまたま同じ年会におけるグンナー・ミュルダールの講演とならんで、現代経済学のもつ根本的欠陥をつき、同時に経済学の新しい展開の方向を示唆したという点で、エポック・メーキングな性格をもつものであった。ジョーン・ロビンソンの言う「経済学の第二の危機」は、彼女が生きた時代における第二の危機という意味であるが、一九〇三年生まれであるから、そのまま二〇世紀における経済学の第二の危機であることになる。第一の危機は言うまでもなく、一九三〇年代に起きたのであるが、現在経済学が置かれている危機的状況はまさに、第一の危機にも比するようなものであるというのが、ロビンソン教授の主張するところだったのである。

経済学が現在置かれている状況は、まさに危機と呼ばれるにふさわしい。第二次大戦後三〇年間にわたって蓄積されてきた社会的、制度的条件の変化は、既成の経済学のパラダイムをもってしてはもはや解明することができないような経済的環境を形成するにいたった。にもかかわらず、経済学者の多くは、ごく最近までこのような現実的諸条件と理論的諸前提との乖離を直視せず、いたずらに職業的な既得権益を守るに汲々としてきたことが、経済学が直面する危機的な状況をいっそう深刻なものにしたのである。たしかに経済学の場合には、その生成発展の過程を通じて絶え間ない現実的諸条件の変化にともなって理論的、概念的枠組みをどのように修正するか、という点に一つの基本的特徴を見出すことができる。一九七二年ケント大学のケインズ・カレッジで開かれた第一回のケインズ・セミナーの講演で、ロイ・ハロッド教授もこの点にふれて、経済学についてもっとも魅力的な点は、経済的環境が常に変化し、絶えず新しい問題と方法とが提起されつつあることだと述べているが、この言葉ほど経済学の本質を洞察するものはないであろう。

しかし、一九六〇年代の後半から現在にかけて起きつつある、経済学とくにいわゆる近代経済学の理論的枠組みと現実的な諸条件との乖離は、一九三〇年代のそれにも比することができるような性格をもち、ジョーン・ロビンソン教授の言うように、経済学は二〇世紀における第二の危機に直面しているといってもよい。現代経済学が置かれているこのような危機的状況に対して、経済学者たちがある程度明確な認識をもちはじめ、古いパラダイムに対して批判的検討をはじめたのは、一九六〇年代の後半、ヴェトナム戦争がその直接的契機であったといってもよい。ヴェトナム戦争が経済学のあり方にかかわっているということは一見奇異のようにみえるが、第二次大戦後の世界における経済学の発展の経過を眺めるとき、その意味するところが明らかになるであろう。

第二次大戦直後、世界の経済学が置かれていた状況は、政治的、軍事的、経済的条件にかんする一般的な環境をそのまま反映するものであった。ヨーロッパ、ロシア、アジアの大半が戦時中の破壊によって荒廃していたとき、ひとりアメリカだけが経済的な繁栄を享受して、その豊かな資源はさまざまなかたちで戦後の経済復興のために利用されていった。そして多くの学問的領域についても、アメリカの大学に人的および物的資源が集中されていった。アメリカの大学で研究教育に投下された額は、他のすべての国を合計してもはるかに及ばない巨額に上っていったが、経済学についても例外ではなかった。その結果、経済学研究の中心がイギリスの大学からアメリカの大学に移ってゆき、経済学の性格もまたそれにともなって大きく変化することになったのである。

この変化は、ケインズ経済学を新古典派のパラダイムのなかに吸収して、計量経済学、数理経済学を中核とする新しい経済学を形成するというかたちをとって現われていった。その特徴は、個々の経済現象や個々の経済主体の行動分析というもっぱらミクロ経済分析の理論的精緻化という一面をもつとともに、統計的手法を駆使して計量的分析をおこなうというすぐれて実証的な側面をあわせもつものであった。そして、経済社会の全体的構造の把握ということをむしろ意識的に回避して、個々の経済主体のミクロ的構造分析を集計してはじめて全体像をとらえうるという立場が一貫してとられてきた。経済学を社会科学としてより、むしろ自然科学的な方法をもって再構築しようという考え方が支配的となっていったのであるが、この点は、ポール・サミュエルソン教授の『経済分析の基礎』（佐藤隆三訳、勁草書房、一九七二年）にもっとも明確にあらわされている。

アメリカ経済学の特徴はまたその形式論理性を重要視するという面にも現われている。経済現象の実態的側面にはふれることなく、むしろ現象的側面に焦点を当てようとする点において、ライオネル・ロビンスが一九三二年、『経済学の本質と意義』のなかで展開した近代経済学の概念の延長線上に位置しているということができよう。所与の目的のためにさまざまな希少資源をもっとも効率的に配分することを考究し、その目的については問わない、というかたちで科学としての経済学をとらえようとしたロビンスの主張は、戦後アメリカの知的風土のなかできわめて自然に受け入れられ、経済学研究の方向を規定することになった。歴史的にみて、アメリカ社会には、物質的な繁栄を基準として文化的、知的な条件を規定しようという性向が根強く存在するが、第二次大戦後におけるアメリカの経済的優位によってこの傾向はいっそう拍車をかけられた。このことはアメリカの大学での競争的な条件ともまた無縁ではなかった。

よく知られているように、アメリカの大学における雇用制度は、日本あるいはイギリスの大学のそれとはまったく異なった形態をもっている。すなわち、大学院における教育課程は形式的に整理されていて、博士号を獲得するために必要な履修課目および論文についてかなりきびしい内容規定が教授会によってなされている。また、若い教師は在職権をもたず、一年ないし三年の期限を限って雇用契約が結ばれる。研究業績および講義成果にもとづいて在職権をもった準教授に任用され、また給与額および他の待遇方法もまた年功序列にもとづいてでなく、その業績にもとづいて決められていく。研究業績の評価は、主として専門的な学術雑誌に発表された論文を通じておこなわれるのが通例である。しかも論文の質に対する主体的な評価よりむしろ量を重要視し、さらに、論文が発表された雑誌にも序列がつけられていて、教授任用にさいして重要な要素を構成しているという場合すらみられる。そして、当然のことながら研究業績の審査は教授団によってなされ、給与その他の条件にかんしては大学の行政当局によってなされる。

この点については、アメリカの大学がとくに他の国々の大学と相違するということはないが、在職権をもたず、一年ないし三年という短期間における研究業績に対する評価にもとづいて、再任用されるか否か、さらに給与までが決定されるということは、若い研究者に対して強い心理的圧力を加えてゆくことになる。しかも、アメリカ社会全体の物質志向的な雰囲気のなかでこのような制度がとられるとき、若い研究者の間で研究成果を求めてはげしい競争が展開されることは、当然予想されることである。新古典派理論の教えるように、希少資源をできるだけ可塑的にして、完全競争的な市場を通じて資源配分がなされるときに、もっとも効率的な配分が実現するという命題をそのまま適用したのが、戦後アメリカの大学における教授任用制度であるということすらできよう。

この制度は、戦後の冷戦構造のもとで、社会科学とくに経済学研究のあり方にきわめて大きな影響を与えずにおかなかった。ロビンス的な考え方がアメリカの大学で主流を占めるようになったのも、このような制度的条件を背景にしてはじめて理解できるといえよう。研究業績を直接、間接に既成の経済学者の集団が評価し、判断するということが、若い研究者に対する身分保障が十分でないような条件のもとでなされるとき、当然予想されるのは若い研究者の主体性の喪失と独創性の欠如とである。若い研究者たちがこれまでの経済学の考え方、問題意識の方向に対して批判的な立場をとることはきわめて困難となり、既成の理論的枠組みを無批判に取り入れ、そのなかでの展開を試みるという選択がなされてゆく。しかも、経済学における正統的な考え方は一見中立的な外観を与えながら、じつはアメリカ社会における政治的、社会的、経済的な面での支配的な力を擁護し、正当化するような性格をもつものであった。

この点について、一九四〇年代の終わりから五〇年代にかけて猛威をふるった、マッカーシズムの名のもとにおこなわれた知的なパージは無視できない影響をもっていた。これは戦後の冷戦構造によって生み出され、またそれを支えてきたものであるが、政治的、社会的な異端を排除するだけでなく、経済学の分野でも支配的な意識を形成していった。そして、物質的な繁栄のみを追って、知的な批判勢力を駆逐することになっていったが、一九五〇年代の終わり頃にはもはや経済学は「陰鬱な科学」ではなく、新古典派理論に象徴されるような「陽気な科学」になってしまったのである。貧困、人種問題などについてはほとんど研究がなされず、計量経済学の分野に多くの人々が集まり、現実的重要性を問わない抽象的な論議に終始したのも、じつはマッカーシズムからの逃避であったといえないことはない。マッカーシズムは、社会的正義という観点から経済学を学ぶことが個々の研究者にとっていかに危険であるか、ということを現実のものとし、それに対処して若い研究者はもっぱら経済学をたんに知的な遊戯として取り扱っていった。もちろんこのように単純化してとらえることは不可能であって、多くの例外は存在する。しかし、アメリカにおける経済学研究の主流を特徴づけるものはこのような性向であったといってよいであろう。

アメリカがヴェトナムに軍事的介入をはじめた一九六〇年代半ば頃には、マッカーシズムの影響をうけて、大学をはじめとしてアメリカ社会のほとんどすべての面から、体制に対する批判的勢力は一掃されて、知的なモノリシズムが支配していた。

ヴェトナム戦争と近代経済学

ヴェトナムへの本格的な軍事的介入はケネディ政権によってはじめられた。当時補佐官であったバンディをはじめ、マクナマラ、テイラー、ラスク、そしてロストウなどによって策定され、実行に移されたものである。この間の経緯は、ニューヨーク・タイムズ記者であったデイビッド・ハルバースタムが『ベスト&ブライテスト（*The Best and the Brightest*）』のなかで克明に描写しているところでもある。最良の家庭に育ち、もっともすぐれた教育を受け、もっとも傑出した才能をもった、これらのいわばアメリカ社会の知的エリートたちが、どのようにしてヴェトナムへの軍事的エスカレーションを企画し、文明史上稀にみる残虐行為に加担していったのであろうか。

ケネディ、ジョンソン両大統領のもとでヴェトナム戦争を計画し、実行していったこれらの知的エリートとでも言うべき人々が、じつはいかに知性の乏しい、人間的に貧しい人々であったか、ということをハルバースタムは繰り返し述べている。とくに、ロバート・マクナマラ元国防長官にかんする叙述は詳細にわたっている。彼が一見すぐれた能力をもつようにみえながら、ヴェトナムにおける歴史的な流れを理解することができず、軍事的介入をエスカレートしていった過程を見事に描き出しているが、最後に、「要するに、彼は馬鹿であった」（After all, he [Mcnamara] was a fool.）という言葉で結んでいるのは、きわめて印象的である。

同じ言葉はアメリカのニュー・エコノミストといわれる人々にもある程度妥当するのではなかろうか。ケネディ政権において多くの経済学者たちがその政策決定の過程で大きな役割を果たしてきたことはよく知られていることである。トービン、サミュエルソン、ソロー、アロー、チェネリー、ヘラー、ヒッチ、エントホーフェンなどいわゆるニュー・エコノミクスの立場にたつ経済学者が中心となって、たんに経済政策の策定に関与するだけでなく、いわゆる発展途上国に対する経済援助計画の名のもとに、ヴェトナム戦争に直接、間接に関係することになっていった。

とくに、多くの経済学者が、ロバート・マクナマラ氏が長官であった国防省に入って、戦争計画に直接関与することになり、新古典派経済学の考え方にもとづいてさまざまな政策が立案され、実行に移されていった。マクナマラ氏はもともとハーバード大学で経営学を講じた学者でもあったが、その効率主義にもとづく考え方は、新古典派経済学の理論的前提とも調和するものであった。ヴェトナム解放戦線の兵士を一人殺すのにどれだけの費用が必要となるか、というといわゆる「キル・レシオ」（殺戮比率）という概念が導入され、「キル・レシオ」を最小化するためにどのような資源配分のパターンを国防政策のなかでとったらよいか、という議論が堂々とおこなわれた。

その結果、もっとも多いときには年間六〇〇億ドルという巨額な資金がヴェトナム戦争の直接的軍事費として支出されるという状況のもとでも、増税をおこなうことなく、またインフレーションを惹き起こすこともなく、ヴェトナム戦争を遂行し、国土を破壊し、人民を殺戮することを効率的におこなってきた、というのが、マクナマラ長官が上院外交委員会での証言でつよく主張したことであった。マクナマラ長官の考え方は、所与の目的をできるだけ効率的に達成するように希少資源の配分を求め、その目的についてはまったく問わないという新古典派的な発想をそのまま具現化したものであった。

ヴェトナム戦争がインフレーションを惹き起こさなかったというマクナマラ長官の証言に反して、アメリカ経済は一九六〇年代の後半に入ってから深刻なインフレーションに悩まされはじめ、現在のいわゆるスタグフレーションという状態を生み出していくのであるが、そのもっとも直接的な要因は、一九六〇年代におけるヴェトナム軍事支出であったということは否定できないことである。

ヴェトナム問題はヴェトナムの問題ではなく、じつはアメリカの問題であった。アメリカ社会におけるさまざまな人種的偏見、知的雰囲気の欠如、政治的過程の腐敗、そしてなによりも社会的正義に対する無関心が、アメリカのヴェトナム介入の契機を構成していったからである。しかし、アメリカ軍のヴェトナムにおける非人道的な軍事行動は、やがてアメリカの多くの人々になんらかの影響を与えずにはおかなかった。

インドシナに直接的な軍事的介入をおこなっていた二〇年の間に、アメリカ軍は五万人に近い死者をだし、アメリカ史上、第二次大戦につぐ規模をもつ戦争となったが、インドシナ人民の犠牲はさらに比較できないほど大きい。しかも、アメリカ軍はつぎからつぎへと新しく、非人道的、非文明的な手段をとり、年とともにその残虐さを加えていった。ナパーム爆弾にはじまって、枯れ葉作戦などにおける化学兵器の使用、ボール爆弾、針爆弾など人身の損傷のみを目的とした新兵器が開発され、使われた。病院、学校、教会をも対象とした北爆は八年間以上にもわたってつづけられていった。戦火はヴェトナム全土に及び、数百万という罪のない人民が殺傷され、想像をこえた社会的、自然的環境の破壊がなされたのであった。

史上もっとも豊かな経済力と、もっとも強力な軍事力とをもつ大国アメリカがなんの大義名分もなく、宣戦布告もおこなわずに、ヴェトナムという小国に対して、その民族独立を暴力をもってふみにじり、その民族生存の基盤すら破壊するような行動をつづけていったことは、アメリカ国内でも心ある人々に大きな衝撃を与えずにおかなかった。そして、ソンミ事件に象徴されるような、老人、女子、子どもの大量殺戮、枯れ葉作戦、ボール爆弾などの非人道的武器の使用などに対してアメリカ国民のなかにつよい批判がおき、やがて体制の立場にたってヴェトナム戦争を計画、遂行してきた人々に対する批判、抵抗運動となって展開されていった。この反戦運動の担い手は大学生が中心であったが、一九六八年二月のテト攻勢のあと、より広範な層の支持を受けるようになり、ジョンソン大統領の再出馬断念という事件にまで発展することになったことは記憶に新しい。

正統派経済学の崩壊

ヴェトナム戦争によってアメリカの社会は大きく分裂し、はてしない社会的混乱を惹き起こしていったが、とくに経済学者に及ぼした影響は大きい。現在のアメリカ経済学界における混乱は皮肉なことに、第二次世界大戦後、経済学が現実的な政策策定の過程で有用な概念を提供し、経済学者の果たす役割が大きくなってきたことに関係している。一九六〇年代の初期に、ケネディ政権の成立とともに多くの経済学者が起用され、たんに経済政策の分野で重要な政策提言をおこなってきただけでなく、社会的、政治的な広範な次元にまでその影響力が及んでいった。ヴェトナム戦争の経験は、一方では、経済学者たちがもっていた社会的、歴史的な思想・論理体系が現実と大きく乖離し、妥当しないということを示していった。ある特定の偏見を狂信的に抱いているような、あるいは職業的倫理感をもたない経済学者を除いては、この自らの学問的立場の基盤が論理的に崩壊しつつあるということは、もっとも深刻なものとして受け止められていった。

他方では、経済学者たちが現実の政策決定のプロセスに関与することによって、ヴェトナムにおける非人道的な行為に、直接、間接責任をもたざるをえなくなってきたことがある。反戦運動に参加することによって良心のとがめをいやそうという人々もいたが、多くの経済学者は、これらの問題を不問に付そうとした。しかし、若い世代に及ぼした影響は想像をこえて深刻なものがあった。

とくに、一九六〇年代に経済学研究に志した人々は、この戦争の非人道性を真正面から受け止めざるをえず、その多くは、徴兵制によって直接にヴェトナム戦争に加担させられるという状況におかれていた。六〇年代の後半にアメリカ人の学生が多く国外に逃避したことはよく知られているが、社会的正義感の強い、能力的にもすぐれた研究者ほど、このヴェトナム戦争の非人道性を自らの問題として受け止めて、正統派の新古典派的経済理論に対して、ときとしては全人格的な批判を投げかけ、ときとしては既成のアカデミズム全般に対してきわめて挑戦的な態度をとるようになっていった。

この新しい世代は、一九五〇年代から六〇年代のはじめにかけて経済学を志した世代とはまったく対照的な姿勢をもつ。一九五〇年代、アイゼンハワー政権の高原景気の時期に育った人々は、多くの場合、経済学に対して、たんに知的な観点からだけ興味をもち、極端な場合には、もっとも効率的に収益を得る職業とすら考えて、社会的問題意識はほとんど皆無であったといえよう。しかも、現在、アメリカの大学で中堅的な地位を占める経済学者は、この世代の人々であって、新しい世代からの批判に対しても往々にして自己防御的な立場から行動してきた。自らの既得権益を守ろうとして、理論と現実との乖離、政策的含意の非社会性に対しては目をつむろうとしたのである。

若い経済学者たちによって起こされたこの批判的運動は、新古典派経済学がこれまで果たしてきた役割とその限界から考えるときに、むしろ当然といえることであり、遅きに失する感すらあろう。しかし、学問的経験も必ずしも豊かでなく、研究上の便宜も十分与えられておらず、またアカデミックな地位も低い、この新しい世代が、その真摯な学問研究の態度と社会的公正に対する強い関心とを保ちつづけてゆくことがはたして可能であろうか。少数の人々はラジカル・エコノミストとしてある程度共通した問題意識と分析的方法論とをもって、一つの運動を展開することになっていったのであるが、多くの人々は研究、学習活動をつづけてゆくことに対して一方では強い疑問をもち、逡巡していったが、他方ではそのような人々が大学に残ってゆくことが困難になり、大学を去らざるをえなくなった人も多い。

これはさきに述べたような、アメリカの大学における教授任用制度と大学院教育のあり方に大きく関係していた。すなわち、経済学のパラダイムともいうべき新古典派理論の枠組みに疑問をもち、批判的な立場からなされた研究活動に対して、教授会や大学当局が正当な評価を与えることができなかったし、また大学院で教えられている経済学の考え方に対してつよい批判をもった学生が博士課程を無事に終了することがますます困難になっていったのである。とくに経済学に対する批判が必然的にヴェトナム戦争、対外経済援助批判という政治的な色彩の濃いものにならざるをえないという状況のもとで、この対立はたんに学界における新旧の対立を超えてはるかに深刻な様相を呈することになっていった。

わたくし自身、この期間アメリカの大学に籍を置いていたのであるが、若く、有能でしかも社会的正義感に溢れた多くの研究者、学生たちが、研究または勉学をつづけてゆくことをいさぎよしとしないでつぎからつぎと大学を去ってゆき、政治的な運動に参加するか、静かに姿を消していくのをみて、どうにもならない敗北感を身にしみて感じたことがある。

しかし、ヴェトナム戦争を契機として起こってきた正統派の経済学に対する批判運動は若い研究者、学生たちによってはじめられたのであるが、やがて既成の経済学者の多くをも包み込んで、アメリカ経済学の発展の方向に対しても大きな影響を与えるようになってきた。今日、世界の多くの国々でも、同じような現象が起きてきて、正統派経済学の崩壊は静かではあるが着々と進んでいるといえよう。

新しい世代の指導者の一人であるハーバート・ギンタス教授は、一九七一年冬に開かれたアメリカ経済学会の年会で、われわれ自身狂気におちいらないため、また子孫のために人間らしい世界を残すために、この運動に加わることをよびかけ、この運動がやがては、経済学の主流となってゆくであろうと予見している。このギンタス教授の予見が実際に実現するか否かは、経済学がこれからどのような展開をしてゆくかに依存し、予断を許さない。しかし、ヴェトナム戦争を契機として起こってきたアメリカ経済学における大きな転換の動きは、すでに一つの歴史的な事実であり、将来の経済学発展の方向を大きく変えるものとなることは間違いないであろう。

しかしながら、この崩壊の過程でどのような考え方が経済学のなかで形成され、指導的な理念となってゆくのか、という点について見通しをもつことはきわめて困難である。ここでわたくしにとって可能なことも、たかだか、これまでの正統的な経済学がどのような内容をもっているのかを明らかにし、その問題点について、自分なりに試論的考えを進めることであるにすぎない。

正統派の経済学について、その理論的な枠組みを形づくっているのは、言うまでもなく、新古典派の経済理論である。しかし新古典派の経済理論について、その基礎的な枠組みを明快に解説した書物はないといってもよい。新古典派理論の基本的な考え方と中心的な命題とは、すべての経済学者にとって自明のこととして当然知らなければならないこととされてきたからである。まず、新古典派の経済理論について、その基礎的な考え方にさかのぼって、枝葉末節にとらわれることなく、その前提条件を一つ一つ検討することからはじめよう。

第9章　市民の基本的権利と経済理論

市民は基本的人権として思想・信教の自由、職業選択・居住の自由、教育・労働の権利などをもつ。国はすべての市民がそれらを享受できるような制度、施設を用意しなければならない。経済学では公共財の理論の分野でそうしたサービスの供給が研究されている。ただし現実には、自然環境や都市環境の整備に関してどのようなことをどれだけ公共サービスとして国が供給していくかということから検討する必要がある。

利潤追求と市場機構

新古典派の経済理論では、すべての財・サービスの生産および消費が私的な利潤追求という動機にもとづいてなされるという前提が設けられていた。わたくしたちが普通想定するような財・サービスについてはその生産、販売が私的利潤追求の対象とされることについて、なんら社会的あるいは倫理的問題が起きないと考えてもよい。しかし、財・サービスの性格によっては、このように私的利潤追求の対象とされることによって、大きな社会的問題を惹き起こすようなものが少なくない。

そのもっとも極端なものは奴隷制であるが、人間を売買の対象として私的な利潤の追求がなされるということは、人道的見地から許されるべきものではなく、現在このようなことが許容されている国は存在しない。

もう一つの例として、警察があげられる。警察は、地域社会の治安を維持し、各人の安全を守るというサービスを提供するものであるが、もし仮に、警察サービスが私的利潤を追求するという動機にもとづいて供給されたとすればどうなるであろうか。そのときに生ずる社会的混乱は想像をこえるものがあり、たとえ経済的観点からこのような制度がより効果的であるにしても、社会的、人道的な観点から望ましくないものであることはいうまでもない。右にあげた奴隷労働、警察などの例は、市場機構を通じて処理すべきではないことがきわめて明確なものである。しかし、このような判断も、現在の社会的条件を反映した、いわば社会的通念にもとづいてなされたものである。事実、古代ローマ、アメリカ南部の例をあげるまでもなく、奴隷制が当然なものとして許容されていた歴史的時代もあり、また、開拓時代のアメリカ西部にみられるように、警察サービスが私的に供給されたこともあったのである。したがって、奴隷労働、警察を市場機構を通じて処理すべきではないということは、あくまで現在の社会的、経済的条件を反映したうえでの価値判断であることに留意する必要がある。

現在の社会的条件のもとでは、もちろん人身売買という非人道的行為は禁止され、また警察サービスは公共的サービスとして提供される。どのような財・サービスが市場機構を通じて配分されるか、またどのようなものが公共的に供給されるかということは、そのときどきの社会的、経済的条件を反映して、社会的価値判断にもとづいて決定されるものである。逆に、市場機構がどのような財・サービスに対して適用されているかによって、じつはその国民経済の社会的特質を知ることができるともいえよう。

したがって、このような問題を考察しようとすると、必然的に近代的市民社会の制度的特質にふれなければならない。この点にかんする正確な理解なしには、市場機構の限界について語ることは困難だからである。市民社会の特質は、社会の各構成員が、それぞれどれだけの権利を賦与され、どのような義務をもっているかによって規定され、市民社会の進歩は、ある意味では、各市民に賦与されている権利の拡大によってはかることができる。このとき、国家の果たすべき任務は、市民がこのような権利を享受しうる社会的、経済的環境を整えることでなければならない。

しかし、各市民にどのような権利が賦与されなければならないかということを具体的に想定しようとすると、その内容についての合意を得ることは必ずしも容易ではない。基本的人権を規定した憲法についても、その具体的な解釈を一般的に与えようとするのは容易ではないからである。しかし、その根本的理念に立ち返って考えるとき、市民の権利について、社会的な通念としてある程度の了解を得ることができよう。わたくしがここで社会的通念という曖昧な言葉を使うのは、むしろ意図的であって、このような市民の基本的権利という概念は、論理的な演繹を通じては求められず、市民の人間的権利にかんする社会的通念をどのように理解し、解釈するかによって規定されるものだからである。

市民の基本的権利

ここで使われている市民の基本的権利という概念は、市民であることによって当然発生する基本的な権利であって、国家または社会によって温情的に与えられるものではない。このような市民の基本的権利については憲法に規定されるところであるが、生命、自由、および幸福追求という基本的な人権にはじまり、奴隷的拘束からの自由、思想・信教などの自由、職業選択・居住などの自由、教育・労働の権利などが、近代的市民社会におけるいわゆる市民的自由を構成する。さらに、市民はすべて健康で文化的な最低限度の生活を営む権利をもち、そして国は、市民がすべてこうした基本的権利を享受できるような制度、施設を用意しなければならない。しかも、このような市民的権利は、支払う能力があり、またその意志をもった人々にのみ供給されるのではなく、すべての人々に公正に供給されなければならない。

したがって、どのような財・サービスが私的なかたちで供給され、どのようなものが公共的に供給されるかということは、結局、このような市民のもつ基本的権利をどのように解釈するかに依存して定められることになる。

国家の果たすべき任務としてまず第一にあげられるのは、国防、外交など、アダム・スミスのいう「社会を他の独立の社会の暴力や不法行為から守る」ということである。ここにいう国防は、必ずしも軍事的なものにかぎられるのではなく、国防、外交という、いわばネーション・ステートを維持するための活動が国家によっておこなわれ、各市民はそれぞれその果実を享受することになる。

この国防、外交という公共サービスは、ポール・サミュエルソン教授の「公共財」の条件をみたすものであって、純粋公共財という性格をもつ。こうした公共財は、まず第一に全市民に集団的に供給され、各市民がそのサービスの享受を選択する余地がないということである。すなわち、国家がある国防、外交活動をおこなうときに、市民がそのサービスを一部取捨選択することはできない。

第二の特徴は、各市民間に競合関係という状態は発生しないということである。すなわち、Aという市民が国防サービスを享受することによって、他のBという市民の享受する国防サービスの量が影響を受けることはない。

サミュエルソンのいう純粋な公共財は、以上のように、その消費が集団的におこなわれ、排他性もなく、また混雑現象も起こらないようなものである。じつは、このような条件を備えた純粋公共財の例を見出すことは非常に困難であって、国防、外交サービスがほぼ想定できる唯一のものであるということは、さきに言及した通りである。普通考えられている公共的な財・サービスは、必ず排他性なり、競合性なりをもち、サミュエルソンのいう純粋公共財の概念をもってすることはできない。

国家の任務の第二は、市民相互間に公正、正義を保障するものであって、司法制度や公正取引にかんする制度である。司法制度は、治安の維持、公正な裁判などを通じて、各市民間に公正な関係が成立することを保障する。このような司法サービスは、必ずしも集団的に供給されるのでなく、各市民がそれぞれのサービスをどれだけ享受するかについて、ある程度選択することができる。

たとえば、警察サービスを必要とするとしても、そのために発生する直接、間接のコストをたえず考慮して、ある程度主体的に選択することができる。このことはまた、司法サービスにかんして混雑現象が生ずることにも関係する。たとえば、限られた能力しかもたない裁判所に対して係争中の事件がふえればふえるほど、その効率は低下し、各市民が享受する司法サービスの質が変化することからも、混雑現象が一般的に生ずることが類推されよう。

つぎに、健康で文化的な生活を保障するためには、どのようなサービスが公共的なものとして供給されなければならないであろうか。この点にかんしては、国家の任務について必ずしも無条件の合意が得られないが、現在の社会的、経済的条件のもとでは、つぎのような性格をもつと考えてよいであろう。

まず、すべての市民が生存するために必要な生活環境を整備し、維持することである。このためには、大気、河川、森林などの自然環境と、さまざまな生活関連資本の集積である都市環境の管理、維持がはかられなければならない。また、市民の基本的権利としての教育、医療サービスをはじめとして、交通、文化的なサービスを公共的に供給し、各人が自由に享受できるようにする必要がある。これらは広い意味での社会的、都市的環境にかんするものである。

このような自然的環境、社会的環境は、原則として私有化を許さず、社会的に共通な間接資本として管理、維持され、各市民が自由にそのサービスを享受することができることが、なによりも重要な要請となってくる。

第10章　勢いづく市場原理主義への懐疑

ケインズ経済学の有効性が問われるようになった一九六〇年代以降、その間隙を突くかたちで、シカゴ大学の同僚だったミルトン・フリードマンらのマネタリズムが、経済学の世界で台頭する。新古典派経済理論に基づく市場原理主義的な経済学が勢いを増すなかで、宇沢氏は、マネタリスト、シカゴ学派の考えに疑問を抱き、その現実への妥当性に対しても疑念を深めていった。

マネタリズムの台頭

アメリカ・ケインジアンたちの活動が、一九五〇年代から六〇年代にかけての経済学研究の方向に及ぼした影響は、無視できないものがある。とくに、均衡分析を中心として、歴史的、文化的条件を捨象して、政府の経済的役割にかんする本質的な部分を切り捨てるという基本的な考え方が、一九六〇年代におけるアメリカの諸大学における経済学研究の方向を特徴づけるものであるといってよい。

ヴェトナム戦争のエスカレーションを契機として、一九六〇年代の後半になってアメリカ社会は大きな混乱と変動を経験することになるが、経済学のあり方に対しても根元的な問題が提起されてゆく。それは、具体的には、アメリカ・ケインジアンのとっている考え方、分析的方法に対する批判となって展開されていった。

一九六〇年代後半から七〇年代にかけての、この大きな社会的条件の変化が、アメリカ・ケインジアンが前提としていた制度的前提条件が、すでに第一次近似の意味でも妥当しなくなっていくという帰結を生み出していったからである。しかし、アメリカ・ケインジアンないしはケインズ経済学に対する批判は、その理論的前提条件の現実的妥当性を問うというよりは、その思想的立場と政策的帰結とをア・プリオリに否定し、その非論理性を部分的、局所的に批判しようという、むしろ破壊的な視点に立ったものであった。このケインズ批判の中心になったのがミルトン・フリードマンを指導者とする、いわゆるマネタリストの集団である。

マネタリストたちが標榜するマネタリズムという考え方が、一体どのようなマクロ経済学的な枠組みをもつのかということは、必ずしも明白ではないが、貨幣数量説を中核とする新古典派経済学の復活を背景にもっていることだけは確かなようである。ケインズ経済学が意図したような、現代資本主義の制度的な特質が人々の行動に対してどのような制約条件となって現われるか、という問題意識を捨てて、合理的な経済人がなんの制約条件もなく自由に機能することができるという新古典派的世界像の復活をはかろうとする。

一九六〇年代まで三〇年近くにわたって、ようやくアメリカ経済学の支配的な考え方になっていったケインズ経済学の伝統に対して、新古典派の立場に立つマネタリストたちの批判は、現実的妥当性を欠き、理論的整合性もなく、当初はまったく問題にされなかった。ところが、それから一〇年ほどの間に、アメリカ・ケインジアンとマネタリストとの関係はまさに逆転してしまった。トービン、モジリアーニたちによる説得力に富んだマネタリズム批判とケインズ経済学の弁護にもかかわらず、アメリカの諸大学における若い経済学者たちの興味の焦点は大きく変化して、マネタリズムの立場をとる人々が増えつつあり、支配力を強めていった。資源・エネルギー問題、インフレーション、失業、国際収支、為替レートの決定など現在一般に人々の関心を呼んでいる経済的な諸問題にかんして、マネタリズムの立場からの解明が積極的になされつつあって、政策的な影響力もまた、無視できなくなっていった。

アメリカ・ケインジアンの経済学は結局、大きく変動していった社会的、制度的条件を的確にとらえることができず、局限された均衡分析の枠組みのなかに安住し、理論的革新に対して積極的な貢献をしなかった。その間に、アメリカ経済は、インフレーションと失業――いわゆるスタグフレーション――の慢性化、都市問題の悪化、貧困の一般化という国内的な諸問題に加えて、国際収支の赤字、為替レートの不安定化など国際的な次元でも対処すべき問題が拡大化していった。それにもかかわらず、アメリカ・ケインジアンのなかから、これらの問題提起に対して適切な処方箋は出されなかった。マネタリズムの反撃は、このような間隙を縫って展開されていった。言うなれば、アメリカの大平原に、アメリカ・ケインジアンたちが営々として築き上げた砦が、一見堅牢そのものに見えたにもかかわらず、じつはすでに内部崩壊を起こしつつあって、マネタリズムの執拗な攻撃の前に落城していったと思えばよいのかも知れない。砦の内部からも通報者が出るし、新しく戦場に参加する人々は、すべてマネタリストの陣営に入ってしまったと言ってもよい。

合理的期待形成の仮説

これらの諸問題にかんするマネタリストのミクロ的分析視角は明瞭である。市場経済を構成する各経済人は、それぞれ所与の生産要素、希少資源をもち、完全競争的な市場で成立する価格体系のもとで、自らの価値基準にてらしてもっとも望ましい状態になるように市場での交換、生産、消費の計画をたて、実行に移す。このときに、各経済人はたんに現時点における事象だけでなく、将来の時点における事象について、できるだけ正確に予測し、期待を形成して、現在の経済行動をとる。したがって、政府がどのような財政・金融政策をとろうとも、現在から将来にかけての政策がア・プリオリ（先験的）に確定し、人々に知らせられているときには、人々は政策をそれぞれの期待形成の過程に組み込み、考慮に入れて計算をする。したがって、政策の効果は相殺されてしまって、資源配分のプロセスに対して実質的な影響はなくなってしまうと考える。

さまざまな財貨・サービスの相対価格体系、産出量などのミクロ経済的な変量をはじめとして、実質国民所得水準、失業率などというマクロ経済的な指標もすべて、どのような政策がとられたとしても、その影響を受けることなく、一定の水準に定まるというケインズ以前の新古典派的な結論が導き出される。そして、名目価格水準、インフレーション率は、貨幣供給量もしくはその増加率にのみ依存して定まってくる、という貨幣数量説的な結論もまた演繹されることになる。

マネタリストたちは、このような結論を導き出すためにいくつかの前提条件と分析用具とを用いる。それらの分析用具のうちでもっとも強力な役割を果たすのが、「合理的期待形成の仮説」と言われるものであって、マネタリスト的な結論を厳密に証明しようとするときに不可欠なものとなっている。「合理的期待形成の仮説」というのはつぎのような内容をもつ。

合理的な経済人は現在の時点でどのような行動を選択するかということを決めるときに、自らの行動が将来どのような影響を市場に及ぼすかということを計算して、そのような効果をも考慮した上で、もっとも有利だと考えられる行動を選択する。この間の事情を単純化して説明すれば、まず人々は将来の市場価格がいくらになるであろうかということを予測して、期待価格を形成する。その期待価格にもとづいて、もっとも有利なように、生産あるいは消費計画を立て、実行に移す。その結果、将来の需要と供給の条件に影響が及ぼされ、将来の市場価格が決まってくる。一般的な状況では、将来の市場価格は、さまざまな偶然的な要因によって左右されるから、確定的に計算されるのではなく、その確率分布が計算されることになる。このように、将来の市場価格の確率分布は、現在の時点で人々がもっている期待価格の関数となるといってよい。そして、将来の市場価格の確率的平均値と等しくなるように期待価格が形成されるとき、「合理的期待形成の仮説」がみたされているという。

マネタリズムの結論を導き出すためには、このような意味における「合理的期待形成の仮説」が必要となってくるのであるが、この仮説がどのような含意をもっているか、多少くわしく考えてみよう。

「合理的期待形成の仮説」がみたされるためには、各経済人が将来（または現在）の市場にかんして、その需要と供給との条件を正確に知っていて、市場価格の確率分布を計算することができ、しかも、期待価格がさまざまな水準をとったときに、この市場価格の確率分布がどのように変化するかということも知っていなければならない。つまり個別的な経済主体が経済の構造について完全な知識をもっていて、市場価格がどのような確率分布をするかを計算することができる、という前提条件がみたされているという仮定である。さらにこのような仮定の帰結として、すべての経済主体が形成する将来の市場価格に対する期待は同じ水準になり、したがって、期待市場価格と、それに対応する将来の市場価格の確率分布、さらにその確率的平均値との間に上に説明したような関係が存在することになり、個別的な経済主体がその関係を完全に知っているという条件がみたされていることになる。要するに、「合理的期待形成の仮説」は、各経済人が全経済の構造を完全に知っていて、たんなる市場価格ではなく、その確率分布を知っていて、計算できるという気の遠くなるようなことを想定するものである。

各経済人がこのような知識をもっていて、それを集めるためになんらコストを必要とせず、また市場価格の確率分布を計算するためになんらコストをかけないで済むという前提がみたされているときには、市場制度そのものの存在は、まったく無意味になってしまって、市場を開かないで、各人の計算する価格体系とそのときの生産、消費のパターンをそのまま実現すれば良いことになってしまう。

この「合理的期待形成の仮説」を使って、いわゆるマネタリスト的な政策命題が導き出される。たとえば、どのような財政・金融政策をとろうとも、それが事前に人々に知らされている限り、ある一定の有効需要、雇用量の水準が実現し、経済の構造的条件によって規定される自然失業率に落ち着く。とくに、国債の発行も、それが将来の市場条件に及ぼす影響を人々がそれぞれ自らの行動選択にさいして考慮に入れて計算するから、結局相殺されてしまって、長期的には、経済の実態的条件になんら影響を与えないということになる。物価水準の長期的増加率すなわちインフレーション率を決定する主要因は貨幣供給量の増加率であって、物価の安定は結局、貨幣供給量の安定化を通じてのみ実現可能であるという命題もまた導き出されることになる。

このようにして、政府の私的経済活動に対する介入は最小限にとどめ、市場機能の自由な働きを通じて、資源配分、所得分配がなされるときに、社会的な観点からしてもっとも効率的な配分が実現するという、自由放任主義の思想がここに再確認され、貨幣供給量をもっとも基軸的な政策変数として、物価水準の安定化をはかろうというマネタリズム本来の立場が正当化されることになる。逆に、「合理的期待形成の仮説」はじつは、このような政策的帰結を演繹するために仮定されていると考えてもよく、この仮説自体、合理的経済人というマネタリストたちの基本的前提を、その論理的極限まで推し進めたものであるといってよいであろう。そして、戦後多くの経済学者たちの努力を通じてアメリカの諸大学で定着していったケインズ経済学の立場を否定して、経済学の暗黒時代を再び実現するために、大きな役割を果たしていった。

上に説明したように、「合理的期待形成の仮説」は、資本主義的市場経済の制度的な制約条件にとらわれることなく、合理的な経済人の概念を、その論理的極限にまで純粋化したものである。とくに、市場経済の分権性という前提を否定して、各経済人が経済全体にかんして正確な情報をもち、市場価格の客観的確率分布まで計算できるという荒唐無稽な前提条件を仮定している。

かつて、ミーゼス、ハイエクたちが集権的社会主義を批判し、そこにおける経済計算の可能性を否定した。その根拠は、中央計画当局が、希少資源の最適配分を計画するためには何百万という方程式を解かなければならない。

このようなことはもちろん不可能であって、たとえ近似的な計算をするにも、そのために必要なコストは膨大なものので、資源配分の効率化によって得られる便益をはるかに超えるものであると主張し、分権的な市場経済制度のもつ内在的なメリットを強調した。ところが、「合理的期待形成の仮説」をとる人々は、市場制度と合理的経済人のもつ意義を強調しようとして、逆に市場制度そのものをも否定するという結果になってしまったのである。しかも、このような非経済学的な考え方に対して、批判的な立場をとる人々を意識的に排除して、自らの理論前提の非現実性を問うということを回避しようとしていった。

シカゴ学派

「合理的期待形成の仮説」を信奉する人々は、このような方向性の延長線上にとらえるとき、その基本的性格が浮き彫りにされるであろう。一般均衡分析の新古典派的な取り扱い方もまた、時間的要素と空間的要素をともに捨象して、ニュートン力学における真空状態での質点の運動と同じような分析方法を適用したものであった。そして、そこから自由放任主義が検証されたかのような主張を展開したのであるが、基本的には、結論を仮定して結論を導き出すという一種のトートロジーに近いような論理構造をもっている。

このような制度的、歴史的条件を捨象して、時間的、空間的制約の存在しないような状況における経済人の合理的行動という視点から、経済現象を解明しようという考え方は、一般にシカゴ学派と呼ばれている。先にあげたゲイリー・ベッカー、ミルトン・フリードマンたちは、いずれもシカゴ大学の教授であったが、シカゴ学派という呼称は必ずしも正確な用語法ではないように思われる。コールズ研究所もシカゴ大学の経済学部にあったし、T・W・シュルツ、オスカー・ランゲ、バート・ホーセリッツ、T・C・クープマンス、ジェーコブ・マルシャックなどいずれもシカゴ大学の経済学者たちだったからである。

シカゴ大学における経済学研究の伝統は、むしろ独立な自主的な性格をもち、時代時代の政治的、社会的な圧力から自由な学風を保ってきた。そのために、経済学部の教授たちの間における学問的な調和と平衡とを意識的に維持し、しかも相互間にきびしい批判と討論が常におこなわれるという雰囲気が形成され、あくまでも学問研究の自由を守ろうとしていった。

たとえば、オスカー・ランゲがポーランドの国連大使を辞任したときに、当時のマッカーシズムの反共的な雰囲気にもかかわらず、シカゴ大学の教授に復帰するよう経済学部から強い要請が出された。また、フランク・ナイトが、講義中にキリスト教教会を誹謗したという理由をもって、学生として来ていた神父たちから非難されたときにも、経済学部の教授会はこぞってナイトの弁護にたった。

一九四七年、ミルトン・フリードマンと一緒にロイド・メッツラーが呼ばれたのも、このような学問的自由を守るために、思想的、政治的立場の平衡を保とうとしたものである。このフリードマンとメッツラーとの共存は、シカゴ大学における経済学研究のあり方を象徴的にあらわすものであった。フリードマンは、マネタリズムと一般に呼ばれる、新古典派の一つの極点を形成するような考え方を代表する経済学者である。それに対しメッツラーは、良い意味におけるアメリカ・ケインジアンを代表する経済学者である。

一九三〇年代、ハーバード大学における黄金時代に、メッツラーは、ポール・サミュエルソンと並んでもっとも才能ゆたかな学生の一人であった。しかし、サミュエルソンが才に溺れ、経済理論を論理的な遊びとして、その精緻化に精力を集中していったのに対して、メッツラーは温厚枯淡な人柄の示す通り、現実の経済現象をどのようにしてできるだけ単純、明快な理論モデルに昇華させるかという点に、その経済学研究の焦点が当てられていった。

メッツラーは一九五四年に脳腫瘍を患い、大きな手術を受けたが、奇跡的に生命を保ち、しかも具体的な機能障害を残さなかった。しかし、この手術を契機として、メッツラーはそれまでのようなアクティブな創造的活動から離れて、内省的な思索的な傾向をもつようになり、経済学界に大きな衝撃を与えるような論文を発表しなくなった。一九五四年までの一〇年ほどの間に、メッツラーは、国際貿易、所得分析、金融理論、経済変動論など経済理論のほとんどあらゆる分野にわたって、もっとも基礎的な業績を発表し、現在にいたるまで、それぞれの分野における学習の出発点となっている。メッツラーは一九八〇年に亡くなったが、ケインズ経済学の展開に重要な貢献を残したのであった。

第一に、『一般理論』では曖昧のままに残されていた諸概念のもつ意味を明確にし、その経済循環の過程における役割を明示化したことである。第二には、メッツラーの理論モデルを構成する諸要因の選択にかんする平衡感覚の存在である。この点で、メッツラーの構築した理論モデルの多くは、現在時点で評価したときに、その現実的妥当性、理論的整合性という観点から必ずしも十分ではない面をもっていることは否定できないが、理論モデルのつくり方の基本を示すものであって、現在なおメッツラーの諸論文からわれわれが学ぶところが大きいのはこの点についてである。第三に、メッツラーの業績を貫いて共通にみられるのは、経済学研究の本来の目的が常に意識され、人間的な視点から経済分析の論理的な展開がなされているということである。"warm heart and cool head"という言葉はまさにメッツラーを表現するためにあるといっても過言ではないように思われる。

一九五四年以来メッツラーが創造的な活動を休止したということは、先に述べたような意味で、シカゴ大学における経済学研究のあり方に大きな影響を及ぼすことになった。これはたんにシカゴ大学だけの問題でなく、アメリカ経済学全体に及ぼした影響も無視することはできないように思われる。

シカゴ大学ではその後、ハリー・ジョンソン、ロバート・マンデルなど広い意味でケインジアンと呼ばれる経済学者を呼んだが、いずれも、メッツラーの果たした偉大な役割を代替することはできなかった。ハリー・ジョンソン自身も、当初のケインジアンの立場から徐々にシフトしていって、最後には、マネタリストのもっとも有力な（少なくともイギリスにおいては）スポークスマンになってしまったし、マンデルは、ケインズ理論を純粋な新古典派的な観点から再編成するという立場に転向していった。

「合理的期待形成の仮説」の問題

マンデルのケインズ解釈は、これまでの議論との関連で意味が深いように思われる。それは、もともとケインズ自身が、『一般理論』が出版された翌年の一九三七年に『エコノミック・ジャーナル』に発表した一般理論の要約にもとづくものである。マンデルの解釈によれば、各企業はそれぞれ望ましいと思われる実物資本の水準にまで、実際に保有する実物資本の量を調整すると考える。これは、ケンプの直接投資理論と軌を一にするものであって、各時点で、実物資本の限界生産が実質利子率に等しくなるように、各企業の保有する実物資本の量が調整されることになる。そして、全投資量は、有効需要水準に見合った貯蓄量に等しくなる。各時点で、全投資量はこのようにして確定するが、個別的な企業の投資量は不確定となる。投資の限界効率という概念が明示的に導入されず、各企業は、その時点で保有している実物資本がもっとも望ましい水準であると考えているからである。個別的な企業の投資量が確定するのは、つぎの時点におけるその企業の望ましい実物資本量が確定して、それから現在の実物資本量を差し引いたものとしてその企業の投資量が決まってくることになる。つぎの時点における望ましい実物資本量は、その時点での市場利子率がわからなければならないから、つぎの時点における市場均衡が実現してはじめて、現時点において、各企業がどれだけ投資をするのかということが確定するというのが、マンデルのケインズ解釈の意味するところである。

マンデルのケインズ解釈はより基本的な点で、『一般理論』の意味を誤解したものとなっている。それは、不確実性と固定性とに関わる点についてである。

ジョーン・ロビンソンも指摘しているように、ケインズ理論の基本的な特徴は、経済現象がすべて歴史的時間と制度的空間において起きるということを明示的に理論化しようとしたことであった。現在の時点における経済活動はすべて、過去に投下され、蓄積されているさまざまな生産要素を用いてはじめて可能になる。ところが、これらの生産要素の蓄積が決定された過去の時点では、現在のことについて確実な知識をもつことができないまま、投資がなされ、その結果として現在の状況が規定されてくる。しかも、現在の時点における投資の結果として、将来の生産条件が規定されるが、将来について、現在の時点ではなにも確実に知ることはできない。

このように、過去における行動の結果として変えることのできない現在の状況と、まだ知ることのできない将来との間に、現在の経済行動がおこなわれなければならない、という点をケインズは強調したのであった。このような認識にもとづいて、各時点で必ずしも完全雇用に対応する有効需要を生み出すだけの生産要素の蓄積条件が成立していない、というのが一般的な状況となる。非自発的失業が、たんに短期的な現象であるだけでなく、現代資本主義経済の長期的な状態について妥当するものである、とケインズは考えたのであった。

以上のように、人間の行動について、将来を知ることができないということが、基本的な制約条件であって、そのような状態のもとにおける経済活動という点に、現代社会の直面するもっとも重要な課題を見出したのである。ところが、いわゆる「合理的期待形成の仮説」を信奉する人々は、このような人間行動の限界に対して、謙虚な理解をもたず、あたかも全知全能の神に等しい洞察力をもっているかのような前提のもとに、議論を展開してきた。

「合理的期待形成の仮説」は、ケインズ経済学がもっとも重要な関心事とした、上のような意味における、不確実性下の経済行動という問題を捨象してしまったものである。さらに「合理的期待形成の仮説」について、私がとくに問題としたいのは、これがアメリカの経済学研究のなかで果たしている役割についてである。一九六〇年代に経済学に志した学生のうち、能力的にもすぐれ、ゆたかな人間的な感性をもっていた人々の多くは、ヴェトナム戦争が生み出したアメリカ社会の泥沼のなかで、結局は、経済学研究をつづけてゆくことができなくなっていった。

一九六〇年代の半ば頃のアメリカ社会の置かれた状況のなかで、経済学の研究をつづけてゆくことができなくなったのは、ある意味では当然のことであったと言うことができよう。

反ケインズ経済学とマネタリズムの考え方

一九五〇年代から現在にかけてのシカゴ大学の経済学部における経済学研究の方向は、広くアメリカ経済学の一般的な流れを象徴しているように思われる。当初、ミルトン・フリードマンによって代表されるマネタリズムの考え方と、ロイド・メッツラーの流れを汲むケインズ的な考え方とが、一種の緊張感を保ちながら、経済学研究のある理想的な平衡をつくり出すことに成功したかにみえた。

しかし、一九六〇年代に入って、アメリカ社会の歴史的変動のなかで、メッツラーおよびその後継者であるハリー・ジョンソン、ロバート・マンデルなどという経済学者が必ずしも積極的に、新しい不均衡的な状況に適応するような理論的な枠組みを形成することができなかった。それは、ケインズ的な考え方が、マクロ経済学の理論的なモデルの構築を前提として展開されなければならず、一九六〇年代に始まるアメリカ経済ないしは世界の資本主義の大きな不均衡過程は、これまでの経済分析の分析手法によっては十分に検討できない面をもっていたからである。

これに反して、マネタリズムの考え方はもともとマクロ経済学的な全体的理論を前提とせず、部分的な、個別的な分析に焦点を当て、しかも、制度的条件を超えた経済人の合理的行動という考え方にもとづいて経済循環のメカニズムを分析しようとするものであった。したがって、マクロ経済的な大きな変動も、部分的に、個別的に取り扱うことができ、一見説得力をもった分析を展開することが可能だったのである。一九六〇年代後半に始まって、シカゴ大学における経済学のバランスが大きく崩れ、ケインズ的な考え方はほとんど影をひそめてしまって、マネタリスト的なアプローチが支配的になっていったのも、このような事情に負うところが大きいのではなかろうか。

ケインズ経済学ないしはその亜流であるアメリカ・ケインジアンに代表される経済理論が、現実的妥当性と理論的整合性との両面から、その有効性が問われ、いわば、理論の崩壊が始まっていった。それに対して、マクロ経済学的な整合性を問わないで、個別的な分析を強調するマネタリズムの考え方が支配的になっていったのである。

シカゴ大学にみられた経済学の研究方法の変化は、より広く、アメリカの諸大学における経済学研究一般にも妥当する。しかも、この転換は必ずしも、経済学ないしは理論研究に限定されるものではなく、より広範な、アメリカ社会全体の条件の変化に対応するものであるといってもよい。

ケインズ経済学は一般にいわゆる進歩的ないし革新的な立場を代表し、マネタリズムないし新古典派の経済学は、反動的ないし保守的な立場を代表するというように理解されている。このことが具体的にどのような内容をもっているのか必ずしも明確でないし、また、人によってその意味が異なって用いられている。しかし、大ざっぱに言ってつぎのような意味をもって用いられると考えてもよいであろう。

ケインズ経済学は、現代資本主義経済において、市場機構は不安定的な要因を内在的に含んでいて、完全雇用、物価水準の安定、国際収支の均衡ということを自律的に成立させるような契機はすでに失われてしまったと考える。そこで、経済循環の安定化、完全雇用、安定的経済成長というような政策目標を達成するためには、政府が私的な経済活動に対して積極的な介入をおこなう必要が起きてくる。いわゆるファイン・チューニングを中心とするケインズ主義の考え方が発生したわけである。

そのとき、私的な経済主体よりも、政府の方が、さまざまな経済的な条件に対する情報をより正確にもち、しかも私的経済主体がなにを求めているのかということに対しても、私的な経済主体自身よりも的確に判断することができるという前提が設けられている。もっとも、政府自体がこのような知識と判断基準とをもっているというよりも、政府に対して政策決定の指針を与える役割を果たす知的エリート群が、このような知識と判断能力をもつという、いわゆる「ハーヴェイ・ロードの前提」といわれている考え方がとられている。

いずれにしても、「政府」が私的経済主体の全体的な経済厚生を高めるためのマクロ経済政策を策定し、計画し、実行に移すということが、大きな前提とされている。市場性より計画性を優先し、私的な調整機能に対して、公共的な調整機能をより重視することによってはじめて、経済的進歩、社会的発展が可能になるという考え方がケインズ経済学の根底にあった。このために、ケインズ主義ないしはアメリカ・ケインジアンの立場が進歩的であり、革新的であるといわれる。この用語法は、第二次世界大戦後の一般的政治思想的な状況を反映したものであるが、政治的状況における「進歩」に対する幻想が崩壊してゆく過程で、ケインズ経済学に対する考え方もまた、それに対応して変わっていった。

これに対して、マネタリズムないしは新古典派の経済学は、このような「政府」の機能に対して強い疑問と深い危惧感とをもつ。すなわち、マネタリストたちは、個別的な経済主体こそ自らの経済状況と目的とについて明確な知識とくわしい情報をもっていて、自らの行動を自主的に選択する能力をもっていると考える。「政府」はこのような個別的な経済主体の内面に立ち入って情報を収集することはできない。もし仮に、政府がこのような情報をもって、私的な経済主体よりも的確に計算し、個別的な経済主体の選択を左右する程度が高くなればなるほど、それは民主主義の脅威につながると主張する。

「政府」が、個別的な経済主体の置かれている経済状況とその内面的な価値基準にまで立ち入って情報を集め、それを機能的に利用するような状況が仮に実現したとすれば、このリヴァイアサンが、市民の自由を奪い、その権利を侵害することになりかねない。またそのような機構の存在を許すこと自体が民主主義に対する否定であると考えるのである。

そして私有財産制を前提として、市場機構を通じて希少資源の配分を決定する分権的な市場制度こそ、唯一の民主主義的な経済制度であると主張する。分権的な市場経済制度のもとでは、個別的な経済主体は、自らの生産と消費にかかわる経済的諸条件にかんして知識をもっていて、他の経済主体にかんしては、その経済条件についても、内面的な価値基準にかんしてもまったく情報をもつ必要はない。そして、市場価格がすべての経済主体に対して、生産および消費にかかわる選択にさいしてのシグナルとして働くことによって、社会的に望ましい資源配分が実現すると考える。

全体的な計画に対して、個別的な選択を優先させ、公共的な決定に対して、私的な動機を軸とする市場機構を重視する。このように、新古典派あるいはマネタリストの立場は、ときとして反動的と非難され、または保守的と呼ばれることになる。

ルーカス・モデル

一九七〇年代の経済学の流れを一言で表現すれば、ケインズ経済学から新古典派経済学への転進と言うことができる。この流れのなかで経済理論という観点からもっとも重要な役割を果たしたのが、合理的期待形成仮説の経済学であるということはこれまで繰り返し強調してきた。

合理的期待形成仮説というのはもともと一九六一年、ジョン・ミュースが導入した考え方である。ミュースは豚肉市場のように、生産者が将来の市場の条件を予想しながら生産計画を立てなければならない状況を、合理的な期待という概念を用いて処理しようとした。ミュースの考え方は一九七二年、ルーカスによって、その論文「期待と貨幣の中立性」のなかでマクロ経済学の問題に応用され、マネタリズム的な命題を「証明」するために用いられた。これを契機として、七〇年代を通じて合理的期待形成仮説があたかも悪疫の流行のような勢いで、とくに若い経済学者の間で広まっていった。

一九七二年にロバート・ルーカスが*Journal of Economic Theory*に発表した'Expectations and the Neutrality of Money'は、反ケインズ経済学の立場に対して、もっとも基礎的な枠組みを提示したものとしてその後、現在にいたるまでこの立場に立つ人々にとって一種のバイブルともなっている論文である。ルーカス論文はまた、反ケインズ経済学の方法論的特徴をもきわめて明確にあらわしているので、その内容をここで説明しておこう。

ルーカス・モデルは二つの島の寓話から成り立っている。二つの島があって、ある一定数の人が毎期生まれて、どちらかの島に振り分けられる。どちらの島で生まれるかは確率的に決まってくるのであるが、確率分布は常に変わらず、また人々はその形を正確に知っているものとする。人はすべて二期間だけ生きるとし、第一期には生まれて、働き、所得の一部を貨幣の形で貯蓄する。第二期には第一期に貯蓄した貨幣を使って第二期に生まれた人々が生産したものと交換し、それで生活し、期末には死んでゆく。人々はすべて同じ技術と嗜好をもち、同じような行動を選択する。二つの島の間にはまったくコミュニケーションがないが、どちらの島でも第二期目のはじめに貨幣当局が貯蓄している貨幣の量を何倍かにしてくれる。この貨幣供給の増加率もまた確率的であって、その確率分布について人々は正確な知識をもっているとする。

生産物の価格は結局、第二期目の老人がもっている貨幣と第一期目の若者の貨幣に対する需要とが等しくなるような水準に決まってくることになる。このとき市場は完全競争的であるが、各人は将来の市場価格がどのような確率分布をしているかを正確に知ることができる。各人は各期における島の人口数の確率分布と貨幣供給の増加率の確率分布とを正確に知っているわけであるから、今期の市場価格が期初の貨幣供給量および実現した人口数と貨幣供給の増加率とにどのように依存しているかということから、将来の市場価格の確率分布を計算することができる。結局、現在時点での市場価格は将来の市場価格がどのような確率分布をしているかということから決まってくるから、結局、現在の市場価格を決定する関数関係が一意的に定まるということを証明することができる。しかも市場価格は期初に存在する貨幣量に比例し、その比例係数は貨幣量の増加率と人口数との比の関数となることが証明される。この比例関係は貨幣的な要因と実物的な要因が複合したものとなっていて、実現した市場価格と貨幣量との関係から、それぞれの要因を区別することは一般には不可能となる。いずれにしても、ルーカス・モデルにおいて合理的期待形成仮説がみたされるとき、貨幣数量説が妥当するということを証明することができる。

合理的期待形成仮説は一般につぎのように定義される。人々がある経済行動をとるとき、その行動をとったとき、将来の市場価格の確率分布がどうなるかについて正確に知っているとする。また、どのような行動をとればもっとも有利となるかということは、将来の市場価格がどのようになるかということによって左右される。このとき合理的期待形成仮説が成立するというのは、人々が将来の市場価格の確率分布についてある予想をたてて、その予想のもとでもっとも有利となるような行動をとったとき、将来の市場価格の客観的確率分布が最初に予想した確率分布と完全に一致するときである。このことをもっと簡単に表現すれば、将来の均衡市場価格の客観的確率分布を正確に予想して、その確率的平均値に一致するように現在時点において将来の市場価格に対する期待を形成するといってもよいであろう。

この仮説のもとで、ルーカスの証明したような形で貨幣数量説が成立するような状況はかなり一般的な場合であるということは想像に難くない。しかし合理的期待形成仮説が妥当するように個々人が期待を形成することができるのはどのような状況のもとでであろうか。

まず均衡価格形成の構造的諸要因を各経済主体が正確に知っている必要がある。とくに需要曲線と供給曲線とが具体的にどのような形をしているのかということ、それに加えて、これらの曲線がどのような要因によってどのようにシフトするかということを知っていなければならない。しかも、これらの知識は確率分布についてであることにとくに留意する必要がある。そして合理的期待形成仮説がみたされるような市場価格の確率分布を計算することが可能であるだけでなく、そのためのコストは無視し得るという仮定も前提となっている。もし個別的な経済主体が、このような知識をもち、このような膨大な計算をおこなう能力をもっているとしたならば、市場制度そのものが機能する余地はなくなってしまう。とくに市場制度の重要な前提条件である分権性が否定され、ハイエクたちが強調した市場制度の意義が存在し得なくなってしまう。このような前提条件を置きながら、市場が完全競争的であるという状況を考察しようとするのが合理的期待形成仮説の考え方でもある。

ひとたび合理的期待形成仮説の前提条件を容認すれば、完全雇用（あるいは自然失業率）、貨幣の中立性、市場における資源配分の動学的最適性などの新古典派厚生経済学の基本的命題を導き出すことができるのはある意味では当然のことであるといえよう。しかしルーカス・モデルが端的に示すように、そこで想定されているのは全知に近い経済人の概念であって、現実的対応を欠くものであり、かつ制度的諸条件ともまったく相容れないものとなっている。

フリードマンの実証経済学

ルーカス・モデルのように現実的対応をまったく意識しないで合理的経済人を想定し、そのおかれている状況を、ある特定の理論的あるいは政策的命題が導き出し得るような形で構築する。このような手法はミルトン・フリードマンが『実証的経済学の方法と展開』（佐藤隆三・長谷川啓之訳、富士書房、一九七七年）のなかで展開した考え方にもとづくものである。これは、ある理論にかんして、その前提条件について、その当否を問うことはできないのであって、前提の諸条件から演繹される理論的あるいは政策的命題が現在の状況を適切に説明し、望ましい政策的含意をもつか否かによってしか理論モデルの当否を問うことができないという主張である。ルーカス・モデルが端的に示すように、現実にはまったく存在し得ないような世界を描いても、そこに完全雇用や貨幣の中立性を演繹し、経済学的な説明がうまくつきさえすれば、それは経済理論モデルとして意味をもち、その政策的含意は尊重されなければならないという前提が暗黙裡におかれている。

ルーカス論文は少なくとも形式論理的な整合性をもつ。しかし合理的期待形成仮説にかかわる多くの論文は、このような配慮を十分におこなうことなく、ある特定の政治的イデオロギーにとって望ましいような政策的意味をもつ結論を導き出そうとしている。このような傾向がもっとも顕著に現われた例として、近年政策的に大きな影響を及ぼすようになったサプライ・サイド経済学があげられよう。

サプライ・サイド経済学の主要な内容については、小椋正立『サプライ・サイド経済学――レーガン経済政策の本質』（東洋経済新報社、一九八一年）というすぐれた解説書が刊行されている。ここでくわしく言及する必要もないように思われるが、簡単にふれておくことにしたい。

サプライ・サイド経済学は一言で言ってしまうと、合理主義的経済学の考え方を経済の供給能力の問題に適用しようとするものである。短期に限ってみたとき、もっとも代表的な例はラッファーの定理である。平均所得税率を引き下げたとき、政府の税収が逆に増加するという命題である。ラッファーはつぎのように議論を展開する。

ラッファーの命題

ラッファーの命題では平均税率を横軸にとり、それに対応する税収を縦軸にとる。平均税率がゼロのときには、税収は当然ゼロとなる。また平均税率が一〇〇%のときには人々は働く意欲を失うから所得はゼロになって、税収もまたゼロとなる。したがって平均税率と税収との間にはラッファー曲線という関係が存在する。ラッファー曲線はより厳密には労働供給にかんする新古典派理論から導き出される。横軸に一日当たりの労働時間をとり、縦軸に実質所得をとる。労働時間と実質所得の関係は原点を通って、勾配が税引き後の実質賃金率に等しい所得線であらわされる。二四時間から労働時間を引いた時間が余暇であるから、各人は労働にともなう限界非効用が税引き後の実質賃金に等しいような水準まで働こうとする。すなわち、平均税率の低下によって税引き後の実質賃金率は上昇し、一般に労働供給は増加し所得も上昇する。このとき、税収は平均税率の低下と所得の上昇とのどちらが大きいかによって増減する。ラッファー曲線は、このような前提条件のもとで導き出されたものである。

レーガン経済政策の一つの重要な柱である大減税法案は、このラッファーの定理にその理論的基礎を求めたものであると言われている。ラッファーの定理の有効性についてはその後の状況によってほぼ完全に否定されてしまったが、当初レーガン政権のなかで大きな影響をもった。減税法案あるいはサプライ・サイド経済学の政治的意図にかんしては、ストックマン予算局長の言う「トリクル・ダウン」理論がもっとも当を得たものであろう。減税法案の政治的意図は最高所得階層の税率を現行の七〇%から五〇%に引き下げることであって、それによって高所得階層から低所得階層に恩恵が雫のように滴り落ちることになるので「トリクル・ダウン」理論と呼ぶのが適当であるが、政治的に好ましくないのでサプライ・サイド経済学と言うことにしているというのがストックマンの説明である。

サプライ・サイド経済学の考え方を長期の問題について適用した代表的な業績として挙げなければならないのはマーチン・フェルドスタインの社会保障年金制度と貯蓄との関係にかんする仕事である。フェルドスタインは、人々が現在（労働期間中）の消費と将来（退職後）の消費について合理的な選択をおこなうという前提にもとづいて社会保障制度が民間貯蓄に対して抑制的な効果をもつことを主張し、一九二四年から七一年までのデータを使って、民間貯蓄が半分になることを示した。民間貯蓄の減少は民間部門における投資の減少を意味し、アメリカ経済全体の生産能力がそれだけ少なくなるというのがフェルドスタインたちの主張するところでもあった。じつはフェルドスタインの最初の計測は大きな計算違いがあって彼の主張は誤っていることが指摘されたが、フェルドスタインはのちに推定期間を若干延長して、最初の主張を正当化するような推計結果を得たとしている。

ラッファーの命題やフェルドスタインの計測に共通した視点は、各人が主体的に行動し、現在から将来にかけてもっとも望ましい状態を実現できるように選択するという合理主義的経済学の立場が貫かれていることである。このような立場に立って、現実の政策決定に大きな影響を及ぼすようなかたちで問題を提起しようとするのがサプライ・サイド経済学の一派の人々の特徴である。ラッファーの定理もそうであるが、フェルドスタインが主宰するNBER（全米経済研究所）もかつての中立的な立場を捨てて、ある特定の政治的イデオロギーを前面に出し、経済学者の集団という狭い領域を超えて、広く社会的、政治的に呼びかけようという意図が明確に打ち出されている。これらの経済学者の考え方に共通なものとして、失業とか貧困という経済学にとってもっとも重要な問題を、個々人の合理的選択という立場から、形式論理的な整合性のみを基準として追究しようとしている。この考え方の特徴はレーガン政権の経済政策にかなりはっきりしたかたちで現われつつある。社会保障年金制度を大幅に縮小し、メディケア、メディケイドなどの社会的医療制度の見直しをはじめとして、教育、文化など広範な範囲における縮小政策がとられていったのである。

他方、高所得者階層に重点を置く大減税措置、投資控除などさまざまなかたちでの企業減税、独占禁止政策、環境政策などの面における大幅な後退がいずれもアメリカ経済の供給能力の増大を期待しながら実行に移されようとしている。そして、マネタリズム的発想の後遺症としてのマネーサプライの量的側面の重視、その必然的帰結とも言うべき異常な高金利政策がともなって、意図され、期待された政策目標と実現しつつある政策効果とがみごとに相反し、アメリカ経済はより深い泥沼に入りつつあるようにみえる。

かつてアメリカ政府がヴェトナム戦争に意図的、政策的に介入をエスカレートしつつあったときに、ハルバースタムが『ベトナムの泥沼から』（原題：*The Making of the Quagmire,* 泥沼の生成、一九六五）のなかで、予見的な分析をおこなったのであるが、レーガン政権が現在とりつつある経済政策もまさに、アメリカ経済にとって「底無し沼の生成」にほかならない。

経済的諸条件の低迷を招来

制度的、歴史的条件を無視して、合理主義的な経済理論のレトリックをもって特定の政治的イデオロギーを糊塗し、経済的諸条件の低迷を招来しつつあるのが現状のように思われる。ここで、特に触れておきたいのは、上に説明したような反ケインズ経済学の考え方が、経済学の研究に及ぼしつつある影響についてである。さきにふれたように合理的期待形成仮説は反ケインズ経済学の基礎を厳密に形づくる考え方であるが、この仮説は極端に抽象化され、現実的対応をまったく考慮に入れないような枠組みをもっている。ところが一九七〇年代を通じて、アメリカの諸大学においてマクロ経済学とミクロ経済学とを問わず、経済理論の分野における若い研究者のうち圧倒的多数の人々がなんらかの形で合理的期待形成仮説と関わりをもつ研究に従事している。

ある経済学者の推計では、一九八〇年の段階で理論の分野における博士論文の八〇%が合理的期待形成仮説に関わりのあるテーマをもっていたという。このような流行現象が起きてきたのは一つには、アメリカの大学における研究教育のあり方と、とくに指導教授と学生との間に存在する制約条件に依存する面が大きいように思われる。政治的、社会的に容認されるような研究分野なり方法をもたなければ、研究をつづけることが困難であるのが一般的だからである。

これらの若い研究者や学生の多くは必ずしも合理的期待形成仮説の考え方に同意できなくとも、また経済学の本来の立場と矛盾を感じながら、あえてこのような方向で研究をつづけざるを得ないという点に現在のアメリカ社会の悩みを見る思いがする。そしてアメリカの経済的条件が悪化するにつれて、このことはいっそう顕著になってゆくのではないかという危惧をもたざるを得ない。

このような趨勢がしばらくつづいてゆくとすれば、アメリカ経済学は決定的な変貌をとげ、人間の学としての経済学はその痕跡すら留めなくなってしまうのではなかろうか。これはたんに私自身の杞憂にすぎないとは言い切れないように思う。このような状況のもとで私たちは、経済学の内在的発展を求めて大きな運動を展開しなければならない。それが、一九六〇年代ヴェトナム反戦運動の波に消えてしまったすぐれた学問的能力と人間的魅力を兼ね備えた若い学生たちに対して、私たちのもっている大きい負い目の一部を返すことにもなるのではないかと思われるからである。

第11章　経済学の新たな課題と社会的共通資本の概念

宇沢氏は、水俣病をはじめとする公害、自動車の社会的費用といった社会問題に向き合う中で、これらを経済学の課題として捉えるための経済理論を求めた。そして、行き着いたのが「社会的共通資本」という概念だった。

経済学の新しい課題

第二次世界大戦が終わってすでに半世紀近い年月が経った。この間における世界経済の構造的変化は著しい。とくに、日本経済の場合、おそらく何世紀の期間にも匹敵するほどの変化をこの五〇年間に経験してきたといってよいであろう。それは、産業構造の変化、生産技術、企業経営にかんする諸条件、公共的部門の内容、規模などの変化だけに止まらず、広く制度的、社会的、文化的、自然的諸条件についても、日本社会はかつて経験したことのない大きな変化を遂げてきた。

この制度的、社会的、経済的諸条件の変動は、二〇世紀の最終のディケイド（一〇年）に入っていっそう加速化されつつあるようにみえる。二〇世紀を超えて新しい世紀への展望を求めようとするとき、経済学の既成のパラダイムはすでに、その有効性をまったく喪失してしまったといっても過言ではない。二一世紀における新しい経済学の展望を語ろうとするとき、世紀末における日本経済、さらには世界経済がいかなる姿を呈しているのかについて、簡単に眺めてみる必要があろう。

公害問題を分析の対象としない近代経済学

一九五五年に始まった日本の高度経済成長は、たんに、日本経済の産業構造を決定的に変えただけでなく、社会的、文化的にも大きな改編を加えていった。しかし、それにともなう自然環境の汚染、破壊は著しく、また都市と農村とを問わず、その物理的、社会的構造もまた極めて不安定なものとなっていった。高度経済成長期を通じてとくに深刻となっていったのは、大気汚染、水質汚濁、土壌汚染などによって惹き起こされた公害問題であった。それは、四日市ぜんそく、水俣病問題に象徴されるように、一九六〇年代の後半には、日本列島全体に広がっていった。そして、一九六〇年代の終わり頃から一九七〇年代を通じて、激しい反公害運動が全国津々浦々にまで展開されていった。一九七〇年にはいわゆる公害国会が開かれ、公害対策基本法に重要な修正が加えられることになった。翌年には環境庁が設置され、政府・自民党もようやく、その重い腰を上げて、公害問題に対して本格的に取り組む姿勢をみせたのであった。硫黄酸化物、二酸化窒素などに対する環境基準もきびしい水準に定められた。さらに、一九七三年には公害健康被害補償制度が発足し、硫黄酸化物による呼吸器系疾患など対象範囲はきわめて限定的であったが、世界にも類例のない、公害被害者に対する救済措置がとられることになった。しかし、一九八〇年代に入るとともに、環境庁の対公害政策は大幅に後退しはじめ、環境庁設置当初にとられた環境、公害にかんする諸制度も次々に廃止されるか、あるいは大幅に緩和されることになっていった。さらに、水俣病問題については、環境庁は現在にいたるまで、社会正義に適った解決策を頑強に拒否して、反社会的、反人間的なスタンスをとりつづけている。

一九六〇年代から七〇年代にかけて、日本全国を巻き込んですさまじい公害問題がいたるところに発生し、数多くの犠牲者を出していった。このような状況を前にして、経済学とくに近代経済学は、深刻な反省を迫られたのであった。

公害問題は、大気、河川、森林、土壌などという自然環境が、主として工業活動によって、汚染、破壊され、これらの自然環境と密接なかたちで、生活を営んでいる人間の健康をむしばみ、ときとしては生命すらを奪うものである。もともと、近代経済学の理論的枠組みを形成する新古典派ないしは新・新古典派の経済理論は希少資源の私有制を前提としてつくられているものであって、大気などの自然環境のように私有制を貫くことが想像もできないような希少資源を対象とすることを想定していない。しかも、公害問題は、人々の健康に重大な損傷を与え、ときとしては生命すら脅かすものであるが、近代経済学が分析の対象としているのは、通常の経済取引であって、生命、健康の損傷という深刻な帰結をともなう行為は、経済学の枠組みをはるかに超えたものであるという認識が存在していた。人身売買、殺人などと同じような性格をもち、経済学的分析の対象とすることは許されない。

自動車の社会的費用と社会的共通資本の概念の導入

高度経済成長期の社会的問題を象徴するもう一つの公害問題があった。それは自動車の社会的費用にかかわる諸問題であった。一九六〇年代を通じて、日本における自動車の保有台数の増加は目覚ましいものがあり、自動車通行のための道路の建設は年々巨大な規模に上っていった。また、自動車の普及が経済発展の尺度をあらわすという、倒錯した異常な思想が当時支配的であった。しかし、人口に比して国土面積が狭く、勾配の高いところが多い日本では、自動車は必ずしも望ましい移動ないしは輸送の手段ではない。また、日本の都市、村落の多くは長い歴史を経てつくられたものであって、自動車というまったく異質で、巨大な物理的存在を受け入れる余裕をもっていない。

高度経済成長期を通じて拡大していった自動車の普及は、社会的、文化的悪影響を与えつづけてきたが、そのもっとも大きな害悪は、交通事故、その他の要因による人々の健康、生命、生活の破壊であった。この、自動車の社会的費用の問題についても、近代経済学はきわめて、無関心な態度を取りつづけた。人々が自らの所得を使って、自動車を購入し、自らの生活の内容をより豊かなものとし、経済成長の果実をできるだけ有効に享受しようとすることに対して、経済学の立場から批判することは許されないというのが当時支配的な風潮だったのである。

公害問題、自動車の社会的費用などという高度経済成長によって惹き起こされた諸問題を総体としてとらえて、整合的な経済理論的枠組みを構築することははたして可能であろうか。この課題は、経済学者にとって緊急度の高い、理論的にも実践的にも極めて挑戦的な設問であった。この設問に対して、私は社会的共通資本の概念を導入して、経済学の枠組みの拡大によって一つの回答を与えることができるのではないかと考えた。

社会的共通資本の概念

社会的共通資本の概念はもともと自然環境を念頭においてつくられたものである。大気、森林、水、河川、海洋、土壌など自然環境の多くは、私有制を貫くことが物理的に不可能か、技術的に極めて困難なものが多い。また森林のように、たとえ私有が認められているものであっても、多様な面での外部性をもち、事実上、何らかの意味において、社会的に管理されていることが多い。また土壌についても、私有されている土地に付属していても、地下水その他を通じて大きな外部性をもち、その管理は社会的基準にもとづいておこなわれるのが一般的である。

このように自然環境の多くについて、私有を認められないか、あるいはたとえ私有が認められていても、その利用について社会的な規制がおこなわれているのは何故であろうか。それは、このような自然環境自体、あるいはそこから生み出されるものやサービスが、人々の生活、生存に密接な関わりをもつか、あるいは、地域社会の安定的、持続的な存続にとって必要不可欠な役割を果たすからである。もし仮にこれらの自然環境について、私有制が認められて、各人がそれぞれ自ら所有する自然環境を、私的な基準にしたがって利用し、またその私有権が市場で自由に取り引きされる対象となったとすれば、そのときにはきわめて不安定な社会となってしまうであろう。自然環境あるいはそこから生み出されるものやサービスについては一般に、必需性が高く、需要の価格弾力性はきわめて低く、所得弾力性が高いからである。

このように、各市民の生活、生存に重要な関わりをもつか、あるいは地域社会の安定的、持続的存在に必要不可欠な役割を果たすものやサービスを生み出す希少資源は一般に、社会的共通資本として、原則として私有を認めず、その管理についてはなんらかの意味における社会的基準にもとづいておこなわれる。一つの経済社会が、持続可能な経済発展をつづけることが可能か否かは、その経済社会における社会的共通資本の構成の如何に関わり、またそれぞれの範疇の社会的共通資本がどのような社会的基準にしたがって管理・維持されているかに大きく関わるものである。このことを、先にあげた河川の汚染を例にとって考えてみよう。

河川が、社会的共通資本として、その利用ないしは使用が社会的な基準にしたがって管理されているとしよう。このとき河川の水質にかんしてきびしい環境基準が設定されて、上流の工場は、その環境基準に反するような廃棄物の排出をおこなうことは許されない。工場は自らの費用によって、廃棄物を浄化する施設をつくるか、あるいは、生産技術を改良して有害な化学物質の排出がないようにしなければならない。他方、下流の町に住む人々にとって、河川の水を飲料水として利用することは、生活を営むために必要不可欠である。このとき、下流の町の住民は、河川の水を浄化し、飲料水として利用することは、市民の基本的権利であって、「政府」は、水質にかんする環境基準をもうけ、河川の水を良好な状態に維持する責務をもつ。

社会的共通資本は要するに、市民の基本的権利に重要な関わりをもつものやサービスを生み出す希少資源を社会的な基準にもとづいて管理・維持し、公正で社会正義に適った安定的な社会を実現しようとするものである。

社会的共通資本の理論による自動車の社会的費用の計測

自動車の社会的費用の問題を考察しようとするとき、社会的共通資本の理論が重要な役割を果たす。社会的共通資本は自然環境だけでなく、道路、鉄道、電力などのインフラストラクチャー、さらには医療、教育、金融、行政などの制度資本をひろく包含するものである。人々が自動車を利用するときガソリンを消費し、当然道路を使うわけであるが、このとき、さまざまな社会的共通資本を汚染したり、破壊している。ガソリンを消費するとき、さまざまな有毒な化学物質を排出して、大気という、人々の生活、生存にとってもっとも重要な社会的共通資本を汚染し、人々の健康を害し、ときとしては生命をすら危険にさらしている。また、道路を利用することによって、道路という社会資本の減耗を惹き起こし、また新しく道路の建設を必要とする。これらはいずれも、自動車を利用する人々は、その費用を直接負担しない。社会的費用として、他の人々あるいは社会一般に転嫁している。しかし、自動車の社会的費用はこれだけではない。交通事故を惹き起こして、多くの人々を殺傷することによって発生する社会的費用は、ある意味では、どのような金銭的価値をもってしても測りうるものではない。

また交通事故による直接的な被害だけでなく、自動車通行によって、都市の安全性が破壊され、人々に異常な心理的圧力が加えられる。また、自動車の普及によって、犯罪の凶悪性にいっそうの拍車がかかり、とくに青少年に対してきわめて好ましくない悪影響を与える。さらに、自動車利用を想定してつくられた都市は一様に非人間的で、非文化的なものとならざるを得ない。自動車の社会的費用というとき、これらの社会的費用をすべて包含するものであって、具体的にその大きさを計測しようとするとき、理論的にも大きな困難をともなう。

この問題について、社会的共通資本の理論の枠組みで考察するとき、つぎのような計測方法が導き出される。いま、自動車の通行によって、市民の基本的権利が侵害されないような形で、道路をはじめとした都市的インフラストラクチャーを想定し、現在の都市構造をそのような形に改編するためにどれだけの投資が必要となるかを考え、その費用を計測する。この追加的投資の全費用を、自動車の保有台数で割った額をもって、自動車一台当たりの社会的費用としようとする。この考え方は、宇沢弘文『自動車の社会的費用』(岩波新書、一九七四年)で展開されたものであるが、一九六八年のデータを使った大ざっぱな推計では、東京都の場合を例にとると、自動車一台当たりの社会的費用はどう低めにとっても、年間二〇〇万円という結果が得られている。自動車の社会的費用の例が示すように、社会的共通資本の概念は、市民の基本的権利が具体的にどのような内容をもつかという問題と切り離すことができない。このことはまた、社会的共通資本の各構成要素について、どのような社会的組織が、どのような社会的基準にもとづいて管理・維持したらよいかという問題と密接な関わりをもつ。

第12章　社会的共通資本とコモンズ

自然環境だけでなく社会的インフラストラクチャーや教育、医療、司法などの制度資本をも含めた概念である社会的共通資本を、私たちおよび後世代のためにどのように維持・管理していくか。それを考えるにあたって、宇沢氏はコモンズや入会と呼ばれる自然環境の管理・維持にかんする諸制度や世界各地の事例を追究した。その活動のなかで、コモンズの管理が国家権力によって行われるのではなく、関係する人々の集団やコミュニティから信託される形で行われるということ、それこそがコモンズを特徴づける重要な性格であると指摘している。

社会的共通資本の管理形態としてのコモンズ

正統的な近代経済学の考え方にしたがえば、社会的共通資本についても、一般の希少資源と同じように、私的な経済主体が私的な基準にもとづいて管理・維持することが望ましいという結論が得られる。これは、結論というよりは、理論前提そのものといってもよいが、要するに、「もうかることは良いことだ」という考え方で貫かれている。自然環境については、世界の多くの国々において、歴史的に環境から生み出されるさまざまな資源を持続的に維持するために、最適と考えられる社会的組織の形成と、環境管理のための社会的基準がつくり出されてきた。これらの組織と社会的基準は、自然環境の形態によって、またそれぞれの国の置かれている歴史的、社会的、文化的諸条件によって、異なる形態をもつが、一般的にコモンズ（Commons）として総称されている。森林、漁場にかんする日本の入会《いりあい》制度はその代表的な事例である。

世界の多くの国で、現に存在し、あるいはかつて歴史的に存在していたさまざまな自然資源にかんする多様な形態をもつコモンズについて、経済学的な分析が多くの経済学者たちによって積極的におこなわれている。それらの多くは、社会的共通資本の管理・維持のあり方に対して、興味深い結論を与えている。

とくに重要な結論は、これら社会的共通資本の管理を担当する社会的組織は決して中央集権的な「国家」であってはならないということである。対象とされている社会的共通資本に直接深い関係をもつ人々が中心となって、ある種の協同体的組織をもつことがまず要請される。コモンズの組織としての利害関係はあくまでも、コモンズを構成するメンバー全体の利益を中心とするものであるが、それは必ずしも、各メンバーの個別的、私的な利益と合致するとは限らない。往々にしてその間に対立、矛盾の関係が生成される。この対立、矛盾の関係をどのような形で解決するかによって、コモンズ自体が、持続可能な組織として生き残れるか決定される。

ここで重要なことは、コモンズの組織のあり方、その行動基準が、ア・プリオリ（先験的）に、あるいは論理的に演繹されたものではなく、歴史的なプロセスを経て、つくり出されたものであって、決して、資本主義とか社会主義という、いわゆる論理的な体制概念にもとづいて形成されたものではないということである。

最近、経済学だけでなく、生物学、エコロジー、文化人類学、社会学、政治学など多くの分野で、コモンズの問題に対して大きな関心が寄せられ始めている。その中心的な課題は、論理的に演繹された体制概念を否定して、歴史的、社会的なプロセスを経て、長い時間のテストを通ってきた歴史的な、組織としてのコモンズを分析して、新しい体制概念を求めようとするものである。この考え方は経済学の考え方に大きな影響を与えつつある。

制度主義の概念

この経済学の新しい考え方は、さきに述べた社会的共通資本の概念について、理論的および実証的な観点からの分析を深めて、制度主義という新しい体制概念を構成しようとするものである。制度主義の概念は、ソースティン・ヴェブレンに始まる制度学派の流れのなかに位置づけられるものであるが、資本主義、社会主義という二〇世紀を通じて支配的な役割を果たしてきた二つの基本的な体制概念を超えて、一人ひとりの市民の基本的権利が充足され、経済社会全体として、調和的、そして持続的な経済発展が可能となるような制度的諸条件を明確にしようとするものである。このように、制度主義の考え方は、論理的に演繹された論理的に整合的な体制概念ではなく、歴史的ないしは伝統的につくり出された現実の経済制度のなかに、一つの論理的あるいは経済学的な法則性を見出そうとするものである。制度主義の概念をどのようにして経済学の理論的枠組みのなかに組み込むかという課題が、新しい経済学の中心的テーマとなることは予想するに難くないが、どのような方向に発展するかについては予断を許さない。

コモンズと入会

自然環境をたくみに管理し、その機能を永続的に維持しようというのは、ある意味では人類の歴史とともに古いといってよい。日本の歴史的体験に照らしてみても、さまざまな形態をもった経営・管理組織がつくられ、機能してきた。とくに、森林、漁場にかんする入会の形態は、その典型的なものであり、世界の多くのコモンズ(Commons)にかんする研究者たちの注目の的となってきた。

自然環境の管理・維持にかんする諸制度はそれぞれ、対象となる自然環境あるいは自然資源の特性に応じて、また、そのときどきの技術的、経済的、法制的制約条件に順応して、固有な制度を形成し、固有のルールにしたがって機能してきた。

しかし、産業革命を契機として、ひとえに工業化をもっとも効率的に進展させるための組織、制度がきわめて早いペースで普及していった。他方、近代合理主義的な政治哲学にもとづく近代国家の形成にともなって、長い歴史的な過程を経て、進化論的な展開、発展を遂げてきた入会制をはじめとする自然環境の管理・維持にかんする優れた制度は、法制的、社会的、あるいは経済的な観点から、前近代的、非効率的なものとして排除されていった。この歴史的傾向は二〇世紀に入っていっそう加速された。とくに、第二次世界大戦後における経済発展の過程を通じて、農業の比重が大きく低下するとともに、これらの歴史的淘汰を経て進化してきた諸制度は、世界の多くの国々で、消滅の一途を歩みつづけてきた。

しかし、一九八〇年代から現在にかけて、これらの歴史的諸制度が果たしてきた役割、機能を改めて評価し、持続的な経済発展の可能性を模索しようという動きが、社会科学、自然科学を通じて、一つの大きな流れになりつつある。

コモンズあるいは日本の入会など、自然環境の管理・維持にかんする諸制度が、どのような機能をもち、全般的な経済発展のプロセスで、どのような役割を果たすのか、という問題が、いま私たちに与えられた一つの中心的な課題である。この課題を考察しようとするとき、自然環境の概念を拡大して社会的共通資本（Social Common Capital）という、より包括的な概念範疇のなかで、分析を進めることが必要となる。

社会的共通資本は、自然環境だけでなく、社会的インフラストラクチャー（Social Infrastructure）、さらには教育、医療、司法などという制度資本（Institutional Capital）をも包含した概念である。森林、河川、土壌、海洋などの自然環境はいずれもさまざまなかたちでの、人工的ないしは人為的な改変が加えられている。たとえば自然資本としての河川の機能も、流域の山林の様相に加えて、ダム、堤防という社会的インフラストラクチャーによって大きく左右されるだけでなく、河川の管理にかんする制度的な諸条件と密接な関わりをもつ。と同時に、人工的に形成された、これらの社会的インフラストラクチャーは、自然環境と一体的な関わりをもち、その機能は、自然環境がどのような基準にしたがって管理、維持されているか、という制度的諸条件によって大きく左右される。

社会的共通資本の体系は、一国の基本的骨組を構成し、その維持、管理は政府の経済的機能を具現化したものであるといってよい。すなわち、社会的共通資本の形成、建設に関わる支出は、公共部門の固定的資本形成にほぼ対応し、また、その維持、管理・サービスの供与に関わる支出は、公共部門の経常的支出に基本的には対応すると考えてよい。自然環境の場合と同じように、社会的共通資本はそれぞれのカテゴリーについて、その経済的、社会的機能に対応して、最適な所有、管理、維持の制度が存在する。このような制度は、自然環境についてはコモンズなどにみられるように、きわめて多様なそして複雑な形態をとる。それらは、公的な管理ではなく、私的な管理形態をとるのが一般的と考えてもよいかもしれない。いずれにせよ、この問題は、今後に残されたもっとも重要な課題の一つでもあるといってよい。

共有地の悲劇

一九六八年、生物学者のガーレット・ハーディン（Garrett Hardin）が、サイエンス（*Science*）に、「共有地の悲劇」（"The Tragedy of the Commons"）と題する一文を寄稿した。それは、一八三三年、ウィリアム・ロイド（William Lloyd）という無名の人の書いた文章を引用して、共有地が必然的にそのキャパシティを超えて過剰利用され、再生の能力を失って、崩壊せざるをえないという命題を打ち出したものであった。以後、「共有地の悲劇」をめぐって、文化人類学者、エコロジスト、経済学者たちの間で一つの大きな論争が展開されることになった。

共有地論争はまた、「持続可能な経済発展」（Sustainable Economic Development）というすぐれて現代的な課題を考察するさいに、中心的な役割を果たす。このような意味からも、ここで、ハーディン論文に端を発する共有地論争の概要を説明し、さらに社会的共通資本の理論との関係について簡単に述べることにしたい。

ロイドは当時、人口問題と労働問題にかかわる論争に参加していたのであったが、共有牧草地の特徴として存在するすべての人々が利用する権利（共有権）の結果として、共有地は必然的に過密となり、牧草は枯渇し、牧草地は結局消滅してしまうことになると主張した。ロイドはさらに、進んで、労働市場も同じような性質をもち、供給過剰となり、賃金水準の低下を惹き起こし、結局、労働者階級の窮乏を招来することを憂えたのであった。

ハーディンの議論は、ロイドの命題を現代的に書き直したものであった。何人かで共有している牧草地について、たとえ、これ以上利用すれば、その条件が著しく悪くなることが明らかになっていても、一人一人にとって、家畜をふやすことによって直接的に得られる限界的便益は、牧草地全体の条件が悪化することによってこうむる限界的被害より大きいかぎり、家畜の数をふやそうとするであろう。一頭の家畜をふやすことによって得られる限界的便益を一とすれば、牧草地の条件が悪化することによってこうむる限界的損失はその何分の一かになるのが一般的だからである。牧草地のキャパシティが限られているときには、一人一人の個人が合理的行動をおこなっていても、全体としてみたときに、不合理な結果を生み出してしまうことになるというのが、ハーディンの主張であった。

ハーディン論文を契機として起こった「共有地の悲劇」論争には、二つの大きな流れがある。第一は、「共有地の悲劇」は、希少資源の私有制が欠如しているために起こるという伝統的な新古典派の考え方である。これに反して、第二の視点は、共有地の制度的条件にかかわるものであって、経済学の考え方に則していえば、ソースティン・ヴェブレンの制度学派の流れを汲むものである。

もともと、ロイドの議論、そしてハーディンの論点も同じように、「共有地」の概念に対して否定的な理解から出発していた。ロイドの言葉を借りるならば、共有権を分割して私有化することによって、人々は、自らの行動の結果を、良きにつけ、悪しきにつけ、自らの責任のもとに処理せざるをえなくなり、おのずから合理的な選好を迫らざるをえなくなる。デムセッツ（Demsetz, 一九六七）あるいはフロボトン＝ペジョヴィッチ（Furubotn and Pejovich, 一九七二）がより現代的な形で表現しているように、共有権を分割して、私有制を導入することによって、費用と便益とをともに内部化することが可能となり、不確実性を減少し、個々人が環境に対してもつ責任の所在が明確化され、希少資源をより効率的に配分することが可能となる。共有地制度のもとでは、市場のメカニズムが十分に働くことができないのであって、私有化することによってはじめて、アダム・スミスのいう市場の「見えざる手」が働くことができるというのである。共有地論争における第一の、新古典派的発想は、経済学の考え方のなかに根づよく生きつづけてきたもので、一九七〇年代から八〇年代にかけて、レーガン、サッチャー、中曽根の政治思想に象徴されるように、多くの資本主義諸国が現に直面している世紀末的現象を生み出すのに決定的な役割を果たしたことはさきにも述べた通りである。

新古典派的発想に立って、「共有地の悲劇」を分析しようとする人々は、共通して、私有制か、あるいは国家権力による統制かという二者択一の形で問題提起をおこなう。そして、国家権力による統制がもたらすさまざまな弊害を論じて、共有地を分割して、私有化し、市場のメカニズムを貫徹させるときにはじめて、私的合理性と社会的合理性とが矛盾なく統合されうるという主張を展開する。

伝統的コモンズの研究

しかし、現実に存在し、かつ機能してきた多くの共有地に対して、このような二者択一的なアプローチをすることはできない。ハーディン論文以来、伝統的な共有地がどのような形で組織され、管理されてきたかについて、数多くの研究がなされてきた。

たとえば、灌漑用水については、イランのボネー（boneh）、スペインのエルタ（huerta）、フィリピンのザニェラ（zanjera）、インドネシアのスバク（subak）などについてくわしい研究が発表されている。沿岸漁業についても、日本の入会制度に始まって、イタリアのヴァーリ（valli）、西アフリカのアカディア（acadja）にかんする研究があるし、牧草地については、この論争の出発点であったイギリスの牧草共有地に始まって、モロッコのアグダル（agdal）、中東地域アラブのヘマ（hema）、マリのディーナ（dina）などについての研究が存在する。森林についても、日本の入会地制度、インドのジャム（jhum）、マレーシアのラダン（ladang）、フィリピンのカイニィン（kaingin）など数多くの共有地制度についてくわしい研究がなされている。これらの歴史的、伝統的な共有地の制度にかんする研究からみて、デムセッツたちの主張について、その実証的根拠が疑われ、その理論的帰結が妥当しないことがはっきりしてきた。

デムセッツたちの共有地の概念が、明示的ではないにせよ、前提としているいくつかの条件がある。第一は、いわゆるオープン・アクセスの条件であって、共有地は、だれでも自由に利用することができるという前提である。

のちに述べるように、普通コモンズといわれている共有地は、ある特定の集団あるいはコミュニティにとって「共有」であって、その集団ないしはコミュニティに属さない人々にとって、コモンズはアクセス可能ではない。この点にかんして、法的には、コモンズは、自由財であって、すべての人々にとって自由に利用されうるものという規定が置かれている国は多い。とくに西欧諸国についてこのことは妥当する。たとえば、アメリカでは、海洋資源はすべて、魚分野を含めて、何人によっても私有されず、すべての人に属するという法律が存在する。このような前提に立つとき、コモンズは、オープン・アクセスの条件をみたすことになる。しかし、歴史的なコモンズについては必ずしもこの前提はみたされないし、また、コモンズのあり方について考察を進めようとするとき、この前提に必ずしも拘束されない方が望ましいように思われる。

第二の条件は、コモンズを利用しようとする人々は完全に利己的動機にもとづいて行動し、常に個別的な便益の最大を求め、社会的な行動規範ないしはコミュニティの規約には制約されないという仮定である。しかし、コモンズについては、その集団にないしはコミュニティに属している人々は、コモンズの利用にかんして、歴史的に定められたルールにしたがって行動することを要請されているのが一般的である。たとえば、日本の森林入会地の場合に典型的にみられる通りである。

第三には、コモンズの希少資源は必ず過剰に利用され、枯渇してしまうという前提条件である。この前提条件については、個別的なコモンズにかんして、妥当するか否かが判断されるべきで、ア・プリオリに、その結論を規定することはできない。

コモンズの概念はもともと、ある特定の人々の集団あるいはコミュニティにとって、その生活上あるいは生存のために重要な役割を果たす希少資源そのものか、あるいはそのような希少資源を生み出すような特定の場所を限定して、その利用にかんして特定の規約を決めるような制度を指す。このように、コモンズというときには、特定の場所が確定され、対象となる資源が限定され、さらに、それを利用する人々の集団ないしはコミュニティが確定され、その利用にかんする規制が特定されているような一つの制度を意味する。デムセッツたちが念頭に置いていたのは、ある特定のコモンズであって、しかも、そこで前提されているような制度的条件をみたすようなコモンズはきわめて特殊であって、例外的にしか存在しえないものである。いわば、コモンズの名に値しないようなものを対象としていたといってよいように思う。

伝統的なコモンズは、灌漑用水、漁場、森林、牧草地、焼き畑農耕地、野生地、河川、海浜など多様である。さらに、地球環境、とくに大気、海洋そのものもじつはコモンズの例としてあげられるのである。これらのコモンズはいずれも、経済学の用語を用いれば、社会的共通資本（Social Overhead Capital）の概念に含まれ、その理論がそのまま適用されるが、ここでは、まず、各種のコモンズについて、その組織、管理のあり方について注目したい。

とくに、ここでは、コモンズの管理が必ずしも国家権力を通じておこなわれるのではなく、コモンズを構成する人々の集団ないしコミュニティからフィデュシアリー（fiduciary, 信託）の形で、コモンズの管理が信託されているのが、コモンズを特徴づける重要な性格であることに留意したい。また、所有権の概念について、デムセッツたちの前提としているような単純な論理的所有関係ではなく、特定の社会的条件のもとで、歴史的に規定された複雑な内容をもつのがコモンズについて一般的であって、権利、義務、機能、負担にかんする輻輳した体系から構成されている。

マリノフスキーが、その古典的なトロブリアン諸島における所有制度の研究で明らかにしたように、コモンズの統制者は、私有制か、国家統制か、という単純な二者択一的関係ではない。この点にかんして、興味深い研究が、いくつかの代表的なコモンズにかんしてなされている。マッケイとアチソンの編集による『コモンズの問題——共有資源の文化とエコロジー』（B. J. McCay and J. M. Acheson, *The Question of the Commons: The Culture and Ecology of Communal Resources*, The University of Arizona Press, 1987）に発表されたいくつかの論文がそれである。北極圏、アマゾン流域、パプア・ニューギニア、アメリカにおける採集、漁労コモンズに始まって、インドネシア、アイルランド、スペイン、エチオピア、ボツワナにおける農耕、牧草、海洋にかんするコモンズ、さらに、マレーシア、アイスランド、カナダにおける水産業にまで及んでいる。

第13章　社会的共通資本と都市

社会的共通資本の管理のあり方として、宇沢氏が、コモンズとともに求めたのが、自動車中心になった都市を人の手に取り戻すための都市づくりの考え方だった。

二〇世紀の都市

二〇世紀は都市化と工業化の世紀といわれている。二〇世紀の初頭には、世界の人口の八〇%以上の人口が農村に住んでいたが、いまでは人口の約八〇%が都市に住んでいる。この一〇〇年間の人口の増加を考えると、二〇世紀を通じて都市がいかに肥大化したか、想像を絶するものがある。二〇世紀の都市を特徴づけるのが、ル・コルビュジェの「輝ける都市」の考え方である。

近代都市の理念は、一九世紀のおわり頃、エベニーザー・ハワードが提起した「田園都市」の考え方に始まる。産業革命のあと、一八世紀から一九世紀にかけて、イギリスの各地には、新しい、近代的な工場が数多くつくられ、経済の規模は飛躍的に大きくなった。しかし、ロンドンをはじめとして、イギリスの大都市での一般の人々の生活は貧しく、悲惨であった。レオ一三世が『レールム・ノヴァルム』のなかで指摘された通りだった。それはまた、チャールズ・ディケンズが『デーヴィッド・コパーフィールド』のなかでくわしく描いた光景そのものでもあった。

この悲惨な状況を見て、エベニーザー・ハワードは、ロンドンの貧民街で悲惨な生活をしている人々を何とかしなければならないと考えた。そこで、ロンドンの郊外にまったく新しい住宅地をつくって、そこに貧しい人々を移したのである。新しい町は、ゆたかな自然にかこまれ、家々の間もゆとりがあったので、「田園都市」とよばれるようになった。

ハワードの「田園都市」は、二〇世紀に入って、新しい町づくりの考え方を象徴するものになった。ハワードの考え方はさらにパトリック・ゲッデスによって受け継がれ、ひろい地域全体についての都市計画のかたちに発展していった。ゲッデスは、すべてを合理的に計算して、人々の住む環境をつくった。ハワードやゲッデスの考え方は、ル・コルビュジェによって「輝ける都市」として、二〇世紀の都市のあり方に大きな影響をおよぼすことになった。

ル・コルビュジェの「輝ける都市」

ル・コルビュジェの「輝ける都市」をもっとも的確にあらわしたのが、つぎのル・コルビュジェ自身の文章である。

「大公園を通って、輝ける都市に入ってゆくことにしよう。私たちの乗った自動車は、豪壮な超高層ビルの間につくられた高架の自動車専用道路を、スピードをあげて走り抜ける。二四階の超高層ビルがつぎつぎと現われては、消えてゆく。町の中心には、行政の機能をはたす建物が左右にならび、その周辺には、美術館や大学の建物が散在している。都市全体が公園そのものなのである」

ル・コルビュジェの都市は、自動車を中心として、ガラス、鉄筋コンクリートを大量に使った高層建築群によって象徴されている。ル・コルビュジェの「輝ける都市」は美しい幾何学的なデザインをもち、抽象絵画をみるような芸術性をもっている。しかし、「輝ける都市」に欠けているのは、生活をいとなむ人間である。ル・コルビュジェの都市は、そこに住んで、生活をいとなむ人々にとって、じつに住みにくく、また文化的にもまったく魅力のないものであることがはっきりしてきた。

ル・コルビュジェの「輝ける都市」は、アメリカ、ヨーロッパ諸国、日本だけでなく、インド、アフリカの貧しい国々にまで普及していった。つよい日光をさえぎるものが何一つない砂漠のなかに、高層建築群がならび、広い自動車道路の横を、人々が荷物を背負って、とぼとぼと歩いている姿が、「輝ける都市」のイメージである。ル・コルビュジェの「輝ける都市」の考え方にもとづいてつくられた町は、日本に数多くの例がみられる。もっとも代表的な例が、筑波の研究学園都市、大阪の千里ニュータウンである。

ジェーン・ジェイコブス『アメリカ大都市の死と生』

ル・コルビュジェの「輝ける都市」に代表される近代的都市の考え方に対して、その問題点をするどく指摘して、新しい、人間的な都市のあり方を私たちの前に示したのが、アメリカの生んだ偉大な都市学者ジェーン・ジェイコブスである。とくに、ジェイコブスが一九六一年に出した『アメリカ大都市の死と生』(黒川紀章訳、鹿島研究所出版会、一九六八年)という書物は、都市計画の専門家の間に、革命的といってよい衝撃を与えた。

この書物の題名で、大都市の死が最初にきて、大都市の生があとにきているのはつぎのような意味である。ジェイコブスは、二〇世紀はじめのアメリカには、魅力的な大都市が数多くあったが、それから半世紀経って、一九五〇年代の終わり頃には、このような魅力的な大都市がほとんど死んでしまったことを指摘する。ジェイコブスは、なぜ、アメリカの大都市の魅力が失われ、住みにくい、非人間的な都市となってしまったのかについて、アメリカ中の都市を回って歩いて、実際に調べた。そして、どのようにすればアメリカの大都市の生を取り戻すことができるかを明らかにしたのである。

アメリカの大都市が死んでしまったのは、ル・コルビュジェの「輝ける都市」に代表される近代的都市の考え方にもとづいて、都市の再開発がおこなわれてきたからだと、ジェイコブスは考えた。しかし、アメリカの都市のなかには、人間的な魅力をもった都市が数多く残っていることをジェイコブスは発見したのである。そして、住みやすく、人間的な魅力をそなえた都市すべてに共通した特徴を四つ取り出して、新しい都市をつくるさいの基本的な考え方として示した。ジェイコブスの四大原則とよばれている。

ジェイコブスの四大原則

ジェイコブスの四大原則の第一は、都市の街路は必ずせまくて、折れ曲がっていて、一つ一つのブロックが短くなければならないという原則である。幅がひろく、まっすぐな街路を決してつくってはいけない。自動車の通行を中心とした、幾何学的な道路が縦横に張りめぐらされたル・コルビュジェの「輝ける都市」とまさに正反対のことをジェイコブスは主張したのである。

ジェイコブスの第二の原則は、都市の各地区には、古い建物ができるだけ多く、残っているのが望ましいということである。町をつくっている建物が古くて、そのつくり方もさまざまな種類のものがたくさん混ざっている方が住みやすい町だという。レストランなどで、お店を新しく改造すると、味が落ちたり、値段が高くなって、お客がこなくなってしまうことが多いことをジェイコブスは指摘している。「新しいアイデアは古い建物から生まれるが、新しい建物から新しいアイデアは生まれない」というのはジェイコブスの有名な言葉である。

第三の原則は、都市の多様性についてである。都市の各地区は必ず二つあるいはそれ以上の働きをするようになっていなければならない。商業地区、住宅地区、文教地区などのように各地区がそれぞれ一つの機能を果たすように区分けすることをゾーニングという。ル・コルビュジェは、計画するとき、ゾーニングを中心として考えたのであるが、ジェイコブスは、このゾーニングの考え方を真っ向から否定したわけである。

ジェイコブスがゾーニングを否定したのは、つぎのような根拠からであった。アメリカの都市で、ゾーニングをして一つの機能しか果たさない地区ができると、夜とか、週末には、まったく人通りがなくなってしまい、非常に危険となってしまう。ジェイコブスは、フィラデルフィア市の生まれであるが、ある年、殺人がすべて公園のなかで、夜おこなわれたということがあった。日本では、アメリカと違って、都市は一般にずっと安全であるが、ゾーニングの危険に変わりはない。

ジェイコブスの第四の原則は、都市の各地区の人口密度が十分高くなるように計画したほうが望ましいということである。人口密度が高いのは、住居をはじめとして、住んでみて魅力的な町だということをあらわすものだからである。もっともこの原則は、人口密度が低くて困っているアメリカの多くの都市についてあてはまることで、過密に苦しんでいる日本の都市の場合、必ずしもそのままに適用できないかもしれない。

ジェイコブスの四原則は、これまでの都市の考え方を全面的に否定して、人間的な魅力をそなえた、住みやすく、文化的香りの高い都市をつくるために、有効な考え方であることは、『アメリカ大都市の死と生』が出てから四〇年近くの間にはっきり示した。世界の多くの国々で、ジェイコブスの四大原則にしたがった住みやすい、文化的香りの高い都市がつくられた。ジェイコブスの都市はまた、地球温暖化という点からも、非常に望ましいものとなっている。自動車の利用をできるだけ少なくして、エネルギー多消費型の高層建築ではなく、自然と風土にうまく合ったような建物、施設が中心となっているからである。ジェイコブスの都市は、人間的な点から魅力的で、しかも地球環境にやさしい、二一世紀の都市のあり方を示している。

自動車文明がもたらす害毒

自動車は文明の利器とよばれ、人類の発明のなかで、もっともすばらしいものの一つであると一般に考えられた時代があった。自動車はまさに、二〇世紀の物質文明をそのまま象徴するといってもよい。自動車を利用することによって、これまで想像できなかったような速いスピードで、遠くにまで移動することができるようになった。また、人力や牛馬ではとても運ぶことができないような重いものを遠くにまで運ぶことができるようになった。自動車の発明によって、人類の活動範囲は飛躍的に拡大した。産業革命にはじまった新しい科学・技術の時代を象徴するのが自動車だったのである。

しかし、自動車の普及は、思いがけない問題を惹き起こすことになった。自動車がもたらした大きな害毒は、自動車によって私たちが得ることのできる価値よりはるかに大きいことがはっきりしてきた。

自動車がもたらした一番大きな害毒はいうまでもなく交通事故による犠牲である。交通事故はなにも自動車にかぎったものではない。飛行機、鉄道でも、また自動車でも交通事故の危険はある。しかし、自動車による交通事故は、他の交通手段とはまったく比較にならないぐらい、ひろい範囲にわたり、深刻な被害をもたらしている。

現在、自動車の交通事故などの死者は、全国で毎年一万人を超え、百万人を超える負傷者が出ている。とくに、近年、自動車の交通事故による負傷が重度の障害をもたらすものの割合が高くなっている。人間犠牲という点からみると、日本全体で自動車による被害は、阪神大震災が毎年二回起こっている計算になる。

つぎに深刻なのは、公害問題である。自動車を利用するとき、大量の排ガスが出るが、この排ガスのなかには、硫黄酸化物、二酸化窒素、一酸化炭素、ベンツピレンなど、有害な化学物質が大量に含まれていて、人の健康を侵し、自然を破壊する。呼吸器系の疾患を惹き起こすだけでなく、癌の原因となる化学物質も多く含まれている。自動車の公害問題は排ガスのほかにも、騒音、振動などによって惹き起こされるものもある。自動車の普及にともなって、犯罪の増加、その凶悪化が目立つようになった。凶悪犯罪のなかには、自動車を利用することによってはじめて可能となったのも多い。

また、自動車を日常的に利用している人はどうしても運動不足となり、汚れた大気のなかにいる時間が長くなり、健康を害する危険も高まる。自動車が普及しているアメリカでは、心臓病にかかっている人の割合が極端に高くなっている。

自動車の普及はまた、人々の生き方に好ましくない影響を与える。もともと文化の発展は、人と人との関わり合いのなかから生まれるものであるが、自動車を利用すると、このような関わり合いをもつ機会が少なくなってしまう。このことは、人間の精神的発達、人格的成長という点からも、自動車文明がもたらす害毒は大きいといってもよいのであろう。

自動車の普及は当然、自動車道路の建設を必要とする。年々、膨大な額に上る金額が公共投資として自動車道路の建設に当てられている。このために生ずる資源の無駄遣いは年々大変な規模になる。

日本の場合、道路はほとんど歩行のために使われてきたが、しかし、自動車の普及にともなって、これらのせまく、曲がった道路に自動車が入ってくることになった。とくに住宅地のせまい道路に数多くの自動車が進入してきて、人々の生活と生命をおびやかして、住居環境を極度に危険な、猥雑なものにしている。

しかも、日本の場合、揮発油税の税収を道路建設の財源に当てるという、信じられないほど非社会的、反文明的な制度が存在する。その結果、日本は、世界一道路の密度の高い国となっていて、しかも、年々天文学的な規模の道路建設が強行されている。

日本の道路についてとくに問題なのは、観光自動車道路である。日本の自然は世界でもっとも美しく、魅力的である。日本の山々は切り立ち、深い谷をかかえている。観光自動車道路は、その美しい日本の山々の肌を深く傷つけ、樹木を枯らし、人々の心をも傷つけて走っている。日本全国いたるところで、山々を切り崩して、森林を伐り払って、観光自動車道路が建設されている。渓流は土砂で埋めつくされ、自動車から吐き出される有毒ガスによって、森林は枯れはじめ、観光客たちの捨てる空き缶、ビニール類のゴミ、これらの人々自身もゴミの一種と化して、かつては美しかった日本の自然を徹底的に破壊しつくしている。

ストラスブール市の市電

ストラスブールは、ドイツとの国境に近い、緑ゆたかな、美しいフランスの町である。町の中心はストラスブール大学の広大なキャンパスによって占められ、本屋、カフェ、映画館が数多くあって、いかにも大学町らしい雰囲気をもっている。ストラスブール大学は、パリ大学に次ぐ規模をもつ大学で、約七万人の学生がいる。ヨーロッパ連合（European Union）の連合議会のあるところで、毎月一週間にわたって開かれる議会に出席するためにストラスブールにやってくる各国の議員の数は七〇〇人に上る。ストラスブール市自体は、面積七八平方キロメートル、人口二五万の小さな町であるが、重要な行政的な選択は、周辺の二七市町村から構成されるCUS（キュス）という広域地方自治体を通じておこなわれている。CUSはほぼ、ストラスブール市の野菜・畜産物の供給圏、通勤圏、そして買い物圏に相当し、南北三〇キロメートル、東西一〇キロメートルの地域に広がり、人口約四五万の規模をもつ。

ＣＵＳは、その構成自治体から広範な範囲にわたって、行政権限を委嘱されている。総合的な地域開発計画の策定、実行、とくに道路建設、公共的交通体系の整備、廃棄物の処理などの行政業務をおこなっている。交通税の徴税権をもち、交通助成金・補助金の交付もまた、ＣＵＳの権限である。その一方、教育は、各自治体の専権的事項で、それぞれ独自の立場にたっておこなっている。

ＣＵＳは、独自の議会をもつが、その議員は二七の各市町村から一人ずつ選ばれている。議長は、慣例としてストラスブール市長がなっている。

一八八〇年代から一九五〇年代にかけて、この地方には、延長二五〇キロメートルに及ぶすばらしい路面電車があって、人々の生活を支え、経済と文化の発展の基盤となっていた。しかし、一九六〇年代になって、フランスがド・ゴールの時代に入るとともに、状況は一変した。すべての市民が自家用車をもつことができることを経済発展の重要な目標として掲げ、ルノーの国営にはじまり、自動車産業を積極的に育成し、全国的な高速道路網の建設をもっとも優先度の高い国の公共事業とした。

ド・ゴール政策がフランスの産業に及ぼした効果は大きかった。しかし、自動車中心の交通政策、自動車道路優先の公共事業がもたらした社会、自然、文化の破壊はすさまじかった。とくに、一九七〇年代に入るとともに、自動車交通の増大による都市環境の破壊、交通事故による人命の損失、身体への傷害、そして交通事故の危険に対する心理的不安、精神的苦痛が、その極限に達しようとしていった。

ストラスブールの場合、自動車交通による町並みの破壊と混乱はとくに深刻であった。一九七〇年代初め、高速自動車道路が旧市内までアクセス可能となるにおよんで、この破壊と混乱が、その頂点に達しようとしていた。旧市内を通り抜ける交通量は一日五万台に上り、そのうち一万台が通過交通という異常な状態となり、ストラスブールの町の魅力が大きく失われてしまった。しかし、自動車を中心とする交通体系を根本から見直して、ストラスブールの文化的、人間的魅力を取り戻そうという動きはみられなかった。

総合都市整備計画は、CUSの全域にわたって、住宅、工場の配置、公共的交通体系の整備について総合的な計画を策定するものである。CUSの交通部門は上に述べたように、公共的交通体系にかんする政策を決定する権限をもち、交通税の徴税権をもち、交通助成金・補助金の交付を担当し、実際に事業を運営する会社を決定する権限をもっている。CUSの権限は絶大で、中央官庁の介入を許さない。日本の場合、中央官庁は、ほとんどあらゆる行政的事項について、地方自治体ないしは県に対して優位な立場にたち、しかもそれぞれの官庁の利益を常に優先して、社会的、公共的利益を無視してきた。日本の多くの都市の文化的、自然的、人間的破壊が徹底しておこなわれてきた。

キャトリーヌ・トロットマン女史は、CUSの総合都市整備計画を全面的に見直し、市電を中心として、ストラスブールを人間的、文化的、自然的な面からより魅力的なものとし、その経済の活性化をはかることを主張した。一九八九年のストラスブール市長選で、圧倒的な支持を得て当選した女史は就任後ただちに、市電の導入をはじめとして、ストラスブールの全面的改造に着手した。

その過程で、トロットマン市長をはじめとして、行政の担当者たちは、くわしい調査をおこない、精力的に市民、学生たちとの間に説明会、集会をもった。計画の策定にできるだけ市民の意見を取り入れ、また説得もおこなった。とくに、市電の導入によって、公害問題が大きく改善されることが明らかになるにつれて、市民の態度が決定的に変わっていった。

一九八九年当時、ストラスブールの交通の約七五パーセントを自動車が占め、残りは、公共交通機関が一〇パーセント、自転車が一五パーセントという状況であった。これを変えて、自動車五〇パーセント、公共交通機関二五パーセント、自転車二五パーセントという目標を掲げて、市電の導入によって実現しようとした。

市電の第一段階は、延長一二キロメートルのA線を建設し、同時にストラスブールの市内を原則として、自動車進入および路上駐車の禁止区域とした。また、パーク・アンド・ライド（Park and Ride）という制度が導入された。A線のいくつかの駅に駐車場がもうけられていて、郊外からストラスブール市内に入る人は、そこに自動車をおいて市電、バスを利用して用を足すことになっている。駐車料金は、一五フラン（二四時間）で、市電、バスの一日無料利用券をもらえる。市内の駐車場は、一時間七フランだから、パーク・アンド・ライドは利用者のインセンティブをたくみに利用した制度である。その上、自動車一台に何人か乗っているときには、その人数だけ無料利用券をもらえるようになっている。

さらに、ループ方式といって、郊外からストラスブール市内に入る道路は、旧市内の中心にまで行かないで、途中でループ状のカーブをえがいて、そのまま郊外に出るように設計されている。ループの先端には駐車場がもうけられていて、市内に用のある人は、そこに自動車をおいて市電を利用を促すようになっている。

商業用の配送車は、朝六時三〇分から八時三〇分まで、市内に入れる。救急自動車、電気、ガス、上下水道などの修理その他のサービス車などはもちろん自由に使える。自動車進入禁止区域の入り口には、柱が立てられていて、特殊のカードを差し込むと、その柱が地下に落ち込むようになっている。また自動車進入禁止区域を通らないと自宅に入れない人も、同じようなカードがもらえて、自動車進入禁止区域に入ることができるようになっている。

一九九二年から九三年にかけて市電建設に対する反対運動が展開された。その中心はストラスブール市の自営業者、商工会議所であった。もっとも大きな理由は、ストラスブールの魅力がなくなって、お客が激減し、その結果、市全体で雇用が二〇〇〇人減るというものであった。また、工事中の騒音その他についても懸念が表明され、二〇〇〇台分の駐車場の追加の要求があった。

ストラスブールの市電建設の過程で決定的な役割を演じたのはＬＯＴＩという略称でよばれる都市内交通法の制定である。ＬＯＴＩは、各地方自治体に交通税の徴税権を与える法律である。ＬＯＴＩのもとで、各地方自治体は、九人以上の従業員を雇用する事業体から、給与総額の一・二パーセントまでの金額をバス税として、また、給与総額の一・五パーセントまでの金額を市電税として徴収できることになった。

一九九四年、総工費一九億四〇〇〇万フランをかけて、延長一二キロメートルのA線が開通した。現在、一日七万五〇〇〇人の乗客が利用している。その後現在までに、CUS全体でみると、公共的交通機関の利用者は三〇パーセントふえている。

一九九五年、ストラスブールの市長選挙がおこなわれたが、六年の任期を終わったばかりのキャトリーヌ・トロットマン女史は圧倒的な多数で再選された。そのとき、市電の延長について市民投票もおこなわれたが、八二パーセントの市民が賛成の票を投じたのであった。

B線は二〇〇〇年九月開通した。B線は一二・五キロメートルの延長をもち、一日八万人の乗客が利用している。その建設の総工費は一七億二五〇〇万フランであった。

市電の建設によって、ストラスブールは人間的、文化的、自然的な面からきわめて魅力的なものになっていった。商工業者たちの懸念とはまったく逆に、ストラスブールは旧市内を中心に著しく活性化が進み、雇用も大幅にふえたのである。とくに、旧市内を中心に高級ブランドのフランチャイズ店が数多く進出し、土地の価格が大幅に上昇するという予期しなかった結果も生み出した。

ストラスブールの成功は、なによりも、CUSという広域地方自治体に広範な範囲にわたって行政権限を委嘱されていることである。総合的な地域開発計画の策定、実行、道路建設、公共的交通体系の整備などの行政業務をおこない、同時に、交通税の徴税権をもっていることが重要な意味をもつ。しかも、各分野の担当者たちが、それぞれの分野にかかわる問題にかんするすぐれた職業的専門家であって、常に市民の立場に立って、都市計画を策定し、絶えず市民との対話、接触を通じて、その意見を聞き、説得しながら、都市計画を実行に移してきたことである。そして、もっとも重要な契機となったのは、キャトリーヌ・トロットマン市長というすぐれた政治家が、つよいリーダーシップを発揮して、全体の流れを指導してきたことである。

また、ＣＵＳの権限が絶大で、中央官庁の介入を許さないことも、ストラスブールの都市再生に重要な意味をもっている。この点、日本の場合と対照的である。二一世紀における日本の都市のあり方を模索しようとするとき、それぞれの地域のもつすぐれた文化的、自然的、人間的環境を再生することがなによりも緊急な課題である。それは同時に、日本経済の苦境を救い、経済の活性化につながるものである。

ビルバオ・メトロポリ－30

ビルバオ・メトロポリ－30（Bilbao Metropoli-30）は、スペインのビルバオ市を中心として、その周辺の三〇の市町村から構成されるビルバオ都市圏再生を目的としてつくられた共同体である。

ビルバオは、フランスとの国境に近く、大西洋に面した都市で、古くからバスク地方の経済、文化の一つの中心をなしてきた。バスク地方は、スペインの他の地方と異なった民族的構成をもち、その言語は、スペイン語ともフランス語ともまったく異なっている。バスクの人たちは、バスクの自然、文化、歴史に誇りをもち、バスク語を維持してきた。長いこと、政治的独立を目指して果敢な運動が展開されてきたことは周知のとおりであろう。現在、バスク自治領として、独自の政府をもつ。バスク自治政府は徴税権をもち、広い範囲にわたって行政を担当している。マドリッドの中央政府からは一切、補助金、地方交付金の類いを受けていない。逆に、軍事と外交のため、バスク自治政府からマドリッドの中央政府に対して、年々かなりの額が支払われている。また、スペイン全体の広域的高速道路網の計画策定に参加し、バスク地方の建設を担当している。

バスク地方の大部分は、峻険な山々に囲まれているが、ビルバオとその周辺は、比較的平地が多く、ネルヴィオン川に沿って、古くから産業活動の盛んなところである。ビルバオ市の人口は四五万人であるが、ビルバオ・メトロポリ－30全体の人口は一〇〇万人を超える。この人口を経済的に支えていたのは、鉄鋼、造船を中心とする重工業であった。特に鉄鋼については、一九六〇年代の終わり頃までは、ヨーロッパで、ルール地方に次ぐ規模を誇っていた。しかし、一九七〇年代に入るとともに、日本、韓国を中心とする東アジア諸国との競争に敗れ、ビルバオの産業は急速に衰退して、経済的、社会的に深刻な問題が起こってきた。

重化学工業活動がもたらした自然環境の汚染、破壊が、ビルバオの場合、きわめて深刻であった。大気の汚染は、その限界にまで達し、土壌には、さまざまな毒性の高い重金属が蓄積され、ネルヴィオン川は有毒な工場廃液によって極度に汚染されていた。ネルヴィオン川から魚は姿を消し、カモメすらビルバオの河原にはやってこなくなった。

一九八一年、ビルバオ市とヴィスカイア県が共同で「ネルヴィオン川水質改善総合計画」を策定し、EU（ヨーロッパ連合）からの資金援助を得て、ネルヴィオン川再生の事業をはじめた。この事業はまだ完成していないが、ネルヴィオン川の水質はすでに目立って改善されつつある。

EUの重要な活動の一つに、加盟各国の政府の政治的、経済的配慮を超えて、衰退した工場地域の環境問題に対して、きわめて積極的な資金援助をおこなって、すばらしい効果を上げている。ネルヴィオン川の再生も、その一つの例である。

一九八九年、バスク自治政府とヴィスカイア県が共同して、「ビルバオ都市圏再生のための戦略的構想」をつくって、ビルバオ地域の工業の衰退によって荒廃した市街地と悪化した自然環境を再生させ、市民生活の質を高めようとした。

一九九一年、ビルバオ・メトロポリ－30が設立された。これは右に述べたように、スペインのビルバオ市を中心として、その周辺の三十の市町村から構成される共同体で、ビルバオ都市圏再生を求めて、構成する市町村の他、地方公共団体、民間企業とも密接な連携を保ちながら、研究、調査、宣伝など多様な活動を活発におこなっている。

ヨーロッパはもともと、文化的にも、民族的にも同質な面を多くもって、決定的な差異はないと考える（ヨーロッパはある一つの都市がどこの国にあるのかは、すでに大きな問題ではなくなってきている）。

そして、EUに象徴されるヨーロッパの政治的、経済的、文化的統合の流れを高く評価し、EUが、国家の抑圧的な政治的権力を超越して、都市と直接むすびつきながら、新しい文化的、経済的発展の契機をつくりつつあることに、二一世紀的発展の特徴を見出そうとしている。

現在ヨーロッパで起きつつある国民国家を超えた連携には、基本的に二つの類型がみられる。第一の類型は、アルザスやルール地方のように、国民国家の成立以前からあった地政的、文化的アイデンティティを回復しようという動きである。第二の類型は、地中海アーチや大西洋軸のように、地中海、あるいは大西洋を共有するという地理的接点を契機として、経済的、文化的発展、交流をはかろうとするものである。ビルバオの場合、どちらかというと、第一の類型に属し、また大西洋軸の一環という面もないわけではない。しかし、ヨーロッパの地図を地政的に塗り分ける時代は終わった。大西洋軸といっても、閉鎖的で、内向きの経済圏をつくるためではない。都市間の連携を強めることは、各都市が、経済的、文化的な面を通じて、価値を求めて競争することを意味する。そこには、勝者も敗者もない。各都市のそれぞれの固有の歴史的、社会的、自然的条件のもとで多様な発展を可能にするものである。

このような考え方がもっとも鮮明に現われているのが、一九九七年秋に開館されたグッゲンハイム・ビルバオ美術館である。ビルバオに新しい文化的施設をつくる案が出されたのは、一九九一年であった。当時、ビルバオの失業率は二五パーセントを超えていた。経済の将来的見通しも極端に暗かった。そのような状況のなかで、二〇〇億ペセタ（一四〇億円）に上る美術館に対する投資に対して反対の意見が強かった。

一九三七年に創立されたグッゲンハイム財団は、二〇世紀の美術の全般的な範囲にわたる総合的なコレクションをもっていたが、その所蔵する美術的作品を一般の人々に公開することを、その重要な使命であると考えていた。

グッゲンハイム財団は、このゲーテの提唱した公園の思想の二〇世紀的具現化をはかるため、これまで三つのグッゲンハイム美術館をつくって、先人たちの残したすぐれた美術的、芸術的遺産を一般の人々に公開してきた。しかも、これらの美術館の建物自体も、二〇世紀を代表する建築家たちによって設計され、すぐれた芸術的作品として、後生に残るものとなっている。最初につくられたニューヨーク市のフィフス・アヴェニューにあるソロモン・グッゲンハイム美術館は、フランク・ロイド・ライトの設計で、のちに、グワスメイ・シーゲルによって改修、拡張された。同じニューヨーク市のSOHO地区にあるグッゲンハイムSOHO美術館は、日本の建築家磯崎新氏の設計である。第三のグッゲンハイム美術館は、イタリーのヴェニスにあって、最近、レーラ・ヴィグネリ＝マッシモ・ヴィグネリによって改修、拡張された。

グッゲンハイム・ビルバオ美術館の設計は、アメリカの建築家フランク・ゲーリーに委嘱された。フランク・ゲーリーのコンセプトが、ビルバオ市の歴史的、都市的環境と渾然一体となって融和し、しかもビルバオ都市圏再生計画のもつ大きな産業的、文化的ポテンシャルを象徴するものだったからである。ゲーリーの巨大な彫刻的な建造物は、多様な素材を自由に使って、個性的なシルエットをもち、見る人の心に鮮明な映像と強烈な印象を残す。石を使って、剪片的な直線からなる幾何学的な部分とチタニウムとガラスからつくられた曲線的な壁をもつ円錐曲線的な部分からなるカオス的建造物が、金属のドームをもつ広大なアトリウムを中心軸として展開されている。アトリウムには、太陽の光が、ガラスの壁と高いドームにもうけられた天窓からさんさんとして注ぎ込み、理想的な美術館としての環境をつくり出している。アトリウムを中心として、曲線的な回廊とガラスのエレベーターと階段によって、一九のガレリーに通ずる。

一九のガレリーは、古典的な長方形の形をした石造のスペースと特異なプロポーションとフォームをもつチタニウムでおおわれたスペースとが混在していて、全体として巨大な展示空間を形成している。一時的な展示や大きな作品は、巨大なラ・サルヴ橋の下まで延びる建物のなかにある。この建物は、幅三〇メートル、長さ一三〇メートルの柱のない空間をもち、その先端には高い塔が建てられていて、ラ・サルヴ橋と美術館とをみごとに統合している。

グッゲンハイム・ビルバオ美術館は一九九七年秋に開館されたが、その開館とともに、ビルバオを訪れる観光客の数も激増した。ビルバオの観光産業は飛躍的な成長を遂げ、新しい雇用を多く生み出す結果となった。美術館に対する投資二〇〇億ペセタは、一年間で回収できたといわれている。

ビルバオへの観光客の数が激増したもう一つの要因は、ビルバオ都市圏内の公共的交通網の整備である。この公共的交通網の整備は、カラトラバ、スターリング、フォスターなどの一流の建築家に委嘱して、芸術性の高い公共的交通施設をつくった。一九九五年に開設されたネルヴィオン川に沿ってつくられた地下鉄は、その代表的なものである。フォスターの設計によるこの地下鉄は、駅舎、アプローチの建造物をはじめとして、電車の外観、内装がすぐれて二一世紀的芸術性を備え、しかも高い機能性を備えたものとなっている。

また、ビルバオ新空港の設計はカラトラバに委嘱された。カラトラバは、新空港の建設に先立って、アクセスのための橋をネルヴィオン川につくったのである。新空港はまだ建設中であるが、ネルヴィオン川にかけられた美しいカラトラバの橋をみて、ビルバオの人々は、このバスクの地方に新しい時代が到来したことをしみじみと感じているに違いない。

グッゲンハイム・ビルバオ美術館に象徴されるビルバオ都市圏再生の輝かしい成功は、なによりもバスクが自治領として、マドリッドの中央政府から独立して、バスクの自然、文化、歴史を大事にする政策を策定し、実行に移すことができるからである。

この点、ストラスブールの場合と同じように、日本の場合と対照的である。産業の衰退によって荒廃した都市と自然を再生するという二一世紀的課題に対処するためには、中央と地方の歪んだ関係を是正し、その本来の姿にもどすことがまず何よりも肝要となってくる。

第Ⅳ部

環境と社会的共通資本

第14章　公害・環境破壊規制の考え方

企業や個人が私的な資源の使用に対してだけ対価を支払えばよく、社会的共通資本の使用や破壊に対しては何ら支払いをしなくてよいという制度のもとでは、経済成長にともなって環境破壊が加速する。それを防止し、市場機構を通じて望ましい資源配分を実現するには、社会的共通資本の使用に対して、その帰属価格による評価額を社会に支払うという制度が必要である。また、実質国民所得から社会的共通資本の減耗や破壊に対する社会的評価額を控除した社会的実質国民所得という、国民経済の実質的な満足度をあらわす新しい指標が浮かび上がってくる。

公害問題の解決法

公害問題の解決については、大ざっぱにいって、二つの考え方がある。一つは、市場機構の拡張とでもいえるもので、公害発生者と被害者との間で交渉をおこなって、当事者同士で自主的に解決をはかろうとするものである。

これに対して、もう一つの方法は、規制、課税、助成金、補償などを通じて、国あるいは公共的な機関が介入して、ある意味では強制によって処理しようとするものである。

たとえば、川の上流に工場があり、廃棄物を流しているとし、その下流に町があって、川水を飲料水として利用しているとしよう。工場からの廃棄物が多くなって、川水の汚染度が高まり、もはや飲料水としては使えない状態になったとき、下流の町では、浄化設備を作るなり、他の水源から飲料水を求めるとかしなければならなくなる。そのための費用をだれが負担すべきであろうか。

右にあげた第一の方法によれば、工場と町の代表者が自主的な交渉をおこなってその費用分担を決めようとするのである。その取り決めにもとづいて、工場はその費用の一部を負担するなり、あるいは廃棄物が少なくなるような装置をつけて、河川の汚染度を低める努力をすることになる。場合によっては、工場が汚染活動を中止するための全費用を、下流の町が工場に補償金として支払うということもありうる。

費用分担がどのように決められるかということは、結局は、川水を使用する権利が、工場か町のどちらに帰属するかに依存することになる。しかし、いずれの場合にも、当事者同士の自由な意志にもとづいて自発的におこなわれた取り決めである以上、希少資源の効率的な配分が実現することになる。その結果生ずる所得分配の不平等性は、川水使用権というような環境権の分配を反映したものであるというのが、第一の方法を支持する人々の考え方である。この考え方の背後には、各人の自由な意志にもとづく、自発的な取り引きによる資源配分の効率性に注目し、市場機構をもっとも望ましい経済制度であるとする新自由主義的な思想がかくされている。この方法が、コース、ブキャナンなど、いわゆるシカゴ学派に属する人々によって擁護され、展開されているのも、その思想的背景と関係のないことではないであろう。

公害問題の解決を市場機構の延長線上に求めようとするときには、環境権がだれに帰属するか、ということが重要となってくることは、右にもふれた通りである。川水汚染の例についても、もし河川の使用権が工場に帰属しているとすれば、下流の町は、汚染防止のための全費用を工場に払って汚染活動を中止してもらうか、または自らの費用で浄化設備を作らなければならない。河川汚濁にかぎらず、大気、海水、土地などの汚染、自動車による公害現象についても同様である。ところが、このような自然的・社会的環境は、一般に社会に共通なものであって、ある特定の個人なり企業なりによって私有されるという性格をもつものではない。

第二の規制を中心とする方法は、このように環境権は私有されるべきものではないという考え方にたって、各個人、企業が、大気、河川、海水、土地、道路などの自然的・社会的環境を使用し、破壊したときには、その程度に応じて、社会に支払いをしなければならないとするものである。この方法を説明する前に、まず、この自然的・社会的環境が、日常の経済活動のプロセスにおいてどのような役割を果たしているか、を考察してみよう。

社会的共通資本の役割

大気、土地の汚染、河川、海水の汚濁、あるいは自動車による都市環境の破壊といった公害現象の大部分は、生産、消費という経済活動による自然的・社会的環境の破壊であるということができよう。このような自然的・社会的環境は、広い意味での社会的共通資本というカテゴリーに入れて考えることができる。一般に、社会的共通資本というのは、社会全体で建設し、あるいは購入した資本、または自然に賦与されている資本であって、それから生ずるサービスを各構成員が自由に、わずかな代価か、あるいはなんの代価も支払うことなく享受することができるものである。

道路、港湾、上下水道、灌漑設備、電力など、普通、社会資本といわれているものだけでなく、大気、河川、土地、海水などの自然資本もまた社会的共通資本である。また、司法、教育、市場、都市などという社会的・経済的制度もまた社会的共通資本であると考えることができよう。このような制度は、その創設、運営のために、さまざまな希少資源が使われ、そのサービスを原則として社会の各構成員は自由に享受することができるからである。

さて、たんに私的な資本や労働だけでなく、社会的共通資本を使用しなければ、どのような経済活動もおこなうことができない。つまり、社会的共通資本は、私的な資本や労働とならんで、生産要素であるということができる。ところが、私的な資本、労働を使用、雇用するときには必ず、市場で設定された代価を支払わなければならない。したがって、ある種の私的資本が不足し、相対的に希少になったときには、その市場価格は高くなり、そのような資本の使用を少なくするような方法を採用するか、あるいはその供給がふえるかして、やがてはその希少性が解消する。私的な資本にかぎらず、一般に市場を通じて取り引きされる財・サービスについて、その希少性は必ず市場価格に反映されて、国民経済全体の立場からは、もっとも望ましいような資源配分が実現するのである。

しかし、社会的共通資本については、このような市場機構の作用する余地はない。たとえば、企業活動によって大気が汚染されていても、その企業は、大気という社会的共通資本の使用、破壊に対してなんら代価を支払うことなく、生産活動をおこなうことができる。したがって、大気の汚染度が、企業の生産活動によって高くなって、社会的共通資本が希少になっても、その企業は直接影響をこうむるものではない。せいぜい住民の反対運動などを通じて受ける社会的な点からの効果が、その企業に長期的な影響を与えるにすぎない。

このように、社会的共通資本については、たとえそれが不足して希少になっても、各企業なり、個人なりが、その使用をさし控えようとする誘因は存在しない。また、新しい社会的共通資本を建設し、何らかの私的な利益を追求しようという誘因もないことももちろんのことである。したがって、私有化される資源使用だけが、各人の経済的費用に組み入れられている現在の制度の下では、社会的共通資本の使用、破壊を防ぐようなメカニズムは存在せず、環境破壊は野放しの状態になってしまう。このような公害問題を解決するためには、各人が社会的共通資本を使用、破壊したときに、その希少性に応じた額を、社会に対して支払うという制度をもうけなければならない。そのとき、さまざまな社会的共通資本をどのように評価したらよいかということが重要な問題となる。私的な資本については、市場で成立する価格が、その希少性を反映したものになっているが、社会的共通資本については市場価格は存在しないからである。

社会的共通資本の帰属価格

社会的共通資本の価値は、それから生ずるサービスを国民経済の構成員がどのように評価するかによって決められるものである。たとえば、道路の場合を考えてみよう。新しい道路が建設され、輸送時間、ガソリン、人件費などの節約が可能になったとする。そのときの節約分の総額に対する評価が、この新しい道路から生ずるサービスの機会費用である。年々得られるサービスの機会費用の割引現在価値が、新しい道路の社会的価値の評価である。

また、工場によって大気が汚染されて、近くに住む住民の実質的生活水準が低下したとする。各住民は、工場による汚染活動がおこなわれなかったと同じだけの清浄度を求めて、自ら空気浄化器を取り付けるなり、あるいは場合によっては、移転して空気のよりきれいな所に住もうとする。そのとき、最小どれだけの費用がかかるかを各住民について総計した額が、大気汚染の社会的費用であり、その割引現在価値が、大気という社会的共通資本の帰属価格となる。また道路、港湾、電力などのように生産のプロセスでの生産要素としても機能している社会的共通資本については、その機会費用は、それを私的な生産要素によって代替したときにどれだけ費用がかかるかを含むものでなければならない。

いずれにしても、社会的共通資本の帰属価格は、それから生ずるサービスに対する社会的評価を反映するものである。ある種の社会的共通資本が希少になるにともなって、そのサービスの機会費用は大きくなり、帰属価格も高くなる。また、たとえその物理的な量は同じであっても、経済活動の水準が高くなるにつれて、その相対的希少性は高まり、機会費用、帰属価格はともに高くなる。

社会的共通資本は、時の経過とともに物理的に摩滅してゆくだけでなく、経済活動の水準が高くなるとともに、社会的共通資本の破壊が起き、その機能が低下してゆく。つまり、環境破壊という現象が起こる。現在、わが国で起きている公害現象の大部分は、このような意味での社会的共通資本の減耗、破壊と考えられるものである。そして、各企業なり個人なりが、その経済活動を通じて、このような環境破壊をおこなったとしても、それに対して何ら代償の支払いをしなくともよいという制度こそ、環境破壊が野放しの状態になってゆくもっとも大きな原因であるといえよう。

ピグーによって提唱された規制による公害防止の方法は、基本的には、各企業なり個人なりは、その経済活動を通じておこなう社会的共通資本の使用、破壊に対して、機会費用ないしは帰属価格を支払うべきであるという考え方に立つものである。社会的共通資本が相対的に希少になってくれば、その帰属価格が高くなり、その破壊に対して支払わなければならない額は大きくなる。したがって、各企業、個人はそれぞれ、そのような社会的共通資本の破壊をできるだけ少なくするような生産、消費の方法を採用しようとするであろう。たとえば、国土面積に比して、生産の規模が大きくなるにしたがって、大気、河川、海水などの自然資本は相対的に希少となり、その帰属価格は高くなり、企業はこのような自然資本の使用をできるだけ少なくするような技術を採用せざるをえなくなるであろう。各企業、個人が、社会的共通資本の使用、破壊に対して、その帰属価格を社会に支払うという制度のもとではじめて、社会的見地からみて望ましい資源配分が実現する。

環境破壊に対する規制

以上の議論は、各社会的共通資本の帰属価格が計測可能であるという前提のもとで進められてきた。社会的共通資本から生み出されるサービスの機会費用については各構成員の主体的価値判断にもとづいて得られるものを総計することによって求められた。しかし、現在から将来にかけての機会費用の割引現在価値を求めて帰属価格を計算するためには、社会的な割引率を知る必要がある。すなわち、将来の時点における一単位の消費は、現在の消費に比較したときにどれだけの価値をもつかということである。この社会的割引率は、現在の世代が将来の世代の消費をどのように評価するかという価値基準にもとづくものであって、原則的には、経済社会の各構成員の主体的時間選好率との関連において求められるものである。すなわち、所与の割引率に対して、各構成員は、その主体的な時間選好基準にもとづいて、現在から将来にかけての最適な消費経路を決定する。各人の消費のパターンを集計することによって、最初に与えられた割引率に対する社会的に最適な消費経路が求められる。逆に、集計的な消費経路に対して、その経路が社会的に最適となるような割引率が、社会的割引率となるのである。

このようにして、各社会的共通資本の帰属価格を少なくとも理論的には定義することが可能になる。しかし、実際に計算するためには、多くの困難がともなうことはいうまでもない。それは今後に残された課題であるが、レオンティエフ教授の主張するように、社会的共通資本の帰属価格、さらにはより一般に公害による社会的費用を計量化することは、普通考えられているより容易であるともいえるかもしれない。

ピグー的な規制による公害防止の方法は、さらにつぎのような前提のもとにたっている。すなわち、各企業なり個人に対して、社会的共通資本の使用、破壊に応じて、その帰属価格の支払いを強制することができ、しかもそのために必要な社会的費用は無視することができるという前提である。しかし、規制委員会のような制度をつくったときに、各個人がどれだけ社会的共通資本を使用、破壊しているかをチェックし監視するために、膨大な量にのぼる希少資源が供用されなければならない。そのために生ずる経済的厚生の損失が、環境破壊にともなう損失よりも大きいというのは必ずしも例外でないであろう。

したがって、環境破壊に対する規制基準、課税、課徴金制度を考えるときには、このような監視にともなう希少資源の社会的損失をも考慮しなければならなくなる。実際には、各社会的共通資本をその機能、あるいは地域性に応じて分類し、それぞれ適当な規制基準、課徴金制度を設け、監視方法を決める。そして、課徴金収入から、破壊された社会的共通資本の帰属価格による評価額と監視のために必要なコストとを差し引いた額がもっとも大きくなるように定めたときに、社会的な見地から望ましい資源配分が実現することが示される。

ピグー的な規制方法は、また環境破壊による被害者に対する補償制度をどのように決定したらよいかという問題にも関連する。簡単に述べれば、環境破壊、または公害による被害は、それぞれの場合について特殊な配慮を加えるというのではなくて、さらに一般的な社会保障制度のもとで解決すべきであると考える。公害病による死傷も交通事故による被害も、どちらもそれによって生ずる所得分配の不平等性という観点から、より包括的な社会保障制度のもとで考えようとする。水俣病による被害も事故による死傷も、ともに人命の損傷という点からは区別されるべき性質のものではないからである。

社会的実質国民所得

前節までに解説してきたピグー的な規制方法は、要約すればつぎのようになる。大気、水、土地などの汚染、自動車による道路の損傷、都市環境の破壊というような公害現象の大部分は、環境破壊という点からとらえることができる。別のことばでいえば、社会的共通資本の減耗、破壊である。私的な資源の使用に対してだけ支払えばよく、社会共通の資本の使用や破壊に対しては何ら支払いをしなくてもよいという制度のもとでは、現在わが国に見られるように、環境破壊が経済成長にともなって加速度化するという現象が起きる。したがって、環境破壊を防止し、しかも市場機構を通じてもっとも望ましい資源配分を実現するためには、各人が使用し、破壊した社会的共通資本に対して、その帰属価格による評価額を社会に支払うという制度を確立する必要がある。公害防止は、結局、このような社会的共通資本の帰属価格をどのようにして計測するかという問題と、各企業、個人に対して、どのようにして、その支払いを強制させるかという問題に帰着させることができる。

社会的共通資本の帰属価格は、経済社会の各構成員が、それから年々生ずるサービスを、主体的にどのように評価するかを構成員全体について集計したものである。社会的共通資本が、経済活動の水準に比べて少なくなるにともなって、その帰属価格は高くなり、その減耗、破壊の社会的評価は大きくなる。したがって、各人は、できるだけ社会的共通資本の破壊が少なくなるような方法によって、生産または消費活動をおこなうようになる。

さて、国民経済の活動水準は、国民純生産額であらわすのが普通であり、その経済的厚生は一人当たりの実質国民所得によってあらわされると考えられてきた。したがって、実質国民総生産（GNP）あるいは一人当たりの実質国民所得の増加率が、経済成長の重要な尺度であると考えられてきた。しかし、生産・消費活動において、社会的共通資本が大きな役割を果たし、しかも経済成長にともなって、その希少性も相対的に高くなることを考慮すると、GNPあるいは一人当たりの実質国民所得の増加率は、国民生活水準の上昇率から大きく乖離する傾向を示すことがわかる。実質国民所得から社会的共通資本の減耗、破壊に対する社会的評価額を控除した社会的実質国民所得が、国民経済の実質的満足感の程度をあらわすものであるからである。そこで、右に述べたような規制方法を採用したときにはじめて、社会的実質国民所得が最大となるような希少資源の配分が実現し、国民経済的な観点からもっとも望ましい経済活動の水準が保たれ、環境破壊は、真にやむをえないものに限定されることになるのである。

社会的実質国民所得は、国民経済を構成する個々の経済的主体が、どの程度経済活動の果実を享受しているかをあらわす尺度である。しかし、国民総生産、実質国民所得などという国民所得統計に現われてくる概念とは異なり、市場価格を通じては評価することができないものである。社会的実質国民所得というような概念を計測するためには、社会的共通資本の性格なり、その果たしている役割について、さらに詳細な理論的検討を加えなければならない。これは、経済学にとって、今後に残された重要な課題の一つであろう。

第15章 自然環境資本の位置づけ

自然環境とは、何か。経済学的な理論の枠組みを構築しようとした宇沢氏は、さらに根源的、文化的な面からも自然環境についての考察を展開していく。

自然環境とは

経済学では、自然環境は資本とみなさないのが一般的である。したがって、自然環境を社会的共通資本の構成要素と考えることに対して、多くの経済学者は強い違和感をもつのではないだろうか。そこで、自然環境とは何かについて、改めて考察することにしたい。

自然環境は具体的には、森林、草原、河川、湖沼、海岸、海洋、沿岸湿地帯、地下水、土壌、さらには大気などを指す。また、そこに生存するさまざまな動・植物、微生物、さらには土壌、鉱物などもすべて自然環境の一部である。

自然環境というとき、これらの構成要素が相互に密接に関連した、一つの全体としてとらえる。たとえば、一つの森林をとったとき、たんに森林を構成する樹木だけでなく、伏流水として流れる水、土壌、そこに生存する動・植物、微生物などを統合して、一つの総体としての森林を自然環境、あるいはたんに環境という概念としてとらえているわけである。

自然環境について、もっとも特徴的な性質は、その再生産のプロセスが、生物的ないしはエコロジカルな要因によって規定されていることである。一つの森林を自然資本としてとらえて、たとえば、樹木の総重量によってそのストックを測ることにしよう。森林のストックは時間的経過にともなってどのように変化するであろうか。森林を構成する個々の樹木がどのようなペースで成長し、あるいは枯れてゆくかによって測られる。それは、個々の樹木の種類、年齢に依存するとともに、森林のなかに存在する水の流れ、土壌の性質、さまざまな動植物、微生物の活動によっても影響される。

同じような現象は、他の自然環境についてもみられる。よく引用されるのは漁場である。ある一つの、明確に境界を付けられた漁場における魚の再生産のプロセスは、魚の餌となるプランクトン、小魚などがどれだけ存在するかに依存するだけでなく、水温、河川や海水の流れ、沿岸のエコロジカルな諸条件、場合によっては上流の森林の状態によっても左右される。

このようにして、自然資本のストックの時間的経過にともなう変化は、生物学的、エコロジカル、気象的な諸条件によって影響され、きわめて複雑な様相を呈する。自然環境を自然資本としてとらえるとき、規模の経済あるいは外部（不）経済の概念もまた、経済理論における伝統的な概念とは本質的に異なる。

規模の経済について考察するために、森林を例にとってみよう。森林のストックをかりに、その面積ではかるとして、森林の面積が二倍になったときに、さまざまな経済活動の過程における森林の果たす役割は何倍になるであろうか。たとえば、森林という自然資本から、木材という産出物が生産されるとしよう。まったく同じ面積をもつ同じ樹相をもった二つの森林を一緒にしたとする。年々生産される木材の量は二倍になるであろうか。ここでも、工場生産を中心とする経済理論の常識をそのまま適応することはできない。しかし、森林を自然資本としてとらえたとき、この点にかんする分析は、統計的にも、実証的にも十分に満足できるようなかたちではなされていない。

一般に、自然環境を自然資本としてとらえたとき、ある水準までは外部経済が働くことは否定できない。そして、その水準を超えたときは、外部不経済の現象がみられると考えてよいであろう。また、環境の果たす経済的役割を考察するとき、自然環境を構成するさまざまな要素の間に存在する、錯綜した相互関係を無視することはできない。森林の経済的機能を考えるとき、水の流れ、さまざまな樹木の間の相互関係、土壌の性質、森林に生存するさまざまな生物、微生物の間には複雑な関係が存在し、森林の果たす経済的機能に対して大きな影響を与える。そこには、工場生産のプロセスにみられるような決定論的、機械論的な関係を想定することはできない。とくに、気象条件の及ぼす影響を考慮に入れるとき、自然環境の果たす経済的役割は本質的に統計的、確率論的な意味をもつことを指摘しておきたい。

自然環境と人間活動——売りに出されたコモンズ

自然環境を経済学的に考察しようとするときに、まず留意しなければならないのは、自然環境に対して、人間が歴史的にどのようなかたちで関わりをもってきたかについてである。この問題は、広く、文化をどのようにとらえるかに関わるものであって、狭義の意味における経済学の枠組みのなかに埋没されてしまってはならない。「文化」というとき、伝統的社会における文化の意味と近代的社会において用いられる意味との間に本質的な差違が存在することをまず明確にしておきたい。

この問題について重要な視点を与えたのが、アン・ハイデンライヒとデヴィッド・ホールマン（An Heidenreich and David Hallman）の論文 "From Sacred Being to Market Commodity: The Selling of the Commons?"「売りに出されたコモンズ――聖なる存在から市場的財へ」である。

ハイデンライヒ＝ホールマンは、文化について、二つの異なった考え方が存在することを指摘する。伝統的社会では、「文化」はつぎのような意味をもつ。「社会的に伝えられる行動様式、技術、信念、制度、さらに一つの社会ないしはコミュニティを特徴づけるような人間の働きと思想によって生み出されたものをすべて含めて、一つの総体としてとらえたもの」を意味する。他方、近代社会においては、「文化」は「知的ならびに芸術的な活動」に限定して考えるのが一般的である。

マサイ族の若者が「文化」というときには、同年代の若者たちのことを想起し、伝統的な制度のもとで、社会がどのように組織され、自然資源がどのように利用されているかに思いをいたす。しかし、北ヨーロッパの人々が「文化」というときには必ず、芸術、文学、音楽、劇場を意味している。

環境の問題を考えるとき、宗教が中心的な役割を果たす。宗教は、自然を創り出し、自然を支配する超人間的な力の存在を信じ、聖なるものをうやまうことだからである。自然と人間との間の相関関係が具体的なかたちで表現されるのは、自然資源の利用という面においてである。伝統的社会では、人やものの移動がきわめて限定されているため、生活を営む場所で利用可能な自然資源に頼らざるをえない。したがって、これらの自然資源の涸渇はただちに、伝統的社会の存続自体を危うくする危険を内在している。伝統的社会の文化は、地域の自然環境のエコロジカルな諸条件にかんして、くわしい深い知識をもち、エコ・システムが持続的に維持できるように、その自然資源の利用にかんする社会的規範をつくり出してきた。

自然資源の利用にかんして、長い、歴史的な経験を通じて知識が形成され、世代からつぎの世代に継承されていった。自然環境にかんする知識と、その世代間を通ずる伝達によって、文化が形成されると同時に、文化によって新しい知識が創造されてゆく。何世代も通じて知識が伝達されてゆくプロセスによって社会的制度がつくり出される。そして、日常的ないし慣行的な生き方が社会的制度として確立し、一つの文化を形成することになる。自然と人間との間の相関関係がどのような形で制度化されるかによって、人間と人間との間の社会的関係もまた規定されることになる。どのような自然資源を、どのようなルールにしたがって利用すべきかが文化の中止的な要素となる。したがって、年長者の教示ないしは指示に重点が置かれ、自然資源の利用は、社会のすべての構成員に対して公正に、また利用可能となるような配慮が、どの伝統的社会についても十分払われている。

伝統的社会では、自然環境にかんする知識は、スピリチュアリティとの関連において形成されている。たとえば、シャーマニズムは、三〇〇〇万人を超えるアメリカ・インディアンが信じていた宗教であったが、それは自然資源を管理し、規制するためのメカニズムであって、その持続的利用を実現するための文化的伝統であった。伝統的社会では、自然資源を持続的なかたちで利用するのは、また将来の世代だけでなく、他の伝統的社会を考慮に入れて、自然資源の保全をはかってきた。

人間の移動が自由になるとともに、文化、宗教、環境の乖離は拡大化されていった。とくにヨーロッパ諸国によって、アフリカが植民地化されるプロセスを通じて、資源の搾取がより広範な地域でおこなわれるようになり、伝統的社会のもつ、それぞれの限定された地域に特定化された知識は無視され、否定されていった。アフリカ以外の大陸でも事情は同じであった。伝統的な自然環境と密接な関わりをもつ知識は経済発展の名のもとに否定され、抑圧されていった。

ハイデンライヒ＝ホールマン論文で、近代キリスト教の教義が、自然の神聖を汚し、伝統的社会における自然と人間との乖離をますます大きなものにしていった経緯がくわしく論ぜられていることは興味深い。キリスト教の教義が、自然に対する人間の優位にかんする論理的根拠を提供し、人間の意志による自然環境の破壊、搾取に対してサンクションを与えた。と同時に、自然の摂理を研究して巧みに利用するための科学の発展もまた、キリスト教の教義によって容認され、推進されていった。

ルネッサンスは人間の復興であったが、それは自然の凋落を意味していた。近代思想の発展はさらに、人間の優位を確立し自然の従属性に拍車をかける。フランシス・ベーコンにとっては、すべての創造物は人間との関係においてのみ意味をもち、自然は天からの賜物であって、物理学と化学を中心とした科学の発展を通じて、そのゆたかな収穫を搾取されるものにすぎない。ルネ・デカルトはさらに極端なかたちで論議を進めていった。デカルトの機械論的、決定論的世界観にもとづけば、自然は、数学的な法則にしたがって機械的に動く存在であり、自らの意志をもたず、受動的な存在にすぎない。自然の価値は、人間にどれだけの効用をもたらすかによってはじめてはかることができるとされていた。自然を抑圧し、搾取することに対してなんら制約条件はもうけられるべきではない。

環境問題にかんする二つの国際会議

環境と経済の関係について、この三〇年ほどの間に本質的な変化が起こりつつあることを指摘する必要がある。この変化は、国連の主催のもとに開かれた環境問題にかんする二つの国際会議のテーマに象徴的にあらわれている。一九七二年、ストックホルムで開かれた第一回の環境会議と一九九二年、リオ・デ・ジャネイロでの第三回の環境会議である。

一九六〇年代を通じて顕著にみられるようになった自然破壊とそれによって惹き起こされた公害問題は、歯止めのないかたちで進行していった工業化と都市化の必然的な帰結ともいえる性格をもっていた。当時、スウェーデンでは、一万を越える湖沼の大半が死んでしまったといわれていた。水質の悪化によって、魚やその他の生物が住むことができなくなり、周辺の森林でも多くの樹木が枯れはじめた。その直接的な原因は酸性雨によるものであった。

それは大部分、イギリスや、東ドイツ、ポーランドなどの東欧の社会主義の国々における工業活動によって惹き起こされることが綿密な調査によって明らかにされていった。一九七二年、ストックホルムで開かれた第一回の国連環境会議は、公害問題の国際性に注目したスウェーデン政府の提案にもとづいて開催されたのである。

ストックホルム環境会議の主題は公害問題であった。それは、日本における水俣病問題や四日市大気汚染公害に象徴されるように、産業活動の結果、自然環境のなかに排出される化学物質によって惹き起こされたものである。これらの産業廃棄物は、二酸化窒素、硫黄酸化物、有機水銀など、それ自体いずれも有害、有毒な物質であって、直接人々の健康を侵し、生物に被害を与える。

一九六〇年代から七〇年代にかけて世界的な拡がりをみた公害問題は、それによってもたらされる人間的犠牲の深刻さ、環境破壊の大きさの点から、これまでの人類の歴史において、平和時にはまったく経験しなかった規模をもつものであった。

ストックホルム会議に象徴される公害問題に対する社会的関心は、産業活動のあり方に対して大きな反省を迫り、公害規制のためにさまざまな政策が実行され、数多くの制度的対応がとられることになった。その後、三〇年ほどの期間に、産業活動にともなう公害に対して、かなりの効果的な規制がとられ、少なくとも資本主義の多くの国々については、工業化、都市化にともなう公害問題は基本的に解決の方向に進みつつあるといってよい。しかし、水俣病問題の例が示すように、一九六〇年代の公害によって惹き起こされた深刻な被害に対する本質的な救済はまだとられていない。また、発展途上諸国の多くについて、公害問題はいぜんとして未解決であるだけでなく、なかにはいっそう拡大化し、深刻化しつつある国も少なくないことを指摘しておかなければならない。

一九九二年のリオ環境会議の主題は、地球規模における環境の汚染、破壊についてであった。地球温暖化、生物種の多様性の喪失、海洋の汚染、砂漠化などの問題である。

なかでも、深刻なのは、地球温暖化の問題である。地球温暖化は、主として、化学燃料の燃焼によって排出される二酸化炭素が大気中に蓄積され、いわゆる温暖化効果が働き、地表大気平均気温の上昇を惹き起こすことによって、地球規模における気象条件の急激な変化をもたらすことに関わる諸問題を指す。温室効果は、二酸化炭素の他に、メタン、亜酸化窒素、フロンガスなどのいわゆる温室効果ガスによっても惹き起こされる。これらはいずれも大気中にごく微量しか含まれていないが、地表大気平均気温の上昇に対してつよい効果をもつ。

二酸化炭素をはじめとして温暖化効果ガスの大部分は化学物質としては無害であり、直接人体に影響を与えたり、動・植物に危害を与えるものではない。しかし、地球規模における蓄積が進むとき、地表大気平均気温の急激な上昇という温暖化現象を惹き起こす。森林の伐採もまた、地球温暖化を促進する。とくに熱帯雨林の急激な消滅は、植物の光合成作用による大気中の二酸化炭素の吸収効果の現象をもたらす。熱帯雨林の消滅はまた、生物種の多様性の喪失に対して決定的な影響を及ぼす。地球上には、一〇〇〇万種に上る生物種が存在すると推定されているが、そのうち三〇%以上が熱帯雨林のなかにあるといわれている。しかも、その大部分はまだ同定されておらず、もし現在の時点で消滅してしまうと、永久に回復不可能となってしまう。

熱帯雨林とその周辺に存在する多様な生物種が、人類の歴史において果たしてきた役割は大きいものがある。また、将来にわたって重要な意味をもちつづけることは確実といっていいと思う。米、小麦をはじめとして、農作物の大部分は、その原種が、森林、草原から求められたものである。農作物のなかで、害虫病によって全滅してしまったものが数多く存在するが、その多くは、森林のなかから、新しい生産種を見出すことによって代替されてきた。また、現在用いられている医療品の五〇%近くが、熱帯雨林ないしはその土壌に生存する微生物、生物を原材料としてつくり出されたものであるといわれている。

地球環境問題の倫理的視点

二一世紀に入って、地球温暖化、生物種の多様性の喪失などの地球環境に関わる問題が、おそらく人類がこれまで直面したもっとも深刻な課題として、まさにダモクレスの剣のように私たちの頭上に迫っている。このとき、アマゾンの熱帯雨林に住む人々のすがすがしい生き方が、私たちにとって暗夜の星のような輝きをもっている。それは、ソースティン・ヴェブレンの思想をそのまま、具現化したものであるといってよい。

産業革命を契機として展開された近代的科学を基礎とする技術に対する盲目的な信頼感と、新古典派経済学にもとづく社会的、経済的条件を是とする非人間的生き方が支配している。この倫理的偏向を身にしみて感じさせられるエピソードを知る機会をもつことができた。ブラジルのすぐれた研究者ユージニオ・ダ・コスタ・エ・シルヴァ(Eugênio da Costa e Silva)の論文“Biodiversity-Related Aspects of Intellectual Property Rights”(生物種の多様性と知的所有権)を通じてである。

アメリカの製薬会社が開発する新薬の約七五%は、つぎのような形でつくり出されているといわれている。アメリカの製薬会社は数多くの専門家をアマゾンの熱帯雨林に居住する少数民族の集落に送って、その長老あるいはメディシンマンを訪ね、伝承的に受けつがれてきた医療の技術を聞く。それは、アマゾンの熱帯雨林のなかに生息する動植物、微生物や、土壌、鉱物などについて、どのような症候、どのような疾病、傷害の治療にどのように使ったらよいかについてである。長老あるいはメディシンマンのなかには、一人で五〇〇〇種類におよぶ治療法を知っている人もいるという。専門家は、これらのサンプルを本国に持ち帰って、ラボラトリーで化学分析をして、人工的に合成して、新薬として売り出すというのである。近年、アメリカの製薬会社の多くは巨大な利潤を享受しているが、そのかなりの部分が、このような形でおこなわれている新薬開発によるものであるといわれている。

そこで、ブラジル政府は、アメリカの製薬会社がアマゾンの長老たちに特許料を支払う制度を新しくつくった。ところが、アマゾンの長老たちはこぞって、アメリカの製薬会社から特許料を受け取ることを拒否したのである。自分のもっている知識が、人類の幸福のために使われることほどうれしいことはない。その喜びをおかねにかえるというさもしいことはしたくないという理由からであった。

あくどく利潤を追求して止まない資本主義的企業のあり方と、アマゾンの長老たちのすがすがしい人間的な生き方との、この鮮明な対照こそ、現代文明の病理学的現象である地球環境問題を生み出したもので、それはまた、二一世紀において地球環境問題の根元的な解決につながるものであるように思われる。

第16章　温暖化対策の理論

日本の公害問題は、環境規制の強化によって下火になってきた。一方で、一九九〇年代以降、世界から注目を集めたのが、地球温暖化問題だった。宇沢氏は、人類が直面する地球規模の環境問題に対して、社会的共通資本の理論の枠組みを使って切り込んでいった。

地球環境問題の二一世紀的意義

二〇世紀もやがて終わろうとしています。新しい世紀において、人類が直面するもっとも深刻な問題は、地球環境問題、とくに地球温暖化の問題であるといってもよいと思います。地球環境にかかわる問題をどのようにとらえて、その解決への道をどのようにして探るかが、きわめて緊急度の高い課題となるのは疑う余地のないことでしょう。

環境問題はこの三〇年ほどの期間に、その基本的性格について大きな変化がみられます。それは、国連の主催によって開かれた二つの環境問題に関する国際会議のテーマに象徴されています。第一は一九七二年、スウェーデンのストックホルムで開かれた第一回の環境問題に関する国際会議で、第二は一九九二年、ブラジルのリオ・デ・ジャネイロで開かれた第三回の環境問題に関する国際会議です。

第一のストックホルム環境会議における主要なテーマは、一九五〇年代から一九六〇年代を通じて極端な形で押し進められた工業化と都市化によって惹き起こされた公害、環境破壊でした。それは硫黄酸化物、二酸化窒素、有機水銀などそれ自身有毒な化学物質が産業活動によって排出され、直接自然環境を汚染、破壊し、人々の健康を傷つけ、ときとしては生命を奪うものでした。ストックホルム環境会議のアジェンダを象徴したのは、日本から参加した重症の水俣病患者の方々でした。

これに対して、第二のリオ・デ・ジャネイロ環境会議における主要なテーマは、地球温暖化、生物種の多様性の喪失、海洋の汚染、砂漠化の進行などにかんする問題でした。それは地球温暖化の問題に象徴されるように、二酸化炭素など、それ自体は無害な（場合によっては、むしろ有益な）化学物質が産業活動、都市活動によって大量に排出され、全体として膨大な量となって地球的規模における自然環境の均衡を攪乱し、人類だけでなく、地球上の全生物の存在に対して深刻な影響を及ぼすような規模になってきたことに関わるものです。

もちろん、第一のストックホルム環境会議における主要なテーマであった工業化と都市化によって惹き起こされた公害、環境破壊の問題は解決されたわけではありません。しかし、日本を含めて世界の多くの国々で、一九五〇年代の工業化と都市化によって惹き起こされた公害、環境破壊の問題があまりにも悲惨な被害をもたらし、しかも広範囲にわたっていたため、大きな社会的、政治的問題となり、政府、民間の企業ともに、公害防止、環境保全について、積極的な政策を打ち出さざるをえないような状況に追い込まれていきました。また、このような公害、環境破壊の問題はもっぱら局所的、地域的に限定されていました。これらの問題に対する政策的な手段は基本的には、個別的な企業に対する直接的な規制あるいは各地域毎の総量規制の形をとるのが効果的であり、また経済学的な観点からも望ましいこともあって、全体としてみたときに、ストックホルム環境会議における主要なテーマであった環境問題については、解決の方向に進みつつあるといってもよいでしょう。

それに反して、第三回のリオ・デ・ジャネイロ環境会議における主要なテーマであった地球温暖化、生物種の多様性の喪失、海洋の汚染、砂漠化の進行などにかんする問題は、第一のストックホルム環境会議における主要なテーマとは本質的に性格の異なるものであって、理論的にも、政策的にもはるかに困難な問題を提起しています。右に述べたように、これらの問題がいずれも、それ自体無害ないしは無毒な化学物質が原因ですが、地球的規模において、自然環境の均衡を乱し、そのエコロジカルな条件に不可逆的な影響を及ぼしているからです。しかも、これらの問題はもっぱら、「ゆたかな」国々の経済活動によって惹き起こされ、その被害を直接受けるのは「まずしい」国々です。さらに、現在の世代が、見かけ上のゆたかさを維持するためにこれらの問題が惹き起こされ、その被害を受けるのはもっぱら子どもたちの世代です。第三回のリオ・デ・ジャネイロ環境会議で提起された地球環境問題はその後、一九九七年一二月の京都会議を経て、広く国際的な次元において、根元的解決への道が模索されつつあります。

このように、環境問題は二一世紀において人類が直面する最大の課題ですが、それまで経済学の中心的テーマであった効率に関わる問題を超えて、異なる国々の間、あるいは異なる世代の間の分配に関わり、本質的に困難な問題を提起するものとなっています。また、地球環境問題は地域的にそれぞれ特有の形態と性格をもち、その具体的な発現は各地域固有の自然、文化、社会、経済的条件によって大きく左右されます。

この点においても、地球環境問題はこれまでの国際経済一般、とくに貿易、金融、投資に関わる諸問題とは本質的に異なる面をもち、国際的な合意を形成することはきわめて困難な問題となっています。とくに、地球温暖化の問題は、それぞれの国の自然、文化、社会、経済的特性ときわめて密接な関わりをもち、具体的な形として発現しているか、その相関関係を明らかにすることがきわめて優先度の高い、重要な課題となっていることを強調したいと思います。

地球温暖化にかんする経済学的研究
（ノルドハウスらの排出権取引市場の主張について）

地球環境、とくに地球温暖化の問題については、この一〇年ほどの間に、数多くの経済学者の研究が発表されました。その多くは、基本的には眞鍋淑夫博士のモデルにもとづいて計量経済的モデルをつくり、そのモデルを使って、どうすれば温暖化を防ぐことができるのかという政策的な問題意識をもった研究です。眞鍋博士を中心として地球温暖化について非常に広範な、そして精緻な研究が続けられているわけですが、今日はそれに対する政策、あるいは政策決定者たちがどのように応えてきたのかということについて少しお話ししてみたいと思います。じつは、これは経済学の根幹にふれる問題提起となっていて、今後の経済学のあり方についても重要な関わりをもつものです。

地球温暖化問題の研究を最初に多くの科学者が手がけ、同時にこの問題に対して政策的にどう対応するのかということを典型的に示してきたのは、アメリカでした。経済学の分野では、一九七〇年代の終わり頃、カーター政権のときに温暖化の問題がはじめてホワイトハウスで取り上げられました。その時に温暖化の問題を担当したのがウィリアム・ノルドハウス（William Nordhaus）という経済学者です。この経済学者が非常に悪い役割を果たしています。例えば、京都会議でのアメリカ政府の対応策は、ノルドハウスが中心となってつくられたものです。

ノルドハウスはすぐれた経済学者ですが、地球温暖化問題については、あまり良い役割を果たしてはいません。ノルドハウスの考え方はまた現在の経済学のあり方を象徴しているともいえます。ノルドハウスは最初、温暖化にかんする科学的な知見はまったく信用できないと言っていました。不確実度が高すぎるため、温暖化が起こることは科学的に証明できないと主張していました。ところが結局、科学的な知見があまりにも説得的なものであるため、ノルドハウスは少し考え方・立場を変え、「温暖化は起こっているかもしれない。起こるかもしれない。しかし、それは何の影響もない。ノン・プロブレムだ」ということを言い出したわけです。

一九九一年、経済学者が集まって温暖化の問題を議論する最初の国際的なシンポジウムがローマで開かれたのですが、ノルドハウスもそのシンポジウムのオーガナイザーの一人でした。彼はシンポジウムの冒頭で、「温暖化は起こっているかもしれないが、ノン・プロブレムだ」と言ったのです。その発言に対して、出席者の多くからつよい批判が出されました。とくに、一人のドイツの経済学者が憤激してほとんど殴りかからんばかりになりました。「ノン・プロブレムとは何事だ。我々をここに集めておいて、そういういいかげんなことを言うな」。この事件は、温暖化の問題に対するヨーロッパの経済学者たちと、ノルドハウスを中心とするアメリカの経済学者の考え方の違いを象徴的にあらわしています。

温暖化はノン・プロブレムではないことがはっきりしてくると、ノルドハウスは今度は、「わずかな費用をかければ温暖化の被害は十分防げる」と言いはじめたわけです。一番いい例として、バングラデシュを取り上げています。IPCCの報告にもあったように、バングラデシュでは海水面の上昇によって、二一世紀の半ばには国土の三〇％近くが水面下になってしまうと言われています。

この予測に対して、ノルドハウスは「防潮堤を作れば簡単に防げる」と言ったわけです。そこで、バングラデシュの経済学者が防潮堤——ベンガル湾に面した部分だけですが——をつくるための費用を計算したのです。年々の維持費が国民総生産のだいたい三〇〜四〇％になるという結果が出されました。

温暖化によって一番大きな影響を受けるのは農業と水産業の分野ですが、ノルドハウスはそのことについて何と言っているかというと——イギリスの『エコノミスト』誌に論文を出したのですが——「農民は今までも苦労してせっせとやってきた。だから、これからも苦労してこの問題をうまく解決するだろう」といって、大ぜいの人の憤激を買っています。

温暖化防止にかんする京都会議に、ノルドハウスが中心になって出しているのはエミッション・パーミットという考え方です。エミッション・パーミット（Emission Permits）を取り引きする市場（Market）を想定して、そこで温暖化対策をはかればいいという提案です。これは以前からアメリカの経済学者が中心になって提案しているのですが、それに加えてそれぞれの国が将来の自分の割当から借りることができるという案を出し、日本の環境庁もそれに賛同するといって非難の的になりました。将来から借りるとかなり高い利子率なのですが、永久に借りつづければいいわけです。アメリカはアメリカの将来の世代からいつも借りることにして、どんどん先へ延ばせば、CO_2の排出は無制限に出せるということです。

また、発展途上国がCO_2排出の規制に参加しなければ、アメリカも積極的にやる意思はないと言って、インドをはじめとする発展途上国の人たちから大きな非難をあびています。と言いますのは、CO_2のこれまでの蓄積はほとんどすべてアメリカをはじめとする先進工業諸国であり、現在もそれを出し続けているわけです。発展途上国は被害を受けるだけという状況なのですから、このような主張をすること自体、問題なわけです。私はたまたま、その発表があったときにイタリアにいたのですが、イタリアの新聞、あるいはヨーロッパの新聞はこぞって、このクリントン大統領の政策によってアメリカが世界のリーダーとしての資格を失ったということがだれの目にも明らかになった。アメリカはもう頼りにならない。京都会議はアメリカを排除してやるべきだ、という意味の社説を出して、きびしくアメリカの姿勢を非難したのでした。

ノルドハウスの主張は、彼個人のものというよりは、これまでの経済学の基本的な考え方をそのまま踏襲して地球温暖化の問題を処理しようとするものです。ところが、地球温暖化というのは、これまで経済学でまったく考察の対象にしてこなかった現象なり、問題が提起されているわけです。たとえば、「大気」。大気という言葉は経済学のボキャブラリーにこれまでありませんでした。あるいは「自然環境」自体も、じつは経済学のなかにありませんでした。生産要素を使って、いろいろなものをどのように生産して、どのように消費するかというところには自然とかはでてきませんでした。あるいは私たちの言葉で言いますと「社会的共通資本」といったような人類あるいは社会にとって共通の財産として人々の生活なり経済活動に重要な関わりをもつようなものや制度なりはこれまでの経済学のなかに組み込まれてこなかったわけです。

これまでの経済学は、工業化された経済社会を問題にしてきており、発展途上国あるいは農業・漁業を中心とした経済をほとんど考慮に入れてきませんでした。さらに、もっぱら現在の世代を問題にして、将来の世代についてはほとんど考慮をしませんでした。効率性をひたすら追求し、所得配分の不平等とか不公正、とくに発展途上国と先進工業諸国との間の経済的格差というものをほとんど問題にしてこなかったというのが、経済学の理論的枠組みだったといっても言い過ぎではないように思います。

社会的共通資本を管理するコモンズのルール

社会的共通資本は、人々が人間らしい生き方をするために非常に重要な役割を果たすものであり、それに関わる資源とか、あるいは制度とを、社会全体にとっての共通の財産として社会的に管理していこうとするものです。このことは、必ずしも国有制あるいは公有制を意味しません。その所有関係は、そのときどきの状況に応じて考えていくわけです。

社会的共通資本のもっとも中心になるのが自然環境です。大気、水、河川、海洋、その他の自然環境は、これまで経済学ではもっぱら自由財として取り扱ってきました。どんなに使ってもまったく他の人に影響はない。枯渇もしない。大気や水のように、ただでいくらでも使えると位置づけていたのです（じつは、大気や水は決して、サミュエルソンの言うような公共財ではありません）。資本主義の場合には、希少資源は完全に私有化して（つまり私有制を貫いて）、市場で取り引きすればよいと考えてきたわけです。また、社会主義の場合には、国家が国家的統治機構の一部として管理すればよいと考えてきたわけです。このような考え方に対して、社会的共通資本の考え方は、社会にとって共通の財産として社会的な基準にしたがってその使用・管理を考えようとするものです。

自然環境のなかで一番大きく、大事なものは大気です。大気の場合、問題になるのは世界の国がすべて関与しているということであり、とくに二酸化炭素（CO_2）の場合、一つの国で出すと一週間ほどで地球を一回りするともいわれています。すべての国が集まって、大気という社会的共通資本をどのようにして管理したらいいか、ということを決めなければならないわけです。この点が非常に大きな問題となっています。

こういった社会的共通資本は、かつてはコモンズ（Commons）とか、共有地、入会権とかいうかたちで、あるコミュニティが共同して自然資源の管理・利用を考えてきたわけです。ところが、近代化へのプロセスでコモンズのような所有権のはっきりしないようなものは淘汰されてきました。

「入会林野等に係る権利関係の近代化の助長に関する法律」というのがありますが、これは、それまであった入会権を消滅させるためにそれぞれの権利なり、義務関係をどういうふうに処理したらいいかという、いわば入会権をなくすための法律だといってもよい性格をもっています。入会権整備は日本だけではなくて、世界中ほとんど共通して、近代化へのプロセス、といえるものです。私有財産制か、そうでなければ社会主義的な国家管理を貫くという選択がなされてきたのです。

経済学でも、このような入会権あるいはコモンズという概念をすでに経済学の教科書から抹殺され、個人的な資本主義的な管理か、あるいは全体主義的な国家的な管理のどちらかというかたちで考えてきたわけです。

ところが、大気——これは最大のコモンズです——をどのように管理したらいいのかについては、歴史的あるいは伝統的なコモンズがどういうふうに管理され、維持されてきたかということから非常に多くのことを学ぶことができるように思います。今から二〇年ほど前に、文化人類学者、法制史学者などが中心となってコモンズの研究にかんする大きな国際的な学会がつくられています。現在は経済学者も入っていますが、社会的共通資本を持続的に管理・維持していくためにどういう社会制度、どういうルールが必要だろうかということを研究するものですが、コモンズの役割・機能に多くの学者の目が向けられてきているわけです。たまたま一昨年、このコモンズの国際学会の会長になった学者はマーガレット・マッキーンですが、この人はかつて東京大学の社会科学研究所で日本の森林の入会権を研究して博士号をとった女性です。このように、コモンズの考え方が現在大きくクローズアップされ、とくに地球温暖化などの地球環境の問題にどういうかたちで適用できるだろうかという課題が、一つの焦点になっています。

日本の場合、歴史的なコモンズとしてよく引用されるのが満濃池です。西暦八二一年、弘法大師空海が勅命により、満濃池の大修復をおこなっています。これには一つのエピソードが残っております。じつは、空海が遣唐使について中国に留学したとき、たまたま中国のお坊さん——法顕という方です——がスリランカから持ち帰った溜池灌漑の建設技術と、そのコモンズとしての管理の方法を学んで、日本にもち帰り、満濃池の大修復に当たり、そのコモンズとして管理方法を伝えたといわれています。満濃池は日本最大の灌漑池で、現在も機能しています。

満濃池をはじめとして、明治の初め頃には日本の農業の灌漑の大部分は溜池灌漑でした。それもまた近代化のプロセスでつぶされて、巨大な河川にダムを造って水を引くという方策がとられていくわけですが、いま、この弘法大師にはじまる溜池灌漑を管理するための技術・組織のあり方が大きな脚光を浴びています。

コモンズとしての溜池灌漑の管理のあり方について、弘法大師が強調されたことの一つに協調性ということがあります。じつは、コモンズを形成する人々が全員一致でものごとを決めていくというのがあります。ただ、アメリカの学者の場合、ルールを破ったときにどういうペナルティーを科すのかといった、ペナルティーの体系としてコモンズなり組織を理解しようとしているのですが、日本の弘法大師のコモンズはルールは破ってもいい。ルールを破ったら、その人自身が非常に大きな損失を受けるというのが弘法大師のコモンズの非常に大きな特徴です。全員が一致してルールを決めていて、そして破った人は止むを得ないという制度が溜池灌漑の管理の基本で、総体としてみたときに比較的うまく機能していた。なぜかというと、一つには規模があまり大きくないということがあげられます。満濃池の場合、規模は非常に大きいのですが、それを細分化しているので基本的なコモンズの単位というのはあまり大きくないのです。だいたい五〇軒の農家が一つのコモンズで、これはかつての中国の制度からとられたものです。

第17章　地球温暖化の対策──炭素税と大気安定化国際基金の提案

地球環境を社会的共通資本ととらえた宇沢氏は、それを効果的に管理する手段として、炭素税と大気安定化国際基金の創設を提唱した。その際、先進工業諸国のこれまでの経済活動が地球環境の危機を招いたことに留意し、発展途上諸国の経済発展と環境保護を同時に達成することを念頭に議論を展開している。

地球温暖化と経済理論

地球温暖化の現象は、究極的には、化石燃料の大量消費と熱帯雨林の大量伐採という人工的営為によって惹き起こされるものである。したがって、地球温暖化を抑えようとするとき、経済的、社会的、政治的な面を十分考慮しなければならない。このような観点に立つとき、地球温暖化は、これまでの正統派の経済理論の枠組みのなかでは取り扱うことのできない二つの問題を提起する。第一の問題点は、地球温暖化は結局地球大気という社会的共通資本の管理、維持のあり方に関わるものであるということである。大気は、どの国、どの私的経済主体にも帰属するものではない。人類、あるいは地球上の生物全体にとって共通の財産であり、しかも、人類あるいは生物全体が生存してゆくために不可欠のものだということである。伝統的な経済理論は、主として、私的管理ないしは私的所有を前提として理論が組み立てられていて、大気のような、私的管理、あるいは私的所有を想定しえないような資源について、的確な分析的枠組みをもっていない。

第2の問題点は、地球温暖化は、異なる世代間、あるいは異なる国の間の公正に関わる問題だということである。CO_2の排出によって利益を受けるのは現実の世代であるが、地球温暖化の被害をこうむるのは将来の世代である。同じように、CO_2の排出によって利益を享受するのは主として先進工業諸国であるが、地球温暖化の被害をこうむるのは発展途上諸国の人々である。しかし、伝統的な経済理論はもっぱら、資源配分の効率性に、その分析の焦点を当てて、所得分配の公正性については必ずしも十分な理論的検討をしてこなかった。

したがって、地球温暖化の問題は、伝統的な経済学の理論前提を再検討し、そこに提起された諸問題を解決するための理論的枠組みをつくるという、またとない機会を与えてくれるものとなっている。

地球温暖化は進む

二一世紀に入って、地球温暖化の現象はますます、その深刻度を深めてきた。世界中いたるところで起こりつつある異常気象はさまざまな形で現われている。全世界的に、降雨のパターンが大きく変わりつつある。大ざっぱにいって、これまで雨の少なかったところの降雨量がますます減少し、雨の多いところの降雨量がますます増大している。大洪水と大干ばつとが交互に起こり、数多くの生命が失われ、自然が破壊されている。世界各地の農業に大きな、ときとして壊滅的な影響が出るのでないかと懸念されている。ハリケーン、サイクロン、台風もこれまでよりずっと頻繁に起きつつあり、その強さとルートも大きく変わりつつある。また世界各地の氷河が少しずつ溶けはじめている。なかでも深刻なのは、ヒマラヤの氷河が溶けはじめていることである。海水面の上昇も一層高いペースで起こりつつある。とくに南極の氷が溶け出し、さらにはロス湾の奥にある棚氷が溶け出す危険も現実のものとなりつつある。海流の流れにも大きな変化がみられはじめ、世界の漁業に深刻な影響が現れつつある。大気のオゾン層が大きく破壊されはじめるという深刻な現象も起きている。現在、起きつつある地球温暖化は、人類はじまって以来の地球環境の激変をもたらしている。

地球温暖化の主な原因は、大気中にある二酸化炭素をはじめとする温室効果ガスの濃度が異常なペースで高くなっていることである。大気中の二酸化炭素の濃度は、産業革命時に比べ二五％上昇している。温室効果ガス全体でみると、実に五〇％の上昇である。二一世紀の半ば頃には、大気中の二酸化炭素の濃度は五〇％上昇し、温室効果ガス全体については二倍になると予測されている。二酸化炭素をはじめとする温室効果ガスの大気中の濃度がこのように急速に上昇してきた主な原因は、化石燃料の大量消費と森林、とくに熱帯雨林の破壊である。

地球温暖化は、先進工業諸国の経済活動、とくに工業的生産の過程を通じて、二酸化炭素、その他の温室効果ガスを大気中に排出することによって惹き起こされるのが主な原因であるが、さらには、熱帯雨林の伐採を中心とする陸上植物圏の破壊も地球温暖化の原因となっている。このように、地球温暖化の原因は主として、先進工業諸国の経済活動にあるが、その被害はもっぱら、発展途上諸国が背負わなければならない。地球温暖化はまた、現在の世代の経済活動によって惹き起こされ、その被害はもっぱら将来の世代がこうむる。現在の世代が、一見高い消費生活を享受するために行っている経済活動によって、大気の均衡が大幅に破壊され、将来の世代が、地球温暖化によって、その実質的生活水準が大きく低下するという結果を招来しつつある。地球温暖化の問題はこのように、国際間の公正に関わるとともに、世代間の公正とも重要な関わりをもつ。

地球温暖化と炭素税

地球温暖化を制止するのにもっとも効果的な手段はいうまでもなく、炭素税の制度である。炭素税は、二酸化炭素の排出に対して、炭素含有量一トン当たり何円という形で課税しようというものである。このとき、企業も個人も、さまざまな経済行動をおこなうとき、炭素税の支払いがいくらになるのかをいうことを絶えず計算に入れて選択することになり、結果として二酸化炭素の全排出量を抑制して、大気の均衡を回復することができる。炭素税の制度を世界で最初に本格的に導入したのはスウェーデンである。一九九一年一月のことであるが、平均して一トン当たり一五〇ドルという高率な炭素税であった。地球温暖化を効果的に防ぐには、スウェーデンなみの炭素税を採用しなければならないと考えられている。しかし、一トン当たり一五〇ドルという炭素税は、発展途上諸国の場合不可能である。この点にも配慮したのが比例的炭素税の考え方である。

帰属価格と持続的経済発展

地球温暖化をはじめとする地球環境問題を、実質的所得分配の世代間の不平等性という観点から分析し、世代間を通じて公正な消費と資本蓄積の時間的経路が、どのような制度的ないしは政策的な条件のもとで実現するかを考察しようとするとき、大気をはじめとする自然環境の帰属価格が重要となる。帰属価格の考え方は、大気中の二酸化炭素の濃度を安定化させ、地球温暖化の問題を解決するための政策的ないしは制度的手段を与えるものともなっている。

各時点における大気中の二酸化炭素の帰属価格は、その時点における大気中の二酸化炭素が限界的に一トン増加したとき、それによって惹き起こされる地球温暖化によって将来のすべての世代がどれだけ被害を受けるかをを推計し、その限界的被害を、適当な社会的割引率で割り引いた割引現在価値によってあらわす。このようにして、大気中二酸化炭素の帰属価格を求めるためには、将来の世代が、地球温暖化によってどれだけの効用の損失をこうむるかを推計するという作業をともない、その計測は理論的にも、現実的にも不可能に近い。しかし、持続的経済発展のもとにおける自然環境の帰属価格は、適当な理論前提を想定すれば、現実に計測することが可能となる。

持続的経済発展は一般に、各時点での資源配分が効率的におこなわれ、消費と資本蓄積の時間的経路が世代間を通じて公正であるときを指す。持続的経済発展は、完全競争的な市場制度の条件のもとでは、自然環境の各種類について、その帰属価格が時間を通じて一定の水準に保たれているときに実現される。このとき、各種類の自然環境について、その帰属価格は、一人当たりの国民所得に比例することが示される。もちろん、この命題が成立するためには、生産活動と自然環境との間に存在する関係について、ある一定の前提条件がみたされなければならない。

完全競争的な市場制度の条件のもとで、帰属価格の定常性を実現するためにもっとも効果的な政策的手段が比例的環境税の制度である。比例的環境税というのは、自然環境の各種類について、その破損ないしは減耗をともなう経済行為に対して、自然環境一単位当たり、帰属価格に見合う額を環境税として賦課するものである。帰属価格が一人当たりの国民所得に比例するので、比例的環境税とよばれる。

地球温暖化と比例的炭素税

地球温暖化に関わる帰属価格は、大気中の二酸化炭素の中に含まれている炭素一トン当たり何円という形で表示されるので、その場合、環境税は炭素税とよばれる。すなわち、炭素税は、二酸化炭素の排出に対して、炭素含有量一トン当たり、帰属価格に見合う額で課税する。炭素税の導入は、大気の均衡を回復することができる半面、産業によってその影響が極端に異なっていて、大きな経済的混乱を惹き起こしかねない。したがって、短期的な経済的影響を十分配慮して、主要な産業の雇用、利潤に影響を与えないような形で考える必要があることはいうまでもないことである。

比例的炭素税について、その税率は、一人当たりの国民所得に比例し、その比例係数は、地球温暖化にともなう被害に対して人々がどの程度深刻に受け止めているかに依存するが、一般に各国共通の大きさをもつと考えてもよい。非常に単純化された状況を想定して、この比例係数が〇・〇一であるとしよう。このとき、比例的炭素税率は二酸化炭素の排出一トン当たり、日本、アメリカの場合、五三〇ドルであるが、インドネシアは一〇ドル、フィリピンは一七ドルとなる。一人当たりの比例的炭素税額は、日本は一三〇〇ドル、アメリカは二八〇〇ドルであるが、インドネシアは三ドル、フィリピンは五ドルとなる。

比例的炭素税のもとでは、森林の育林に対しては、吸収される二酸化炭素の量に応じて補助金が交付される。森林一ヘクタール当たりの補助金は日本、アメリカの場合三万二〇〇〇ドル、インドネシア一八〇〇ドル、フィリピン三二〇〇ドルとなる。

一九九七年一二月、地球温暖化をいかに効果的に防止するかについての国際会議が京都で開かれた。しかし、この京都会議ではアメリカの強い反対で、比例的炭素税はおろか、炭素税一般も議論にはならなかった。代わりに、各国に二酸化炭素の全排出量を一九九〇年のレベルから何パーセント削減するかという目標が掲げられ、その議論に終始した。いま仮に、炭素税を使って二〇〇〇年までに二酸化炭素の全排出量を九〇年レベルに落とそうとすると、アメリカは一トン当たり二〇〇―三〇〇ドル程度の炭素税で済むが、日本では一トン当たり三〇〇―四〇〇ドルという高率を必要とする。この極端な差は、アメリカは省エネ対策をまったくとってこなかったのに対し、日本の場合、一九七三年のオイルショック以来省エネのためにかなりの努力が払われてきたため、これ以上節約しようとすると、多額のコストがかかるからである。

京都会議ではアメリカが最終的には多少の譲歩をしたが、それでも怠けるものが得をし、努力するものは報われない結論となってしまったことは否めない事実であろう。しかも、ブッシュ政権になってから、アメリカは経済的利益だけを考慮して、一方的に京都会議を放棄するという非常識な、野蛮極まりない行動をとった。

大気安定化国際基金

比例的炭素税の制度は、地球大気の安定化に役立つだけでなく、先進工業諸国と発展途上諸国との間の不公平を緩和するという点でも効果的である。この制度のもとでは、化石燃料の消費に対して排出される二酸化炭素の量に応じて炭素税がかけられると同時に、森林の育林に対しては、吸収される二酸化炭素の量に応じて補助金が交付される。しかし、炭素税自体、発展途上諸国の経済発展をさまたげるものであって、比例的炭素税の制度をとっても、南北問題に対して有効な解決策とはなり得ない。

大気安定化国際基金の構想は、地球大気の安定化をはかり、地球温暖化を効果的に防ぐとともに、先進工業諸国と発展途上諸国の間の経済的格差をなくすために、効果的な役割を果たす。各国の政府は、比例的炭素税からの収入から育林に対する補助金を差し引いた額のある一定割合を大気安定化国際基金に拠出し、発展途上諸国に対して、各発展途上国の人口、一人当たりの国民所得に応じて配分される。各発展途上国は、大気安定化国際基金から受け取った配分額を、熱帯雨林の保全、農村の維持、代替的なエネルギー資源の開発などという地球環境を守るために使うことを原則とする。しかし大気安定化国際基金は、各発展途上国に対して、配分金の使い方についてはつよい制約条件をもうけるべきではない。地球環境の保全は決して、先進工業諸国の立場からおこなうべきではない。先進工業諸国のこれまでの経済発展、工業活動が、地球温暖化をはじめとして、地球環境の危険を招いたことを、私たちは心に止めておくことが肝要だからである。

第Ⅴ部

医療と社会的共通資本

第18章　経済学的に見た日本の医療

宇沢氏は、旧制一高で医学部進学を目指すクラスに在籍していたが、数学科に進んだ。その理由について宇沢氏は高潔な「ヒポクラテスの誓い」に照らして、「私自身とてもヒポクラテスの基準をみたす高潔な人格をもち合わせていないと判断せざるを得ませんでした」と振り返っている。その後、宇沢氏は、社会の病を癒すという思いを胸に、経済学の視点から医療制度を見つめた。

医療と経済学

つい最近までは、医学校を卒業して、医師として道を歩み出そうとするとき、ヒポクラテスの誓いあるいはそれに準ずる誓いを宣誓することが義務づけられていた。現在では、このような形式的な儀式は必ずしも一般的ではなくなったが、各人がそれぞれ、ヒポクラテスの誓いの精神を自らの心に深く刻み込んで、医師としての職業を全うすることを誓うのは、洋の東西を問わず、医師を志すときにもっとも重要なこととされている。

ヒポクラテスの誓いを守って医師の道を歩むということは、国境を越え、民族を超えて、また時代を超えて、医の道を歩む同志ともいうべき心からの信頼感を生み出してきた。かつては、日本の医師が異国にあって、病気になったり、怪我をしたときには、その国の医師は何の報酬をも求めず、診療してくれた。逆に、外国の医師が日本で、病気になったり、怪我をしたときには、日本の医師は何の報酬をも求めず、診療に当たった。この高貴な慣習は残念ながら、アメリカ的な医療が一般化するにつれて、すっかり影をひそめてしまった。というより、医療にかかわる学問的知見、技術的水準がきわめて高度なものとなり、広範な範囲に及ぶ人々の協力を得なければならなくなってきたからであると言った方がより的確であろう。

医師が医療行為をおこなうとき、ある医療機関に属して、さまざまな医療機器、医薬品などを使い、看護師、検査技師をはじめとするコ・メディカル・スタッフの助けを借りなければならない。また、医療施設を管理、維持するために必要な人的費用、光熱費などの維持費、さらに、借入金の返済、施設の建設、医療機器の購入にともなう資本的経費の償却費などの支出を必要とする。さらに、医師の場合、自らの医学的知見をつねに最新なものとし、新しい技術を修得するために、多くの時間、労力、費用を必要とする。そして、医師もまた一人の人間である。家庭をもち、子どもを育て、自らの人間的資質の再生産、さらには老後の生活の準備をしておかなければならない。このような諸々の費用を考慮に入れた上で、それぞれの医療機関の経営的なバランスが維持されなければならない。このとき、各医師がその志を保ち、ヒポクラテスの誓いに忠実に医療をおこなったときに、個々の医療機関の経営的安定、あるいは個々の医師やコ・メディカル・スタッフの生活的安定を維持することができるであろうか。

この設問に答えようとするのが、社会的共通資本としての医療の考え方である。私たち経済学者に課せられた課題は、ヒポクラテスの誓いをして医の道に志した医師、看護師をはじめとする医にかかわる職業的専門家がそれぞれ、その志を保ち、同時に一人一人の人間としての生きざまを全うすることができるような経済的、制度的条件を希求し、その基本的性格を明らかにするものでなければならない。

日本の医療制度

厚生省が最近おこなった推計によると、一九九〇年度の国民医療費は二〇兆九〇〇〇億円に上るということです。これは国民一人当たり一年間に一七万円近い医療費を使うことになります。国民医療費というのは、医療サービスの供給のために、国全体としてどれだけの希少資源が投下されているかということをみるための一つの尺度です。国民医療費は各種医療保険および公費医療について、医師、歯科医師に対して支払われた診療報酬費、薬局調剤費、看護費、移送費を推計し、これに患者の自己負担額（全額自費治療費をも含めて）を加えた額です。

国民医療費には差額ベッド代、付添い看護師の費用、通院のための費用（タクシー代など）は含まれていませんし、正常なお産の費用も除外されています。また、人間ドックのような健康診断の費用をはじめとして、予防のために使った費用は含まれていませんし、大衆医薬品の類いも入っていません。また、診療を受けるために仕事を犠牲にしなければならないことが多いでしょうが、それによって失われた所得も当然除外されています。さらに国民経済全体からみて重要なことは、医師や看護師などのコ・メディカル・スタッフを養成するために、社会的にあるいは個人ベースで支払われた費用も入っていないことです。

このように考えますと、国民医療費は実際にかかった費用をかなり過小に評価していることになります。実際にかかった医療費は、国民医療費より二〇％ないし三〇％程度ふえるのではないかといわれています。

最適な医療費とは――医療費は本当に多すぎるか？

医療サービスの供給のためにこれだけ多くの希少資源が投下されていますので、厚生省が国民医療費推計を発表するたびに、医療費が多すぎて国民経済に大きな負担となっているという指摘がよくなされます。

国民医療費の推計は一九五四年に始められました。一九五四年には国民医療費は二一五二億円で、国民総生産（GNP）の二・七五％にすぎませんでした。さきに述べましたように、一九九〇年度には二一兆円近く、国民総生産の六％近くになると予想されています。実際にかかった医療費はその二〇％ないし三〇％増とみられていますから、国民総生産の七％ないし八％近くに上るわけです。もっとも、アメリカなどいわゆる医療先進諸国ではこの比率がもっと高く、一〇％を超える国も少なくありませんから、六％ないし八％という数字は国際比較でいうと決して高いというわけではありません。

しかし、毎年国民医療費の推計が発表されるたびに、医療費がかかりすぎているのではないかという批判が、主としてマスメディアによって提起されます。この点に関連して、経済学的な観点からみて最適な国民医療費はどれくらいか、あるいは国民総生産ないしは国民所得に対する最適な国民医療費の比率は何パーセントくらいであろうかという問題が提起されることがよくあります。とくに、私のように経済学の立場から医療の問題に関心を抱いている者に対して、医療の専門家からこの設問を出されることが往々にしてあります。そのようなとき、私はいつもつぎのように答えてきました。

医療に調和するように経済を考えるべき

国民総生産（GNP）の何パーセントを医療費に充てるのが最適（optimum）かという問題に対して、経済学的な枠組みのなかで回答を与えようというのはもともと不可能なことです。まずこのことをはっきりと認識する必要があります。すなわち、さまざまな希少資源のうち、どれだけを医療サービスの供給あるいは基礎医学的研究や臨床的技術の開発に振り向けたらよいかという問題は、経済学の問題ではないのであって、まず最初に医学的な観点からみて望ましい医療制度はどのようなものでなければならないか、という問題に対して回答が与えられなければならないのです。

その上で、医学的な見地から最適と思われるような制度を現実にどのようなかたちで具現化したらよいかという問題が、経済学者に与えられた課題であるわけです。そのような制度を公正にかつ効率的に運用するために、どのような費用負担の原則のもとに最適な医療制度を具現化できるかということを考察するさいに、経済学の知識や、その分析方法が役立つことになります。

つまり、医学的な見地からみてもっとも望ましい医療制度を実際に運用してみて、希少資源がどれだけ医療サービスの供給のために投下されなければならないか、その費用がどれだけの大きさに上るかということを知ってはじめて、望ましい国民医療費対GNPの比率がわかるわけです。簡単にいいますと、経済に合わせて医療をおこなうのではなく、医療に調和するように経済を考えなければならないということです。

ところで、公正な医療制度というときに、医療サービスを享受する需要者と、それを供給する立場の両面から考えなければなりません。まず需要者の立場からみたとき、医療サービスを必要とする人は、その所得の多少、社会的地位、居住地域の如何にかかわらず、そのときどきの医学的な水準からみてもっとも適切と判断されるような治療を受けることが可能となっていなければなりません。このことは、必ずしも各人が無料ないし、きわめて低廉な価格で、このような医療サービスを享受することができるということを意味しません。各人がどのような基準にしたがって、どれだけ負担をするかということを考えるのは、経済学にとってもっとも基本的な課題の一つです。このことについては、のちほどくわしく述べたいと思います。

現行医療制度の根本的欠陥は何か

日本の国民医療費が年々高い率で増加してきたのは、人口の高齢化、医療技術の飛躍的進歩、それに伴う医療機器、検査の高額化などの要因にもとづくものですが、いわゆる「医療の無駄」にもとづくものも少なくない、ということをまず指摘しておかなければなりません。医療費のうち、とくに医薬品、検査料の占める比率が日本は異常なほど高い水準に上っていますが、これは現行の医療制度に根元的な矛盾が含まれているということを端的にあらわすものです。

現行の医療制度の根元的な欠陥とは何でしょうか。簡単に言ってしまいますと、医師が医学的な見地からみて最適な医療行為をおこなったときに、それがそれぞれの医師の属する医療機関にとって経営的な観点からみて必ずしも望ましいものではないということです。言い換えれば、現行の診療報酬支払制度のもとでは、医学的最適性と経営的最適性とが乖離するのが一般的となっているということです。したがって、医の倫理という点から深刻な問題を抱えることになるとともに、希少資源の最適配分という点からも重大な問題を提起することになっています。

保険点数制の問題点

日本の医療は、その大部分（約九〇％）が健康保険の適用を受けています。保険医療機関は毎月、保険の適用を受けている患者一人一人について、その医療費を診療報酬点数表にもとづいて計算したレセプトを社会保険診療報酬支払基金に提出し、そこで審査され、適正とみなされた額が支払基金から各医療機関に支払われるわけです。

診療報酬点数表というのは厚生省の定めたもので、甲表と乙表とがあります。どちらも初診・再診・入院時の基本診療料にはじまって、およそ考えられるあらゆる診療の類型についてくわしく分類し、各診療行為について保険点数が定められています。そして、保険点数一点に対して一〇円という単価が定められ、社会保険診療報酬支払基金からの支払額が計算されます。

各医療機関が支払基金から受け取る金額はすべてこの点数表にもとづいて計算されるわけですが、まず保険点数の決め方に問題があります。一般的にいって、医師、看護師、検査技術者などの医療専門職の人たちの貢献は極度に低く抑えられています。これは、診療報酬点数を実際に決めた人たちの医療専門職に対する評価を反映したものであって、このような保険点数表自体、わが国の社会的倫理観の貧困さを象徴するものとなっています。

保険点数表にもとづいて診療報酬支払額が決められるという制度は、医師の技術料などが極端に低く評価されているというテクニカルな問題を超えて、制度そのものに重大な欠陥が内在しています。それはつぎのようなことを意味します。経験もゆたかで、高い技術水準をもった医師が手術を施しても、そうでない医師の場合と比較して、保険点数が高くなることはないということです。逆に、経験の浅い医師が手術をして、失敗してコンプリケーションが起こったときには、保険点数が高くなり診療報酬の支払額がふえるという、とんでもないことになってしまう場合が往々にして起こるということです。

また、日本の医療について、検査、投薬、輸血などの比重が異常とみえるほど高いという批判がありますが、これも保険点数制度のあり方と無関係ではありません。というよりは、医師が医学的な見地からみて最適と思われるような診療行為をおこなったときに、それによって実際にどれだけ費用がかかるかということと、支払基金から支払われる額との間にまったく関係がないだけでなく、逆に良い診療行為をすればするほど、その乖離が大きくなるという傾向をもっているのです。

制度の矛盾に悩む医療専門職

このような制度的欠陥にもかかわらず、日本の医療サービス供給の実態は、世界でももっともすぐれたものの一つとなっています。数多くのすぐれた医療機関が存在して、それぞれの地域ないしは専門分野で重要な役割を果たしています。これらの医療機関のいずれをとっても、保険点数表から推定するかぎり、経営的な面からどうして可能となるのか、理解に苦しむものですが、おそらく薬価や検査料の差益が、手術料や入院料などにともなって発生する赤字をカバーしているのではないかと思われます。別の言葉で表現すれば、医師、看護師、コ・メディカル・スタッフという医療専門職の人たちの献身的な働きによって支えられているといってよいと思います。

しかし、このような制度的欠陥を抱えたまま、長期間にわたって日本の医療供給の水準を高く維持しつづけることは不可能であるといわざるをえません。いわゆる悪徳医師の事例がマスコミに喧伝されることがありますが、現在のところ、このような事例は例外的であって、現行制度の矛盾が生み出した産物にすぎないといってよいでしょう。医療専門職に携わっている人たち全体としてみたときに、このような制度的矛盾に悩みながら、医師、看護師、コ・メディカル・スタッフとしての職業的自覚をもち、高い衿持を守り続けている人たちが大部分であるといってよいでしょう。しかし、このような状態がこれからもずっとつづいてゆくということを期待することはできないと思います。

第19章　医療制度にもしのび寄る市場原理主義

一九六一年に始まった日本の国民皆保険制度は、社会的共通資本としての医療を具現化するための制度的条件を明示している、と宇沢氏は評価する。しかし現実は医療費抑制を図る大蔵省（当時）官僚や医療の国家的な管理という見地に立った厚生省（当時）官僚による政策がその理想の実現を妨げてきた。そうした問題を考えるにあたり、イギリスの医療制度が財政支出の抑制を主眼とした「改革」の後、崩壊に至った事例から学ぶことは多いという。

市場原理主義が世界を滅ぼしつつある

日本はかつては、制度的諸条件も、また政府の政策もどちらかというと、一人一人の人間的尊厳を守り、市民的権利を尊重するというリベラルな性向をもっていて、全体として比較的安定していた。それが、いつの間にか、経済的、社会的格差が拡大して、きわめて不安定な、殺伐とした、魅力のない国になってしまった。じつはこの流れは日本ほどではないにせよ、アメリカ、中南米、アジア、ヨーロッパの多くの国々に共通している。それは、アメリカの産業的、金融的資本がグローバリズムの名のもとに、市場原理主義を武器として、世界の多くの国々の自然、社会、文化、そして人間を破壊してきたからである。市場原理主義は先ず、アメリカで起こった。そして、チリ、アルゼンチンなどの南米諸国に始まって、世界の数多くの国々に輸出され、社会の非倫理化、社会的紐帯の解体、文化の俗悪化、そして人間的関係自体の崩壊をもたらしてきた。この間のくわしい事情は、ノーベル賞経済学者ジョセフ・スティグリッツの二冊の近著『世界を不幸にしたグローバリズムの正体』（鈴木主税訳、徳間書店、二〇〇二年）と『世界に格差をバラ撒いたグローバリズムを正す』（楡井浩一訳、徳間書店、二〇〇六年）に克明に描きだされている。

市場原理主義は簡単にいってしまうと、儲けることを人生最大の目的として、倫理的、社会的、人間的な営為を軽んずる生きざまを良しとする考え方である。人間として最低の考え方である。この市場原理主義を基本的理念として、経済学の構築を精力的に押し進め、制度的設計、政策的指針を積極的に展開したのが、シカゴ大学のミルトン・フリードマンであった。市場原理主義の意味を鮮明にあらわすのが、つぎのフリードマンの言葉である。

「共産主義者の支配しているヴェトナムに水素爆弾を落として、何百万人の人々が死んでも構わない One communist is too many.」（一九六四年、大統領候補のゴールドウォーターが、ヴェトナムに水素爆弾を落とすべきであると主張し、世界中から批判されたとき）。

「麻薬をやる人は、麻薬の危険を十分承知していて、麻薬をやるときの快楽と麻薬のもたらす危険との間のバランスを考えて、合理的な判断のもとで、自らの自由意思にもとづいて麻薬をやっているのだ。政府は決して、麻薬の売買を規制して、個人の選択の自由を阻害すべきではない」（フリードマンが頻繁に口にしていた言葉）。

この市場原理主義が小泉・安倍政権の六年間に全面的に輸入され、日本社会はいま、戦後六〇年を通じて最大の危機を迎えている。日本では、市場原理主義が、経済の分野だけでなく、医療や教育という社会的共通資本の核心にまで、その悪魔の手を伸ばしつつあるからである。市場原理主義の精神に則って、医療、教育の分野で、規制緩和、効率化の名のもとに、実質的には官僚的管理を極端な形に押し進めてきた結果、現場の医療関係者や教師たちはいま極限的な状況に追いつめられている。その非人間的な状況を象徴するのが、いたいけない小中学生の、いじめによる自殺の頻発である。このような悲惨な事件が日本ほど頻繁に起こっている国は世界のどこにもない。

小泉政権の五年余りに強行された、常識を超えた乱暴な医療費抑制政策の策定には、市場原理主義の毒を飲んだ経済財政諮問会議の経済学者たちが、重要な関わりをもっていたという。その結果、数多くの医師、看護師たちは、志を守って、医の道を歩むことがきわめて困難な状況に追いやられ、日本の医療の全般的危機を招来させかねない。

イギリスのナショナル・ヘルス・サービス

戦後の世界の社会保障制度の思想的原型を象徴するのが、イギリスのナショナル・ヘルス・サービス（National Health Service, NHS）の制度である。

一九四二年、すべての国民に対して、生まれてから死ぬまでの全生涯を国の責任で保障する社会福祉制度の整備を勧告した、歴史的な意味をもつベヴァリッジ報告が出された。戦後、一九四五年から四八年にかけて、ベヴァリッジ報告にもとづいて、具体的な社会保障制度が制度化されていったが、その中核をなすのがＮＨＳであった。

ＮＨＳは、すべての国民（居留外国人も含めて）を対象として、原因を問わず、すべての傷病に対して、無償の医療サービスを提供し、その費用はすべて国が負担するものであった（一九五二年以降、処方箋、歯科診療、義歯、眼鏡などの器具について、その費用の若干を患者が負担することになったが……）。ＮＨＳの制度は、大ざっぱにいって、次のような原則にしたがって運営されてきた。

①ＮＨＳのもとでの医療サービスの提供は、ＮＨＳと契約を結んで、プライマリー・ケアを担当するゼネラル・プラクティショナー（General Practitioner, 一般開業医）と、NHS Trust に所属する病院か、あるいはＮＨＳと契約を結んだ病院によっておこなわれる（イギリスの病院は、それまで公立病院と篤志病院が中心であったが、ＮＨＳ発足時に主要な病院は国有化された。新しく NHS Trust という、複数の病院を傘下におく公共事業的な組織がつくられた）。

②すべての一般開業医は、ＮＨＳと契約を結んで、ゼネラル・プラクティショナーとしてプライマリー・ケアを担当するか、あるいは自由診療に当たるか、選択の自由をもつ。ＮＨＳのゼネラル・プラクティショナーとしてプライマリー・ケアを担当する医師に対する報酬は、あらかじめ登録した家庭の数によって決められる。また、病院勤務医に対する報酬は、ＮＨＳの決めた等級に応じた俸給表に基づいて決められる（この俸給表は、官僚的な基準によってつくられ、常識を超えた低い額に決められていた。このことが、後年、ＮＨＳ制度の実質的崩壊をもたらす主要な原因の一つともなったのである）。

③すべての市民は、その居住地域のＮＨＳゼネラル・プラクティショナーのリストの中から一人選んで、ファミリードクター（Family Doctor, 家庭医）として一年間登録し、すべての傷病について、そのファミリードクターの診療を受ける。ファミリードクターは、病院治療、あるいは入院が必要と判断したとき、適当な病院に紹介する。ファミリードクターの紹介（reference）がなければ、患者は病院治療を受けることができない。

このＮＨＳ制度は、創設以来しばらくの間、イギリスの人々だけでなく、世界の多くの人々の希望と夢を支えて、理想主義的な医療を供給してきたように見えた。しかし、イギリス政府はもっぱら財政的な理由から新しい病院の建設、高いペースで進展しつつあった医療技術を具体化した設備・機器などの導入を極端に抑制しつづけた。また、医師の経済的報酬を非常識なまでに低く抑えたために、医師の海外への流出が年々、加速度的に増えていった。一九六〇年代に入るとともに、医師、看護師などマンパワー、医療施設・設備の不足、それにともなう医療サービスの質の低下、地域間の格差が拡大しはじめ、一九七〇年代を通じて、NHS下における医療サービスの質は年々、悪化しつづけた。

一九七九年、サッチャー政権が誕生したときには、すでに限界的な状況に達していた。そのとき、フリードマンの市場原理主義に共鳴したサッチャー首相によって、極端な医療費抑制政策が取られた。構造改革と称して、医師の職業的自由に対する大幅な制約を課し、医療に関わる職業的専門家のモラルの極端な低下を招いて、イギリス医療は、全面的崩壊といっていい悲惨な状況に陥った。二一世紀に入るとともに、ブレア首相によって、イギリスの国民医療費は大幅に増やされ、五年以内に少なくともOECD諸国の平均水準まで引き上げることを目指したが、財政資金をいくら注ぎ込んでも、一度壊された職業的倫理と志を回復することは不可能に近い。私たちは、イギリスのNHSの崩壊の歴史から多くのものを学ばなければならない。

日本の国民皆保険制度

一九六一年に始まった日本の国民皆保険制度は、思想的にはイギリスのナショナル・ヘルス・サービス（NHS）の影響を色濃く受けているが、いくつかの点で、本質的に異なる面をもつ。日本の医療制度の基本的特質を理念的な観点から眺めると、おおむね、つぎのようになる。

①（国民皆保険制度）すべての国民は原則として、何らかの公的医療保険によってカバーされている。公的医療保険は国民健康保険と被用者のための職域保険の二種類に分けられるが、いずれも社会保険の性格をもつ。

②（フリーアクセス）すべての国民は原則として、開業医、あるいは病院を自由に選ぶことができる。各人は、その受ける診療に対して、あらかじめ定められたルールにもとづいて、その費用の一部を負担する。

③（医師の選択の自由）すべての医師は、開業、あるいは病院勤務を自由に選択することができる。

④（医師の裁量権）社会保険診療、自由診療を問わず、すべての医師は、自らの医学的知見にもとづいて最適（optimum）と考える診療を選択する権利と義務をもつ。ここで、最適（optimum）というのは、各医師が、与えられた人的、技術的、物理的制約条件のもとで、最善（best）の診療を選択することを意味する。

⑤（医師の応召義務）すべての開業医、あるいは病院は原則として、診療を求める患者を拒否してはならない。

⑥（社会保険制度選択の自由）すべての開業医、あるいは病院は社会保険制度か、自由診療を選択することができる。

⑦（診療報酬）社会保険制度のもとにおける開業医、あるいは病院の行う個別的な診療行為に対する報酬は、国の定める診療報酬点数表と薬価基準にもとづいて決められる。保険給付の対象となる診療行為は、国の定める療養規定の範囲に限定される。

社会保険は、私的保険とはその性格がまったく異なるものであることをまず、はっきり認識しておかなければならない。私的保険は、保険者（保険会社）が、被保険者が病気になったり、怪我をする確率を計算し、医療サービスを受けるとき、どれだけの費用がかかるかを計算して、全体として、適正な利潤率を見込んで、経営が可能になるように保険料を設定する。このとき、保険者は、被保険者についてさまざまな要件を課し、また、保険給付の対象となる診療行為について、制約的な条件をつけることになる。これらの条件は、営利を目的とする私的保険の基本的性格からの、ある意味では必然的な要請でもある。そして各人は、それぞれ主観的な判断にもとづいて私的保険に加入するか、どうかを決めるわけである。

これに対して、社会保険については、保険者は国、または健康保険組合であって、各人は、それぞれの社会保険が特定する要件をみたすときには保険に加入することが一般に強制される。また、国の定める療養規定の範囲に限って、診療報酬の支払いがなされる。特別なケースを除いては、私的診療と保険診療の混合は認められない。そして、社会保険の保険料は、もっぱら市民の基本的権利の充足、社会的不平等の解決という視点から決められ、各保険者の経営的赤字は、国が負担するという原則が貫かれている。

いずれの場合にも、すべての医師は、自らの医学的知見にもとづいて最適（optimum）と考える診療を選択する権利と義務をもつことを重ねて強調したい。いま、アメリカの医療に関連して起こっているもっとも深刻な問題の一つがギャグ・オーダー（Gag Order）の問題である。これは、ＨＭＯ（健康維持機構、Health Maintenance Organization, アメリカの医療保険システムの一つ）がそれぞれ、もっぱら経営的な観点に立って、保険給付の対象になる治療法をくわしく決めて、そのＨＭＯに所属する医師に対して、それ以外の（よりコストのかかる）治療法を患者に開示することをきびしく禁止している。くちかせ（Gag）を嵌《は》めているわけである。このギャグ・オーダーが医師の裁量権を侵し、医師の職業的威信と人間的尊厳を傷つけているとして、数多くの心ある医師たちが、ＨＭＯを相手として訴訟を起こしてきたが、いずれも法廷では、医師たちの主張は入れられていない。市場原理主義に毒されたアメリカの社会で、ヒポクラテスの誓いに忠実に生きようとする医師たちの苦悩を象徴する事件である。

社会的共通資本としての日本の医療制度

日本の国民皆保険制度は、その基本的特質を理念的な観点から眺めるかぎり、平和憲法の原点に立ち戻って、すべての人々の人間的尊厳と魂の自立が守られ、市民の基本的権利が最大限に確保されるような理想的社会を求める社会的共通資本としての医療を具現化するための制度的条件を明示したものであると言ってよい。しかし、現実の歩みは、必ずしもこのような理想主義的理念をみたすものではなかった。

そのもっとも根元的な原因は、もっぱら財政的節度を守るという視点から展開されてきた大蔵官僚による医療費抑制政策と医療の実態に深く関わり、もっぱら国家的管理という視点から展開されてきた厚生官僚による医療政策とにあると言ってよい。この間の経緯については、池上直己、J・C・キャンベル著『日本の医療――統制とバランス感覚』（中公新書、一九九六年）でくわしい分析が展開されている。日本の医療について卓越した研究をしてきた日本人の医師と日本の政治について独創的な研究をしてきたアメリカ人の政治学者というユニークな共著者の手によるこの著書は、現在でもなお、日本の医療を考えるとき、全般的、本質的な面について基本的な視点を与えている。

また臨床医の立場に立って、日本の医療が置かれている危機的状況についてすぐれた分析を展開した三冊の書物がある。出月《いでづき》康夫『日本の医療を崩壊させないために』（インターメディカ、二〇〇五年）、小松秀樹『医療崩壊』（朝日新聞社、二〇〇六年）、鈴木厚『崩壊する日本の医療』（秀和システム、二〇〇六年）である。全般的なリファレンスは、これらの書物にゆずって、ここでは、もっぱら社会的共通資本としての医療という視点に立って、日本の医療制度の問題点の一斑にふれることにしたい。

さきに述べたように、日本の医療保険制度は、社会保険の性格をもっている。すなわち、社会保険診療に携わる医療機関は、診療を求める患者に斉《ひと》しく、そのときどきの置かれている状況のもとにおける最善の医療を提供する義務を負い、各健康保険組合から、診療報酬点数表と薬価基準にもとづく診療報酬の支払いを受ける。各人は、それぞれの置かれている状況のもとで、それぞれある特定の健康保険に加入し、社会的な観点から決められた保険料をあらかじめ支払い、診療の度ごとに自己負担額を各医療機関に支払う。

このとき、各健康保険組合について、診療報酬の支払いと保険料収入との差額は、究極的には、国が負担するのが原則となっている。この原則は、何を根拠にしているのだろうか。それは憲法第二五条である。第二五条は、第一項で「すべて国民は、健康で文化的な最低限度の生活を営む権利を有する」と謳い、第二項で「国は、すべての生活部面について、社会福祉、社会保障及び公衆衛生の向上及び増進に努めなければならない」と定めている。第二五条はいわば、人間の安全保障を規定したもので、第九条とならんで、平和憲法の中核ともいうべき条項である。日本の平和憲法自体、じつは、ベヴァリッジ報告の影響を受けて作成された。対独戦のもっとも苦しいときに、チャーチル首相は、戦後のイギリス社会の理想像を描き出す作業をおこなうために、ベヴァリッジを委員長とする「社会保障および関連サービス」委員会を設置した。ベヴァリッジがケインズ、ジェームズ・ミードを中心とする当時のイギリスの主導的な経済学者たちの助けを借りて作成したのがベヴァリッジ報告であった。しかし、その内容があまりにも「過激」だったため、委員全員が最終報告書に署名することを拒否した。『ベヴァリッジ報告』は結局、ベヴァリッジ個人の名前で出版された。

ところが、『ベヴァリッジ報告』は爆発的な売り上げを示した。発売二時間で七万部が売れ、一年間で六二万部以上売れたと記録に残っている。二ヵ月後の世論調査では、ベヴァリッジ報告を知っているものは九五％、賛成八八％、反対六％であった。この一般大衆の圧倒的支持を背景として、ベヴァリッジ報告を具現化する作業が進められたわけであるが、大蔵省の抵抗は執拗だった。一時期、この問題についてベヴァリッジと接触することを禁止する通達が政府部内に出されたほどであった。その主な理由は、医療、年金を含めて、社会保障に関わる財源を基本的には税収に求めようとしたからであった。

第二次世界大戦の悲惨な破壊のあと、世界の多くの人々の希望と夢を与えたベヴァリッジ報告を象徴するＮＨＳ制度の挫折が、もっぱら財政的節度を守るという視点に起因することは、改めて他山の石としたい。

第20章　医療費抑制が招く危機的状況

医療制度に対する市場原理主義的改革に反対を続けた宇沢氏は、七五歳以上を対象にした後期高齢者医療制度（二〇〇八年施行）に反対を表明した。その文章表現には、怒りがあふれている。

国民皆保険制度はもともと、すべての国民が斉しく、そのときどきに可能な最高の医療サービスを受けられることを社会的に保障するという高邁な理想を掲げて発足した。しかし、理想と現実との乖離は大きかった。その乖離を埋めるために、医師、看護師を中心とする医療にかかわる職業的専門家の献身的な営為と医療行政に携わる人々の真摯な努力がつづけられてきた。

病院の物理的条件も医療設備も必ずしも満足できるものではなかった。日本の医師、看護師などの医療専門家の、人口当たりの人数は極端に少なく、その経済的、社会的処遇も、諸外国に比較して極めて低く、また勤務条件も過酷であった。しかし、大多数の医師、看護師たちは、高い志を保って、患者の苦しみ、痛みを自らのものとして、献身的に診療、看護に当たってきた。

日本の国民医療費はＧＤＰ当たりでみるとき、ＯＥＣＤ諸国のなかで最低に近い水準にある。しかし、日本の医療はどのような基準をとっても、最高に近いパーフォーマンスをあげてきた。国民の多くはこのことを高く評価し、医師、看護師をはじめとして医にかかわる職業的専門家に対して深い信頼と心からの感謝の念をもってきた。

この理想に近い状況は、度重なる乱暴な医療費抑制政策によって維持しつづけることがきわめて困難になってしまった。日本の医療はいま、全般的危機といっていい状況にある。かつては日本で最高水準の医療を提供していたすぐれた病院の多くが経営的にきわめて困難な状況に陥っている。とりわけ地方の中核病院の置かれている状況は深刻である。数多くの医師、看護師たちは志を守って、医の道を歩むことがきわめて困難な状況に追いやられている。

この危機的な状況のもとで、本（二〇〇八）年四月一日、医療費抑制をもっぱらの目的に掲げて、後期高齢者医療制度が発足する。この制度は、七五歳以上の老人すべてを対象として、他の公的医療保険制度から切りはなし、新しく組織される広域連合を「保険者」として、地域的に分断して、運営しようとするものである。保険料は、もっぱら広域連合の経営的観点に立って（おおむね二年を通じて財政の均衡を保つよう）に決められ、七五歳以上の老人は、生活保護世帯に属するもの以外すべて、これまで扶養家族だった人も含めて個別的に保険料を支払わなければならない。医療給付についても、信じられないような条件が課せられている。

たとえば、闘争、泥酔、著しい不行跡、あるいは自殺未遂で負傷したり、病気になってしまった場合、療養の給付はカバーされない。とくに深刻な影響を及ぼすことになるのが、被保険者資格証明書の制度が全面的に取り入れられることである。保険料の未納が一年以上超えると、健康保険証を取り上げられ、代わりに被保険者資格証明書が発行される。しかし、この資格証明書だと、かかった医療費をそのたび、全額、病院の窓口で支払わなければならない。未納保険料を全額支払わないかぎり健康保険証は返してもらえない。「医療費の適正化」という市場原理主義的な名目を掲げて、主として「高額医療費」と「終末期の入院医療費」に焦点を当てて、七五歳以上の老人を犠牲にして、極端な医療費抑制を実現しようというのが厚生労働省の意図である。

社会的共通資本としての医療を具現化するという高邁な理想を掲げて、一九六一年発足した、世界に誇るべき日本の国民皆保険制度は、その完全な崩壊への決定的な一歩を歩み始めようとしている。

日本の医療は、何故このような深刻な事態に立ちいたってしまったのだろうか。この深刻な事態を招来させた、そのもっとも根元的なものは、市場原理主義とよばれる似非《えせ》経済学の思想である。市場原理主義は簡単にいってしまうと、もうけることを人生最大の目的として、倫理的、社会的、人間的な営為を軽んずる生きざまを良しとする考え方である。

この市場原理主義が、中曽根政権のもとに始まって、小泉・安倍政権の六年あまりに日本に全面的に輸入され、日本の社会はいま、戦後最大の危機を迎えている。日本では、市場原理主義が、経済の分野だけでなく、医療、教育という社会的共通資本の核心にまで、その影響を及ぼしつつあるからである。

中曽根「臨調行革」路線のもとで、厚生官僚によって「医療亡国論」が声高に主張され、医療費抑制のために医師数をできるだけ少なくする政策が取られはじめた。医に経済を合わせるという社会的共通資本としての医療の原点を忘れて、経済に医を合わせるという市場原理主義的主張にもとづいた政策への転換を象徴するものだった。現在の極端な医師不足、勤務医の苛酷な勤務条件を招来する決定的な要因がすでに形成されはじめていたのである。一九八〇年代、財政赤字と貿易赤字という双子の赤字に悩むアメリカ政府は、日米構造協議の席上、日本政府に対して執拗に内需拡大を求めつづけた。

その結末が、日本が一〇年間で公共投資を四三〇兆円おこなうという国辱的ともいうべき公約であった。「増税なき財政再建」の旗印を掲げながら、アメリカからの、この理不尽な要求を可能にするために政府が考え出したのが、地方自治体にすべてを押しつけることであった。国からの補助金をふやさないで、すべて地方自治体の負担で、この巨額に上る公共投資を実現するために、詐欺と見紛う、巧妙な手法が用いられた。この流れは、小泉政権の「三位一体改革」によって、さらに拍車を掛けられた。その「地域切り捨て」政策と度重なる、乱暴な医療費抑制政策の及ぼした弊害はとくに深刻である。

市場原理主義の日本侵略が本格化し、社会のほとんどすべての分野で格差が拡大しつつある。この暗い、救いのない状況のもとで行われた二〇〇七年七月二九日の参議院選挙の結果は、国民の多くが望んでいるのは、市場原理主義的な「改革」ではなく、一人一人の心といのちを大切にして、すべての人々が人間らしい生活を営むことができるような、真の意味におけるゆたかな社会だということをはっきり示した。しかし、今回発足する後期高齢者医療制度は、この国民の大多数の願いを裏切って、これまでの長い一生の大部分をひたすら働き、家族を養い、子どもを育て、さまざまな形での社会的、人間的貢献をしてきた「後期高齢者」たちの心といのちを犠牲にして、国民医療費の抑制をはかろうという市場原理主義的な「改革」を強行しようとするものである。

第21章　社会的共通資本としての医療

市場原理主義による医療制度改革に対抗して、宇沢氏は社会的共通資本としての医療を模索した。社会的共通資本は「職業的専門家によって、職業的規範にしたがって、管理・維持されなければならない」とされる。「ヒポクラテスの誓い」に従う医療専門職によって成り立つ医療は、まさに典型的な社会的共通資本だと考えられる。

Art is long, Life is short

私は一九四五年四月、太平洋戦争がその末期的状況に入ろうとするとき、旧制第一高等学校に入学した。一高では、私は理科乙類だった。理乙は医学部進学のコースで、授業はドイツ語と生物が中心だった。同級生の多くは、医学部に進学した。私も当初は医学部を志望していた。今と違って、当時は、東大の医学部に入るのはあまりむずかしくなく、私程度の成績でも、受けたら受かっていたと思う。しかし、一高の卒業が間近になって、自分の一生の進路を真剣に決めなければならなくなって、医師という職業を選ぶことに大きな不安をもちはじめた。

私は当時、医師という職業は聖職と思っていた。今でも、その気持ちは変わりない。医師は患者の身体に大きな侵襲を加え、その心の奥深くに立ち入って、治療をおこなう。しかもその効果について確実なことは言えず、絶えず予期されない結果をもたらす危険を内包している。もし医師の資格をもたない俗世界の人間が、このような行為をおこなえば、きびしい罪に問われることは必然である。したがって、医師はたんに医学の深奥を極め、最新の医療技術を修得するだけでなく、高潔、清廉潔白な人格をもち、すべての患者を癒すために全力をつくすというコミットメントを必要とする、というヒポクラテスの教えをそのまま信じていた。

ヒポクラテスの教えのなかに、そのもっとも重要な掟の一つとして、医師が自らの弟子を選ぶときの心構えがある。医師が、弟子として入門したいという願いをもった若者を見て、その若者が、人格的に高潔で、能力的にすぐれていて、しかも、ヒポクラテスの誓いを守って、医師として、その生涯を全うすることができるかどうかを見極めてから、入門を許さなければならない。しかし、当時の（そして今でも多分にそうだが）医学部の選抜方法は、必ずしもこのヒポクラテスの掟に忠実なものではなかった。したがって、医の道を志すものは、自ら、ヒポクラテスの基準をみたすか、否かを判断しなければならないわけである。私自身、とてもヒポクラテスの基準をみたす高潔な人格とすぐれた能力をもち合わせていないと判断せざるを得なかった。

私はまた、手先が極端に不器用だった。顕微鏡を使っての写生も全く駄目で、医者になるのはとても無理だと思わざるを得なかった。“Ars Longa, Vita Brevis (Art is long, life is short)”という有名なヒポクラテスの言葉を「人生は短く、芸術は長し」の訳文通り受け取っていたせいもあった。ヒポクラテスの言葉の ars (art) が医術を意味することを知ったのはずっと後になってからのことである。

ヒポクラテスの、この言葉は、社会的共通資本としての医療の考え方を象徴するものである。

「人間の生命は短い。しかし、その短い生命を救おうとする医術は永遠の生命をもって、過去から現在、そして未来につづく」

医術が永遠の生命をもちうるのは、一人一人の医師が師の教えを守り、ヒポクラテスの誓いに忠実に、医師として、また人間としての生きざまを全うし、医術を次の世代に伝える高貴な営為に全力を尽くしているからである。そして、すべての市民の人間的尊厳を守り、魂の自立を保ち、市民的自由が最大限に確保できるような社会を持続的に維持してゆくために、もっとも大切な役割を果たしている。

同じことは、程度の差はあれ、社会的共通資本のすべての分野について共通している。たとえば、「社会的共通資本としての数学」というときにも同じようなことがいえる。ピタゴラスは自らつくった世界最初の大学をオウム真理教を彷彿とさせる狂信的な集団に破壊され、追われて、殺されてしまうが、ピタゴラスの定理は永遠の生命をもって現在に受けつがれている。「社会的共通資本としての数学」というとき、数学が何故、永遠の生命をもって、過去から現在、そして未来につながっているのか、その制度的、経済的、社会的、そして文化的諸条件を明らかにしようとするものである。

社会的共通資本としての医療

社会的共通資本としての制度資本を考えるとき、医療は、教育とならんで、もっとも重要な構成要素である。教育は、一人一人の子どもが、それぞれもっている先天的、後天的能力、資質をできるだけ育て、伸ばし、個性ゆたかな一人の人間として成長するのを助けようとするものである。他方、医療は、病気や怪我によって、正常な機能を果たすことができなくなった人々に対して、医学的な知見にもとづいて、診療をおこない、健康を正常な状態に回復するのを助けようとするものである。いずれも、社会を構成するすべての人々が、人間的尊厳を保ち、魂の自立を守り、市民的自由を最大限に享受できるような社会を安定的、持続的に維持するために必要不可欠だということを重ねて強調したい。

医療という言葉は一般に、WHO憲章で定義されている保健とほぼ同じような意味で用いられる。つまり、市民の健康を維持し、疾病・傷害からの自由をはかるためのサービスを提供するもので、医療を社会的共通資本と考えるとき、市民は保健・医療に関わる基本的なサービスの供与を享受できるという基本的権利をもち、「政府」は、このようなサービスを提供する責務を負うことになる。しかし、このことは必ずしも、各人が、自由に、対価を支払うことなく、医療に関わる基本的なサービスの供与を受けることを意味しないことは留意しておく必要があろう。また、医療サービスを供給する医療機関が、「政府」によって建設され、あるいは運営されることを意味しない。これらの医療機関は、原則として私的な性格をもつのが医学的、社会的、文化的観点から望ましい。「政府」の役割はあくまでも、これらの医療機関が供給する医療サービスが、医学的な観点から最適なものであり、かつ社会的な観点から公正なものであり、さらに経済的な観点から効率的となるような制度的、財政的措置を講ずることであって、医療の実質的内容に関わって、介入ないしは管理を決しておこなってはならない。

具体的にいうと、「政府」は地域別に、病院体系の計画を策定し、病院の建設・管理が医学的な観点から最適なものとなるために、場合によっては、必要な財政措置を講ずることが要請される。さらに、医師、看護師、検査技師などの医療に関わる職業的専門家の養成、医療施設の建設、設備、検査機器、医薬品などの供給が可能になるような体制を整え、すべての市民が社会的に公正な価格で保健・医療サービスを享受することができるように要請されている。

しかし、国民経済全体にとって利用しうる希少資源の量は限られている。各市民の必要とする保健・医療サービスを必要に応じて無制限に供給することは不可能である。病院をはじめとするさまざまな医療施設・設備をどこに、どのようにつくるか、医師をはじめとする医療に従事する職業的専門家を何人養成するか、またどのようにして、実際の診療行為をおこなうか、診療に関わる費用、とくに検査・医薬品のコストを、だれが、どのような基準で負担するのか、などの問題にかんしては社会的な基準にしたがって決められ、希少資源の効率的な配分がおこなわれるようにしなければならない。

社会的共通資本としての医療制度は、社会的基準にもとづいて運営されなければならないということを強調してきた。この社会的基準は決して国家官僚によって、国家の統治機構の一環としてつくられ、管理されるものであってはならないし、また儲けを基準とする市場的メカニズムに任せるものであってはならない。それはあくまでも、医療に関わる職業的専門家が中心になり、医学に関わる科学的知見にもとづき、医療に関わる職業的規律・倫理に忠実なものでなければならない。言い換えれば、ヒポクラテスの誓いに忠実でなければならない。そのためには、Peer Review（専門家同士の検証）などを通じて、医療専門家の職業的能力・パフォーマンス、人格的な資質などが常にチェックされるような制度的条件が整備されていて、それが社会的に認められ、社会的な承認を得たものとなっていることが前提となる。

最適な国民医療費とは何か

前節で述べたような制度的前提条件がみたされているときに、実際に医療サービスの供給のために、どれだけ希少資源が投下され、どれだけコストがかかったかによって、国民医療費が決まってくる。そのときに、実際に支出された額が国民経済全体からみて望ましい国民医療費となるわけである。

経済学の立場からみて望ましい国民医療費は、国民所得の何パーセントかという設問がよく出される。この設問はとくに、高名な医学者の方々から私たち経済学者に提起される問題であるが、経済学の枠組みのなかで最適な国民医療費という概念を考えること自体不可能である。経済学の役割はあくまでも、医学的観点からみて最適な医療サービスが社会的に公正な基準にしたがって、しかも効率的に配分されるためには、医学の研究、教育を含めて、どのような医療制度をつくればよいのか。そのための財政的措置をどのようにすればよいか、という問題を解決しようとするものだからである。

医を経済に合わせるのではなく、経済を医に合わせるのが、社会的共通資本としての医療を考えるときの基本的視点である。このような視点に立つとき、供給される医療サービスが、医学的な観点から最適なものであり、かつ社会的な観点から公正で、経済的な観点から効率的であるとすれば、国民医療費の割合が高ければ、高いほど、たんに経済的な観点からだけでなく、社会的、文化的観点からも望ましいものであるといってよい。国民医療費が高いということは、医師をはじめとして、医療に関わる職業的専門家の人数が多く、その経済的、社会的地位も高く、またより多くの有形、無形の希少資源が、医療サービスの供給に使われたり、医学あるいは関連する高貴な学問分野の研究に投下されることを意味する。このときに、社会全体でみたとき、人間的にも、文化的にも、安定した、魅力あるものとなるからである。

このとき、一人一人の医師が医師にふさわしい資格をもち、高度な技術的あるいは専門的な知識、技量をもち、高潔な人間的な素質をもち、職業的な倫理にもとづき、専門家としての判断にもとづいて最適な医療行為をおこなっているかについて社会的に広い意味での共感が得られていることが、必須の前提条件となることを繰り返しておきたい。

第22章　望ましい医療制度

医療費の増大が加速している。その一方で、現行の医療制度は数々の無駄を生み、診療報酬点数が技術や技能の水準と見合っていないなどの問題を抱える。そうした矛盾を解消して、医学的に望ましい医療を行ったとき、医療機関には費用に見合った収入が入るようにしなくてはならない。宇沢氏は制度的な問題を考察しつつ、その担い手として高い職業的倫理観を持った医師およびスタッフを育成することの重要性にも言及している。

医療費増大の背後にある供給制度の問題

日本の医療はいま、危機的状況にある。たしかに、医療技術の高度化、施設の近代化のテンポは著しく、また一九八七年度には国民医療費が一八兆円を超えたということが示すように、医療のために向けられた希少資源もまた飛躍的に増加してきた。しかし、現行の医療制度、とくに保険点数制にもとづく診療報酬制度は、制度自体に根元的な矛盾を内蔵し、医療の供給体制を長期にわたって良好な状態に維持することはもはや困難だと言わざるをえないような状況にある。

一九六一年、いわゆる国民皆保険制度が実現したが、それによって日本の医療制度は大きく変化しはじめた。とくに、一九五〇年代に始まった高度経済成長の波に乗って、医療制度の規模も著しい速度で拡大化されていった。高度経済成長は一九七〇年初めに終焉し、やがて低成長期に入っていったわけであるが、医療サービスの供給体制はいぜんとして高い水準で増大し、国民医療費も国民総生産との比較で年々上昇し、やがて一九八〇年代に入るとともに国家財政に対して大きな負担となるようになった。そして、いわゆる第二臨調による行財政改革によって、さまざまなかたちでの制約がきびしくなっていった。

国民皆保険の制度のもとでは、医療保険は、国民健康保険と被用者保険とに大別される。被用者保険は、政府管掌健康保険と組合健康保険に分けられ、その他に国家公務員共済組合保険などがあって、国民の九九%が、なんらかのかたちで医療保険の対象となっている。

医療給付の内容は、診察、薬剤、治療材料、処置、手術、医療機関への収容、看護、移送に対する現物給付のかたちがとられているが、被用者保険についてはさらに傷病手当金の制度が存在する。

それに対して、保険料率は、国民健康保険については、健康保険税が地方税法によって規定されている他、若干の国庫負担がある。被用者保険については、所得の〇・八%から〇・九%程度で、各種の保険によって多少の差が存在している。給付率も、制度発足当初は五割であったが、やがて七割に引き上げられた。老人医療は一九七三年に無料化されたが、一九八三年には廃止され、一部患者負担となり、現在一ヵ月五万一〇〇〇円が、その限度額となっている。老人医療無料制度だけでなく、被保険者本人の一割負担など、第二臨調による行財政改革という名のもとに、実質的にかなり大幅な医療費の圧縮がおこなわれてきた。

医療のためにどれだけの希少資源が投下されているかということを全体としてみようとするとき、一つの尺度を与えるのが、国民医療費である。これは、各種医療保険および公費医療について、医師、歯科医師に対して支払われた診療報酬費、薬局調剤費、看護費、移送費を推計し、これに患者の自己負担額（全額自費治療費も含めて）を加えた額である。ただし、国民医療費のなかには、市販薬、健康診断、分娩・出産費、入院時の差額ベッド、付き添い看護の費用や歯科差額などは含まれていないので、実際の費用はその二〇％から三〇％多いと考えられている。

国民医療費の推計が最初におこなわれたのは一九五四年、当初、国民医療費は二一五二億円で、国民総生産の二・七五％を占めるにすぎなかったが、一九八七年度には一八兆円を超え、国民総生産の五％という規模になってきた。国民医療費が年々増加し、しかも年によっては国民総生産の上昇率を上回る率でふえてきたのは、人口の高齢化、医療技術の進歩、医療機器の高額化などが挙げられるが、留意しなければならないのは、医療の供給制度の不備によって発生する、いわゆる「医療の無駄」にもとづくものが少なからぬ比率を占めていることである。とくに医療費のうち、医薬品、検査料などの比率が、日本の場合、異常に高くなっているのは、現行の医療の供給制度がいかに矛盾にみちたものであるかということを示す。

現行制度の欠陥はもっぱら、医療の供給制度にかかわるものであって、要言すれば、医師が、医学的な見地からみて最適な診療行為をおこなったときに、それが、医療機関の経営的観点から、必ずしも収支のバランスをもたらすものではないということである。医学的最適性と経営的最適性との乖離は、一方では、医の倫理という観点から深刻な問題を内在しているだけでなく、他方では、医療に投下された希少資源の配分を著しく歪めるという結果を生み出している。

診療報酬点数制度がはらむ矛盾

日本の場合、医療費の大部分（約九〇％）が健康保険法にもとづいて診療報酬点数を基準として支払われている。

各保険医療機関は毎月、保険の適用を受けている患者一人一人についておこなわれた療養について、その費用を、厚生省の定めた診療報酬点数表にもとづき、一点の単価を一〇円として算定し、その医療機関の所在する都道府県に提出する。そして社会保険診療報酬支払基金で審査し、適正とみなされた額が各医療機関に対して支払われる。

診療報酬点数表には、甲表と乙表とがあるが、どちらも、初診、再診、入院時の基本診療料に始まって、診断、投薬、検査、手術など、およそ考えられる療養の類型についてくわしく分類し、各診療行為について、保険点数が定められている。その細かい項目はおそらく一万を超えるのではないかと思われ、六〇〇ページ近い分量が、点数のリスト・アップに使われている。それは、じつに細かく、微に入り細を穿ったものである。

各保険医療機関が、支払基金から受け取る額はすべてこの保険点数表にもとづいて算定されるわけであるが、この保険点数制自体に現行制度のもっとも大きな矛盾が存在する。

保険点数表をみてまず気付くことは、診察、手術などの項目を通じて、医師、看護師、検査技術者など、医療関係者の技術料がまったく無視されるか、あるいは著しく低い水準に抑えられているということである。典型的な場合を一つ挙げておこう。

骨折にかんする、かなり一般的な手術の一つに、下腿の骨折観血的手術というのがあるが、保険点数は四五〇〇点と麻酔料四二〇〇点と決められている。すなわち、保険医療機関は、下腿骨折観血手術を一回おこなうと、支払基金から八万七〇〇〇円受け取ることになるわけである。

この手術は実際どの程度の手術であろうか。下腿骨折といっても、骨折の性質によっても、また患者の年齢によっても、大きな差違がある。保険点数表は細かい分類をおこなっているが、このような個別的な差違については当然一律の扱いがなされている。この点についても、現行の保険点数制は大きな問題点を含んでいるのであるが、その点はさておき、標準的な下腿骨折観血的手術をみてみよう。

この手術は大体二時間程度の時間を必要とする。手術室の整備、消毒などに、病院によって異なるが前後それぞれ三〇分程度を必要とする。したがって、一回で手術室を三時間ほど占有するということを意味する。

手術に直接関与する医師は、麻酔医一人、術者一人、助手一人である。看護師は、手術室内に、手洗い一人、外回り二人、計三人必要となる。その他、中央材料室関係に、二人程度の要員が一回の手術について必要となる。これらの人件費をどのように算定するかということは必ずしも容易でない。医師についても、一時間当たりの人件費をどのようにして算定するかということは、その経験年数、手術の能力にも依存するし、また毎週どのぐらい手術に関与するかというような要因によって、大きく左右される。同じような条件は、看護師や中央材料室のスタッフについてもいえることであるが、これらの人件費として少なくとも、八万円程度になると推定できよう。手術室にかんして、滅菌・消毒のための費用、機械・器具の使用にともなう減価償却費、光熱水料などの直接的経費も施設によって大きな差違があって一概にいえないが、少なくとも一万五〇〇〇～六〇〇〇円から二万円程度を必要とする。このような直接的な経費の他に、病院の間接的な経費や医師自身の教育、研究のための費用も当然計上されなければならない。

これらの要素はいずれも大きな変動があって、医療機関によって大きな差が存在し、また同じ医療機関についても、手術の難易によって大きな差が生じてくる。しかし、下腿骨折観血的手術の場合実際にかかる費用はどのように見積もっても、最低限一二万円は下らないであろう。ということは、このような手術を一回おこなうごとに、医療機関は最低限二万から三万円程度の赤字をこうむるということを意味する。同じような状況は、手術一般にかんしていえることであって、とくに、高度の技術的、技能的能力を必要とする大きな手術ほど、保険点数にもとづく支払金額と実際にかかる費用の差が大きくなる傾向がみられるようである。

保険点数表をみるとき、医師の技術料が極端に低く評価されているという印象を与えるが、問題は、このような評価方法が実情を反映しているかどうかということをはるかに超えて、もっと深刻なものを含んでいる。それは、経験もゆたかで、技術、技能水準のすぐれた医師が手術をおこなっても保険点数による支払額がふえるわけではなく、逆に少なくなる傾向をもつということも起こりうるのである。虫垂炎の手術を、経験の浅い医師が施し、失敗して腹膜炎を併発すると、保険点数が大きく加算されて、支払基金からの支払いがふえるという、皮肉な現象すらみられる。また、手術は常に、ある程度の危険性をともなうものであって、整形外科の医師のなかでも手術を避けようという傾向すらみられるという。

保険点数表は、医師の技術料を極端に低く評価しているといったが、医療にたずさわる専門家一般についても同じような傾向がみられる。たとえば、保険点数表で、処置料のなかに、摘便、二四点というのがみられる。摘便というのは、看護師が、ビニールの手袋をはめて、患者の肛門に指を入れて、便を摘出するという、心理的にきびしく、ときには技術的にかなり困難をともなう処置であるが、それを二四〇円と評価したのはどのような精神構造をもった人なのであろうか。もちろん看護師は、一回の摘便が二四〇円と評価されているということを知らないで処置している。逆に、摘便という大へんな仕事について、一回二四〇円というような金銭的価値が与えられるということを意識したら、決して看護師の献身的な仕事は期待できないであろう。摘便、二四点という評価を与えるというのは、保険点数表という制度にとって必然的なものかもしれないが、現行の保険点数制のもつ矛盾が、このような面に端的に現われていると思えてならない（編集部注：本稿は一九八九年に執筆されているが、下腿骨折観血的手術と摘便の保険点数は二〇一六年現在、前者が手術料一万四八一〇点、麻酔料一万八三〇〇点であるのに対して、後者は一〇〇点であり、その差は一九八九年当時とあまり変わらない。この数字をみる限り、宇沢氏が指摘した、医療従事者の仕事をどう評価するかという問題は依然解決をみていない）。

ところが、現在ほとんどの医療機関について、経営的な観点からは大きな問題が起きていないようにみえる。それは、診察、手術、処置などという人間的な医療行為にかんしては、実際にかかる費用が、保険点数表から算定された支払額をはるかに上回るのが一般的であるが、検査、投薬、輸血、あるいは特殊治療材料などにかんしては、その逆の現象がみられるからである。簡単にいってしまうと、医師、看護師などの人的費用、施設、機械・器具の維持にかかわる物的費用などについての赤字を、検査料、薬剤料、特定治療材料、輸血料などの項目からでてくる黒字で補塡しているのが、日本における大方の医療機関の経営的な実態なのである。

このことは、一方では日本の医療について、検査、投薬、輸血などが過剰におこなわれているという批判が当たっているのではないかということを裏付けるものである。というよりは、現行の保険点数制のもとでは、医師が医学的な見地から最適な治療をおこなったとき、そのときに実際にそれだけ費用がかかるかということと、その医師の所属する保険医療機関が、社会保険診療報酬支払基金から支払われることとの間にまったく関係がなく、検査、投薬、点滴、輸血などの処置をすればするほど、支払額と実際の費用との差が大きくなることが、保険点数表からよみとれる。このことはまた、検査機器のメーカー、製薬業者たちにとって、保険点数表にみられる、このようなバイヤスが、大きな利潤を生み出すことになることを意味する。

全国どこの病院にいっても、プロパという日本特有の人々が少なからずいることに気付くであろう。プロパといわれる人々は、製薬会社から病院に派遣されて、大きな病院の場合にはほとんど常駐して、自社の医薬品を売り込み、そのために必要なさまざまなサービスを供与するという仕事をしている。大学病院のなかには、このようなプロパが一〇〇人を超えるところがあるという。かつてある外国の製薬会社が、日本で営業を始めたとき、プロパの制度をとらなかったが、やがて他社と競争上、止むなくプロパを使わざるをえなくなってしまったという。プロパというのは、プロパガンダ（宣伝、伝道）の略で、もともと新しく開発された医薬品の効能や使い方を正しく伝えるために医療機関に派遣される専門家、技術者を意味したのであったが、現在では、いかにして自社の医薬品を特定の医療機関に売り込むかという市場競争的手段となってしまっていて、検査機器のメーカーや製薬業の得る超過利潤の大きさをはかる尺度ともなっている。

さきに、日本の医療機関について、おおむね経営的条件は悪くないと述べたが、その実態ははたしてどうなっているのであろうか。典型的な一病院の例をみてみよう。「典型的」といっても、この病院は、地方中核都市にある専門外科病院で、全国でもっとも高い医療水準を維持している病院の一つであって、医療的な面からは標準的ではないかもしれないが、経営的な側面で保険診療報酬支払制度との関わりは典型的、ないしは代表的といってよいであろう。この病院の規模は、ベッド数六八で、医師は、常勤五人、非常勤一五人（常勤と合わせて、毎日七人ないし八人）、レントゲン技師一人、理学療法士一人、薬剤師一人、看護師三二人、看護学生九人、事務一二人、賄い八人、清掃二人という構成をもっている。

ある一ヵ月（診療日数二四日についてみると、総収入の一一％が自費負担で、残りの八九％が社会保険、国保、労災などとなっている。外来患者総数は八七〇三人、一日平均三六三人（うち新患六〇人、再来三〇三人）、レセプトで一日平均三一四件となっている。また、入院患者については、一ヵ月の延数一八六九人、在院患者延数一八〇三人（うち新入院五七人、退院六六人）、一日平均入院患者六〇人（うちレセプト関係五二人）となっている。平均在院日数は三〇日、病床利用率〇・八九、病床回転率一・八一となっている。また、レセプト一件当たりの総請求額は二万一八二五円、うち外来については一万二四七八円、入院については二六万二八〇四円である。一ベッド入院収益は健保、労災、自費によって異なるが、平均して、一ヵ月当たり五四万―六〇万円である。

この統計をみてまず第一に気付くのは、外来患者の数が、医師の数に比して多いということである。医師一人当たり、一日平均六〇人の外来患者をみる。そのうち、新患一〇人、再来五〇人となっている。そのうえ、医師一人が一〇人の入院患者をみていることになる。手術件数はこの一ヵ月で五一件、うち全身麻酔によるもの三三件と比較的多く、医師一人当たりにすれば一ヵ月一〇件の手術をしていることになるわけである。インタビューした医師の方々は日々に、患者一人当たりの診察時間をもっとながくとりたいが、患者の数が多くて、思うようにゆかないという。同じような事情は看護師についてもいえる。

保険点数表から推定するかぎり、この病院の経営は大幅な赤字になるのではないかと思われるのであるが、薬価、検査料差益がかなりあって、手術料、入院料などにともなう赤字を補塡しているという一般的図式がここでも妥当しているようにみえる。しかし、この病院の場合、これらの差益による貢献分は比較的小さく、主要な部分は、医師、看護師、コ・メディカル・スタッフの献身的な働きによって支えられているという面をもっている。

この図式は、例にあげた病院だけでなく、全国の、すぐれた病院、医療機関にとって共通のものではなかろうか。すなわち、現行の診療報酬制度のもとでは、医師をはじめとして医療関係者の献身的な働き（というと聞えがよいが、むしろ犠牲）の上に、良心的、かつ医療的にすぐれた医療サービスを供給するか、あるいは、半ば無意識的に、あるいは意識的に、検査、投薬、輸血などの療養をふやして、社会保険診療報酬支払基金からの収入を高くして、経営的健全性を保つか、という二つの極にわかれてしまっているのではなかろうか。かつて、高橋晄正《こうせい》氏が、「悪意なき非倫理」といわれた現象を生み出すような欠陥を現行制度はもっているのである。

新聞紙上をしばしば賑わせる悪徳医師の事例は、究極的には、現行制度の矛盾が生み出した産物にすぎない。しかも、それらの事例や医師の高額所得の事例はむしろ例外的であって、医師全体としてみたときに、現行制度の矛盾に悩みながら、医師としての職業的自覚と矜持を守っている人々が大部分を占めているといってよい。しかし、現行の制度がつづくかぎり、このような状況をながく維持することは困難となりつつある。

医学的観点からの望ましい医療制度

日本の医療制度について、どのような視点に立って改革を進めたらよいかということがここで重要な課題となる。ここでは経済学的な枠組みのなかで、この問題をどのように考えたらよいかということに焦点を置きたい。このとき、まず第一に注意しておかなければならないことがある。それは、いわゆる市場原理にもとづいて、医療の供給も需要もまったく規制なしに自由な市場を通じて成立する価格のもとでおこなおうという考え方である。

この考え方はミルトン・フリードマンによって代表されるものであるが、医師の免許制をなくして、だれでも自由に開業できるようにする。患者は賢明な消費者の立場から、能力のある、すぐれた医師を選ぶから、能力の劣った医師は自然に淘汰されてしまうか、あるいは安い料金で医療サービスを供給するようになって、社会全体としてみたときに、最適な資源配分が実現するというのがフリードマンの主張である。フリードマンは、医療にかぎらず、すべての行動を経済的行為とみなして、一切の規制、管理を排除して、市場機構が自由に機能できるような状況が社会的最適であるというのである。フリードマンの主張は、「完全競争的な市場機構のもとで、社会的にみて最適な資源配分が実現する」という命題が、いつ、どのような状況のもとでも妥当するというつよい信念にもとづいて展開されている。フリードマンは市場機構の万能性に深い信仰をもっていて、すべての事象にそれを適用しようとする。このような意味で、フリードマンの主張は神学の領域に属するものであって、経済学ではないといわれるのである。

ここでは、この点に深く立ち入ることはさけたいが、医療という、人間の営みのなかでもっとも神聖にして、もっとも人間的な営為に対して、利潤追求動機にもとづく市場原理の適用ということは、もともと経済学のなかですら論外であることだけを述べておきたい。というのは、私たちが経済学者の立場から医療の問題を考察しようとするときに、まず批判ないし非難されるのは、市場原理を医療問題に適用しようとしているということだからである。

医療費が国民経済のなかで占める割合が高まるにつれて、経済学的にみて、医療費が国民所得ないしは国民総生産の何パーセントが適正あるいは最適なのか、という設問を投げかけられることが多い。国民総生産の六%は適正であるのか、あるいは高過ぎるのか、という問題が、医療費の高騰にともなって往々にして議論の対象となる。

この設問に対して、最適な国民医療費対GNP比率というような概念を経済学的な観点から導き出すことは不可能であるということをまず指摘しておきたい。さまざまな希少資源のうち、どれだけを、医療サービスの供給ないしは医学的研究、臨床的技術の開発に当てたらよいかという問題は、もともと経済学の理論的枠組みのなかでは考えることができないものである。

医学的な観点から望ましい医療制度とはなにかという問題がまず問われるべきであって、そのような制度を公正にかつ効率的に運用するためには、どのような経済的制度をつくり出せばよいかということを考察するのが経済学者の役割である。このような、医学的な観点から望ましい医療制度を運用するときに、希少資源をどれだけ投下しなければならないかという問題を考え、その費用がどれだけの大きさになるかということから、望ましい国民医療費対GNP比率が導き出されるわけである。要約すれば、医療を経済に合わせるのではなく、経済を医療に調和させるようにしなければならないのである。

望ましい医療制度について、その経済的側面を考えるとき、まず要請されることは、医師が、職業的、医学的観点からみてもっとも望ましいと思う診療をおこなったときに、そのときに必要となった費用が、その医師の所属している医療機関の収入と一致していなければならないということである。つまり、現行の保険点数制度のもとにおけるような、医学的最適性と経済的ないしは経営的最適性の間の乖離が存在してはならないということである。

また望ましい医療制度を、需要面からみたときに、患者が、所得の多寡、居住地域、人種的ないしは性的な条件などによって、医学的に必要とされる、最適な診療を受けられないようなことがあってはならないということが要請される。現行の医療保険制度はこのような観点からみたときに、理想的とはいわないまでも、かなり良いものであるということができよう。ただし、現行制度の改善の方向としては、保険料率の漸次的低減、給付率の漸次的上昇、とくに老人医療の無料化を実現することが望まれていたのであるが、さきに述べたように、第二臨調による行財政改革は、このような方向とはまったく逆の動きをしてきたということを指摘しておく必要がある。

医療に投下される物的・人的資源

望ましい医療制度の具体的なイメージを明確にするためにまず、医療とはなにかということを改めて取り上げて、考えてみよう。

医療はいうまでもなく、疾病、傷害によって人々の健康が損なわれたときに、医学的な知見にもとづいて、その回復のために適切な治療をおこない、また、このような疾病、損害が起こらないように、身体的条件あるいは医学的、社会的、自然的環境を整備しようとするものである。医療はこのように、診断、治療、予防などという多様な面をもっているが、ときとしては身体的侵襲を含めて、患者のプライバシーに立ち入って、その、もっとも深奥な部分にまで、治療行為が及ぶこともまれではない。このような医療行為の中心に位置するのが医師である。医師がどのような要件を備え、どのような能力をもち、どのような行為をしなければならないかということは、法的ならびに社会的にきびしく規定されている。医師にはさらに、医師としての職業的倫理を貫き、患者の医療的救済のために全力をつくすという、きびしい職業的規範が要求されている。

医師に対してとくに、このように職業的倫理が要請され、きびしい社会的規制が設けられているのはなぜであろうか。それは、上に述べたように医療行為はしばしば、患者の身体的、精神的な深奥部にまで立ち入って、ときとしては大きな侵襲をあえてすることによって、診断、治療という臨床医学的行為がなされるからである。と同時に、患者にとっても、疾病によって損なわれ、あるいは失われたものを回復し、一人の人間的、社会的存在として生を営みつづけることは、他のいかなる営為に比して、最高の価値をもつものである。そして、人間の身体的、精神的な構造にかんして蓄積されてきた、膨大な医学的知見にもとづいて、高度に発達した医療技術を用いてなされる診療に対して、大きな期待とつよい信頼感をもつのが一般的である。このような医療を実際に担当するのは医師であるが、その協力者である看護師、検査技師などのいわゆるコ・メディカル・スタッフの働きによってはじめて医療制度が円滑に機能する。したがって、患者が医師に対してもっている期待と信頼感はそのまま、これらのコ・メディカル・スタッフにも転移されることになる。

望ましい医療制度というとき、医師をはじめとするメディカル・スタッフが、医学的良心にしたがって、そのときどきに得られる最高の医学的知見と技術をもって、患者の治療に当たるとともに、患者が、これらのメディカル・スタッフに対してもっている信頼と期待が維持されうるようなものでなければならない。

医師の行動を考えるとき、経済学でよく用いられる静学的分析と動学的分析、あるいは短期と長期とに分けて考察すると、問題の所在を明確にすることができるように思われる。

短期ないしは静学的分析というのは、医療サービスを供給するために必要な人的、物的資源が所与であるとき、さまざまな可変的生産要素をどのように使って、どのような診療行為をおこなったらよいかということを考察するものである。医療機関の配置、規模、設備などの物理的資源と、医師、看護師などのメディカル・スタッフの社会的配分、その資質、能力などの人的資源とはそれぞれ所与であるとする。このとき、各医療機関について、可変的な、医師、コ・メディカル・スタッフをどのように配置するか、患者を何人、どのような順位をつけて診療するか、ということに始まって、医師の指示によって、病床の使用、検査、投薬、処置、手術など必要な治療をどのようにおこなうか、ということが決められる。

これらの可変的な医療的生産要素を、どの患者に対して、どのように使用するかということは、医師が純粋に医学的基準にしたがって決めなければならない。このさい、病床の使用料、検査料、薬剤費、処置料、手術料など価格にかんする情報が医師の選択に影響を与えることがあってはならない。まして、薬価差益など利潤に関係のある要因によって、医師の診療の選択が左右されることがあるとすれば、それは、医師としての資格の喪失を意味する。フリードマンの市場原理にしたがえば、医師は、薬価差益などの利潤を最大にするように診療行為を選択することが必要となってくるが、医師がこのような行為をおこなうとき、すでに医師としての資格は失われ、患者からの信頼は完全に失われてしまうことになるであろう。

このように、望ましい医療制度の短期的特質を考えると、それは、医師が、純枠に医学的な基準にもとづいて、診療行為を選択したとき、そのときに実際にかかった費用が、その医師の所属している医療機関の収入に見合うものになっていなければならない。すなわち、現行の、官僚的に定められた保険点数表にもとづく診療報酬支払制度ではなく、社会保険診療報酬支払基金からの支払額が、各医療機関について実際にかかった費用にちょうど見合うものでなければならない。

しかし、このような制度を運用しようとするとき、「実際にかかった費用」をどのようにして算出し、どのような手段でチェックするかという問題が起こってくる。この点についてくわしくふれる紙数的余裕がないが、メディカル・スタッフの人件費、とくに医師にかかわる人件費をどのようにして決めたらよいかという問題について簡単に言及しておこう。

この問題に対して、新古典派の経済理論ないしはフリードマン流に考えるとき、それは、いわゆる限界生産力説にもとづくものとなる。つまり、医師がある診療行為をおこなったときの報酬は、その診療行為によってどれだけの経済的便益が得られたかということを市場価格を基準として評価した額に等しくなるというものである。所得の高い人と低い人とがいて、どちらも同じ手術によって生命を救われたとしよう。所得の高い人の方が手術を受けなかったとしたときの経済的損失は大きくなるから、所得の低い人に比べて、その限界的便益は大きくなる。また、生命にかかわるような手術については、自らの命を救ってもらうために、所得の許すかぎり高い料金を支払う用意があるから、その限界的便益は無限大に近いものになってしまうであろう。

医師に対する報酬は、このような考え方にもとづくものであってはならない。むしろ、医師にふさわしいと社会的に考えられる基準にしたがって、医師の報酬が定められなければならないであろう。具体的にその水準を定めるのは必ずしも容易でないが、さまざまな職業のなかでもっとも高いものでなければならない。しかも、医師に対する報酬の大部分は固定給的な性格をもち、保険点数表の背後にある出来高払い的性格は最小限に止めるべきである。

このとき、医師が、職業的な倫理をはっきりもち、専門家としての判断にもとづいて最適な医療をおこなうということが当然前提となるわけであるが、どのような人間的素質をもち、どのような専門的ないしは技術的知見をもち、どのような基準にしたがって行動するかということにかんして、専門的ならびに社会的にきびしいチェックを絶えず受けるということが要請されるが、その反面、このような医師の生き方、職業的行動に対して、広い範囲にわたっての社会的共感が得られるようなものでなければならないであろう。

長期の視点から望ましい医療制度の特質を探ろうとするとき、これまでとはまったく異なった様相を呈していることがわかる。長期の問題というのは、病院をはじめとしてさまざまな物理的資源、医師、看護師などの人的資源、さらに医学的知見、技術をどのような基準にしたがって蓄積したらよいかという問題である。それは、医療資源の蓄積のために、希少資源をどれだけ蓄積したらよいかという問題と密接な関わりをもつ。

希少資源を、医療の蓄積のために用いるということは、医療以外の社会的、個人的蓄積のために用いられるはずであったものを用いるということを意味する。この問題は、これまで述べてきたようなかたち、すなわち、医学的基準にしたがって決めるという性格のものではなく、すぐれて社会的性格をもつ基準にもとづいて決められるべきものである。この問題にかんして、くわしくふれる紙数がないが、一つだけ言及しておきたい。それは、医療に投下される物的資源、人的資源は多ければ多いほど、一国の社会、経済にとって望ましいものであるということである。すなわち、一国の人口のうち、医療関係の仕事に従事している人々の比率が高くなり、安定したものとなることは、その国の文化的、社会的安定性がきわめて高いということを意味する。

しかし、このようなことが主張されるためには、医師が、それぞれ専門分野において常に最新の知見を修得し、医師としての職業的倫理にもとづいて選択し、行動するということが要請される。このことはまた、医学生の教育、養成にさいして、医師としての職業的倫理の確立ということが、医学の知識、技術の修得とならんで重要視されるということを前提とする。それはまた、医学生の選択にかんして、現行の共通一次とか、入試センター試験のような、非人間的、非論理的な基準ではなく、それぞれの医科大学、医学部の個性を十分に生かして、受験者の人間的資質、学問的能力を十分にみることができるような入学者選抜制度を前提とするものでなければならない。

第VI部

教育と社会的共通資本

第23章　教育の危機と経済学

宇沢氏は、いじめなどの深刻な問題が噴出する日本の学校教育の危機的状況についても憂慮していた。教育を取り巻く状況を考察した著作からは、そうした問題を何とかしたい、という思いが伝わってくる。宇沢氏は、共通一次試験や大学入試センター試験といった画一的システムを導入した官僚らを問題の根源だとして指弾した。

日本の学校教育の全面的危機

日本の学校教育が現在置かれている状況は全面的危機という言葉がそのまま当てはまるといってよい。陰惨ないじめに象徴される心身ともに荒《すさ》み切った子どもたち、荒れ果てた教室と多数の子どもたちの不登校、子どもたちを巻き込んだ犯罪の頻発をはじめとして、日本の学校教育がいかに異常なものになっているか、をあらわす事件が、毎日のようにテレビや新聞紙上に報道されている。

しかし、これらの事件は病める日本の教育の表層的な病理学的症候を示すものにすぎない。日本の学校教育を、その深層に立ち入って眺めるとき、もっと深刻な様相を呈している。いくつもの臓器に転移した末期的癌の患者に似たものがある。その根元には、非人間的、反倫理的な受験地獄を生み出してきた現行の学校教育制度の矛盾がある。なかでも、入試センター試験というおよそ考えうるかぎり最悪の大学入試制度のもとで、記憶と条件反射の能力を基準とした偏差値という非人間的、反理性的な尺度によって子どもたちが恣意的に順序づけられている。

一方では、人生にとっていちばん大事なものを見失って、人間の心を失いつつある子どもたちが出てくると同時に、他方では偏差値が低いだけの理由で自らの夢を実現する手段を奪われて、人生に希望を失ったかにみえる子どもたちを数多く生み出している。初・中等教育制度も、この最悪の大学入学の制度に大きく影響されて、必然的に数多くの矛盾を抱えざるを得なくなり、日本中いたるところで、大切な子どもたちを犠牲にしている。

日本の大学自体も、教育、研究の両面で数多くの矛盾をはらみ、一種の内部崩壊に近い状況を生み出しつつある。学校教育制度の一環としての大学が果たすべき本来の機能はいうまでもなく「リベラルアーツ」(Liberal Arts) を中心として、学生たちの人格形成の場としてとらえるべきである。もちろん学問研究が大学で重要な役割を果たすことはいうまでもないが、学生の立場からは、研究は主として大学院を中心としておこなわれるのが現在では望ましいのではないだろうか。しかし、日本の大学の現行の制度では、大学における教育は、中途半端な専門教育とAcademic Disciplineを欠いた大学院教育が中心となっている。教育、研究の両方の点からきわめて不適切なものである。

学校教育は、その本来的な目的である、礼儀正しい、謙虚な人格形成と先天的、後天的能力の建設的発展という機能をまったく果たすことができなくなっている。その結果、倫理的規範は崩壊し、社会的紐帯も損壊し、日本の経済・社会を構成する基本的なファイバーの中心がぼろぼろになってしまっているという危惧をつよくもたざるを得ない。

日本の教育を支配してきた文部官僚による抑圧的、非人間的な学校教育政策のもたらした弊害はあまりにも大きく、だれの目にもはっきりしたものとなりつつある。その弊害は、文化、社会、経済、政治のあらゆる面に浸透し、日本社会は、かつて経験したことのない大きな混乱の最中にある。教育の問題はもはや、教育学を専門とする教育学者や教育行政を担当する文部官僚の手に委ねておくことはできない。とくに、サッカーくじが実行に移されたとき、文部官僚に対する不信感が決定的になるのを感じざるを得なかった。ヨーロッパや中南米で、大きなサッカーの試合があるとき、必ずといっていいほど、暴動が起き、数多くの死傷者が出るが、それはサッカーくじが原因だともいわれている。サッカーが賭博の対象となっているからである。それでなくとも、子どもたちにとって大切なスポーツであるサッカーを対象にして、文部官僚が胴元になって賭博場を開くということほど、文部省にたいする社会的信頼を喪失させるものはなかった。

教科書に見た官僚専権

私はある時期、二〇年以上にわたって、ある書籍会社の小学社会科の教科書編集の監修にたずさわった。その作業を通じて、私自身じつに貴重な学習の機会をもつことができた。その間、編集担当者は何人か代わったが、いずれも、子どもたちがすこやかに、のびのびと人間的な成長ができることを願って社会科の教科書を編集するというリベラリズムの理念にたち、しかもそれを実際に教科書のかたちに具現化するために必要な編集技術をも兼ね備えた方々であった。しかし、この作業は必ずしも単純なものではなかった。とくに文部官僚による教科書検定制度のもとで、リベラリズムの理念にたった教科書をつくるというのはきわめて困難であった。しかし、この書籍会社の小学社会科教科書は高い評価を得て、その採択率はじつに五〇パーセントを超えるまでになった。この前例のない成果はもっぱら編集に当たった方々の努力の結果であるが、編集の基本的方針として、可能なかぎり文部省の設定した内容の空虚な、しかし法的強制力をもつ学習指導要領から自由に、可能なかぎり、子どもたちの知的、倫理的、人間的発達を願って小学校社会科の教科書をつくることを第一義的な目標としたことが、私たちの教科書が成功した理由だったといってもよい。

あるとき、『平成一二年度本』の教科書を準備することになった。『平成一二年度本』は二一世紀を開く教科書となる。新しい世紀の小学社会科の教科書は、世紀末的大激変のもたらすものを的確にとらえて、新しい世代を担う子どもたちが二一世紀を生きるための指針を与えるものでなければならない。それは官僚的作文の典型である文部省の学習指導要領に拘束され、その偏見にみちた思想の枠組みに制約されていては、決して実現できるものではない。しかし、文部官僚による教科書検定という現行の法的制度のもとでは、学習指導要領を逸脱した教科書をつくることはできない。この矛盾をどのようにして解決することができるであろうか。私は、同志ともいうべき編集担当の方々と、この問題について何回も議論を重ねた。幸い、私たちの教科書は上に述べたように圧倒的な採択率を示していたし、編集にたずさわっている人々は、学問的にも、社会的にも主導的な役割を果たしている方々が多かった。『平成一二年度本』をつくる過程で、ある程度の創造的実験は許されるのではないかという結論に到達して、会社側の了承を得た。

私たちはすぐ実際の作業に入った。この書籍会社には、人数は少ないが、卓越した資質とすぐれた能力とをもった若い編集部員がいた。文部省の学習指導要領からまったく自由な立場にたって、小学社会科の教科書をつくるとしたら、どのような単元となるであろうかという課題を出して、各人がそれぞれ自由にテーマを選んで、実際に単元を書き上げる作業を進めた。それから二年間にわたって、各人がそれぞれ複数の単元案を作成したが、いずれもすばらしい内容と構成をもち、しかも、子どもたちの感性にするどく訴え、その知的好奇心を刺激し、学習意欲を大いに高めるものだった。私は、この研究会の成果を一冊の書物にまとめて『小学社会――夢の教科書』と題して出版することを提案した。できれば文部省が『平成一二年度本』の学習指導要領をつくる前に、私たちの成果を世に問い、可能ならば新しい学習指導要領作成の過程で参考にしてもらえたらというかすかな希望すら抱いていた。しかしその案は、営業政策上の理由で取り上げられなかった。

その後、しばらく外国に出かけていた留守に、会社側は私たちの作業を全く反古にして、これまでと同じようなかたちで編集作業を進めて行くことにしてしまった。しかし会社側が、上に述べたような経緯を無視して、文部省の学習指導要領に忠実にしたがって、『平成一二年度本』の編集を進めるという決定をしたことは無理もない事情があった。その直前に、会社は文部省による深刻な「いじめ」にあっていたのである。『平成八年度本』の新しい教科書が各小学校に配布された後で、六年生の教科書のなかに些細なミスが発見された。それは、文部省の指示によって削除する予定であった一枚の図版が、まったくの印刷過程でのミスで最終本に削除されないまま残ってしまっていた。その図版は、勝海舟と西郷隆盛が江戸城明け渡しについて対談している図であったが、たまたま文部省の決めた図の数の上限を一枚超えることになってしまうので、校正の段階で削除するよう指示した。しかし、この図は、どの教科書でも入れるのが慣わしとなっていて、印刷の段階で、その指示を見落としてしまったのであった。

会社は、文部省に何回か陳情にいったのであるが、文部省は頑として受け入れず、会社はすでに全国の小学校に配布されていた社会科教科書を全冊回収して、問題の図版を削除した教科書と入れ換えなければならなくなった。このためにかかった費用は巨額に上って、規模の小さな教科書会社にとって、経営の危機的な状況を生みだすことになった。文部省による専権的な教科書検定というきびしい制約のもとで志の高い教科書を編集し、しかも高い採択率を維持しつづけるというのは、きわめて困難な作業をともなう。『平成一二年度本』の社会科教科書を編集するに当たって、文部省との間にこれ以上摩擦の原因となることは極力避けたいという会社側の立場は十分理解できる。しかし、文部省による教科書検定の弊害を乗り超えて、二一世紀の子どもたちのための社会科教科書として、真の意味で知的、啓発的であり、しかも子どもたちの人間的発展に寄与しうる教科書をつくるという夢がはかなくも消えてしまったことは、私としては、なんとも残念でならない。と同時に、官僚専権の陋習を打ち破ることがいかに困難であるかを改めて実感したものである。

センター試験制度の弊害

日本の学校教育制度のもつ矛盾と欠陥をもっとも端的にあらわしているのがセンター試験である。共通一次試験（一九七九～八九年）として発足してからすでに三〇年以上、センター試験（一九九〇年～）となってからでも二〇年以上が経つ。この間に、この入試制度がもたらした弊害は大きく、またそれにともなう社会的混乱ははかりしれないものがある。しかも大学入試制度が社会的に問題となり、政治的次元での議論の対象になるたびに、文部省によって対症療法的な、姑息な弥縫《びほう》策が恣意的にとられてきたために、受験生の間に大きな混乱を惹き起こし、高等学校の教育に対してさまざまな障害をもたらしているだけでなく、日本の高等教育制度そのものを空洞化させ、形骸化させる一つの契機をつくってきた。とくに、この画一的な入試制度は、いわゆる受験競争をいっそう熾烈なものとし、予備校をはじめとして塾の繁栄をもたらし、小学校教育にいたるまで、その悪影響を及ぼしつつある。

共通一次入試制度、そしてそれを継承したセンター試験制度の最大の問題点は「共通」ということである。何十万人という、同年代の若者たちが、全国一斉に、同じ時刻に、同じ問題に取り組んで、鉛筆を動かしているという光景は想像するだけですでに異様である。しかも、共通一次入試制度は、コンピューターで計算された成績点数によって、全国の受験生が序列づけられ、その結果が偏差値としてあらわされ、それぞれの偏差値に見合った大学を志望する。全国の国公立大学も学部毎に、偏差値によって順序づけられているという、およそ考えうる入学者選抜方式のなかでもっとも非人間的、非文化的なものが、この共通一次入試、センター試験の制度であるといっても言い過ぎではない。この信じられないような欠陥をもつ入試制度がこれまでつづけられ、大きな弊害をもたらしてきたことに対して、本質的な検討が加えられてこなかった。このことはたんに文部行政の貧困を示すものだけでなく、日本の国公立大学のあり方にも重大な欠陥が内蔵されているということを示唆する。

もともと大学にとってもっとも大切なことは、各大学がそれぞれ置かれている歴史的、伝統的な環境のもとで、できるだけ自由で、個性的な研究、教育が生き生きとしておこなわれるような場をつくり、それを維持することである。そのためには、各大学における学問研究・教育を担当する教授たちの集団（Faculty）――日本の大学についていえば学部教授会――は、学問研究、教育の具体的内容を内発的な動機にもとづいて規定し、その発展をはかるために必要な措置をとる責務をもつ。このような意味でも、大学は大切な社会的共通資本であるといってよい。

大学はあくまでも社会的存在であり、経済的、財政的制約条件のもとで機能している一つの組織であり、教授会の内発的要請が、これらの社会的、財政的制約条件と往々にして矛盾し、この間にきびしい対立関係が形成されるということは否定できない。しかし、世界のすぐれた大学はいずれも、この社会的、財政的、ときとしては政治的な対立関係のなかにあって、その自律的、内発的な学問研究の姿勢を貫いてきた。そして一つの国のなかにこのような大学が数多く存在しつづけ、その機能を十分に発揮できるような状況をつくり出すことによってはじめて、その国が社会的正気（Sanity）を保ち、文化的な面でも魅力的なものとなることができる。

大学が、その本来の機能を果たすとき、それは当然、大学の個性化、多様化となって現われる。そのさい、もっとも重要な契機をかたちづくるものは、教授人事と学生選抜にかかわるものである。どのような基準にもとづいて、どのような手続きによって、教授を任命し、学生を選抜するかということについて、各大学が、それぞれのもっている学問的、伝統的、歴史的、地域的特性を十分考慮して、各教授団が最適な方法を自主的に決定することによって、学問的、人間的個性を維持し、新しい発展の方向を規定してゆく。このことが、大学の存続、発展のためにもっとも肝要である。このときはじめて、大学の自主性を維持し、大学における研究、教育の活性化をはかることが可能となるからである。

私自身これまで世界のいくつかの大学で研究、教育にたずさわってきたが、財政的、経済的、あるいは政治的な事情を配慮して、教授人事あるいは学生選抜の基準にさいして妥協的な策がとられるとき、それはその大学にとって自殺的行為に等しく、長期的な視点からみて、その大学の衰退は必至となるという苦い経験をじっさいに体験してきた。その反面、これらの外的な要因を排除して大学独自の立場を貫くとき、短期的にはたとえ深刻な問題が起きたとしても、長期的にはそのような大学が、学問研究の面でも、学生教育の場としても、主導的な役割を果たしつづけてきた。

大学が、その本来の機能を十分に果たすことができるような条件が存在しているときには、各大学の学生の性向、資質もまた多様化したものとなることは当然である。このことは決して、一つの大学のなかにまったく異質な性向、資質をもった学生が混在しているということを意味するものではない。一つの大学が、二種類以上の性格をもった入学者選抜基準を適用しようという試みや、一部の入学者について「一芸に秀でた」学生を選ぶという基準を適用して別枠の試験を課そうというのは、とくに学生の立場から大きな弊害をもたらす。

大学の多様性というときには、日本全国に数多くの、それぞれ異なった個性、性向、伝統をもった大学が数多く存在して、受験生もまたそれぞれの個性と志望にふさわしい大学を選択して、受験することができるということを意味する。一つ一つの大学が、整合性を欠き、主体性を喪失した選択方式を採用するということを意味するものではないことを重ねて強調しておきたい。

一〇代後半の若者たちがもっている、資質、才能、アスピレーションはきわめて多様、異質である。決して単一の基準によって、順序づけたり、判断することはできない。各人がそれぞれもっている資質、才能をできるだけ生かし、アスピレーションをかなえられるような生き方を一生つづけて発展させることができるような環境を用意することが、高等教育のもっとも重要な役割でなければならない。

大学進学が望ましい人もいれば、はやくから職業訓練を受けることが望ましい性向、職業的選択をもっている人もいる。各人がそれぞれ志望する道を選び、その生来的な資質をできるだけ生かし、その能力をできるだけ発展できるような教育環境を用意することはきわめて優先度の高い社会的要請である。と同時に、どのような道を選ぼうと、それによって順序づけられたり、あるいは差別されたりすることがないような配慮をおこなうことが、社会正義の観点からつよく要請される。

共通一次入試、センター試験の制度は、このような社会的要請を真っ向から否定するものである。「共通一次」というまったく恣意的な基準によって、全国の受験生を一律的に規格化し、序列化し、全国の国公立大学までも同じ基準によって序列化しようという、この現行制度は、各受験生の人間的、社会的成長を著しく阻害し、一〇代後半の鋭い感受性をもち、多様な才能を秘めた多くの若者たちに対して、はかり知れない損傷を与えている。

共通一次入試制度が実行に移されてから一〇年の間に、この制度の最大の問題点は「共通」であることがはっきりしてきた。しかし、文部省は共通一次入試制度の問題点、その弊害について十分な配慮をおこなうことなく、この欠陥多い制度をさらに拡大して、私立大学まで含めたセンター試験制度を発足させた。当初は、日本の多くのすぐれた私立大学はこの制度に参加することを拒否してきたが、最近、文部省の圧力に耐えかねて、共通一次入試制度に組み込まれてしまった。これらのすぐれた私立大学はいずれも、独自の歴史と伝統をもち、独自の学問分野においてすぐれた教授たちをもち、それぞれの大学の個性と学生の資質とを十分に生かすことができるような入学者選抜制度を維持し、あるいは指向してきた。これらのすぐれた私立大学までが「共通」の枠のなかに閉じこめられてしまったことは、受験生は地獄の世界から逃れることができなくなってしまったといってよい。

しかし、当初、日本のほとんどすべての私立大学がセンター試験に参加することを拒否したということは、わが国の私立大学の多くが、国民から期待されている大学のあり方を守って、すぐれた教育水準を維持してゆこうという意思を表明したものとして受け止めたいと思う。本来ならば、国公立大学もまた、センター試験の枠から脱して、各大学それぞれ独自の入学者選抜方式を模索することがつよく要請されていたのではないだろうか。

共通一次入試あるいはセンター試験という欠陥の多い制度が長い年月にわたって強行されてきたということは、文部行政の問題点を象徴的にあらわすものである。もともと、共通一次入試制度は、その発足にさいして、いかにも、国立大学の任意団体である国立大学協会（国大協）の内発的な要請にもとづいて文部省が必要な措置をとったかのような外観をもっていたが、実際には、文部省当局のつよい政策的意図がはじめにあって、国大協は、その隠れ蓑にすぎなかった。そして、大学入試センターという巨大な行政機構が設置されて、共通一次入試を実際に担当してきた。

共通一次入試制度に対して、社会的、政治的な観点から、つよい批判が投げかけられるようになってくるとともに、文部省は、大学入試センターの保全ということにつよい関心を抱きはじめたのではないだろうか。共通一次を名前だけ変えて、しかも私立大学まで拡大してセンター試験を導入したとき、もっぱら大学入試センターの保全、拡大をはかっていたのではないかという疑問をもたざるを得なかった。

この問題に関連して、今でも、鮮明な記憶として残っているエピソードがある。共通一次入試の導入の二年ほど前のこと、半ば公的な集まりで、何人の人たちと雑談風に話していたとき、文部省のＯＢの方が言った。

「文部省は、大蔵省や通産省と違って、天下りの組織が少ない。大学入試センターのような組織をつくって、天下りの機会をふやすのは、現役の人たちに対するわれわれＯＢの責務である」

このＯＢの方は、人格高潔、識見豊かで、私が常日頃、もっとも尊敬している方だったので、この言葉は余計、私の心に深く残っている。

大学入試制度という、長期的視点からみたときに社会的におそらくもっとも重要な影響を及ぼすと思われる制度にかんしては、もっと広く、できるだけ多くの人々の考えを聞いて、慎重にことを進めるべきではなかろうか。

世界のなかでの日本の経済的比重が近年著しく高くなり、国際的連関も以前とは比較できないほどつよくなってきたが、日本の文化的水準の相対的低さが改めて浮き彫りにされ、世界の人々につよく印象づけるものになってきた。とくに、日本の大学の貧困さ、浅薄さが目立ち、きわ立ったかたちでの形骸化がみられる。それは必ずしも大学の置かれている物理的、経済的環境の貧困ということではなく、大学における学問研究、教育が、自由に生き生きとおこなわれていないということに起因するものであるといってもよい。

教授人事、学生選抜という面だけでなく、予算執行面でも、日本の国立大学にはあまりにも恣意的な行政的制約条件がつよすぎ、学問研究に一生を捧げようという真摯な研究者にとって、これほど悪い環境はないと思われる反面、体制に迎合し、矮小な研究に従事する人々にとって、日本の大学ほど安易に生きることができるような大学は、他の国々にはあまり例がない。

かつて、日本の国公立大学は、すぐれた伝統をもち、きびしい研究、教育環境を形成し、多くの学問分野で、世界で主導的な研究成果をあげてきた。しかし、共通一次、センター試験の入試制度に象徴される戦後の高等教育行政の歪みは大きく、いまや大学の自主性、主体性の喪失はだれの目にもはっきりしたものとなり、自然科学、医学、工学などの一部の分野を例外として、その栄光は過去のものとなってしまったという危惧をもちつづけてきた。このたび、強行された国立大学法人への移行は、この危惧がまさに現実となりつつあるといってよい。

「教育制度のあり方にかんする調査団」

私は一時期、村山首相の私的なアドバイザーをしていたことがある。そのとき、提出した覚え書きがある。参考のため、記しておきたい。

「一連の学校教育に係わる不祥事件に関して、その制度的、構造的要因をあきらかにし、教育基本法の精神に則って、人間的尊厳を重んじて、市民的自由が最大限に守られるような教育制度のあり方を求めることを目的とする調査団」

日本の学校教育制度はいま危機的状況にある。筑波大学出身の医師による妻子の虐殺、東京大学、京都大学をはじめとして、いわゆるエリート大学の学生・卒業生多数のオウム真理教への関与など、前代未聞の不祥事件が相次いで起こっている。

他方、初・中等教育の面でも、多数のいたいけな子どもたちが、陰惨な「いじめ」に耐え切れず、自ら死を選ぶという悲しい事件が全国いたるところで起こっている。現在、日本の学校教育には、「個人の尊厳を重んじ、真理と平和を希求する人間の育成を期するとともに、普遍的にしてしかも個性ゆたかな文化の創造をめざす教育を普及徹底しなければならない」という教育基本法の理念は跡形もなくなってしまったといっても過言ではない。

このような日本の学校教育はひとえに、戦後五〇年にわたって強行されてきた文部省による非人間的、偏向的、権力主義的な教育行政の必然的な帰結である。

一九六〇年代の後半から七〇年代の初めにかけて、全国的な拡がりをみた大学紛争を契機として、文部省は国公立と私立とを問わず大学の運営に積極的な介入をしはじめた。一方では大学教育の大衆化によって大学の性格が多様化し、重層化してきたことにともなって、大学経営のあり方に断層的な変化が起きつつあることに起因するとともに、他方では学問研究の高度化、組織化にともなって、大学における研究と教育とを両立させることが事実上困難になりつつあることにもよる。しかし、文部省による大学運営の介入は、安易な官僚的独断と極端な政治権力へのおもねりにもとづき、上に引用した教育基本法の理念とは根本的に相容れないものである。

この大学行政の変更がもっとも端的なかたちで現れたのは共通一次入試制度（現行のセンター試験制度）の導入である。

もともと大学入試制度は、わが国の学校教育制度全体をきわめて非人間的なものとし、教育基本法の理念とは相容れないものであった。それは一方では高等教育の形骸化、空洞化をもたらすとともに、他方では初・中等教育において、一人一人の子どもたちのもっている多様な性向とすぐれた資質とを抹殺して、官僚的、画一的基準を持ち込み、多くの子どもたちの人間的成長に取り返しのつかない打撃を与えてきた。

文部省は、このような大学入試制度がもたらした反社会的、非人間的役割に対して、十分な解明と謙虚な反省をおこなうことなく、逆に、その矛盾をさらに拡大化し、混乱をいっそう普遍化するような共通一次入試制度を導入した。オウム真理教事件、筑波大学の医師による殺人事件などに象徴される大学教育の危機は、その要因の一つに共通一次入試制度をあげることができる。この共通一次入試制度は、心ある大学人はすべて反対したが、文部省はそれを押し切って強引に新制度の導入を決定したのであった。

初・中等教育制度の混乱と惨状はさらに普遍的、かつ深刻である。それは、「いじめ」にあった子どもが人間的尊厳を傷付けられて、自ら命を絶つという、これ以上の悲しみはないと思われるような事件が頻発していることになによりも明確にあらわれている。しかも、この悲しい事件が起こるたびに、私たちは、学校長の官僚的な弁明と教師たちの無責任な態度に、言葉に言い表わせない怒りと憤りを感じてきた。文部省による非人間的な権力的教育行政のもとで、教育的営為を売る一介の労働者にすぎなくなってしまっているとしか思えないからである。

現代社会における学校教育の理念は、二〇世紀の初頭、ジョン・デューイが高らかに掲げたリベラリズムの思想にもとづくものがなければならない。ジョン・デューイのリベラリズムにもとづく学校教育にかんする三つの理念はそのまま、教育基本法の第一条、第二条、第三条として表現されているが、そのなかでもっとも重要なのは個人的な人格的発達という機能である。すなわち、一人一人の子どもはそれぞれ、先天的、後天的にすぐれた資質、多様な性向をもつ。したがって、学校教育は、可能なかぎり多様な、重層的な構造をもって、一人一人の子どものもっている多様な才能と夢（アスピレーション）が生かされ、人格的成長のたすけとなるようなものでなければならない。現行の学校教育制度は、この教育基本法のあげた理念がいずれも完全に否定されかねないような構造をもち、その結果、上にあげたような信じ難い不祥事の頻発をみているのである。

現行の学校教育制度にかんして、制度的、構造的要因を冷静に分析して、教育基本法の理念に沿って、リベラリズムの思想にもとづいた制度をどのようなかたちで構築したらよいのかを提示し、その具体化をはかることはいまもっとも緊急を要することがらである。

第24章

ヒューマン・キャピタルという非人間的な考え方

環境や医療などに市場原理主義を持ち込むべきではないとした宇沢氏は、ミルトン・フリードマンのヒューマン・キャピタルの考え方や、合理的な人々が参加する完全競争的な市場で資源配分と所得分配が行われるときに「最適」な状態が実現するというゲイリー・ベッカーの議論の問題点を指摘する。

ヒューマン・キャピタル理論の異常な展開

ヒューマン・キャピタルの概念にもとづくゲイリー・ベッカーの教育経済学は、新古典派の経済学の考え方を代表するものです。ヒューマン・キャピタルの考え方はもともと、T・W・シュルツがアメリカ農業の発展過程を分析した一連の労作のなかで導入したものです。シュルツは、アメリカ農業の歴史をつぶさに分析して、アメリカ農業の生産性の上昇が農民一人一人のもっている農業生産にかかわる知識の蓄積に依存するところがきわめて大きいことを発見しました。シュルツは、この農民一人一人のもっている農業生産にかかわる知識の蓄積をヒューマン・

キャピタルとよんで、国民経済全体の経済発展の過程で重要な役割を果たすことを強調したのです。シュルツはさらに進んで、農業生産にかかわる知識の経済的性質をくわしく分析して、農民一人一人がこの知識をどのような動機にもとづいて、どのようにして獲得するかについて、すぐれた実証分析を展開しました。ちなみに、これらの研究に対して、シュルツはのちにノーベル経済学賞を授与されることになりました。

ヒューマン・キャピタルの考え方はずっとあとになってから、ミルトン・フリードマンによって、特異な形で展開されることになります。それを使って、フリードマンが貨幣数量説を正当化しようとしたのです。

フリードマンは、各人がもっている資産をノン・ヒューマン・キャピタルとヒューマン・キャピタルとに分けて考えます。ノン・ヒューマン・キャピタルは、土地、家屋、金融資産など普通の資産ですが、ヒューマン・キャピタルは、各人のもっている知識、技術、技能などの人間的能力をすべて考慮に入れて、それぞれを市場的尺度で測って、足し合わせたものとして定義されます。

ここで、ヒューマン・キャピタルの各構成要素を市場的尺度で測るというのは、次のようなことを意味します。いま、ある個人のもっている特定の技能を考えてみましょう。この個人はその技能を提供して、仕事をし、報酬を得るわけですが、その報酬の大きさは、この技能が市場でどのように評価されるかによって決まってきます。この報酬は、いま考察している個人の一生の間、働くことができる期間を通じて得られるわけです。したがって、この個人のもっている特定の技能の市場的価値は、年々得られる報酬を、ある適当な割引率で割り引いた割引現在価値によって評価されることになります。

このようにして、各個人のもっているさまざまなヒューマン・キャピタルの構成要素の市場的価値を計算して、足し合わせた金額が、その個人のヒューマン・キャピタルの大きさをあらわすわけです。このヒューマン・キャピタルの評価方法は、ノン・ヒューマン・キャピタルの一般的評価方法をそのまま踏襲したものです。

ノン・ヒューマン・キャピタルの場合、その構成要素は土地、家屋、金融資産など普通の資産であって、原則として、市場で取り引きされると考えてよいわけです。もし、これらの市場が金融資産市場と同じような性格をもっていて、完全競争的な市場を理論的に想定できるとすれば、上の評価方法は少なくとも、近似的には妥当し、ノン・ヒューマン・キャピタルから生み出される所得の割引現在価格と一致すると考えられます。しかし、ヒューマン・キャピタルの場合、その構成要素を取り引きするような市場を想定することはできません。フリードマンのヒューマン・キャピタルの考え方は、一人一人の人間を売買する市場が存在するような状況のもとではじめて正当化されるものです。

フリードマンはさらに進んで、各個人はそれぞれ、自分のもっている全資産から生み出される現在から将来へかけての所得の時間的系列が最適になるように、資産保有のノン・ヒューマン・キャピタルとヒューマン・キャピタルの構成割合を決めようとすると考えます。南北戦争以前のアメリカ南部の大農園の所有者が、農地の保有面積と所有する奴隷の人数を最適な割合にしようとするのとまったく同じ選択行動を想定しているわけです。いうまでもなく、フリードマンの想定する状況が現実のものとなっている国はどこにも存在しません。

フリードマンは、このノン・ヒューマン・キャピタルとヒューマン・キャピタルの考え方を使って、貨幣数量説を「証明」したとして、ケインズ以前の新古典派経済学の基本的前提条件がみたされ、分権的市場経済制度のもとにおける完全雇用、調和的経済循環の神話の復活を試みたのでした。

ベッカーの効用と費用の教育経済学

ゲイリー・ベッカーは、フリードマンのヒューマン・キャピタルの考え方を、人間の行動すべてに適用しようとしたのです。ベッカーは教育経済学、犯罪の経済学、人種差別の経済学、結婚の経済学、離婚の経済学、さらには浮気の経済学など、数多くの分野で精力的に反社会的、非人間的な研究を展開しました。

ベッカーの教育経済学は、これら一連の研究業績のなかで、もっとも重要な意味をもつものですが、その考え方のエッセンスは犯罪の経済学にもっとも鮮明に、また分かりやすい形であらわれています。

ベッカーの犯罪の経済学は、次のような行動様式を想定します。各個人がある犯罪を犯すかどうか、決めるときに、その犯罪によって得られる効用の大きさと捕まって処罰されたときに失う効用の大きさを比較して、前者の方が後者より大きければ、犯罪を犯し、逆の場合には、犯罪を犯さないという選択をするというのです。たとえば、各個人が殺人という行為をするか、どうか迷っているとき、殺人をするときに得られる楽しみが、捕まって死刑に処せられるときの苦しみより大きいときに殺人という行為を選択するというのです。ベッカーは、この考え方に対して、見かけ上の科学性を与えるために、捕まって死刑に処せられる確率を考慮にいれて、殺人にともなって失われる効用の数学的期待値まで計算しています。

また、ベッカーの結婚の経済学は、次のような考え方にもとづくものです。ある若者が結婚するか、どうかを選択するのに、結婚して得られる効用の大きさと結婚によって失われる効用の大きさとを比較して決めるというのです。

レオン・ワルラスは新古典派経済学の始祖といわれる経済学者ですが、かれは若いとき、作家を志していました。今からかれこれ三〇年も前になりますが、ワルラスが若いときに書いたという短編小説の草稿が発見されたことがあります。その小説は、次のような内容のものでした。ある若者（多分、ワルラス自身のことであろう）がある女性に恋して、求婚するかどうか迷っていた。その若者はそこで、結婚したときに得られるであろう効用を事こまかにリスト・アップし、他方、結婚したときに掛かる費用を心理的なものまで含めてくわしく計算する。そして、結婚したときにかかる費用の方が、結婚したときに得られる効用より大きいことを知って、求婚するのを断念するという筋です。ワルラスは結局、この草稿の出来映えをみて、作家としての才能のないことを自ら悟って、経済学者への道を志すことになったといわれています。

ベッカーの教育経済学は、上のような考え方を学校教育の問題にそのまま適用するものです。一人一人の子どもが学校教育を受けるか、どうか決めるのに、学校を卒業したとしたときに一生を通じてどれだけ所得がふえるかということと、学校教育を受けるためにどれだけ費用がかかるかを比較して選択するという考え方です。ベッカーは、学校教育の経済的意味について、詳細な理論的、実証的分析を展開し、また学校教育の経済的費用についても、たんに授業料などの直接的費用だけでなく、学校教育を受けないで働いたときに得られるいわゆる機会所得も考慮に入れて周到な分析をおこなっていますが、その基本的考え方はまったく同じです。

フリードマンは、各経済主体は、すべての経済行為について、自らの主観的効用を最大にするように選択するという前提のもとに議論を進めます。そして、すべての希少資源について、私的所有ないしは私的管理の原則が貫かれ、完全競争的な市場を通じて、希少資源の配分と所得の分配がおこなわれるときに、「最適」な状態が実現することを強調したのです。ベッカーの教育経済学も、経済体制のあり方にかんするフリードマンの考え方をそのまま踏襲し、希少資源の私有制の下における分権的市場経済制度を想定して考えを進めようとするわけです。公立学校の制度は基本的に否定され、私立学校の制度が、利潤最大化の原則のもとに、自由に運営されるときにはじめて、「最適」な学校教育制度が実現すると考えたのです。大きな利潤を生み出す学校が与える教育の内容は、高い授業料を払っても、その学校で学ぶだけの経済的価値を生み出すと考える子どもたち（正確には、その父兄であるが）が数多く存在することを意味すると考えます。また、一人一人の子どもたちにとって、数多くの私立学校が存在し、それぞれの個性的な性向に合致するような学校を自由に選択することができることを意味します。官僚的管理と社会的規制を受けざるを得ない公立学校の制度よりすぐれたものであるという考え方が、その底に流れているのです。公立学校の制度に対するフリードマン、ベッカーの批判は多くの点で適切、妥当なものですが、学校教育のもつ本来的な機能と目的という観点からするとき、必ずしもそのまま受け入れることはできません。

第25章 リベラリズムと学校教育

教育を歪める「官僚専権」への批判を強めた宇沢氏は、アメリカでリベラル派による教育改革が失敗したことを踏まえつつも、理想的なあり方として、リベラリズムにもとづく教育を訴える。

リベラル派の教育改革と、その失敗

二〇世紀初頭、ジョン・デューイによって掲げられた、民主主義社会における学校教育の考え方は今日にいたるまで、リベラリズムの立場に立つ教育理念の基礎づけとしての役割を果たしつづけています。しかし、世界の資本主義、とくにアメリカの資本主義は、この間に本質的な変異を経験してきました。

デューイの理想主義的な教育理念はもはや現実的妥当性をもたないだけでなく、とくにアメリカでは、逆に、抑圧的で非民主主義的な政治・経済体制の非人間性をさらに拡大化する傾向すらみられるようになったのです。アメリカの若い経済学者、サミュエル・ボウルズとハーバート・ギンタスは、デューイの理念に支えられたリベラル派の教育改革が無残に敗北してしまった経緯をつぶさに分析して、アメリカの教育制度は、アメリカ資本主義の社会的生産関係と資本蓄積、再生産の過程に内在する矛盾をそのまま投影したものであることを指摘したのです。

リベラル派の教育改革は、社会経済体制のもつ矛盾を解決することなく、学校教育の制度だけを改革することによって、統合、平等主義、人格的発達というデューイの三つの教育理念が調和的に達成されるというユートピア的発想にもとづいていました。

アメリカにおけるリベラル派の教育改革の試みが失敗に帰したということは、日本の学校教育のあり方にも大きな影響を与えることになりました。文部省による過度の恣意的かつ偏向的な行政介入、共通一次試験による大学入試の一元化と、それにともなう大学の序列化、利潤追求型の受験産業の急成長、都市環境の破壊・汚染にともなう子どもたちの精神的荒廃等々、日本の学校教育はいま危機的な状況にあります。

たしかに日本の現状は、アメリカの学校教育が置かれているようなかたちでの、鮮明なイデオロギーの対立がみられないかもしれません。また、リベラル派の教育改革運動のような、理念的な運動は、表層的に観察するかぎりみられません。また、高度成長期から現在にいたるまで、歴史上これまで経験したことのないような大きな規模での経済的、社会的変動が起こっているにもかかわらず、日本の学校教育は安定性を維持してきたかのようにみえます。しかし、ひとたび目を転じて、学校教育の深層部分に焦点を当てるとき、そこにはアメリカの学校教育に比して劣らないような深刻さをもって、教育現場の荒廃、子どもたちの人間性の喪失、良心的な教師たちの苦悩が浮かび上がってきます。

日本の学校教育の現代的矛盾を、もっとも象徴的にあらわしているのは大学です。日本には現在五〇〇を超える大学が存在し、二〇〇万人の学生たちが大学で勉学しています。しかし、これらの大学のうち、果たしていくつの大学が真の大学にふさわしい内容をもっているのでしょうか。第二次世界大戦直後の教育制度の改革によって、新制大学が発足してからすでに五〇年以上の歳月が流れました。この間、大学の大衆化、平準化が急速に進み、かつては学問研究、学生教育という二つの面でプライマシーの役割を果たしていた、いくつかの大学の相対的地位の低下は著しいものがあります。

さらに、第二臨調による、教育の効率化という、信じられないような発想が力を得て、戦後教育行政を特徴づけてきた悪しき平等主義が、さらにいっそう、その傾向をつよめることになってしまったのです。日本には現在、真の意味における大学はもはや存在しなくなってしまったといっても過言ではありません。東京大学、京都大学をはじめとして、かつてはプライマシーとしての役割を果たしてきた大学も、法人資本主義体制が必要とする若者をつくり出すという、単純な知的、技術的労働を生産する工場の一種となってしまったという面すらみられます。

法人資本主義体制のもとにおける大学のあり方に対して、示唆に富んだ独創的な思想を展開したのが、アメリカの生んだ偉大な経済学者ソースティン・ヴェブレンです。ヴェブレンは、大学の運営に対して、市場経済的な利潤原理を導入し、大学の経営を効率的なものとしたときに、どのような帰結を生み出すか、という設問をもうけて、自らそれに答えたのでした。ヴェブレンの結論は、法人資本主義のもつ陰鬱な、抑圧的なヒエラルキー的体制がそのまま大学に持ち込まれて、大学が産業革命時代の工場のような様相を呈することになるという悲観的なものであったのです。

デューイとリベラル派の教育理論

教育は、人間が人間として生きているということをもっとも鮮明にあらわすものです。一人一人の人間にとっても、各人の置かれた先天的、歴史的、社会的条件の枠組みを超えて、知的、精神的、芸術的営みをはじめとして、あらゆる人間的活動について、進歩と発展を可能にしてきたのが教育の役割です。

学校教育は、このような教育の理念を具体的なかたちで実現するためにもっとも効果的な手段です。しかし、学校教育はさらに、社会的な観点からも重要な機能を果たしています。この点にとくに注目して、学校教育の本質について深い洞察をもってするどい分析を展開したのが、ジョン・デューイでした。デューイの考え方は、いわゆるリベラリズムの立場に立つものですが、現在にいたるまで、教育の問題について基本的な視点を与えるものとなっています。たしかに、日本とアメリカとでは、学校教育の制度がかなり異なった性格をもっていて、共通の視点から論ずることのできない面が多いことは否定できません。しかし、デューイの考え方から現在なお、私たちは多くのことを学ぶことができます。

ジョン・デューイは、その古典的名著『民主主義と教育』のなかで、学校教育制度が三つの機能——統合、平等、人格的発達——を果たしていると考えたのです。

学校教育の果たす第一の機能として、デューイが取り上げているのは、社会的統合ということです。青少年を教育して、社会が必要とする経済的、政治的、文化的役割を果たす社会人としての人間的成長を可能にすることです。

第二の機能は、平等にかかわるものです。学校環境が果たす役割は「子どもたちの一人一人が、生まれついた社会的集団の枠から逃れて、もっと広い環境に積極的にふれる機会を与えるように配慮することである」（デューイ『民主主義と教育』松野安男訳、岩波文庫、一九七五年）と言います。

学校教育は、社会的、経済的体制が必然的に生み出す不平等を効果的に是正するということを、デューイは主張したのです。学校教育が、このように機会の平等化をもたらし、社会・経済体制の矛盾を相殺する役割を果たすということは、リベラル派の教育思想家だけでなく、現場の多くの教師にとっても信条とするところです。リベラル派の人のなかには、学校教育が機会の平等だけでなく、結果として平等をも実現すると信じている人々も多くいます。学校教育の果たす、このような機能を、デューイは、平等主義的機能と呼んだのです。

デューイの強調した第三の機能は、個人の精神的、道徳的な発達をうながすという教育の果たす重要な役割であって、人格的発達の機能と呼ばれています。一人一人の子どもたちは、それぞれ異なった、身体的、知的、情緒的、審美的な潜在能力をもっています。教育によってこれらの潜在能力をどのような方向に、どのような強度で発達させることができるかについてもそれぞれ異なった面をもちます。

学校教育のパフォーマンスは、社会的統合、平等主義、人格的発達という、三つの機能について、一人一人の子どもたちにどれだけの効果を与えることができるかということによってはかられます。それは決して、単一的な尺度をもってはかることはできないものであることを指摘しておきたいと思います。

学校教育が果たしている、社会的統合、平等主義、人格的発達という三つの機能は、社会体制の基本的前提と密接な関わりをもつ。この点について、デューイによって代表されるリベラリズムの人々は、資本主義という社会・経済体制について、政治面における民主主義とならんで、基本的に肯定的な立場に立ちます。

デューイは、資本主義社会におけるさまざまな職業的選択が、学校教育によって可能となった人格的発達と不可分の関係にあると考えました。別の言葉でいえば、資本主義社会における職業的ヒエラルキーと、学校教育を通じて得られた人格的発達とが調和的な関係をもつと考えたわけです。

デューイはまた、平等主義的な立場から、無償の公立学校制度によって人種・民族的な差別、あるいは経済的・社会的階級、さらには男女の差別、を相殺すべきであると考えたのです。資本主義社会のなかで、教育の果たす三つの機能が整合的に働くというのが、リベラリズムの基本的な考え方でした。

デューイはこのように、アメリカにおける社会的制度が、資本主義と政治的民主主義によって規定され、そのなかで、学校教育の果たす三つの機能が完全に働くことができるような条件が備わっていると考えたのです。

デューイの考え方は、二〇世紀前半を通じて、リベラリズムの立場にたつ教育理論の基礎を形づくってきました。しかし、一九六〇年代に入ってから、アメリカ社会は、ベトナム戦争、人種問題、都市問題に代表されるように、大きな地殻変動を経験することになりました。リベラリズムの教育理論もまた、デューイの理想主義から大きく後退することになったのです。

ボウルズ＝ギンタスの対応原理

一九六〇年代のこのような状況を前にして、リベラリズムの教育理念に対して、大きな修正が加えられることになりました。デューイの掲げた教育の三大理念は、依然として有効なものとされていますが、学校教育が労働の生産性に及ぼす効果がもっとも重要視されるようになってきました。これは、専門技術主義＝能力主義の考え方（Technocratic＝Meritocratic School）と呼ばれるものであって、学校教育の経済学的考察をおこなうときにもっとも基本的な考え方の一つとなっています。専門技術主義＝能力主義は、資本主義制度のもとでは、各人がどのような所得、権力、地位を得るかということが、それぞれの個人のもっている知的、身体的、その他の能力によって決まってくるという考え方にもとづいています。学校教育は、子どもたちの能力を育て、発達させるものであって、その効果は学校教育を終えた若者たちが、どのような職業に就き、どのような経済的、社会的報酬を得るかということに反映されています。学校教育を通じて、認知能力、思考能力が発達し、個人の人格的発達を可能とすることによって、卒業してから、資本主義社会のもとでの雇用、報酬、権力配分の制度に適切に組み込まれるようになっている、というのが、専門技術主義＝能力主義の立場です。

この考え方にたつとき、資本主義制度のもとでは、所得、権力、地位の分配の不平等は、労働者の知的、技術的、身体的能力の不平等にもとづくものとされます。したがって、資本主義社会における貧困、不平等の問題を解決するためには、学校教育の機会を平等化することがまず必要となると考えたのです。事実、一九六〇年代にアメリカで、教育制度の改革や新しい実験が数多く試みられましたが、それは、一九六〇年代とくに顕在化した、アメリカ社会の貧困と不平等の問題に対処するためにとられたものでもあったのです。

しかし、このような専門技術主義＝能力主義の考え方は必ずしも統計的な分析によって支持されるものではなかったのです。とくに学歴の高さと経済的成功の間の統計的相関はあまり高くないということがわかっています。サミュエル・ボウルズとハーバート・ギンタスの『アメリカ資本主義と学校教育』（*Schooling in Capitalist America—Educational Reform and the Contradictions of Economic Life*, Basic Books, 1976. 宇沢弘文訳、岩波書店、一九八六—八七年）にくわしく述べられているとおりです。学歴年数が高ければ高いほど、ＩＱ得点ではかった認知的知能到達度は高くなる傾向を示します。しかし、認知的知能到達度が高いということが、経済的成功を収めるという結果を生み出すとはかぎりません。学校教育と経済的性向との相関関係は、認知的知能到達度とは直接関係なく、学校教育が経済的成功に大きく寄与するのは、学校教育の果たす社会的統合機能の役割であるということができます。

ここで、学校教育と経済的成功との相関関係との関連で、ＩＱ指数の果たす役割にふれておきましょう。

一九六〇年代前半に、アメリカで試みられた教育改革の主な目的は、教育の機会を均等化することによって、社会的・経済的、ないしは文化的格差をなくそうということでした。そのために低所得者階層の子どもたちに、さまざまなかたちでの補償教育がおこなわれました。アメリカの教育省は、一九六六年、四〇〇〇の小・中学校について、六〇万人の生徒を対象として、大規模な調査をおこないました。その詳細な分析は、一九六八年コールマン報告として発表されました。皮肉なことに、コールマン報告の主要な結論は、一九六〇年代、教育の不平等を是正するためにおこなわれた財政的な再分配政策が、意図された結果を生み出さなかったことを説得的に示したのです。このコールマン報告を受けて、一九七二年には、ジェンクスを中心とした社会学者たちによる『不平等——アメリカにおける家族と学校教育の効果にかんする再評価』が発表されて、リベラル派の教育改革がまったく空しい効果しか生み出さなかったということが強調されたのです。このような思想的流れはやがて、アーサー・ジェンセンの主張に結晶されていきました。ジェンセンは、経済的・社会的不平等は、遺伝学的に決まってくるIQ格差にもとづくもので、この遺伝学的特性は学校教育によって変えることはできないという考え方にもとづいています。この考え方はさらに心理学者リチャード・ハーンシュタインによって拡大、発展させられていきました。経済的・社会的分布は主としてIQ分布によって決まってきて、IQは高い遺伝性向をもち、社会的・経済的特性もまた、一つの世代から次の世代へと、遺伝的に継承されてゆくという主張がハーンシュタインによって展開されたのです。

このIQ学派の主張に対して、その統計的誤謬を明らかにし、その理論的根拠の薄弱さを指摘したのが、有名なボウルズ＝ネルソン論文です。IQ学派は、社会的、経済的背景が高くなれば高くなるほど、IQは高くなり、したがって経済的成功の可能性も高くなるという命題にもとづいて、議論を展開してきました。この主張に対して、ボウルズ＝ネルソンは、つぎの命題を証明することによって、IQ学派の論拠を否定したのです。すなわち、経済的成功の度合いが平均して親から子どもに伝えられるという傾向は、親から受けついだIQ指数とはほぼ完全に無関係となるという命題です。したがって、社会経済的背景が相異なる二つの集団について、たとえIQが完全に一致したとしても、経済的地位は平均して親から子どもに受けつがれる傾向をもつわけです。

さらに、経済的不平等が世代間に受けつがれることは、IQを通じて作用する遺伝的メカニズムとまったく統計的関連をもたない、ということも示すことができます。

学校教育がはたして、平等化の機能を果たしてきたかというと、少なくともアメリカの学校教育の場合、答えは否です。ボウルズ＝ネルソンが、一九六二年におこなわれたアメリカの国勢調査の人口サーベイを使って得たところでは、子どものIQ指数が同じでも、学歴は、社会的背景によってほぼ決定的に決まってくるという結果です。

しかし、家族の社会経済的背景が高い子どもの方が平均して学業成績が高いことは、一般的にも妥当すると考えられ、また統計的考察から観察されます。したがって、家族の社会経済的背景による学歴の差異ということは、学業成績の格差にもとづくものではないだろうか、という疑問に対しても一九六二年のアメリカの国勢調査の人口サーベイを使って、否定的な推論をすることができます。六～八歳時のＩＱ得点が同じでも、両親の社会経済的背景が高いときには、低いときの子どもに比べてはるかに高い教育水準が期待でき、両親の社会経済的背景による就学年数の格差のうち、社会階級間のＩＱ格差によって説明されるのはごく一部分にすぎないということがわかります。

もちろん、就学年数の不平等も、学校教育全体の不平等のごく一部分にすぎません。とくに、日本の場合のように学校間の格差が著しいときには、学校教育の不平等は、就学年数の差違をはるか超えたものとなっています。

このように、学校教育が、社会的、経済的な不平等を解決する方向に働いているのではなく、逆に、不平等を拡大化しているということは、疑いの余地はないように思われます。

さらに進んで、たとえ、学校教育が平等化の方向に進んでいたとしても、経済的平等化を促進するものではない、という統計的な事実も存在します。この点について、もっとも広範な視点からくわしい研究を展開してきたのが、ジェイコブ・ミンサーです。ミンサーはもともと、専門技術主義＝能力主義の立場にたつ経済学者ですが、アメリカにおける学校教育が所得分布に及ぼす影響を統計的に調査した結果、期待とはまったく反する結論に到達したのです。

専門技術主義＝能力主義の考え方は、産業資本主義体制のもとで、かなり説得力をもちます。高度に発展した技術を基礎に置く近代的産業の生産技術は、知的な教育を受けた人々によってはじめて効果的に機能します。経済活動の発展のためには、労働力全体としての知的水準が高くなければなりません。学校教育は、これまで、ごく少数の特権階級だけが享受することのできた教育を、一般大衆にひろく開放し、近代的産業社会がもたらす利益を万人のものとするという、すぐれて平等主義的な思想が、その背後に存在しています。

アメリカでは、一九六〇年代を通じて、リベラル派の教育理論にもとづく教育制度の改革が積極的に進められましたが、いずれもほぼ完全といってよいほど失敗してしまったのです。そのもっとも主要な原因は、社会的統合、平等化、人格的発達という学校教育の機能が、法人資本主義という経済的、社会的体制のもとでは整合的なかたちで働くことができないということにあるというのが、ボウルズ＝ギンタスの主張するところだったのです。

法人資本主義の体制のもとでは、社会的生産関係はヒエラルキー的分業にしたがって、官僚的秩序を通じて、上からの権限と管理の体系によって規定されています。それは、新古典派経済理論の説くような、完全競争的市場を前提とした限界生産力説にもとづくものではありません。生産を担当する企業は一つの有機体的な組織として、中枢的経営・管理体系によって秩序づけられていて、その社会的関係は決して民主主義的なものではないし、また効率的なものでもないことは明らかです。

民主主義の基本的な前提条件の一つに、民主主義は、人々が連帯して、相互に意思を疎通できるような制度であって、そのために、各人がそれぞれ内発的な関心と自発的な意向にもとづいて行動できるということが必要とされています。しかし、法人資本主義のもとでは、このような条件はみたされません。労働者、技術者あるいは経営者自身すら、外部的な権威と市場的な基準にしたがって、各法人企業のヒエラルキー的分業に強制されているというのが実状です。学校教育を受けた青少年がどのようなかたちで雇用され、どのような環境のなかで働くかというと、このような、抑圧的な、非民主主義的なヒエラルキー的分業のなかであるわけです。法人主義体制のもとで、市場的な基準にしたがって、人々が雇用され、働かなければならないとき、内発的な動機にもとづいて、自らの行動を選択するということは、一般の労働者、技術者にとってはほとんど職を失うと同じ意味をもっています。

ボウルズとギンタスが、『アメリカ資本主義と学校教育』のなかで、もっとも力を込めて主張しようとしているのは、アメリカ資本主義という典型的な法人主義体制のなかで、学校制度は、かつてホレース・マンがいったような「偉大な平等化装置」という役割を果たさないどころか、逆に、法人資本主義体制のもとにおけるヒエラルキー的分業のもつ、非民主的、抑圧的な性向をいっそうつよめるという機能すら果たしているということです。

「学校教育制度は、経済の社会的関係との対応を通じて、経済的不平等を再生産し、人格的発達を歪めるという役割を果たしている」(ボウルズ＝ギンタス／宇沢弘文訳『アメリカ資本主義と学校教育』岩波書店、一九八六年、第I巻、八六ページ)。

経済の社会的関係を規定する法人資本主義という制度そのものの改革には直接ふれないで、教育制度だけを改革しようというリベラリズムの立場は、このような視点から見るとき、まったく意味のないものとなってしまいます。ボウルズ＝ギンタスは、アメリカにおけるリベラル派の教育改革の試みがこれまですべて失敗してしまったのは、アメリカ資本主義体制という抑圧的な政治、経済、社会制度の基本的矛盾に気づかなかったからだとつよく主張するわけです。

しかし、教育機会の均等化を求めて、大きな波のような運動が、世界の多くの国々で起こっています。アメリカで試みられた、オープン・クラスルーム、あるいはフリースクールなどの運動が、学校が真の意味で、人格的発達をたすけ、人間解放の可能性を大きく開くものであるということを、ボウルズ＝ギンタスは否定するものではないと思います。ボウルズ＝ギンタスは、つぎのことは確信をもっていえるといっています。「抑圧、個人の無力化、所得の不平等、機会の不平等は歴史的にみて、教育制度に起因するものではないし、不平等で、抑圧的な今日の学校から生み出されたものではない。抑圧と不平等の根源は、資本主義経済の構造と機能のなかにある。この点に、社会主義の国々をも含めて現代の経済体制を特徴づけるものがあって、人々が経済的生活の管理に参加することを不可能にしている」(同、八七—八八ページ)。

ヴェブレンの大学論

以上、主として、ボウルズ＝ギンタスが『アメリカ資本主義と学校教育』のなかで展開した考え方を中心として、学校教育と社会体制の間にどのような関係が存在するのかという問題を考察してきました。ボウルズ＝ギンタス理論は一種の対応原理ともいうべき性格をもち、アメリカ資本主義に代表されるような、抑圧的で、非民主的な法人資本主義体制のもとでの、リベラル派の教育改革の試みが必然的に失敗せざるを得なかった事情をくわしく分析したのです。ボウルズ＝ギンタス理論は、現代教育理論で一つの基本的考え方となっています。

リベラル派の教育理論に対して、その基礎づけをおこなったのはジョン・デューイであるということはさきに述べた通りです。デューイは、草創期のシカゴ大学にあって、アメリカの哲学、教育学を代表する学者でしたが、アメリカにおける民主主義的政治体制と資本主義的な経済制度とが調和して、一つのユートピア的社会を形成しうるという信念をもっていました。

アメリカ資本主義の性格と、そこにおける学校教育の性向とに対して、デューイとはまったく対照的な視点にたって理論を組み立てていったのが、同じシカゴ大学の同僚であったソースティン・ヴェブレンです。ヴェブレンは、デューイより二歳年長でしたが、同じ年にイエール大学で哲学博士号を取りました。デューイが新しくつくられたシカゴ大学に哲学科の主任教授として迎えられたとき、ヴェブレンはまだ一介の講師の身分で、間もなく大学を追われる運命にありました。デューイとヴェブレンとは、その思想的、学問的風格がまったく対照的でしたが、この二人のアカデミックな一生もまた、その対照をそのまま延長したものだったのです。

ヴェブレンの論点はもっぱら、大学に向けられています。ヴェブレンの大学論は、一九一八年に刊行された *The Higher Learning in America*（アメリカにおける大学）に述べられています。この書物は、*A Memorandum on the Conduct* *of Universities by Business Men*という副題が付けられていて、ヴェブレン自身のシカゴ大学における体験にもとづいて書かれたものであるといわれています。Higher Learningという言葉は、ふつう高等教育と訳されています。私自身、高等教育という訳語を使ってきましたが、大学の方が適切な訳語ではないかと思います。

　この書物で、ヴェブレンは、近代社会において、大学はどのように位置づけられるかを明らかにすることから始めます。

　文明社会はいずれも、どのような「真理」として知識――ヴェブレンは、エソテリック（esoteric）という表現を用いていますが――を蓄積しているかということによってその社会を特徴づけられる。この「真理」としての知識がどのような内容をもつものであるか、またどのような人々によって維持され、新しく蓄積されているかということは、異なる文明社会についてそれぞれ異なった形態をもつ。しかし、どのような文明社会についても、共通した点がある。それは、科学者、学者、賢者、神官、牧師、僧侶、医者などという専門家、あるいはその道の達人ともいうべき人々からなる選ばれた集団の恒久的な維持という形態をとっているということである。

　この、「真理」としての知識は、物質的ないしは現実的にはなんらの価値をもたらさないのが一般的であって、それ自体として固有の価値を持つ。それは、宗教的、魔術的、神話、哲学、あるいは科学の体系として形づくられていることが多い。どのような形態をとるにせよ、一つの文明社会の中核的な存在として、その文明社会の特質と性格とを象徴するものとなっている。

　この、「真理」としての知識は、文明社会にとって、もっとも基本的な真理であり、永遠に真実であると思われているものを体系化したものであって、この「真理」としての知識を蓄積し、維持する専門家の組織は、どの文明社会においても、もっとも聖なるものとされている。この組織を構成する専門化たちは、絶えず「真理」としての知識を追求し、その蓄積と維持に、その全生涯を捧げることを全般的な目的とするが、きわめて厳格なかたちでの分業と専門化とがおこなわれるようになっているのが一般的である。

近代文明社会、とくに西欧諸国における大学もまた、このような流れのなかに位置づけられる。その範囲、方法は他の文明社会と異なったものであることはいうまでもないが、基本的に同じような資質と能力とが必要とされ、知識を求めるという、人間本来の性向がある特定の方向に特化したものであるという点で、他の文明社会の場合とまったく変わらない特質を備えている。

この特質は、二つの面をもっていて、文明社会におけるエソテリックな知識の蓄積と維持を担当する専門家集団を特徴づけるものとなっています。ヴェブレンは、Idle Curiosity と Instinct of Workmanship という特異な表現を用いて、この人間固有の本能的な特性をあらわしています。人間は本能的に、知識を求め、それを高く評価する。Idle Curiosity というのは、知識そのものを求めるのであって、知識によってもたらされる物質的、世俗的有用性を求めるものではないということが強調されています。適切な訳語がないまま、差し当っては「自由な知識欲」とでもしておきましょう。Instinct of Workmanship という言葉もまた、ヴェブレンの経済思想において中心的な概念の一つですが、技術者、職人、労働者が常に、ものをつくるという立場から最良の生産技術、原材料、生産工程を選ぼうとする本能的性向を意味するものです。しかし、この、本能的性向は、現実の社会では利潤追求などという外的条件によって支配されて、実現不可能なことが多く、ヴェブレンはそこに、労働者の自己疎外を惹き起こすもっとも重要な原因をみたのでした。この言葉もまた適切な訳語が見当たりません。ふつう「製作本能」と訳されていますが、ここでは「職人気質」という表現を用いることにしましょう。

大学は、この二つの本能的性向にもとづいて、ひたすら知識を求める場として、一つの文明社会の中枢的地位を占めるものである。大学の場でもっとも重要な役割を果たすのは技術である。とくに、産業革命以降、エソテリックな知識の蓄積は、産業技術の適用によってはじめて可能となり、また産業技術の発展は、大学におけるエソテリックな知識の蓄積によってはじめて可能となるという面ももっている。

近代技術は、客観的かつ即物的な性格をもち、きわめて固定的な側面をもつ。機械過程を中心とする近代技術は、産業レベルで中心的な役割を果たすが、それを実際に担当するのは、法人化された企業である。大学で蓄積されるエソテリックの知識と、法人企業によって求められる知識、技術とは、その動機は異なっていても、本質的に共通の性格をもっている。しかし、法人企業のなかで働く人々は、自らのもつ「職人気質」と利潤追求の経営的要請との間で常に矛盾、緊張関係を形成する。

しかし、大学が、法人資本主義体制のなかにおける一つの制度として存在し、維持されている以上、大学の運営もまた、利潤追求という、資本主義の市場目的の支配下におかれるという危険を常にもっている。

大学はこのように、一つの文明社会において、その象徴的な存在として、エソテリックな知識の蓄積を自由な知識欲と職人気質という二つの人間的本能にもとづいて追求する場であると、ヴェブレンは考えたのです。ところが、大学は二つのまったく異質な目的と機能をもっています。一つは、学問の研究、科学的探求で、もう一つは、学生の教育です。この二つの目的と機能は相互に密接な関係をもっていますが、本質的には、まったく異質なものです。第二の、高等教育の一部分としての学生の教育はしばしば、副次的な意味をもつにすぎないと考えられがちですが、大学の活動において不可欠となることが多いのが一般的です。それは、学生の教育を通じて、研究の質と成果が大きく影響されるからであるが、学生の教育ということはあくまでも、副次的な重要性しかもたないということは改めて強調しておきたい。

ヴェブレンはつづけていう。大学における第一の機能によって、大学は、他の教育機関と本質的に異なるものとなる。知識の探求、他の実利的、実用的な目的からまったく独立して、知識の探求のみをおこなう場として、大学の本来の存在理由があるからである。このような大学の目的から、大学人の行動様式、習慣、基本的性向にかんしておのずからある共通のパターンが生み出されることになる。それは、学問研究が、自由な精神にもとづいて、しかも科学技術的に最新の知識を用いておこなわれるような環境のもとではじめて実現可能となるものだからである。そこには、大学以外の教育機関にみられるような規律、規則の類いは存在する余地はない。

ところが、アメリカの諸大学では、は、法人企業において支配的な基準を大学に持ち込もうとしている。知識が金銭的利益をどれだけもたらすか、という市場的基準が導入され、大学における研究者は、有用な知識をどれだけ生産したか、学生を何人教育したかという外的な基準にしたがって評価される。大学自体も、利潤最大化という企業的制約条件のもとで経営されることになる。ところが、アメリカの諸大学でヴェブレンの書物の副題が示すように、法人資本主義における支配的な利潤論理が適用され、大学という聖なる組織が、ビジネスマンという俗世界の人々によって管理され、運営されることになりました。そこには、法人資本主義の抑圧的、非民主主義的なヒエラルキーの論理が中枢を占めるようになり、自由な知識欲と職人気質は跡形もなく消え失せてしまうことになるであろうと、ヴェブレンは歎きましたが、このことは、日本の大学の場合、国公立と私立とを問わず、より適切に妥当するように思われます。

大学の自由

「大学の自由」(アカデミック・フリーダム)の問題を考えるとき、一九八九年一月、アンカラで開かれた大学と政府との関係にかんする会議は重要な意味をもっています。この会議は、ＥＣ諸国の主な大学人たちが集まって、各国の大学が当面している問題について、インフォーマルな意見を交換するという目的で開かれた会議ですが、全員が共通してもっているのが、政府からの圧力に対して、「大学の自由」をいかに守るかという問題意識でした。

これらＥＣ諸国の大学関係者たちが共通してもっている認識は、国立大学はもちろんのこと、私立大学も、国からの財政的援助に対する依存度がきわめて大きくなってきているということです。大学教育のもたらす外部性効果というような経済学的説明もつけられますが、基本的には、大学は一国の文化的水準の高さをあらわす象徴的な意味をもち、その国の将来の方向を大きく規定するものであるということにかんして、出席者全員の見解の一致がみられたのです。

このとき、一国の統治的な機構としての政府からの力に対して、「大学の自由」をどのようにして守るかということが重要な課題となったわけです。

大学の自由というとき、教授の人事、研究の自由、講義やカリキュラムの自主的決定、入学者の選抜方法・基準の自主性などがあげられます。そのとき、財政的な面で、国あるいは外部の組織に依存するとき、これらの自主性をどのようにして維持するかということが重要な課題となるわけです。

もっとも大きな関心がもたれたのは、科学研究の規模が巨大化し、そのために必要な研究者の数も飛躍的に大きくなっている現在、いかにして、大学の自主性、内発性を喪失することなく、先端的研究がおこなわれるような環境をつくっていったらよいか、という問題でした。このような研究のために必要な資金は、大学自体の負担で調達することはもはや不可能であって、国あるいは企業からの資金が大量に投入されなければならない。しかし、このような資金の導入によって、大学の自由が阻害されるとき、自由な研究をおこないうる雰囲気がこわされ、真の意味における独創的な研究を期待することは困難となってしまいます。

この問題にかんして、イギリスの大学の歴史は私たちに貴重な教訓を与えています。周知のように、イギリスの大学制度は、ユニバーシティ・グラント・コミッティ（UGC）と呼ばれる組織を中心として運営されてきました。UGCは一九一九年に政府によって設立されたもので、大蔵省の直接管轄下におかれていました。UGCは、大蔵省から大学全体の予算を受け取り、それを各大学に配分するという機能を果たしていたのです。各大学は、それぞれの予算を、自由に各大学における研究、教育のために使うことができました。UGCの主要な目的は、大学全体を代表して、政府と国民に対して、大学の置かれた立場をつよく主張するという役割を果たすもので、決して、政府の立場なり考え方を大学に伝えようという性格のものではなかったからです。UGCはわずか一二名のスタッフをもって出発したのですが、各大学がその予算をどのように使うかということについてまったく介入することはありませんでした。イギリスの大学では、よく、「政府は金は出すが、口は出さない」といわれていました。

ところが、一九六四年に、UGCは大蔵省から教育・科学省に移管されることになって、イギリスの大学はまったく新しい環境におかれることになったのです。教育・科学省が、大学における予算配分の過程にたいして細部にわたって監督するようになり、同時に、大学における研究、教育の内容にまで、専門的な立場から口を出すようになりました。とくにサッチャー政権となって、大学関係の予算を大幅に削減するという暴挙に出てから、大きく変質しはじめ、かつての、自由で、闊達な雰囲気が失われてしまった大学が多くなったといわれています。この現象はまた、ロビンズ報告によって打ち出された大学の大衆化、効率化という大きな流れのなかで、必然的に起こってきたことであるということもできます。

自然科学、人文科学、社会科学の多くの分野で、イギリスの大学は、独創的、進取的な研究を数多く生み出してきたそのもっとも大きな原動力は、イギリスの大学のもっていた、この自由、余裕であったことを考えるとき、イギリスの大学の退廃は、イギリスの文化全般にわたって暗い影を投げかけるものであるように思われます。ひるがえって、日本の大学の現状はどうなっているのでしょうか。

日本の大学

いまから三年ほど前になりますが、久し振りに駒場を訪れる機会をもちました。私は、東京大学の駒場キャンパスに足を踏み入れるたびに、清涼な緊張感を覚えるとともに、つよい懐旧の情を禁じ得ません。駒場は私にとって、サルナートの鹿野苑（インド北部バラナシ郊外。釈迦が悟りを開いてのち、初めて説法した所）にも等しい聖地だからです。

私は、戦争末期から戦後の混乱期にかけての三年間、駒場で寮生活を送った。当時の一高は全寮制をたてまえとし、寮委員会による自治がほぼ完全に徹底していた。一〇代後半の、多感な若者たちが起居をともにして、学業に励むという、この旧制高等学校の三年間が、私たちの人格形成、精神発展の過程で果たした役割は大きい。私も、駒場での生活を通じて、自我に目覚め、一生をいかに生くべきかということについて真剣に考え、また学んだ。この三年間が、私の一生の基本的な性格を形づくったといっても、過言ではないように思われる。数多くの良き師を知り、また一生を通じて心を許すことのできる良い友人を多く得たのも、駒場の三年間であった。とくに、私は、ラグビー部に所属していたので、すぐれた先輩や後輩を知り、かれらから多くのものを学ぶことができたのも幸せであった。当時の一高のラグビー部は決してつよいチームとはいえず、なかでも私は最弱者のメンバーとして、試合には必ず敗因となっていた。しかし、ラグビー部で結ばれた友情はいつまでも私の心に深く残っている。

このときは、四つの学寮からグラウンドを抜けて、裏門の方に回ったが、その辺りの雰囲気があまりにも荒れ果ててしまっているのをみて、思わず愕然としたのであった。私たちが起居していた頃の寮はぜいたくなものではなかったし、きれいといえるものではなかった。しかし、そこにはおのずから秩序が保たれ、審美的な雑然さと知的な清潔さとが共存していた。

学園の荒廃はじつは駒場キャンパスの学寮周辺に限定されるものではない。本郷キャンパスも程度の差こそあれ、同じように荒れ果てた感を与える・あるいは全国立大学のほとんどすべてに共通のものであって、戦後四〇年以上にわたる文部省の大学行政の基本的性格を象徴的にあらわすといってもよいのではなかろうか。

新しい学制が発足したのは一九四七年のことです。新学制の理念は、教育の民主化、平等化であって、大学教育もこの流れのなかで、平準化、大衆化が進んできました。ちなみに、一九五一年には、全国大学の学生総数は約二二万五〇〇〇人であったが、一九九一年には二〇〇万をはるかに超える人数に増加しています。大学教員の数もこの期間に、一万二〇〇〇人程度であったのが一二万人にと、どちらも一〇倍の規模に拡大しています。現在、国公立と私立とをあわせて約五五〇の大学が存在しています。この、大学の大衆化の流れのなかで、各大学がそれぞれ、学問研究の場という面と同時に、学生たちの人格形成、知識習得の場という面とをあわせもつ大学の本来的な機能を十分に発揮することができるでしょうか。もはや、これら五五〇に上る大学をすべて一つの共通な大学という概念でとらえることはできません。大学という制度は、きわめて多様な目的をもち、異なった機能を果たすようになってきています。

かつてクラーク・カーは、（編集部注：その著書『大学経営と社会環境——大学の効用』（箕輪成男訳、玉川大学出版部、一九九四年）の中で、ユニバーシティを超えた）マルティバーシティという概念を使って、この大学のもつ多様な目的と機能とを表現しようとしました。ただクラークのいうマルティバーシティはともすれば一つの大学が多様な目的なり機能をもつという意味に使われていますが、各大学が、それぞれ異なった目的をもち、機能を果たす、というように理解すべきではないでしょうか。

しかし、大学の大衆化、平準化は、東京大学、京都大学を始めとして、学問研究、学生教育にかんしてプライマシーの役割を果たしてきた大学の相対的衰退を意味することになりました。とくに、第二臨調を契機として、教育の効率化という奇妙な発想が提起され、臨教審によって、具体的な政策転換のプログラムとなりつつある。もともと、戦後教育行政が悪しき平等主義、効率主義によって支配されていたのであるが、この趨勢は今後ますます顕著になるのではないかという危惧を私たちはもたざるをえない。このことがいかに教育の場における荒廃をもたらすかということを如実に示すのが、先にふれた駒場の学寮周辺の光景に他ならない。

このような文部行政のあり方に対しては、はやくから批判がなされていることは承知のことであろうが、司法の立場からもきびしい批判がなされていることはあまり知られていないように思われる。この点にかんして、もっとも典型的な考え方を的確に表現したのは、熊本大学生協事件にかんして出された熊本地裁の判決である。この事件は、熊本大学と国とが、熊大生協に対して、明渡しを請求して起こされたものであるが、一九七五年、熊本地裁は、原告（熊本大学と国）の請求は権利濫用であって、法に反し、無効というきびしい判決を下した。この判決に対して、熊本大学と国は控訴したのであるが、福岡高裁で、大学と国が生協に対して四〇〇万円の慰謝料を払うという異例の和解が成立して、生協は今後正常な営業活動をすることができることになった。事件の内容はともかくとして、ここで注目したいのは、熊本地裁の判決である。

「大学は、学術の中心として、広く知識を授けるとともに、深く専門の学芸を教授・研究し、知的、道徳的および応用的能力を展開させることを目的として設置されているものである。……大学の右使命をよりよく達成するために、大学が学問研究・教育のための施設・設備を整え、支持するだけでなく、可能な限り、大学に生き、大学に学ぶ教職員・学生の生活の安定と福祉の増進を図り、もって学問研究・教育のための環境条件を整備し、改善することは、大学当局はもとより国民全体の課題といえよう」（宇沢弘文『現代を問う』東大出版会、一九八六年）。

戦後の大学行政の歪みに対して、この熊本地裁の判決がもつ意味は重い。大学教育をできるだけ多くの人々に与え、できるだけ安くしようというのが、戦後を通じて、文部行政を貫いてきた考え方である。大学教育の大衆化は実現することになったわけであるが、このことによって、じつはきわめて深刻な問題が起きていた。

とくに、第二臨調の効率原理が、大学行政に向けられたとき、いかに大きな社会的、文化的損失をもたらすかということについて、あまりにも明白であって、ここで言及する必要もないかもしれない。この考え方はもともと戦後の文部行政を支配していたものであって、日本の高等教育の現状と将来に対して、はかりしれない害毒をもたらしている。

東京大学、京都大学などのいわゆるプライマシーの大学としての役割を果たす大学は、一国のもっとも中心的な大学として、学問研究の最先端の方向と水準を切り開き、同時に、社会のあらゆる面、階層において主導的な役割を果たすべき若者たちの青春の舞台を提供する。そして、このことによって、日本という社会の次の世代の特性に大きな影響を与えるものである。いうなれば、次の世代を担う若者たちの、人間的、人格的特性を形づくるのが、プライマシーとしての大学に与えられた役割ではないであろうか。このような役割を果たすべき若者たちを、あのような殺伐とした学寮のなかに閉じ込め、あのように荒れ果てた学園のなかで育ててよいのであろうか。教養学部の先生方はもちろんこのことについて十分承知されていると思う。しかし、文部省の考え方が、予算の大きさ、配分にあまりにも支配的であって、このような当然の主張は、概算要求の次元ではまったく無視されてしまう。

いずれにせよ、大学は手段ではなく、それ自体目的であるという面をつよくもっている。日本の将来に大きな影響を及ぼすか、否かということは副次的な問題であって、社会的にも、また個人的にも、もっとも大事な存在である、これらの若者たちが、情熱をもって志望して入ってきた大学を、このような荒廃しきったものとしてよいのであろうか。

文部行政の歪みは学生の生活、学習環境だけでなく、大学の研究環境にまで好ましくない影響を与えている。とくに、大学院にかんしてこのことは深刻である。

新学制のもとで大学院が発足したときに、文部省は、大学院のために建物施設、教官、職員定員、予算をつけないという考え方を貫いた。つまり、既存の学部の枠組みのなかで大学院を、いわばアペンディックスというかたちで、なんら費用をかけないでつくろうとしたのであった。現在でも、大学院については原則として、独立の建物、施設はないし、教官定員もなく、わずかに事務職員の割当があるにすぎない。自然科学はもちろん、人文、社会科学の多くの分野で、大学院が研究、教育の中核になっているということは、ここで新しく言及するまでもない。しかし、日本の大学では、この文部省の考え方が現在にいたるまで支配的であって、大学院のしめるウェイトはきわめて低い。

この大学院軽視政策に対して、現実にはさまざまな対応策がとられてきたが、結論的にいえば、教師と大学院生が、学問研究という至上目的のために、それぞれ大きな犠牲を払いながら、日本における学問研究の水準を高めるための努力をつづけてきたといってよい。しかし、世界における科学の発展の規模、速度は、最近とみに著しく、このようなかたちでの対応はすでに、その限界に到達しているといってよい。大学院を独立した機構とし、教官、建物施設をはじめとして、研究費を十分に用意し、大学院生の経済的環境を整備して、研究、教育が満足できるようなかたちでおこなわれるようにするということは、おそらく現在の日本における大学教育でもっとも必要なことではないだろうか。しかし、現実には、臨教審をはじめとして、政府の政策はまさにそれとは、逆行する方向に動いている。

このような流れのなかで、一部の学部を中心として出された学院構想は、最適なものではないが、私たちが現在置かれている状況のもとで、望みうる最善の打開策案ではないかと思う。ただ、この学院構想も、まったく事情の異なる学部をすべて包含して、統一した制度としてしまっては、まったく逆の意味しかもたなくなってしまう。

これまでも数多くのすばらしい構想が出されながら、いずれも実行の段階で当初の意図が変形されてしまう、なぜこのようなかたちになってしまうかということについてはくわしいことは知らないが、一つ重要な点がある。それは、どのような制度改革も文部省のサンクションを受けなければ不可能であり、そのために、文部官僚の迎合するという体質が、私たちの間に何時の間にか染み込んでしまっているということである。

大学の大衆化、平準化にともなって、一つ一つの大学のもっていた威信はとみに低くなり、それとともに、大学の自由を守り、大学における研究、教育の水準を高い地位に維持するということがますます困難となってきた。

大学の自由はもともと、法律や制度によって自動的に守られるという性格のものではなく、大学人が一致して、明確な目的意志をもって守るものであり、またそのことが、政府や国民一般に十分理解され、共感を呼び起こすものでなければならない。そのためには何より、大学人がそれぞれ節度を守り、研究、教育のために全力を投下し、日本における学問、文化の水準を高く維持するという役割を有効に果たしているということが前提となっている。大学の威信は大学の自由を前提としてはじめて存立しうるものであると同時に、大学の自由は、この大学の威信があってはじめて守ることができるという、きわめて困難な事情が本来的に存在するということを忘れてはならない。このような視点からみるとき、プライマシーとしての役割を果たすべく期待されているいくつかの大学自体のあり方に大きな問題があるというべきかもしれない。

科学研究の性格が大きく変わり、社会的、経済的条件もまた大きな変革を経験しつつある現代において、これらの大学は果たして、その本来的な機能を十分に果たせるように、その内部的条件、制度を改革してきたであろうか。大方の人は、この設問に対しては否と答えるであろう。クラーク・カーはかつて、大学を改革することは、墓地を移動するのと同じで、内発的な力に頼ることはできないといって、大学改革の困難さを歎いたことがあった。しかし、現在の日本の大学の置かれている状況は、墓地ですら自ら動かざるをえないような危機的症候群を呈している。

差し当たって取らなければならない政策は、プライマシーとして役割を果たすべきいくつかの大学（国公立、私立をともに含めて）について、その機構、制度を改革して、大学の自由が完全に保証されるようなものとし、最高水準の研究、教育をおこなうことができるような予算的措置を準備することであろう。そして、各大学に評議員会を設けて、大学管理にかんして全般的観点からチェック機能を果たし、大学の存在意義に対する社会的理解を求めるという役割を果たすようにしなければならない。これらの大学は、すべての領域にわたって研究、教育をおこなうというのではなく、それぞれの大学の置かれている歴史的、伝統的条件にもとづいて、選択的な領域について個性的な研究をおこなうような制度が望ましいことは言うまでもない。

最近とみに顕著にみられるようになった日本の大学における自主性、主体性の喪失は、臨教審を中心とする新しい教育行政のプログラムが実行に移されるとともにいっそう、深刻な事態になりつつある。日本には、すぐれた伝統をもち、きびしい研究、教育環境を形づくり、多くの学問分野で、世界における主導的な役割を果たしてきた大学も多い。この栄光が過去のものとなり、大学の自由の全面的喪失という結果となってしまうのではないかということをおそれるものである。

（編集部注：三一七～三二三ページの「日本の大学」の節の中で「です・ます調」と「である・だ調」が混在しているが、著者の元原稿のままの表記を尊重した）

第26章　社会的共通資本と教育

理想的なリベラリズムにもとづく教育を実現するためには、どんな経済制度が必要となるのか。宇沢氏は、資本主義の市場経済、社会主義の計画経済の両体制を超えた制度主義経済学を基礎とする社会的共通資本としての教育を主張する。

リベラリズムと制度主義

資本主義の考え方は、すべての希少資源を私有化して、分権的市場経済制度のもとで、資源配分と所得分配とを決めるという制度を想定しています。これに対して、社会主義の考え方は、すべての希少資源を公有化して、政府が中央集権的な経済計画を策定して、資源配分と所得分配とを決めようというものです。資本主義、社会主義のどちらの考え方も、一人一人の人間的尊厳と魂の自立が守られ、市民の基本的権利が最大限に確保するという要請をみたしてはいません。このことは、二〇世紀の歴史が示す通りであり、また理論的にも明らかにされてきました。

資本主義、社会主義のどちらの考え方も、一つの国あるいは社会のもっている歴史的条件を無視し、その文化的、社会的特質を切り捨てて、自然環境に対してなんらの考慮を払わないという点で共通したものをもっています。これに反して、制度主義の考え方は、一つの国あるいは社会のもっている歴史的、文化的、社会的、自然的条件について十分に配慮して経済的諸制度を策定し、その現実化をはかろうとするものです。そのとき、制度主義の考え方を支えるのは、リベラリズムの思想です。

リベラリズムという言葉は、きわめて多様な意味に使われていますが、ここでは、ジョン・デューイとソースティン・ヴェブレンの二人が使った本来的な意味でのリベラリズムとして使いたいと思います。デューイとヴェブレンの二人は一九世紀の終わり、創設期のシカゴ大学にあってそれぞれ、哲学、経済学の基礎をつくった学者です。ジョン・デューイは、人間を神から与えられた受動的な存在ではなく、一人一人がその置かれた環境に対処して、人間としての本性を発展させようとする知性をもった主体的実体としてとらえます。そのとき、リベラリズムの思想は人間の尊厳を守り、魂の自立を支え、市民的自由が最大限に確保できるような社会的、経済的制度を模索するというユートピア的運動となり、学問的研究の原点として、二〇世紀を通じて大きな影響を与えてきました。

他方、ソースティン・ヴェブレンは、アメリカの生んだもっとも偉大な経済学者といわれています。ヴェブレンは、制度のもつ経済的意味を解明し、経済的諸活動によって制度自体がどのように進化するかを分析した最初の経済学者で、ヴェブレンに始まる経済学の考え方は、制度学派の経済学あるいは進化論的経済学と呼ばれ、現在にいたるまで、重要な役割を果たしつづけています。ヴェブレンの考え方をもっとも明確に表現しているのは、次のアーロン・ゴードンの文章です。

「すべての経済行動は、その経済主体が置かれている制度的諸条件によって規定される。と同時に、どのような経済行動がとられるかによって制度的諸条件もまた変化する。この、制度的諸条件と経済行動の間に存在する相互関係は、進化のプロセスである。環境の変化にともなって人々の行動が変化し、行動の変化はまた、制度的諸条件の変化を誘発することになり、経済学に対する進化論的アプローチが必要になってくる。」（『現代経済学における制度的要素』、一九六三年）

ヴェブレンがリベラリズムというとき、それは、ジョン・デューイと同じように、一人一人の人間的尊厳と魂の自立が守られ、市民の基本的権利が最大限に確保されるという視点に立って経済制度にかんする進化論的分析を展開するということを意味していたのです。

制度主義と社会的共通資本

ヴェブレンのいう制度的諸条件は、社会的共通資本のネットワークとして具現化されます。このとき、社会的共通資本の構成およびその管理にかんする組織・基準は、資源配分の効率性を求めるだけでなく、むしろ実質所得の分配の公正性に焦点を当てて、社会的安定性を保ちながら、持続的経済発展を実現することが要請されるわけです。社会的共通資本は、一つの国ないし特定の地域が、ゆたかな経済生活を営み、すぐれた文化を展開し、人間的に魅力ある社会を持続的、安定的に維持することを可能にするような社会的装置を意味します。社会的共通資本は原則として、私有ないしは私的管理が認められないような希少資源から構成され、社会全体にとって共通の財産として、社会的な基準にしたがって管理・運営されます。社会的共通資本はこのように、純粋な意味における私的資本ないしは私的希少資源と対置されるものですが、その具体的な構成は先験的あるいは論理的基準にしたがって決められるものではなく、自然的、歴史的、文化的、経済的、社会的、技術的諸要因に依存して、政治的なプロセスを経て決められることはこれまでも何度か強調してきました。

社会的共通資本はこのように、分権的市場経済制度が円滑に機能し、実質的所得分配が安定的となるような制度的諸条件を整備しようとするものであって、ソースティン・ヴェブレンが唱えた制度主義の考え方を具現化するものです。

このように、社会的共通資本の概念は、ヴェブレンの制度主義の理念を具体的なかたちに表現したもので、また社会的共通資本の形成と維持はデューイのリベラリズムの思想にもとづいたものでなければならないわけです。したがって、社会的共通資本は決して国家の統治機構の一部として官僚的に管理されたり、また利潤追求の対象として市場的な条件によって左右されてはならないことを強調したいと思います。社会的共通資本の各部門は、職業的専門家によって、職業的規範にしたがって、管理・維持されます。このことは、社会的共通資本の問題を考えるとき、決定的な重要性をもちます。

社会的共通資本の基本的性格をこのように理解するとき、教育と医療が、社会的共通資本のもっとも重要な構成要素であることは明らかでしょう。教育は、一人一人の子どもたちが、それぞれもっている先天的、後天的能力、資質をできるだけ育て、伸ばし、個性ゆたかな一人の人間として成長することを助けようとするものです。他方、医療は、病気や怪我によって、正常な機能を果たすことができなくなった人々に対して、医学的な知見にもとづいて、診療をおこなうものです。いずれも、一人一人の市民が、人間的尊厳を保ち、市民的自由を最大限に享受できるような社会を安定的に維持するために必要、不可欠なものだからです。このことは、子どもを対象とする学校教育についてとくに重要な意味をもつわけです。

社会的共通資本としての教育

教育を社会的共通資本と考えるとき、子どもたちはすべて、それぞれの成長段階に対応する学校教育を受ける権利をもち、「政府」は、このようなサービスを提供する責務を負うことになります。

具体的にいうと、「政府」は、地域別に学校体系の計画を策定し、教師をはじめとする教育にかかわる職業的専門家の養成、学校関連の施設の建設、維持のために必要な財政措置をとり、すべての子どもたちが、原則として無料ないしは低廉な価格で学校教育を受けることができるようにすることが義務づけられています。

しかし、国民経済全体にとって利用しうる希少資源の量は限られたものであって、各市民の必要とする社会的共通資本を必要に応じて無制限に供給することはできません。学校教育に限定しても、学校をはじめとするさまざまな教育施設・設備をどこに、どのようにつくるか、教師をはじめとする教育に従事する職業的専門家を何人養成し、どこに、どのようにして配分するか、またどのようにして、学校教育にかかわる費用をだれが、どのような基準で負担するのか、にかんして、なんらかの意味で、社会的な基準にしたがって、希少資源の配分がおこなわれることになります。しかし、この社会的基準は決して国家官僚によってつくられるものであってはならないし、また、官僚的に管理されるものであってはなりません。それはあくまでも、教育にかかわる職業的専門家が中心になり、その職業的規律・倫理に反するものであってはならないわけです。そのためには、学校教育にたずさわる専門家の職業的能力・パフォーマンス、人格的な資質が常にチェックされるような制度的条件が整備されていて、社会的に認められているということが前提となることはいうまでもないことです。

このような制度的前提条件がみたされているときに、実際に学校教育のために、どれだけ希少資源が投下され、どれだけコストがかかったかによって、学校教育に投下された費用が決まりますが、その額が国民経済全体からみて望ましい学校教育のための費用となるわけです。教育を経済に合わせるのではなく、経済を教育に合わせるのが、社会的共通資本としての教育を考えるときの基本的視点です。

このような視点に立つとき、他の条件が等しいかぎり、国民所得のうち、学校教育に投下された費用の割合が高ければ、高いほど望ましいという結論が導き出されます。もちろん、このとき当然、最適の学校教育制度が運営され、学校教育のために投下されているさまざまな希少資源が効率的に使われていて、いわゆる浪費または無駄が起こらないような制度的保証が存在してことを前提とするのはいうまでもありません。国民所得のうち、学校教育に投下された費用の割合が高いということは、教師をはじめとして、学校教育にかかわる職業的専門家の数が多く、その経済的、社会的地位も高く、また多くの希少資源が、学校教育のために投下されることを意味するからです。このとき、社会全体でみたとき、人間的にも、文化的にも、安定した、魅力あるものとなるといってよいでしょう。

このように、学校教育を社会的共通資本と考えたとき、学校教育を具体的に、どのような組織が、どのような基準にしたがっておこなうのかという問題と、医療学校教育を、だれが、どのような基準にしたがって、どのようなかたちで負担するのかという問題を解決しなければなりません。これらの問題をどのように考えたらよいかについて、お話しする前に、マルクス経済学、新古典派の経済学の思想――あるいは社会主義、資本主義の建て前といった方がよいかも知れません――にしたがって考えるとき、どのような結論が得られるかについて、簡単にふれておきます。

社会主義制度のもとでの学校教育

純粋な意味での社会主義制度のもとでは、学校教育も、一般の財・サービスと同じように、「政府」によって中央集権的な形で作成された経済計画にもとづいて、官僚的に管理・運営されます。さまざまな学校関連の施設をどこに、どのようにつくるか、教師をはじめとする教育関係の専門家、技術者を何人、どのような形で養成し、全国の教育機関に配属するかについては、すべて全体的な経済計画にしたがって、下級官僚の手によって実行に移されます。一般に子どもたちが、どのような職業を選び、どのような社会的組織の中で働くかを自らの自由な意思にもとづいて選択することは原則として不可能であって、すべて下級官僚の指示と命令によって、全体的な経済計画の枠組みのなかで決定されるわけです。社会主義制度のもとでは、同じ官僚的管理と規制が、教師をはじめとする教育関係の専門家、技術者についても適用されます。とくに、一人一人の教師が実際に、何を、どのように教えるか、具体的な形態にいたるまで、基本的には下級官僚の裁量に委ねられています。じじつ、このようなかたちで具体的な措置を下級官僚の裁量に委ねるようにしなければ、膨大な規模をもつ中央集権的な経済計画を実行に移すことは不可能であって、いわば社会主義の宿命とでもいうべきでしょう。

フォン・ミーゼスは、一九二〇年すでに、中央集権的経済計画は現実に策定不可能だということを指摘しています。中央集権的経済計画を策定するためには、何百万という方程式を解かなければならず、とても計算できないというのが、その根拠です。ハイエクはさらに一歩進めて、中央集権的経済計画を策定するためには、必然的に国家官僚による市民の全般的管理を前提として、政治的全体主義の危険をはらんでいることを憂いたのでした。一九四四年に出版されたハイエクの名著『隷従への道』（一谷藤一郎、一谷映理子訳、東京創元社、一九五四年）は、リベラリズムの経済学の立場から、ヒットラーのナチ・ドイツとスターリンのソ連の脅威を徹底的に批判した書物で、現在にいたるまで私たち経済学者にとって重要な指針を与えています。

私は、フォン・ミーゼスがあまり強調しなかったもう一つの問題点、すなわち、具体的な措置を下級官僚の裁量に委ねるようにしなければ、膨大な規模をもつ中央集権的な経済計画を実行に移すことは不可能であるという社会主義にとってアキレスの腱とも言うべき欠陥に注目したいと思います。教師をはじめとする教育関係の専門家、技術者、あるいは医師、看護師、その他の医療関係の専門家、技術者たちの、それぞれの職業にかかわる具体的な措置の選択・決定が基本的には下級官僚の裁量に委ねられているということの弊害はどれだけ強調しても強調しきれないでしょう。このとき、教師をはじめとする教育関係の専門家、技術者、あるいは医師、看護師をはじめとする医療に従事する職業的専門家たちは、それぞれの職業的誇りと規律を保つことがきわめて困難となり、ときとしては人間的尊厳すら傷つけられざるを得ないような状況に置かれてしまうわけです。このことはまた必然的に、教育の全般的質の低下をもたらし、数多くの子どもたちの人間的成長の過程にも取り返しのつかない悪影響を及ぼすことになります。一国の将来にとって、由々しい事態といわざるを得ません。

じつは、日本の場合にも、社会主義制度と同じように、下級官僚による事細かい官僚的管理と規制が、教育と医療全般に対しておこなわれ、教師をはじめとする教育関係の専門家、技術者、あるいは医師、看護師、その他の医療関係の専門家、技術者の職業的行動に対しても適用されています。かつてのソ連をはじめとする社会主義の国々の場合とは比較できないにせよ、教育と医療の分野における官僚的管理・支配は、日本における社会的共通資本の管理・維持全般にわたってきわめて好ましくない結果を生み出しています。

資本主義制度のもとでの教育

これまで、純粋な意味における社会主義制度を想定して、そのような制度のもとでの医療はどのような特徴をもち、どのような弊害をもたらすかを考えてみました。次に、資本主義制度のもとでの教育は一体どのような特徴をもっているのかという問題を取り上げることにしましょう。ここでも、純粋な意味における資本主義制度を想定して、そのような制度のもとでの教育のもつ問題点を考えようというわけです。純粋な意味における資本主義制度というとき、生産要素を含めたすべての希少資源の私有制を前提として、すべての財・サービスが私的な企業によって生産され、市場を通じて売買されるという、いわゆる分権的市場経済制度を意味します。

このような分権的市場経済制度のもとでは、学校教育はどのようなかたちをとって実現されることになるのでしょうか。先ず、学校関連の施設を建設、維持し、教師をはじめとする関係の専門家、技術者たちを雇い入れて、学校を経営するのは、あくまでも利潤動機にもとづくものです。それは、学校の経営によって得られる収入が十分大きくて、学校の創立にともなう投資に対して、少なくとも市場金利に見合うだけの利潤を生み出すときに限られます。そのために、予想される生徒数、学校経営にともなう経常的、資本的支出の予想を推計して、学校をつくるか、否かを決めるわけです。

このとき、学校の経営状態を決めるのに重要な要因が二つあります。第一は生徒たちが授業料として支払う金額、第二は教師をはじめとする関係の専門家、技術者たちに対する報酬の金額です。

第一の要因――生徒たちが授業料として支払う金額――は、生徒たちの父兄が、授業料としてどれだけの金額を支払ってもよいと思うかに依存します。それは、経済学の言葉を使えば、学校教育によって生徒たちの効用がどれだけ増えたか、つまり学校教育によって得られる生徒たちの限界効用によって決まってくるわけです。第一の要因はまた、子どもたちが他の学校で教育を受けたとき、いくら支払わなければならないかにも依存します。つまり、学校の間の競争条件によって大きく左右されるわけです。均衡条件が成立しているときには、ある学校で教育を受けたときに子どもたちの得る限界効用が、学校教育を供給するときの限界費用に等しくなります。学校教育を供給するときの限界費用というのは、そのような学校教育の供給を限界的に一単位だけ増やそうとするとき、費用がどれだけ余計にかかるかをあらわします。ある学校で教育を受けたときに子どもたちの得る限界効用が、その学校教育を供給するときの限界費用より小さいときには、授業料を引き下げる学校が出てきて、生徒はそちらの学校に行くことになって、均衡状態を保つことができなくなります。逆の場合には、現行の授業料のもとで、このような教育をおこなう学校は存在しなくなり、この場合にも、均衡条件が成り立たないわけです。

市場均衡の状態では、限界効用と限界費用とが相等しくなっているというのは、新古典派の経済学の基本的命題ですが、この命題はじつは、各人が消費したり、使ったりするさまざまな財・サービスの間に代替性が十分にあることを前提としてはじめて成立します。上の学校教育の例では、子どもたちが学校教育を受けることに対する数多くの代替的な手段があるという状況を想定しているわけです。

学校の経営状態を決める第二の要因は教師をはじめとする教育関係の専門家、技術者に対して支払う報酬の大きさです。経済学の言葉を使えば、教師をはじめとする教育関係の専門家、技術者の賃金水準です。この賃金水準を決める要因は、この教師が、他の学校に雇われたとき、どれだけの賃金を得ることができるか、つまり、教師の機会収入の大きさに依存します。教師の機会収入の大きさは、一方では、この教師の技術水準の高さ、経験年数の長さなどに依存して決まってきますが、他方では、各学校が、学校教育を供給することによってどれだけの収入を得ることができるかにも依存します。教師の賃金水準は、各学校の限界費用のスケジュールに大きな関わりをもつからです。

もう一つ、教師の賃金水準を決める要因があります。それは、長期的な問題に関わるものですが、一人一人の教師が、教育関係の大学を卒業して、一人前の教師になるまで、どれだけ費用がかかったかに依存するものです。いわば、教師の再生産のための費用といってよいでしょう。この、教師の再生産のための費用のなかにはふつう、大学に行かないで、働いたとしたときにどれだけの所得を得たであろうかという、いわゆるForgone Incomeも含まれます。

ある若者が、教育関係の大学に行くか、どうかを決めるのに、一方では、教師になったときに、生涯を通じて、一体どれだけの所得が得られるかという生涯所得を推計します。他方では、大学を卒業して、一人前の教師になるまでにどれだけ費用がかかるかを、Forgone Incomeも含めて、計算します。そして、生涯所得の推計が、一人前の教師になるための費用より大きいときには、教育関係の大学に進学して、教師になるという道を選び、逆の場合には、他の道に進むというわけです。

新古典派の経済学で、もっとも基本的な命題の一つが、分権的市場経済制度のもとでの資源配分が社会的な観点からみて効率的となるという命題です。この命題を「証明」するために、上にあげた市場均衡にかんする諸条件が不可欠となります。もっとも厳密には、完全競争市場のもとでの市場均衡というべきでしょうが、この点については、くわしい議論は省略します。

分権的市場経済制度にかんする新古典派経済学の基本的な命題は、ふつうの財・サービスの場合、希少資源の効率的配分についての有効な命題となっています。しかし、医療、教育という社会的共通資本としての役割を果たすものにかんして、この命題を単純に適用することはできません。

第27章　望ましい学校教育を求めて

宇沢氏は大学はこまかな専門分野の枠組みにとらわれないリベラル・アーツの教育機関と位置づけるべきだと考えた。リベラル・アーツの大学は個性的、特徴的なカリキュラムを持ち、独立的、自律的な大学運営が認められる、共通一次試験のような画一的な形ではない独自の選抜を行う、など改革への提言は多方面に及ぶ。

リベラルな学校教育制度

これまで何度も繰り返してきましたが、教育とは、一人一人の子どもがもっている多様な先天的、後天的資質をできるだけ生かし、その能力をできるだけ伸ばし、発展させ、立派な一人の大人になって、個人的にも、社会的にも、幸福な、そして実り多い人生をおくることができるように成長することをたすけるものです。したがって、教育は決して、ある特定の国家的、宗教的、人種的、階級的、ないしは経済的イデオロギーによって支配されることがあってはなりません。

教育の目的をこのようなリベラリズムの視点に立って法制化したのが一九四七年に制定された教育基本法です。第一条に述べられているように、教育は人格の完成をめざし、平和的な国家、社会の一員として、真理と正義を愛し、個人の価値をたっとび、勤労と責任を重んじ、自主的精神に充ちた心身ともに健康な市民として成長することを目的とします。また、第二条では、教育の目的を達成するためには、学問の自由を尊重し、自他の敬愛と協力が強調されています。そして、第三条では、すべて国民がひとしく、その能力に応ずる教育を受ける機会を与えられなければならないことが述べられています。教育基本法に謳われているようなリベラルな学校教育制度を実現するのは大へんな困難をともない、決して短時日に具現化できるものではありません。ここでは、思いつくままに、リベラリズムの理念に適ったユートピア的な学校教育制度はどのような特徴をもたなければならないかを、これまでの議論を踏まえながら考えてみたいと思います。

学校教育法によれば、普通教育（小・中学校）、高等学校、大学に分類されています。普通教育は小学校六年、中学校三年の九年間で、義務教育とされています。高等学校三年、大学四年となるわけですが、私は、小学校六年の上に中学校、高等学校を一括して六年制の中・高一貫の学校にした方がいいのではないかと考えています（それもできれば、旧制中学のように五年制で）。以下、このような前提でお話ししたいと思います。

リベラルな大学とは

大学はあくまでも、リベラル・アーツ（Liberal Arts）の大学を中心にすべきではないかと思います。リベラル・アーツの大学というとき、こまかな専門分野の枠組みにとらわれないで、また政治、宗教の束縛から自由な立場に立って、あくまでも真理を追求し、一人一人の学生の全人格的完成を可能にすることを目的とした大学を意味します。一〇代の終わりから二〇代の初めにかけての多感な若者たちが、学問研究を契機として、また教師や他の学生との接触を通じて、社会的に有為な人間として成長することができるような場を提供しようというものです。現在の大学は、学問の専門化に対応して、専門教育を授けることを主な目的としています。一人一人の学生がすでに一個の完成した、独立した人格をもつ社会的存在と前提として、専門的な学問的知識を教授するというのが、大学の目的になっています。しかし、現在の高等教育は必ずしも、この前提をみたすものではなく、精神的にも、人格的にも、未成熟のままの大学生による反社会的な行動、陰惨な犯罪が後を絶ちません。専門的な学問的知識を教授するのは、大学院を中心としておこなった方がずっと自然で、効果的です。大学の四年間はあくまでも、専門分野にとらわれないで、これまでの長い人類の歴史を通じて蓄積されてきた学問的知識、科学的技術、芸術的感覚をひろく学ぶとともに、できるだけ数多くの教師、友人と親しく交わることによって、人間的成長をはかることに主点をおいた方がよいように思われます。

大学をこのように、リベラル・アーツの大学として位置づけるとき、一つ一つの大学が、個性的、特徴的であることが要請されます。それは、教授たちの構成、カリキュラムの内容、学生の選抜方法などの面で個性的であるだけでなく、建物の設計、キャンパスの使い方にいたるまで、それぞれ特徴的でなければならないわけです。したがって、大学を序列化したり、大学間に優劣をつけたりすることは決してしてはいけないことです。各大学はそれぞれ特有の雰囲気をもっていて、日本全国に異なった教育理念と目的をもった大学が数多く存在し、大学に進もうという若者たちに多様な選択を提供することが望ましいわけです。

とくに、学生の選抜方法については、各大学がそれぞれ独自の考え方にしたがって、それぞれの大学がもっている歴史、伝統をできるだけ尊重し、それぞれの大学を構成する教授の専門、性向を反映し、さらに、大学の置かれている地域的、自然的特性を十分に配慮して、策定されなければならないものです。共通一次試験制度のような全国画一の選抜方法によって学生を選ぶことほど好ましくない結果をもたらすものはありません。

できるだけ多様な大学が存在して、また多様な基準と判断によって、入学が決められるようになっているとすれば、子どもたちが高校を卒業して、大学に進もうとするとき、それぞれもっている好み、能力、アスピレーション、人生の生き方に応じて、大学を選ぶことができます。また、各大学の立場からも、それぞれの大学のもっている特色、個性とうまく調和し、教育の効果が十分に発揮できるような学生を選ぶことができます。

大学をこのように、リベラル・アーツの大学として位置づけ、一つ一つの大学が個性的、特徴的であるためには、大学の運営についても、独立的で、自律的であることが必要になってきます。そのために、大学は、国公立、私立を問わず、カリキュラムの作成、教授の人事、学生の選抜、規律のすべての面で、それぞれの主体的、自律的基準にしたがって運営する自由が与えられなければなりません。もちろん、大学の運営にかんして、きわめて大ざっぱな規範について、文部省による規定、また、個別的な運営についての監督が必要となりますが、それは、決して、個々の大学における研究、教育のアカデミックな内容に立ち入ってはならないことはいうまでもありません。

個々の大学における研究、教育のアカデミックな自由が保たれるようなかたちで大学の運営がおこなわれるとき、そのために必要な支出額が収入額と一致する必然性がないことは当然です。支出額が収入額を大幅に上回るのが一般的ですが、その「赤字」は、一体どのようにして埋めたらよいでしょうか。国公立大学の場合、国あるいは地方自治体の一般会計から補塡されるか、授業料の値上げで補います。また、私立大学の場合は原則として授業料の値上げで補うわけですが、たまには文部省の私学助成金の増額によって、「赤字」の解消をはかろうとします。いずれにせよ、大学は社会的共通資本としての機能を果たしているわけで、その運営にともなって発生する「赤字」は何らかのかたちで、社会的に解決されることになります。このとき、それぞれの大学における学問の研究、教育について、アカデミックな規律が守られ、また大学の経営の効率性という観点からも望ましいものであるということが前提となっていることはいうまでもありません。

大学における学問の研究、教育の自由が確保され、そのアカデミック・エクセレンスが維持されるためには、大学の運営にかんする独立、自律性が保証されることが緊要であって、決して、外部からの介入があってはなりません。とくに、監督者である文部省が各大学における学問の研究、教育のアカデミックな内容に対する関与、介入は決してしてはならないことです。たとえば、大学のアカデミックなパフォーマンスに関連づけて、私学助成金の額を増減するようなことは、文部省に対するマンデートを超えて、社会的信任に違反するものです（ふつうの文明社会では、当然かなり重い罪になるのではないでしょうか）。

大学における学問の研究、教育の自由を守り、そのアカデミック・エクセレンスを維持するためには、大学の形態は基本的には私立大学であることが望ましく、たとえ国公立大学の形態をとっていても、そのアカデミックな運営はあくまでも私立大学と同じ基準にしたがっておこなわれる必要があります。

このような視点に立つとき、日本の大学のアカデミックなパフォーマンスの劣悪さは、日本の歪んだ税制と無関係ではないように思われます。現在、日本の一般的な税率は、国税、地方税を合わせると、世界でもっとも高い国の一つですが、集めた税金をどのように使うかについても、国家官僚による裁量の及ぶ範囲が、日本ほど広範で、恣意的な国は少ないのではないでしょうか。このことは、学校教育の場合について、とくに顕著な現象です。高い税率の税金をとって、文部省をはじめとする国家官僚が、世俗的な基準によって、学校教育の運営のために、世俗的な基準によって配分するというのが、日本の現状です。

世界の、主な文明諸国では、大学、病院などの社会的共通資本の重要な構成要素については、その建設のための基金、運営のための資金中心となっているのは相続財産の遺贈です。相続財産を大学、病院などに遺贈すると、全額非課税になるだけでなく、相続税の累進性によって、遺贈した額以上の節税が可能になります。したがって、通例の社会感覚をもった人は、その相続財産を、自分のアスピレーション、夢を実現してくれそうな大学、病院などの社会的共通資本を運営する社会的組織に遺贈するのが、一般的となっています。遺贈の場合、一人一人の個人の遺志が生かされるからです。税金として取られて、もっぱら国家官僚の世俗的な基準によって使われることに対してつよい違和感をもつのが、健全な市民としての感覚ではないでしょうか。

しかし日本の現行制度のもとでは、相続財産の遺贈はもちろん、一般的な寄付に対する非課税措置はきびしく規制されていて、ふつうでは先ず不可能です。このことがおそらく、日本の大学のアカデミックなパフォーマンスの劣悪さのもっとも大きな原因だといってもよいと思います。

リベラルな大学とカリキュラムのあり方

大学における教育のアカデミックな内容というとき、そのもっとも中心的なものはカリキュラムの構成です。カリキュラムの作成について重要なことは、一人一人の学生が、それぞれ各自の潜在的能力、知識的蓄積、職業的アスピレーションに応じて、それぞれ固有のカリキュラムをつくって、大学の四年間に何を、どのように学ぶかを主体的、自主的に決めることです。

大学は、四年間のカリキュラムについて、いくつかの標準的なカリキュラムを例示して、学生の参考に資することは必要ですが、実際にどのような科目を、どのように取るかは、各学生が自分自身で決めるわけです。そのために、各学生は一人ないしは複数のアカデミック・アドバイザーを決め、そのアドバイスを得て、各学年度のアカデミック・プログラムを策定することになります。もちろん、各学年度ごとに、一人一人の学生のアカデミック・プログラムは、教授会の承認を得なければなりませんし、四年間全体のアカデミック・プログラムが卒業認定に相応しいか、どうかも教授会の承認を経てはじめて有効になることはいうまでもありません。

このとき、アカデミック・プログラムの具体的内容は、大学におけるアカデミックな生活すべてにわたるものであって、通例の講義、演習、実習だけでなく、運動部、文化部、あるいは個人的、ないしはサークル的な学習、活動をも含めて考えるものです。場合によっては、他の大学での留学、あるいは企業、官庁、病院、研究所などでのインターン的な学習、活動も含めるものです。いずれにせよ、アカデミック・プログラムは決してきびしいものであってはならず、一人一人の学生ができるだけ、時間的にも、精神的にも余裕をもって、自由に四年間の大学生活をおくることができるようにすべきです。大学の四年間が人生でもっとも楽しく、充実したものであるようにするのがリベラル・アーツの大学の究極的な目的だからです。

学生の選抜方法について

リベラル・アーツの大学の性格と目的を上のようにとらえるとき、学生の選抜をどのような考え方にもとづいて、どのような方法をとったらよいかということがおのずから決まってきます。

入学志望者について、数学、英語、国語、漢文などという基礎的な科目にかんして、ある程度の理解と知識が求められるのは当然ですが、それらはあくまでも、必要最低限の要請です。一人一人の入学志望者が、中学・高校の六年間をどのように過ごしてきたかを参考にしながら、志望している大学に入って、四年間の大学生活を有効に過ごすことができるかどうかを判断して、入学者を選抜するわけです。そのために、中学・高校の内申書、面接などの限られた資料をもとにして判断せざるを得ませんが、学生の選抜という大学にとってもっとも重要なアカデミックなことに対して、全力をつくして、最善の結果を得るようにすべきです。

私はかつて、イギリスのケンブリッジ大学のあるカレッジでフェローをしていたことがあります。当時、ケンブリッジ大学は二六のカレッジから構成されていました。各カレッジは私立の全寮制の学校で、フェローも原則としてカレッジのなかに住んでいました。ケンブリッジ大学自体の運営は、国からの予算で賄われていて、学生たちは各カレッジに寝泊まりして、ケンブリッジ大学に講義を聞きに行くわけです。フェローの多くはケンブリッジ大学で教職についていましたが、なかにはカレッジ専任の人もいました。学生は各カレッジに所属していましたので、入学者の選抜は、カレッジの専決事項でした。各カレッジでは、マスターに次ぐシニアーの地位にある大学者がシニアー・チューターとして、入学者の選抜に当たっていました。シニアー・チューターは、一年中、イギリスの各地を回って、入学志望者を訪ねて歩いていました。入学志望者本人に会うだけでなく、その家庭、高校にも行って、カレッジの学生として相応しいか、どうかを判断するさいの資料にするためです。入学者の選抜は、シニアー・チューターの判断にもとづくのが原則で、しかも、カレッジに入学を許されると、自動的にケンブリッジ大学の学生となって、政府の奨学金制度の適用を受ける資格を得ることになります（当時、政府の奨学金制度は大へんgenerousなものでした）。私は、学識のゆたかな大学者であるシニアー・チューターがカレッジの入学者選抜のためにそれこそ心血を注いでいるのを見て、頭が下がる思いでした。

ケンブリッジ大学の学生選抜方法をそのまま日本の大学に輸入するわけにはいきませんが、私たちはもう少し、学生の選抜ということを大事にして、もっと真剣に取り組む必要があるのではないでしょうか。共通一次入試制度という最悪に近い入試制度の導入の動機の一つに、国立大学の教授たちが入試のためにできるだけ時間と労力を使いたくないという邪《よこしま》な心をもっていたことを、今更のように痛恨の念をもって思い起こさざるを得ません。

専門学校の制度

大学を上のようにリベラル・アーツの大学として位置づけるとき、専門教育は、その上の学校でおこなわれることになります。現行の日本の大学制度では、大学院がそれに相当するわけですが、私はむしろ、丸山眞男先生の発案にしたがって、専門学校と呼んだ方がよいように思います。法学専門学校、経済学専門学校、医学専門学校、理学専門学校、工学専門学校、文学専門学校、農学専門学校などです。

専門学校の在学年限はとくに規定する必要はありませんが、三年程度を一応の目安にしたらと思います。専門学校の修了は、博士論文を仕上げて、博士号の取得になるわけですが、在学期間は二年程度を必要最低限とします。

現行の大学院制度は、前期二年の修士課程と、その上に後期三年の博士課程と、合わせて五年を必要最低限の在学期間としていますが、これはまったく非常識極まりない長期間で、世界にその例がありません。一説によると、英語の原文を文部省の官僚が訳し違えた結果だといわれています。二年の修士課程と三年の博士課程とを並列させるという文章を二年の修士課程とその上に三年の博士課程という意味に誤解したわけです。自ら犯した誤りを決して認めようとしない官僚的性向の結果、五〇年以上にわたって、日本における大学院教育が大へんな害毒をもたらしつづけてきたというのです。

中高一貫の全寮制の学校

中学、高校の六年間は、子どもたちの知的、情操的、身体的成長の過程で、きわめて重要な、ときとしては決定的な意味をもちます。この六年間を決して、教育の理念に反する「偏差値」による順位づけに使ったり、あるいは非人間的、反社会的な「入試センター試験」のための受験勉強に使ったりすることがあってはなりません。一人一人の子どもたちが、そのもっている先天的資質、後天的能力、インネイトな性向を十分に生かし、発展させ、それぞれのもっている多様な夢、アスピレーションができるかぎり充たされるような学校をつくらなければなりません。そのためには、教師が子どもたちと一緒に生活し、一緒に生きるような条件のもとで、一人一人の子どもをよく知ることができるような環境が必要となってきます。このような観点から、中学、高校の六年間を一緒にして、中高一貫の学校とし、できれば全寮制をとることが望ましいわけです。しかし、中高一貫の全寮制の学校を、全国的なレベルで実行に移すことは必ずしも現実的ではありません。選択的、実験的に試みる程度からはじめた方がよいと思います。

小学校、中学校、あるいは中高一貫の学校についても、リベラリズムの理念にもとづいた教育がおこなわれることが望ましいのはいうまでもないことです。差し当たって取られなければならないのは、教育委員会の公選制の復活と教科書検定制度の廃止です。しかし、教育基本法の原点に立ち戻って、普通学校教育制度のあり方について、根元的な改革をおこなう必要があります。それは、広く国民全体を巻き込んで、十分に時間をかけて、一人一人の子どもが本当の意味で幸せになるためにどうしたらよいかという観点に立って、議論を重ねることによってはじめて可能になるものだと思います。

第Ⅶ部

農村とコモンズ

第28章　新古典派経済学の虚構と農業

日本の農業の危機的状況は、新古典派経済理論の効率性基準という、農業にそぐわない経済尺度を持ち込んだことにあるとして、宇沢氏は、経済効率だけでは測れない農業の社会的、文化的意義を訴えた。

農業の基本的性格

日本の農業はいま、一九三〇年代の大恐慌以来、最大の危機を迎えている。農業の存続そのものが危ぶまれるという状況にあるという点からいうならば、日本農業形成以来、最大の危機といってよいかもしれない。

ここで、農業というとき、畜産業はもちろん、林業、水産業をもふくめて、広い意味に用いているのであるが、農業という用語法自体、おのずから一つの偏見なり既成概念の枠のなかに、私たちの思考が閉ざされてしまっているということを示すのかもしれない。

農業というとき、そのときどきの経済体制のもとで、一つの産業として、自立しうるような性格をもつものとして規定されている。たとえば、資本主義的な市場経済制度のもとにおける農業というとき、つぎのようなことを意味する。それは、資本主義的な市場制度において形成される価格体系のもとで、各農家の受け取る純所得が決まってくるわけであるが、その所得の制約条件のもとで、各農家は、家族の生活、子弟の教育、さらに新しい農地、技術の開発、種子、栽培方法の改良のために投資をおこなうことによって、希少資源の最適配分が実現するというものである。

このような前提がみたされないということは、封建時代の歴史的経験、あるいは一九三〇年代大恐慌のもとにおける農村の実態からもただちによみとれる。

私は、農業という概念規定より、むしろ農の営みという考え方にもとづいて議論を進めた方がよいのではないかと思う。

農の営みは人類の歴史とともに古い、というよりは、人類を特徴づけるものとして農の営みの意味づけが存在するとさえいってもよいのではなかろうか。このような意味における農業は、自然と直接的に関わりをもちつつ、自然のもつ倫理にしたがって、自然と共存しながら、私たちが生存してゆくために欠くことのできない食糧を生産し、私たちに供給するという機能を果たしている。いうまでもなく農業は、その生産過程において、自然と共存しながら、それに人工的な改変を加えて、食糧の生産をおこなうわけであるが、工業部門とは異なって、大規模な自然破壊をおこなうことなく、自然に生存する生物との直接的な関わりを通じて、このような生産がなされるという点に農業の基本的特徴を見出すことができる。しかも、人々が農業に従事するとき、おおむね、各人それぞれの主体的意志にもとづいて、生産計画をたて、実行に移すことができる。

農業のもつ、この基本的性格は、工業部門における生産過程ときわめて対照的なものであって、農業に関わる諸問題を考察するときに無視できないように思われる。工業部門において生産に従事する人々の大部分が、それぞれ企業組織に属して、その構成員として、企業の経営的な観点からの指示にしたがって、生産に関与する。

このような状況のもとでは、商品化された労働力と、労働者の人格的主体性との間には、きびしい緊張関係が形成されるのが一般的である。とくに、資本主義的な市場制度のもとで企業活動がおこなわれるとき、このようなかたちで形成される自己疎外は例外的な現象ではなく、広く一般的な性格をもち、現代社会の病理現象を特徴づけるものとなっている。

この点にかんする指摘はすでに、ソースティン・ヴェブレンによって、古典的な名著『企業の理論』（小原敬士訳、勁草書房、二〇〇二年）のなかで、きわめて説得的なかたちでなされている。事実、ヴェブレンは、このような意味における自己疎外が、現代資本主義制度のもとにおける有効需要の欠如、労働の非自発的失業、希少資源の非効率的配分などという病理現象を誘発する主要因となっているということを強調したのであった。

これに反して、農業部門では、そこに働く人々が、自らの人格的同一性を維持しながら、自然のなかで自由に生きることが可能となる。農業部門における資源配分の非効率性を惹き起こす主要因は、自然的条件の予期せざる変動にもとづくものであるか、投機的な誘因にもとづく農産物の市場価格の異常な変動、あるいは、政策的要因にもとづく、農業における生産条件の攪乱である。すなわち、農業の生産的条件にかんする内在的要因にもとづくものではなく、農業部門にとってはむしろ外生的な要因に起因するものであるということである。

さらに、農業における生産活動の特徴としてあげなければならないのは、自然環境の保全に関わるものである。さきに述べたように、農業部門における生産活動は基本的に、自然的条件に大きな改変を加えることなくおこなうことができるという性格をもっている。とくに、日本農業の場合、水田耕作を主としているということによって、大きな保水機能をもつとともに、夏季における温度調整に重要な役割を果たしている。

また、林業が、日本の森林の保全にさいして重要な役割を果たしてきたことを指摘しておかなければならないであろう。日本はもともと、きわめて特殊な地理的構造をもっている。とくに、河川の急勾配と多雨地域の存在によって、森林の保全は、自然環境の維持のために不可欠な要件となっているだけでなく、文化的、社会的な面からも重要な役割を果たしてきたということは、ここに改めて言及する必要もないであろう。ところが、森林を良好なかたちで、保全、維持するためには、林業との関わりが重要となってくる。つまり、林業に従事する人々が絶えず森林に入って、作業をつづけてゆくということによってはじめて、森林環境を保全してゆくことが可能となるのである。このことは、とくに日本の森林の場合、重要な意味をもつものであって、林業経営が可能となるような条件が整備されていないときに、森林の保全、維持はきわめて困難となるということを指摘しておきたい。

このことは必ずしも、利潤追求あるいは雇用維持という視点からなされる林業経営が支配的であるときに、森林の保全が可能となるということを意味しない。これは、林野庁の管理下に置かれてきた国有林の現状からも、容易に推測されることでもある。

また、農業が果たす自然環境保全の機能が、日本の場合、現実に働くような条件が存在しているということを意味しない。この点にかんしては、一九六一年に制定された農業基本法の性格についてふれておかなければならないであろう。この基本法は、高度経済成長期から現在にいたるまで、日本における農業のあり方を規定するものであって、日本農業が現在置かれている困難な状況をつくり出してきたといっても過言ではないように思われる。

効率性基準を農業に導入した誤り

農業基本法は、その性格を大きく特徴づけるならば、効率性基準を農業にも適用して、農業部門における生産性を高め、利潤性を求めて、工業部門と競争しうる条件を形成しようとするものであった。そのために、農地の基盤整備、生産過程の機械化、農村の社会的諸条件の改良などの面で、政府が積極的な政策を展開するとともに、米価維持政策を中心として、農業部門における利潤性を人為的に高めることによって、労働および資本が農業部門により多く投下されるような状況をつくり出そうとするものであった。

この基本法によって、高度経済成長期における日本農業の展開、発展が可能になったということは否定しえないし、また、農家所得を大幅に引き上げるという点からも中心的な役割を果たしてきた。農業基本法の果たした、このような役割は大いに評価すべきであるが、農業基本法の基本的な考え方には問題があるのではなかろうか。それは、農業を工業と同じような性格をもつものと考え、市場効率性にもとづいて、農業部門に対する資源配分のパフォーマンスを評価しようとする考え方である。

さきに、農業の問題は、一つの産業としての観点から眺めるのではなく、よりひろく、農の営みという、人間本来のあり方に深く関わるものとして考えなければならないということを強調した。それは、農業が、人々の生存に関わる基礎的資料を生産するという、もっとも基幹的な機能を果たすだけでなく、自然環境を保全し、自己疎外を本質的に経験することなく生産活動をおこなうことによって、社会全体の安定性にとって、中核的な役割を果たしてきたということに深く関わっていることでもあった。このような機能を果たしてきた、また将来も果たしうる農業を工業と同列に取り扱ってよいであろうか。

農業のもつ、このような特性は必然的に、工業との関連で、効率性基準を適用しようとするときに、きわめて不利な条件を生み出してゆく。市場的効率性のもとでは、工業は、農業とは比較しえないような有利性をもっているからである。とくに、工業部門は、生産過程において、規模の経済が支配的である。これは工業生産自体と、ある意味では本質的な関わりをもつものであるが、その帰結の一つが、生産主体の規模拡大であって、巨大企業の形成というかたちとなって現われている。同時に、寡占的な市場構造をもつようになり、価格形成の過程はすでに完全競争的な状況から程遠いものとなってきている。農業の場合についても規模の経済が適用されることは例外ではないが、その程度について、工業とは比較すべくもないということである。

工業部門と農業部門との間に存在する、生産面での格差をいっそう拡大化してきたのは、公共投資などの政策的な側面である。これは工業部門の拡大、とくに重化学工業化の促進が、日本経済の発展にとって不可欠なものであるという思想的条件が根づよく存在してきたということに起因するものである。このような思想的偏向は必ずしも日本の場合に限定されるものではないが、日本経済について特に深刻であったことは否定できないであろう。とくに重要な役割を果たしてきたのは、一九五〇年代半ば頃から盛んにおこなわれるようになった大規模工業用地の造成である。そのもっとも典型的なものは、鹿島工業地域の形成である。これらの工業用地の造成は、国、地方自治体が中心となって、その計画の策定から、実施にいたるまで常に主導的なかたちで関わってきた。このような公共的資金を中心とする生産基盤形成が、高度経済成長期における日本の重化学工業化の過程で果たした役割は、正確にその評価をすることは困難であるには違いないが、きわめて大きいものがあったということは想像にかたくない。

工業に対する政策的配慮は、このような産業基盤形成だけでなく、よく指摘されるように、輸出を振興するための、さまざまな税制的優遇政策、技術導入の面での補佐的手段があげられる。さらに、ここで指摘したいのは、高等教育を受けた、すぐれた人材がほとんどすべて、工業部門に吸収されていったという現象である。それは、工業部門が農業部門に比べて、より近代的、革新的、そして都市的であるという、社会的偏見に起因する面を多くもっている。と同時に、工業部門における投資の効率性がきわめて高く、工業部門での労働者、技術者の収入は、農業部門をはるかに上回っているという現象もまたみられたからである。

高度経済成長期を通じて、農業と工業の間の格差は拡大しつづけた。しかし、農業も工業もともに、高い成長率を維持することができて、このような相対的乖離の問題は政治的課題とはならなかった。その要因の一つは、封建制の時代から一貫してみられた日本農村の閉鎖性である。これは一つに、日本農業の中核に位置してきたのは水田稲作であって、それはまた、村落共同体の存在によってはじめて機能しうるものだったからである。そして、農民は次第に、農を営むという主体的な関わりを失ってゆき、自らの子弟が、できれば農村から脱出して、工業部門、都市に移ることを期待しはじめた。

農業基本法はこのような状況のもとで、きわめて効果的に機能していった。というのは、市場経済的な論理のもとでは、工業化によってはじめて、一国の経済発展が可能となるものであって、農村の役割は、すぐれた人的資源の供給源という機能を果たすだけであって、雇用、所得、生産統計いずれをとってみても、農業部門の占める相対的ウェイトが低くなればなるほど、一国経済の発展、成長が著しいという考え方が、一つの中核的な意味づけをもっていたからである。

このことはまた、日本経済の高度経済成長期においては、工業、農業どちらの部門にとっても、きわめて望ましい状況をつくり出していたといってよい。工業部門ではとくに、歴史的に前例をみないような高い率で、生産、雇用、所得のいずれの面でも成長をつづけることが可能になった。と同時に、農村における人口流出、とくに若年労働力の流出によって、一人当たり農業生産性は高い率をもって上昇しつづけるという奇妙な現象を呈することになった。

しかし、このことは、国際的観点からみたときの日本農業の相対的地盤沈下となって現われていった。新古典派ないし、新リカードー学派の論理を用いるならば、日本経済は、人口、経済活動の水準の比率において土地の希少性があまりにも高すぎる。したがって、日本経済における最適、ないしはもっとも効率的な資源配分は、できるだけ土地を少ししか使わないで、しかも土地単位面積当たりの収穫がもっとも高くなるような形でなされるべきであるということになるわけである。

このような視点にたつとき、ヘクシャー＝オーリン的な国際的分業が、日本経済、ひいては日本の農業にとってもっとも望ましいものである、という結論が必然的に導き出されることになる。すなわち、各国は、それぞれ、相対的にゆたかな賦与量をもつ生産手段を比較的多く使用するような財の生産に特化し、生産手段の相対的賦与量が少ないような財は、外国から輸入した方が、国民経済の経済厚生という観点から望ましい資源配分が求められるという政策的な結論である。土地の賦与量が相対的に希少である日本経済の場合、農業という、より土地集約的な産業はできるだけ縮小して、工業部門に特化する方が望ましいということになるわけである。

この農業基本法の背後に存在する経済思想は、実は、第二次世界大戦後における国際経済関係を規定する二つの重要な制度の一つであるＧＡＴＴ体制の背後に存在する考え方とも軌を一にするものである。関税、非関税障壁を取り除いて、自由な貿易と資本移動のもとで、世界の各国の経済厚生がすべて高くなるという、すぐれて新古典派的命題が、このような制度ないしは政策的展開の基礎に置かれているといってもよい。

もちろん、このような思想的な立場をはっきり意識して現実の政策的選択がなされてきたわけではない。しかし、たとえば、日本とアメリカとの間で近年懸案となってきた、いわゆる貿易摩擦の問題に対して、アメリカ側が出してきた理不尽な要求も、このような経済思想的な考え方を根拠としながら展開されてきたものであり、またその故に一応の説得力をもってきたということは留意しておかなければならないであろう。

新古典派経済学の命題の非現実性と誤謬

このような効率主義とも呼ばれるべき経済思想の立場を貫くとき、一国の産業構成の望ましい姿にかんしてつぎのような結論が導き出されることになる。それは、国内的には、生産、流通、消費にかんするさまざまな規制ないしは政策的介入を撤廃し、国際的には、関税、非関税障壁を取り払い、貿易、資本移動が自由におこなわれるような状況のもとで、結果として実現する産業の構成、雇用の形態が、その国の経済厚生という観点からもっとも望ましい姿であるという考え方である。すなわち、望ましい産業、雇用の構造は、事前に決められるものではなく、市場における競争の結果として、事後に決められるものであるというものである。

日本経済の場合、極端にいうならば、土地の相対的希少性を前提とするとき、完全に工業部門に特化して、農業部門は完全に消滅するような状態が最適な資源配分のかたちであるというのが、この新古典派的命題の主張するところとなるわけである。かつてある会合で、私が、農業部門の果たす自然環境保全に関わる機能の重要性を指摘したとき、日本の農地全部を公園とすればよいという暴論を唱えた新古典派経済学者がいたということを補足的ながらふれておく必要もあるように思われる。

このような新古典派的な経済思想、ないしはそれにもとづく政策的命題がいかに非現実的であり、また反社会的な性格をもっているかということは改めて言及するまでもない。しかし、これらの命題にかんして、その論理的根拠もまた著しい誤謬にもとづいたものである。

まず指摘しなければならない点は、一国の「経済厚生」の水準という言葉がしばしば用いられてきたが、その概念規定がきわめて曖昧であり、ときとして大きな矛盾を含んでいるということである。一国の「経済厚生」というとき、それは、いわゆる代表的個人を想定して、その個人が享受するベンサム的な効用にもとづいて、資源配分のパフォーマンスを評価しようとするものである。そこには、所得配分の不平等性にかんする問題意識は影をひそめ、企業はたんなる生産要素の瞬時的な結合にすぎない、幻影的な存在とされてしまっている。また、人々が生産にたずさわるときに感ずる職業的矜持も存在しないし、社会的、文化的香りも消えてしまった世界が想定されている。新古典派的個人は、虚無的な世界に、点々と散財する泡のような、非人間的な、抽象的な経済人である。

新古典派的命題について指摘しなければならない第二の問題点は、生産要素の可塑性（マリアビリティ）にかんする前提条件である。すなわち、生産要素がすべて、そのときどきの市場的条件に応じて、自由に、その用途を変えることができるという条件が置かれている。日本の農業について、その比較優位性が失われたとき、これまで農業に投下されていた生産要素を、なんら費用をかけることなく、また時間的経過もともなうことなく、工業に転用することが可能であるということである。この前提条件がみたされるような状況は現実にありえないということは言及するまでもないほど明白であろう。しかし、新古典派命題が成立するためには、このマリアビリティの条件が不可欠であって、もしこの条件がみたされないときには、新古典派命題の結論はもはや妥当しなくなる。

新古典派命題の理論前提でもう一つ重要な役割を果たすものがある。それは、生産手段ないしは生産要素の私有制にかんする前提条件である。すなわち、生産活動の過程において制約的となるような生産要素はすべて、私有され、それぞれいずれかの経済主体に分属され、市場を通じて取り引きされるという制度的前提のもとで、新古典派命題が展開されているということである。

いうまでもなく、現代における資本主義社会では、私有されないで、社会的に管理されているいわゆる社会的共通資本が、生産、流通、消費の全過程において重要な役割を果たしている。自然環境、社会資本、制度資本などを含めた、これらの社会的共通資本は、一国経済の構造的特性もまた規定するものであって、共通資本の存在を無視して、現代資本主義を語ることはできない。このことはとくに、農業の場合、決定的な意味をもつ。それは、農業における生産活動にさいして、自然環境をはじめとする社会的共通資本が基幹的に重要性をもつということだけでなく、より広く文化的、社会的次元において社会的共通資本が決定的な役割を果たし、社会的安定性の維持のために不可欠なものとなっているからである。

このような観点からみるときにも、農業という概念規定は、問題をあまりにも限定しすぎることになってしまう。いずれにせよ、新古典派命題は、その理論前提の非現実性、非論理性という点からも、また、その政策的結論の反社会性、非人間性という点からも、思想的命題としての意味をもたない。しかし、現実には、大きな政治的、経済的潮流のなかで、この新古典派命題は、きわめて都合のよいかたちでの理論武装の役割を果たしつづけてきた。それはなによりも、新古典派命題に代わるべき理論的枠組みを、経済学が用意してこなかったということに起因しているように思われる。しかし、農業をはじめとして、日本の経済社会の置かれている危機的状況のもとで思考を進めるためには、私たちはまず、新古典派命題の呪縛から自らを解き放つことをしなければならないように思われる。

その上で、現代的状況に対応した理論的枠組みを構築し、政策的命題を導き出さなければならない。このような経済学における問題意識からも、日本の農業が置かれている危機的状況をどのようにとらえ、その解決への道をどのような方向に求めるかということは、大切な問題である。

農の営みの場としての農村の意味

農業の問題を考察するときにまず必要なことは、農業の営みがおこなわれる場、そこに働き、生きる人々を総体としてとらえなければならない。いわゆる農村という概念的枠組みのなかで考えを進めることが要請されることになる。

一つの国がたんに経済的な観点だけでなく、社会的、文化的な観点からも、安定的な発展を遂げるためには、農村の規模がある程度安定的な水準に維持されることが必要となってくる。このことは、これまでの農業の特性について述べてきたことから容易に推論することができよう。とくに、一国の社会的、文化的水準を高く維持しつづけるためには、農村で生れ育った若者の人数が常にある一定の水準にあって、都市で生れ育った若者と絶えず接触することによって、すぐれた文化的、人間的交流を可能とすることが望まれる。

個人的体験になってしまうが、私は旧制高等学校で寮生活をおくったが、そこではじめて、農村出身の友人を多く知って、人格形成の過程で大きな影響を受けた。当時旧制高等学校は一般的に比較的農村出身の生徒の比率が高かったのであるが、私の入った高等学校も例外ではなかった。それまで都会の小学校、中学校で、偏った性向の友人たちの間で育った私にとって、農村出身の友人たちの多くがもっていた大らかな人間性、たくましい生き方、そしてことがらの本質を鋭く見抜いてゆく知性に、ほとんど衝撃に近い印象を受けたことはいまでも鮮明なかたちで記憶に残っている。私自身研究者としての道を選んだわけであるが、私に研究者としてなんらかのものがあるとすれば、その人格的基礎は、高校当時、農村出身の友人から受けた、この清冽な影響にあるように思われてならない。私の、この個人的体験をそのまま一般化することはできないにしても、農業のもつ特性からおしはかって、農村の場で形成される人間的な雰囲気からは、私がかつて受けたような強烈な印象を与えるような若者たちが比較的多く育つのではないだろうか。

また、農業にたずさわる人々がもっている健やかな、たくましい人間性もまたかなり一般的なものではないかという気がする。私は、この二〇年間ほどの期間、開発にともなう環境破壊の問題に関心をもって、数多くの場所に出かけた。これらの問題が生じているところはすべて農村（あるいは漁村）であるが、そこで接した農民の人々は例外なく、魅力的な人間性とすばらしい生き方をしてきた人々ばかりであった。開発によって惹き起こされる環境破壊の問題に関心をもち、積極的なかたちで運動を展開するという、農村のなかではかなり偏った生き方を選定しているわけであるから、私の、このような個人的印象をそのまま一般化することはできないかもしれない。しかし、私が理想とする人々が存在し、生きているのは、農村でしかないという感じがする。

これまで断片的なかたちではあるが、農村の果たす、経済的、社会的、文化的役割の重要性にふれてきた。資本主義的な経済制度のもとでは、工業と農業の間の生産性格差は大きく、市場的な効率性を基準として資源配分がなされるとすれば、農村の規模は年々縮小せざるをえないのが現状である。さらに、国際的な形での市場原理が適用されることになるとすれば、日本経済は工業部門に特化して、農業の比率は極端に低く、農村は事実上、消滅するという結果になりかねない。このことはまた、農業基本法の考え方からの帰結でもある。

農業は自然と共存しながら営まれる

農業は食糧を生産し、供給するという経済的機能という面で、国民生活に重要な関わりをもち、その意味で経済的特異性をもつと言ったが、これにも増して重要な特徴を農業はもつ。それは、その生産形態にかんするものである。

すなわち、農業は、自然との直接的な関与を通じて、自然のもつ論理にしたがって、自然と共存しながら営まれるものである。したがって、工業部門と異なって、大規模な自然破壊をおこなうことなく、自然に生存する生物との直接的な関わりを通じて生産活動をおこなう。しかも農業に従事する人々の大部分は、自らの主体的意志にもとづいて生産計画を立てて、実行に移すことができる。工業部門の労働者の大部分が、企業組織の一構成員として、企業の経営的指示にもとづいて行動しなければならず、商品化された労働と人格的主体との乖離に悩まなければならないのに反して、農業部門で働く人には人格的同一性を確保しながら、自然のなかで生活してゆくことができる。

農業はこのように人々の生存の基礎的素材を生産する一方、自然環境を保全しながら、自己疎外を経験することなく、生産に従事することが可能となる。一国の経済全体についてみて、農業に従事する人々の比率が高いということは、たんに経済の長期的な安定性という観点からだけでなく、文化的安定性という面からも望ましいものをもっている。しかし、工業部門と農業部門の生産性格差は大きく、市場的な経済効率性にもとづいて希少資源の配分がおこなわれるとき、農業部門の産出量、雇用人口が長期的な趨勢として極端に低い水準に落ち着くことは必然的な現象である。

農業の比率を望ましい水準に

その結果、食料品の価格の変動はいっそう拡大され、人々の生活はますます不安定なものとならざるをえないであろう。そのため、なんらかのかたちでの政策的手段を通じて、農業部門の比率を望ましい水準に維持することが、社会的な観点から要請される。たとえば、米価支持政策を通じて、生産者に対しては、ある水準の量の米の生産が経済的に可能となるような生産者米価を支払い、消費者に対しては、家計費水準からみて適切と思われる消費者米価を設定し、その差額は一般会計から補塡しようとするものである。

このような米価支持政策に対しては一般に、とくに経済学者の間では批判的な考え方をもつ人々が多い。しかし以上のような観点から、このような米価支持政策によって、米の生産を長期間にわたって安定的な水準に維持しうるという結果を生み出す。と同時に米価が安定的となり一次産品によくみられるような投機的需要の影響を受けて大きく変動するということがないようになる。

ただし、米価支持政策は、農業全体としてみたとき、米とそれ以外の農産物の間に好ましくない資源配分上の歪みをもたらし、その点から望ましくない面をもっている。このような観点からはむしろ、農業における生産基盤の形成に対して、公的な資金がより有効に配分されて、価格支持政策を代替するような手段が望ましいものであると言えよう。

この点に関連して一言ふれておかなければならないことは、アメリカ農業についてである。農業と軍事産業とは、アメリカが比較優位をもつ二つの産業であるが、いずれもさまざまなかたちで公的な資金が投入されてきた分野であり、現在もなお、巨額に上る補助金が与えられている。たとえば、一九八三年度の農家に対する政府補助金は二一〇億ドルに上り、農家の全純所得額二二〇億ドルに匹敵する。これは農業が、アメリカ経済の安定性のために重要な役割を果たしていることを評価して、補助金が支払われているとも考えられる。

農業の不安は経済社会全体の不安を誘発

言うまでもないことだが、農業は医療、教育とならんで、市場的な経済効率性基準からみて、他の産業、とくに重化学工業部門と競争的地位をもたない。しかし、どちらも人々の生活に不可欠なものを生産し、供給している。この二つの分野における資源投下が少なくなって、希少性が高くなり、その結果、価格水準が高くなるとき、人々の生活は不安定なものとなり、社会的に好ましくない状態が実現する。

同時に、農業は医療、教育とならんで、そこに職業的に従事する人々の比率が高い水準に維持されることによって、社会的、文化的な観点からみて望ましい状況をつくり出す。このような意味で、農業に対する政策的な支持が正当化されるといってもよいが、それはもちろん現行の農業制度、農業政策が望ましいものであるということを意味するものではない。

農業政策についてその抱えている問題は多い。それらはいずれも長い歴史的な過程を経てつくり出されたものであるが、その特有の社会的、経済的機能を十分に考慮に入れながら、これらの諸制度の改革の方向を模索しなければならない。そのさい、経済効率性のみを追求して、市場的基準を安易に適用しようとするとき、農の営みが本来の機能を十分に果たすことができないだけでなく、経済社会全体の不安定性を誘発しかねない。

第29章 農の営みの再生を求めて

市場メカニズムの中での経済効率性の追求によって、崩壊状況に至った日本の農業を再生するため、宇沢氏は、従来システムに代わる考え方として、農村をコモンズ、社会的共通資本としてとらえる。さらには、成田空港建設に反対する農民らと国との間の和解を図る中で、地元農民とともに、こうした新しい理想的な農村の実現を図ろうと、三里塚農社の構想を提案。農業再生の思いは、反ＴＰＰを主張した晩年まで続いた。

後継者のいない農業

日本農業が置かれている状況は、全般的危機という言葉によってもっとも的確に表わされている。このことは、一九九一年には、新学卒者のうち、わずか一八〇〇人しか農業に従事する道を選択しなかったという事実が何より雄弁に物語っている。職業に貴賤を問うべきではないことはいうまでもないが、農、医、教育がもっとも神聖な職業であることには異論はないであろう。そのうち経済的に、重要な役割を果たす農業について、後継者が年々わずか一八〇〇人にすぎない。

農の営みが、人類の歴史でおそらくもっとも重要な契機をつくってきたものであり、将来もまた基幹的な地位を占めつづけることは間違いない。農の営みというとき、それは経済的、産業的範疇としての農業をはるかに超えて、すぐれて人間的、社会的、文化的、自然的な意味をもつ。農の営みは、人間が生きてゆくために不可欠な食糧を生産し、衣と住について、その基礎的な原材料を供給し、さらに、森林、河川、湖沼、土壌のなかに生存しつづける多様な生物種を守りつづけてきた。それは、農村という社会的な場を中心として、自然と人間との調和的な関わり方を可能にする。どの社会をもってみても、その人口のある一定の割合が農村で生活しているということが、社会的安定性を維持するために不可欠なものとなっている。社会的安全性を保つために必要な農村人口の割合は、国によって異なり、また、経済的な諸条件の変化にともなって当然かわってくる。さしあたって日本の場合、二〇%から二五%の間が、望ましい農村人口の比率であると考えてよいように思われる。このことは、人口の二〇%ないし二五%の人口が、社会的、心理的な強制によるのではなく、農村に定住して、農の営みに従事することが、自らの生き方としてもっとも望ましいものとして自ら選択することを意味する。わずか一八〇〇人の学卒者しか、農の営みを自らの職業として選ばなかったということは、日本の社会の将来を考えるとき、由々しい問題であるといってよいであろう。

農村あるいは農業が若者たちにとって、このように魅力のないものになってしまったのは何故であろうか。農作業の大部分がきびしい肉体労働を必要とし、土を扱うためいわゆる「きたなさ」が強調されることになってしまう。機械化によって、肉体労働のきびしさはある程度低減したといっても、逆に危険度は増大している。また、農産物の市場は、その価格変動が大きく、経営的な観点からみて、農業はもっとも不安定なものの一つとなっている。

しかし、農業が若者たちにとって魅力的でなくなってしまった、もっとも大きな原因は、農業に従事することによって得られる職業的充実感が少なくなり、知的な意味でも、社会的な意味でも、存在感がきわめてうすいものになってしまったことにあるのではないだろうか。学校を卒業して、実社会に出るということは、ふつう、なんらかの社会的組織のなかに入って働くことを意味する。会社員にせよ、公務員にせよ、それぞれかなりの規模をもつ組織のなかの一員として、組織を超えて、さまざまなかたちでの社会的連帯のなかに組み込まれ、一人一人の生きる世界が大きく開けてくることをも意味する。しかし、農業の場合、自らの育った狭い、しかも因襲的な農村社会のなかに閉じ込められたままで、新しい展開への展望を欠くのが一般的である。しかも、肉体的にきつい労働と不安定な経済的条件をともなうのであるから、農の営みを自らの職業として選択しようというのは、むしろ例外的だといってよいように思われる。

たとえ、農の営みが、社会的、経済的に重要な機能を果たすということをよく知っていたとしても、また、農の営みに対して本来的な性向をもっていたとしても、農業に従事することを若者たちに選択せよというのは、非合理であり、非現実的だといわざるをえないであろう。このような視点に立つとき、いま私たちに求められているのは、農の営み、あるいは農村のあり方をいかに改編して、多くの若者たちに魅力のあるものにできるかということである。これまでの日本の農政はもっぱら、農家の経営的規模を大きくし、労働生産性を高めることによって、日本の農業を、工業部門と比較して劣らないものとし、他の国々の農業とも競争しうる効率的なものにするということに焦点が置かれてきた。

このことは、現在の日本農業のあり方を規定している農業基本法にもっとも端的に表現されている。しかし、このような政策にはおのずから限界がある。現在、日本の農業に必要なことは、農業における経営形態のあり方、農村における社会的、文化的諸条件をどのように改編したらよいかである。三里塚農社はこの課題にこたえる組織であり、日本農業の再生の契機をつくるためのプロトタイプとしての役割を担うものといってよいであろう（編集部注：三里塚農社については本章三七四頁「三里塚農社の構想」以降で詳述）。

農業基本法にもとづく日本の農政は、農村の置かれている社会的、文化的諸条件には一切関与せず、個々の農家を単位として形成されている経済的、経営的諸条件を所与として、分権的市場経済制度のもとで、日本の農業を効率的なものとし、工業部門と競争的となりうる産業として育成しようという目的をもって展開されてきた。

しかし、工業部門の経営単位は、農業とは比較できないような大きな規模をもっている。しかも、工業部門の経営単位は、農業と違って、そのときどきの市場的、経済的条件に応じて、自由にその経営的、組織的形態を選択することが可能である。しかし、農村社会の因襲的環境のなかで、封建的な慣習が色濃く残っている状況のもとで、産業としての農業が、その比較優位を保ちうるような経営的、組織的環境を形成することはほぼ不可能に近い。このような状況のもとで、単純な競争原理を振り廻すことは、時代錯誤の批判を受けても止むをえないのではなかろうか。

視点を変えて日本における農の再生というスローガンを掲げたとき、はたして、これにこたえることができるであろうか。日本の農業の再生の道を指示し、分権的市場経済制度のもとで、農の営みが、経済的にも、また、社会的、文化的にも、私たちの多くが探し求めていたものを具現化する道が存在するであろうか。

このような視点から、いまもっとも重要な動きとして取り上げたいのが、「三里塚農社」の構想である。この構想は、日本農業の再生の道を探るという、本質的な課題と、成田空港問題の平和的解決を求めるという世俗的な要請との総合から生みだされたものである。しかし、この「三里塚農社」がどのような経済的、社会的、政治的意味をもつかについては、私たちは、それぞれのもっているイデオロギー的偏見、独断を超えて、それぞれの良識にもとづいて判断していただきたいと思う。

基本法農政と日本農業全面的崩壊状況

農業基本法は、一九六一年六月、制定された。一九五五年の保守合同によって、自民党が創立され、同じ年に始まった日本経済の高度成長がまさに、そのピークに達しようとするときであった。その趣旨は、ときの総理大臣池田勇人氏が、国会で述べた、つぎの言葉に要約されている。

「わが国農業は、その置かれている自然的、経済的諸条件とも関連して、他産業に比べて生産性と生活水準が低いばかりでなく、このままに推移せんか、この不均衡はますます拡大するおそれなしとしないのであります。しかし、経済の高度成長の過程において、最近、農業の生産性の向上とその近代化を推進するに足る必要な条件が成熟しつつあります。

その一つは、経済成長に伴って高度化する食糧需要の変化であり、その二つは、他産業の旺盛な労働力需要の増大であります。このような傾向に即応して、私は、従来の労働集約的な零細農業経営を漸次脱却して、その近代化を促進するため、農政、財政、金融、労働、産業教育、工場の地方分散、その他各般の施策を展開することが、農業者に他産業従事者に劣らない社会的、経済的地位を確保する道であると信じ、予算の編成上特段の努力を払うとともに、農業基本法を中核とする一連の施策を慎重に進めて参る考えであります」

しかし、それから三〇年間にわたって展開された基本法農政は、農業基本法の、この趣旨に反して、日本農業の全面的崩壊をもたらし、いわば全般的危機ともいえるような状況を生み出してきた。農業基本法そのものに欠陥があるとする人々もあり、また日本経済の高度成長がもたらした経済的、社会的環境の激変によって、日本農業の存立の基盤が失われてしまったという識者もいる。いずれにせよ、日本農業はいま、その存立の基盤を失いつつあり、そのなかにあって多くの農民たちが、その再生の道を探って、真剣に模索をつづけている。

この間の日本農業の変化を端的にあらわしているのが、農林水産省が作成する「農林業センサス」および「農家就業動向調査」である。これらのデータからただちにわかることは、この三〇年間に、農業基本法の意図したのとはまったく逆に、日本農業は衰退の一路を歩んできたということである。一九六一年には、六〇〇万戸を超えていた農家数は、一九九一年には、三八〇万戸を下回り、じつに三〇年間に三分の一以上の農家が失われてしまっている。農家世帯員数もまた、一九六一年には三四〇〇万人以上あったのが、一九九一年には、わずか一七〇〇万人となり、半分以下に減少している。さらに、基幹的農業従事者数（農業就業人口のうち、ふだんの主な状態が「仕事が主」である世帯員数）も、一九六一年には一二〇〇万人近くいたのが、一九九一年には三〇〇万人をわずかに超える人数にまで減少している。じつに、三〇年間に、四分の一の人数にまで減ってしまったことを意味する。

このことはとくに、若年の農業労働従事者についてみるとさらに著しい。一九六一年には、基幹的農業労働従事者のうち、六五歳以上のものの占める割合は七％にすぎなかったが、一九九一年には三〇％を超える比率となっている。六〇歳以上のものの占める割合は、五〇％をはるかに超えるというのが現状である。新規学卒就農者もまた、一九六一年には九万人近くいたが、一九九一年にはわずか一八〇〇人にすぎないことはすでにふれた。全国地方自治体数より少なく、一自治体当たり就農者は一人以下という惨状である。

基本法が目的とした農家の経営規模拡大は実現したのであろうか。全国の経営面積でみると、一九六一年には約五三〇万ヘクタールであったのが、一九九一年には、約四三〇万ヘクタールで、八〇％程度にまで減少している。農家一戸当たりの経営耕地面積は、一九六一年には九反歩であったのが、一九九一年には一町一反歩とわずかしか拡大化されていないことがわかる。このことは、階層別戸数の構成比と耕地面積のシェアの変化をみてみると、その実態がいっそう明確となるであろう（編集部注：一反《たん》＝約九九〇平方メートル、一町《ちょう》＝一〇反＝約九九〇〇平方メートル。反は反歩《たんぶ》、町は町歩《ちょうぶ》ともいう）。

いま、都府県だけについてみよう。一九六一年には、耕地面積五反歩以下の農家戸数は全体の三九％を占めていたが、一九九一年には二四%にまで下がっている。耕地面積のシェアでは、一三・七%から一二・七%にわずかだけ減少している。他方、三町歩以上の農家戸数は、一九六一年には〇・六%であったのが、一九九一年には四・三%にまで増加している。耕地面積のシェアでみると、この間に、二・八%から一六・八%にまで増えていることがわかる。さらに、五反歩から一町五反歩の規模をもつ農家についてみると、戸数にかんしては、一九六一年の七〇%から、一九九一年の五〇%に減少し、耕地面積のシェアでも、六〇%から四〇%に減少している。このように、経営規模の拡大化と五反歩から一町五反歩規模の農家の整理という基本法の目的はある程度まで実現することができたとみるべきであろう。

しかし、基本法にいう自立経営農家にかんしては、事態はさらに悲観的である。一九六一年には、専業農家約八〇万戸のうち、自立経営農家は戸数にして、約八・六%を占めていた。当時、自立経営農家というのは、年間一戸当たりの農業所得が四八万円以上の専業農家を指していたが、農業専従者の一六%、耕地面積の二四%を占め、農業粗生産額でいうと、二三%を生産していた。一九九一年には、下限農業所得が四九六万円に引き上げられたが、専業農家約二五万戸のうち、自立経営農家は、戸数で六%を下回り、農業専従者数では三〇%以下、耕地面積で二五%にすぎない。農業粗生産額で四〇%近くを占めているが、年間一戸当たりの農業所得が五〇〇万円程度をもって、自立経営農家と呼んでよいのであろうかという疑問を抱かざるをえない。

ここでもっとも問題となるのは農家数に占める第二種兼業農家の割合である。いうまでもなく、第二種兼業農家というのは、農家所得のうち、農外所得の占める割合が五〇%を超えるものを指すが、一九六一年には、全農家数の約三〇%程度が第二種兼業農家であったのが、一九九一年には、じつに七五%近くの農家が第二種兼業農家として分類されている。

基本法の策定者は、高度経済成長のもとで兼業化が進行するのは、経済発展の正常な姿であり、しかも第二種兼業農家は、その全体の所得水準が低くないことを強調して、第二種兼業農家をむしろ育成するかのような印象を与えたのであるが、日本農業の正常な姿という観点からするとき、第二種兼業農家が七五％近い農家戸数を占めるという現状は決して望ましいものでない。

農業基本法の背後にある考え方

農業基本法そのものに欠陥があって、日本農業の悲惨な現状を生み出したのか。あるいは基本法農政のあり方に大きな問題があったのであろうか。さらに、高度経済成長期以来、日本経済の発展がまったく予期しなかった道程をたどり、その攪流《こうりゅう》のなかにあって、日本農業の置かれた状況からある意味で必然的な帰結だといってよいのであろうか。これらの諸要因が混合されて、日本農業の現状が生み出されたといってよいと思われるが、いまここで、日本農業再生の道を探ろうとするとき、農業基本法の背後に存在する一つの考え方について留意することがまず必要であるように思われる。この考え方はじつは、たんに農業基本法に限定されるのではなく、もっと広く、日本の経済、社会のあり方、望ましい経済発展の理念にも大きな関わりをもつものである。

農業基本法は、一戸一戸の農家を一つの経営単位と考えて、工業部門における一事業所ないしは企業と同じような位置付けを与えている。自立経営農家という概念に示されるように、一戸一戸の農家が、生産計画を立て、雇用形態を決め、投資にかんする決定をおこない、その農業所得を基準として行動するという点で、工業部門の一企業と同じような役割を果たすものとされる。そして、このような意味での一つの独立した経営主体である農家が、工業部門の企業と同じような条件のもとで、市場で競争をおこない、その結果、市場競争に敗れた農家は、第二種兼業農家なり、あるいは他の職種に転換させ、生産効率が高く、工業部門の企業と競争して十分に存立しうる農家を自立経営農家として位置づけようとしたのであった。たしかに、農業部門に対して、生産基盤の整備、構造改革、価格維持政策などの多種、多様なかたちでの保護政策はとられたが、これらの保護政策は、工業部門においてなされてきた、明示的あるいは陰伏的な保護政策に比較したとき、その規模、性格においてまったく比較できないほど小さなものにすぎなかった。

農業における生産主体をこのようなかたちで、一戸一戸の農家として規定するとき、いわゆる規模の経済の発生する余地はほとんどなく、農業部門における社会的分業を誘発する効果もほとんどみられない。もともと農業部門における生産活動にかんしては、自然的条件のもとで、有機的生産形態が中心となっているため、その規模の経済の大きさ、資本収穫性、利潤性のいずれをとっても、工業部門に比べてはるかに小さいのが一般的である。しかも、農業部門における生産性は、天候など自然的条件に左右されることが大きく、また農産物に対する需要の価格弾力性も低く、予期しえない大きな市場価格の変動をみることが多い。このような技術的、自然的、市場的条件のもとで、一戸一戸の農家を独立した生産単位として、工業部門における企業――それも一般に巨大企業であるが――と競争させようというとき、農業部門の衰退という帰結を惹き起こすのはある意味では必然的であるといってよい。

農業部門における生産活動にかんして、独立した生産、経営単位としてとられるべきものは、一戸一戸の農家ではなく、一つ一つの村落共同体でなければならない。ここで、村落共同体というとき、その性格、規模についてくわしく規定しなければならないが、その点にかんする議論はしばらく措いて、生産、加工、販売、研究開発など広い意味における農業活動を統合的に、計画的に実行する一つの社会的組織であるとしておこう。一つの村落共同体を構成する農家数は、地理的条件、社会的、経済的環境さらには歴史的、文化的条件によって異なるが、一応、数十戸ないしは百戸前後が一般であろう。また、ここで農業というとき、農業基本法の場合と同じように、林業、水産業、農産物加工などを含めた広い意味で使っているのはいうまでもないことである。

このような意味における一つの村落共同体を農業部門における主体的単位ないしは組織と考えるとき、工業部門における一つの工場ないしは企業と対等な立場に立って市場経済的な競争をおこなうことが可能となる。このような観点からするとき、第二種兼業農家の果たす役割はおのずから明確となるであろう。すなわち第二種兼業農家は、一つの村落共同体のなかにあって、その労働の果実を大部分工業部門ないしは類似の産業部門によって吸収され、極く一部分を賃金のかたちで留保し、しかも、そのかなりの部分を消費して、工業部門の生産物であるトラクターなどの農機器、あるいは農薬の購入に充て、農業生産にかかわる損失を補塡していることになる。つまり、第二種兼業農家の割合が高くなればなるほど、工業部門に比して、農業部門が、市場経済的な競争という観点からますます不利となるような条件がつくり出される。

コモンズとしての農村

農業部門における生産活動にかんして、独立した生産、経営単位としてとられるべきものは、一戸一戸の農家ではなく、コモンズとしての農村でなければならない。ここで、コモンズとしての農村というとき、その性格、規模についてくわしく規定しなければならないわけであるが、その点にかんする議論はしばらく措いて、生産、加工、販売、研究開発など広い意味における農業活動を統合的に、協同的に実行する一つの社会的組織であるとしておこう。

コモンズとしての農村を農業部門における主体的組織と考えるとき、工業部門における一つの工場ないしは企業と対等な立場に立って市場経済的な競争をおこなうことが可能となる。

このような観点からするとき、旧基本法のもとにおける、兼業農家の果たす役割はおのずから明確となるであろう。すなわち兼業農家は、コモンズとしての農村のなかにあって、その労働の果実を大部分工業部門ないしは類似の産業部門によって吸収され、ごく一部分を賃金のかたちで留保し、しかも、そのかなりの部分を使って、工業部門の生産物である農機器、あるいは農薬の購入に充て、農業生産にかかわる損失を補塡していることになる。つまり、兼業農家の割合が高くなればなるほど、工業部門に比して、農業部門が、市場経済的な競争という観点からますます不利となるような条件がつくり出されるわけである。

これに反して、兼業農家を、コモンズの主体的構成員と考えるとき、事情はまったく異なったものとなる。もともと、伝統的な兼業地帯では、兼業農家もコモンズの担い手としての役割を果たしていたが、一九九〇年代半ばから現在にかけて、定年帰農というかたちでコモンズを担う動きが急速に進展しつつある。一九九五年にはじめて、新規就農が一〇万人を超えたが、その過半数は六〇歳以上だった。定年帰農の人々が、その人生体験を通じて蓄積された知恵をコモンズにもたらすことの意味は大きい。

日本の農村とコモンズ

コモンズの代表的な例は、日本の森林の入会制です。昔、日本の農村では、村落ごとに山の森林の入会権をもっていて、下草を刈って肥料にしたり、枝を伐って薪にしたり、必要に応じて樹木を伐採して家を建てるための材木として利用していました。森林の入会制は、灌漑制度とならんで農業を営むためにどうしても必要なものでした。また、村落自体もコモンズとしての性格をつよくもっていて、農耕のかなりの部分を共同作業としておこなっていました。さらに、村落では、農耕以外にも、農作物の加工や販売などについても共同でおこなうことが多く、このような協同的作業を抜きにしては農村の生活を支えることはできなかったのです。

明治時代に入って、近代的な法体系が整備されてゆく過程で、入会制のような、私的所有関係が明確でない制度はだんだん廃止されてしまいました。

このような傾向は、日本の入会制にかぎりません。世界中いたるところにみられます。かつては多様な形態をもったコモンズの制度が歴史的・伝統的に存在して、農業、林業、漁業の分野で重要な役割を果たしていましたが、近代化にともなって、その多くは消滅してしまいました。

日本の農業の場合、さきに説明した農業基本法が、コモンズの制度の消滅に決定的な役割を果たしたように思われます。農業基本法の中心は、自立経営農家という考え方だったのですが、この考え方は、コモンズとは正反対のものだったからです。

自立経営農家の規模をどんなに大きくしても、農家経営によって工業部門と同じような利潤を生み出すことはできません。基本法農政のもとでは、農家は、化学肥料と農薬を大量に使い、土はますます貧弱なものとなり、自然環境によくない影響をおよぼす結果となってしまいました。そして、農家経営では、決してゆたかにならないということを基本法農政はじっさいに示したのです。

コモンズの考え方にもとづいて、農の営みを具体的に実現しようというのが、農社という組織です。それはまた、持続的農業としての可能性をも示唆するものです。

持続的農業と農社

一九九二年のリオ環境会議は地球温暖化を中心的なテーマとして開かれましたが、その会議で、新しい経済発展のあり方にかんして、参加国すべての合意が得られました。新しい考え方は、持続可能な経済発展という言葉に要約されています。持続可能な経済発展は、自然環境を保全し、社会環境を安定的に維持しながら、経済発展をつづけることを意味します。別の言葉を使えば、社会的共通資本に十分配慮しながら、産業の発展、生活水準の上昇を長期間にわたって持続できるような状態を実現しようというものです。じつはこの考え方は、経済学の歴史に古くからあるものです。一八四八年、ジョン・スチュアート・ミルが古典派の経済学を集大成して、『経済学原理』を出しました。その最終章でミルは、定常状態を説明してつぎのように述べています。経済全体としてみたときに、すべては一定の水準に保たれているようにみえるが、人々の生活は文化的、社会的に年々多様化し、生産の技術水準も年々上昇しつつあるような状態を経済学は求めているのだ。いまの言葉を使えば、持続的な経済発展をミルは考えていたのです。

農社は、農の営みをたんに農作物の生産に限定しないで、農作物の加工、販売、研究開発活動までひろく含めた、一つの総合的な組織です。しかも、かなりの数の農民たちが中心となって、協同的な作業をおこない、市場経済のなかで、経営的にもうまくやっていけるような規模と事業の多様性をもつものです。昔の村落に近い組織ですが、封建的、因襲的な遺制を廃して、リベラリズムの思想に忠実なかたちで運営しようとするものです。

農社という耳慣れない言葉を使うことに一言弁明しておきたいと思います。「社」という言葉は最初、土をたがやすという意味をもっていました。それが、耕作の神、ついで土地の神を意味するようになり、神様をまつった建築物、神社を指すようになりました。社はやがて村の中心となり、村人たちは、社に集まって相談し、重要なことを決めるようになっていきました。社が、人々の集まりを指し、大ぜいの人々が協力して行動することを意味するようになっていったのです。社会、会社、結社というときの「社」です。中国の元代のおわり頃には、社は行政単位のもっとも小さなもので、五〇戸をもって社となすとあります。社は、農の営みを中心としてつくられた組織でしたが、社には必ず社学がおかれ、社師が教育にあたったといわれています。社はまさに、コモンズそのものだったといってもよいと思います。

三里塚農社の構想

日本農業の危機的状況に直面して、政府の農業政策もまた大きく転換しはじめている。すでに、一九八〇年代の半ば頃から、農業の概念を拡大して、農村としてとらえ、産業としての農業を超えて、ひろく社会的、文化的、自然的環境のなかで生きる生活者の集まりを考えはじめている。この農政の基本的視点の転換は、政府の予算形成に直接反映するに止まらず、農業基本法を中心とする法的制度の改正というかたちになって現われつつある。たとえば、農地法の規定を大幅に緩和し、農地の利用、農民の定義が自由化され、また、農業生産法人、農事組合法人についても、いかにして日本農業の置かれた状況を超克して、新しい農村を形成する契機となることが可能かについて真摯な努力が払われつつある。

以下述べる「三里塚農社」の構想は、基本法農政の転換を一つの現実的、実験的な試みとして具現しようとするものである。

三里塚農社（The Sanrizuka Commons）は、農の営みの外延的拡大と内包的深化をはかることによって、持続可能な農業（Sustainable Agriculture）の理論的考究とその実践的展開をおこなうことを主たる目的とする。

農の営みの外延的拡大とは、農の営みをたんに農作物の生産に限定せず、農作物を中間投入物とする加工、その他の生産活動、さらには販売、研究開発なども広く包含して、一つの綜合的な事業形態をもち、しかも分権的市場経済のもとで経営的な観点からみて一つの有機的経済主体として存立しうるような規模と組織を求めることを意味する。他方、農の営みの内包的深化とは、農社におけるさまざまな生産活動と生活様式とが、農社を取り巻く自然的、社会的環境の汚染、破壊をもたらすことなく、また、その生産物が、健康的、文化的、環境的な観点からもすぐれたものであるような生産形態を求めることを意味する。このようにして、農社における生産活動が分権的市場経済制度のもとで、工業部門に対して比較優位をもち、安定的な経済的、経営的主体として存続し、そこにおける生活様式が、文化的、環境的な観点から望ましいものであると同時に、農社と密接な関わりをもつ社会的共通資本、とくに自然環境を安定的に維持することが可能となる。このような意味で、農社は持続可能な農業を具現化することができるわけである。このような目的を達成するために、農社は、人口と土地にかんしてかなり大きな規模をもつ一つの組織体となるが、それはあくまで分権的市場経済制度の枠組みのなかで機能する経済的、経営的主体であり、農社の事業にかかわる一切の意志決定は民主主義的な規範にもとづいておこなわれることが、その存立のためにもっとも重要な前提条件であることを改めて強調しておきたい。

三里塚農社の定款

農社は社員から構成される。社員は、上記のような農社の事業目的を理解し、それに共感をもち、その達成のために協力を惜しまないものである。社員は、所定の株式を所有することを要する。社員は、その所有する株式を売却することはできない。その譲渡については、農社の承認を要する。

農社を構成する土地は、共有地と私有地とから成る。共有地は、農社が所有するか、あるいは他からの借地である。共有地は、農社の事業にかかわる目的のために使用し、あるいは社員に貸与することができる。私有地は、社員が所有する土地であって、私有地が農社の事業に供されているときにも、各社員は、その所有する土地にかんする一切の権利を留保し、その行使を自由におこなうことができる。

農社は、持続可能な農業経営について、その形態、組織にかんする理論的考究と実践的展開をおこなうために、つぎのような事業をおこなう。農業生産、農産物加工、販売、研究開発などおよびこれらの事業に関わりをもつさまざまな生産、建設などの活動である。そのために、農社は、大学、農場、工場、建設の四つの部に分けられる。大学部は、農社全体の経営、企画を担当し、農科大学、庶務、経理、広報の業務をおこなう。農場部は、土地および水の農業上の有効利用、開発ならびに農業技術の向上によって、持続可能な農業の実践をおこなう。工場部は、農産物を中間投入財として、加工・生産をおこなうとともに、販売活動に従事する。建設部は、大学、農場、工場の各部における事業に必要な建物、施設の建設、維持に従事するとともに、社員の住宅および関連施設、さらに農社の文化的、社会的施設の建設、維持をおこなう。

農科大学は、農社の理念を実現するために、農業およびそれに直接、間接に関わりをもつ問題について、理論的考究および実践的活動をおこなうとともに、農社における生産活動にかんして綜合的な見地に立って、企画、経営をおこなう。

理事会は、農社における事業を計画し、実行に移す。理事会は、五名の理事によって構成され、一名の理事長を互選し、他の四名は、それぞれ大学、農場、工場、建設を担当する。理事は、社員総会において、選挙によって選任され、任期は二年とする。ただし、再選を妨げない。

社員総会は、農社の最高議決機関であって、年一回通常総会が開かれるが、必要に応じて臨時総会を開くことができる。社員総会は、社員の過半数をもって成立の要件とする。評議会は一〇名の評議員によって構成される。そのうち、五名は理事が兼任し、五名は理事会が委嘱し、任期は二年とする。評議員は、その再選を妨げない。

農社の共有地は必要に応じて、個別的、あるいは複数の社員に対して、農場あるいは工業部門の事業のために貸与することができる。さらに、農社は、その事業の遂行にさいして、社員の所有する私有地を借地することができる。農社の共有地はまた、必要に応じて、社員の住宅用地として貸与することができる。社員の住宅用地として貸与された共有地は、社員が、その資格を喪失したときに、原則として農社に返却するものとする。ただし、理事会の議を経て、旧社員あるいはその家族に引き継いで貸与することを妨げない。社員は、農社の外部で事業をおこない、あるいは雇用されることができる。

三里塚農社の構想をどのようなかたちで具体化するかについては、今後の作業をまたなければならない。しかし、日本農業のあり方に新しい視点を与え、若者たちにとって夢のある農村を実現するための道を示すものとなることを期待したい。

成田問題に関わって

成田問題に関わることになったのは、一九九〇年一一月、反対同盟の方々から感動的なお手紙をいただいたことがきっかけだった。島寛征、柳川秀夫、石毛博道の三人が書かれた手紙であるが、反対同盟の若い人々が直面しているさまざまな問題、困難にふれ、成田問題に対して、社会正義に適った解決を見いだすために、私に協力してほしいという内容であった。

じつはそのとき、私は、ヴァチカンでローマ法皇ヨハネ・パウロ二世のご依頼を受けて、回勅『新しいレールム・ノヴァルム』作成のお手伝いを終えて、帰国したばかりであった。『新しいレールム・ノヴァルム』は、一九九一年五月一五日、ヨハネ・パウロ二世によって出された。その後、歴史的な役割を果たすことになる回勅で、「社会主義の弊害と資本主義の幻想」を主旋律とした感動的な文書である。社会主義のもとで、人々の自由は失われ、市民の基本的権利は完全に無視されて、多くの人々はまさに塗炭の苦しみを味わいつづけてきたが、安易に資本主義に移行しても、問題は決して解決されない。ヨハネ・パウロ二世はさらに進んで、社会主義と資本主義とを問わず、過去半世紀にわたる経済発展の結果、自然環境の破壊が地球的規模にまで拡大化されてきたことを深く憂慮されて、私たち経済学者に対して重い設問を投げかけられた。資本主義と社会主義という二つの経済体制を超えて、すべての人々の人間的尊厳を保ち、魂の自立が支えられるような理想的な経済体制は、どのような特質をもち、どうすれば具現化できるのか。

このヨハネ・パウロ二世が提起された問題に答えて、理想的な経済体制を特徴づけるのは、社会的共通資本を大切にして、一人一人の人間が人間的尊厳を守り、魂の自立をはかり、市民的自由を最大限に確保できるような安定的な社会を求めて、人々の協力と協調とを基調としてはじめて実現できる。社会的共通資本の考え方こそ、きたるべき二一世紀の苦難の時代を生きるために、中心的な指導原理としての役割を果たすことを強調した。

私は、かつて経験したことのない精神的高揚感を覚え、社会的共通資本を求めて、残り少ない人生のすべてを捧げるというドン・キホテ的な決意を固めた矢先だった。

その後、運輸省からも、成田問題の調停に関与してほしいという要請があったが、私としては、とても、成田問題のような大きな、そして困難な問題に関わる精神的、知的余裕はなかった。しかし、反対同盟の志に感じて、三〇年近くも、すべてを捧げて闘ってきた数多くの若者たちの心情を思うとき、私自身の生きざまを振り返って、このように「理性的」に割り切ってしまっていいものか、日毎に私の悩みは深まっていった。

私は思いあまって、ある日、後藤田正晴さんに会いにいった。後藤田さんは当時官房長官か何かをされていたが、私の用件をすでにご存じだった。私の顔を見るなり、厳しい顔で言われた。「宇沢君、成田の問題を警察も軍隊も使わないで、解決してくれないか」

後藤田さんは、つづけて言われた。「じつは、自民党の中に『成田の問題は、国家の威信に関わる重要な問題だ。軍隊（自衛隊）を投入して、一気に解決すべきだ。』という声が高まりつつあって、もうそれを防ぐことができないような危機的状況だ」

そのとき、後藤田さんが言われた印象的な言葉がある。「運輸省からいわれて、立場上、これまで警察を成田に投入してきた。その結果、数多くの農民を傷つけ、地域の崩壊をもたらしてしまった。警察の威信はまさに地に墜ちた。今後、運輸省が過激派と農民を分けないまま、やれといってきたら、今度は運輸省をやる」。もちろん、半ば冗談として言われたのだが、そのときの後藤田さんの顔は真剣だった。

「自衛隊を投入して成田の問題を解決すること」が、何を意味し、また、どれだけ大きな犠牲を払うことになるか。そして、敗戦後、五〇年間、営々として築き上げてきた平和国家としての日本のあり方に壊滅的なダメージを与え、日本の国際的なイメージもまた大きく毀損されることになってしまう。そのとき、私の脳裡に鮮明に映ったのは、その一週間ほど前、三里塚の木の根小屋で、一晩語り明かした反対同盟の若者たちの一人一人の顔だった。私は、かれらを守り、その生きざまを全うできるようにするためにも、全力を尽くして、成田問題の社会正義に適った、そして平和的手段による解決の道を求める覚悟を決めざるを得なかった。

まず、政府が、如何なる状況においても、決して力を行使しないという確約を、公的に表明し、それを国民ははっきり、誰にでもわかる形で約束させることから始まった。成田空港問題の原因を解明し、その現状を明らかにし、社会正義に適った解決の途を探るという困難な営為の中でもっとも深刻だったのは、反対同盟から三つの要求が出されたときである。政府が、運輸省、空港公団がとった数々の非人間的、強権的非民主主義的行動を正式に認め、地元住民に対して陳謝し、土地収容法の採決申請の取り下げ、二期工事の全面的凍結とともに、今後の成田空港建設については、すべて、地元住民の理性的コンセンサスにもとづいておこなうというものであった。このことを閣議了承を経ておこなうという点がもっともきつかった。宮沢総理が、一切取り上げようとしなかったからである。

ある日、後藤田正晴さんから至急来てほしいという連絡があった。私が法務大臣室に入るなり、後藤田さんは、満面に笑みを浮かべて言われた。「宇沢君、今日はおれが総理だよ。君の案にＯＫを出す」

じつは、後藤田さんは法務大臣だったが、副総理も兼ねていた。宮沢総理がサミットの集まりでヨーロッパに行っていて、その留守、後藤田さんが総理代行をしていたのである。つぎの日、運輸次官をはじめ、運輸省の関係者をよんで、正式に、反対同盟からの要求を受け入れるよう指示された。そして、成田問題は、最大の難関を越えることができたのであった。

そのとき、私は後藤田さんに言った。「政府はそれで済むかもしれない。しかし我々は、それでは済まない。若い世代の多くの人々が三〇年間、全てを捧げて、苦労してきた。そういう人たちの生きざまを全うできるような状況を作らないかぎり、我々は終わったと言えないのだ」

私は三里塚農社（反対同盟の人々は地球的課題の実験村と言っているが）を立ち上げることを提案した。後藤田さんから「君、どのぐらいでできる？」と聞かれて、「まあ、一年ぐらいあれば」と答えたが、一〇年経ってもまだできない。内心忸怩とした思いをもたざるをえない。

ＴＰＰは日本を破壊する

一九九〇年代に入るとともに、政府の農業政策は大きく転換しはじめた。一九九二年のいわゆる新農業政策にはじまって、農業の概念を拡大して、農村としてとらえ、産業としての農業を超えて、ひろく社会的、文化的、自然的環境のなかで生きる生活者の集まりとして位置づけようとするものである。この政策転換は、農業基本法を中心とする法的制度の改正というかたちになって現われた。農業基本法に代わって、食料・農業・農村基本法が制定され、農地法の規定が大幅に緩和され、農地の利用、農民の定義が拡大された。また、農業生産法人、農事組合法人についても、要件緩和の措置がとられた。日本農業の置かれた苦悩にみちた状況を超克して、新しい農村を形成する契機となることを可能にするという期待を一般の国民に与えたものであった。しかし、実際には、農業生産法人の要件緩和などを通じて一般法人の農業参入を許し、さらに農地所有権解禁に道を開くもので、コモンズとしての農村を全面的に否定するものになってしまった。

今また、ＴＰＰに参加することになれば、長い日本の歴史を通じて、大切な社会的共通資本として、人々の血と汗によって守られてきたコモンズとしての日本の農村は壊滅的な影響を受けて、事実上、消滅してしまうことになりかねない。

この危機的状況のもとで、二〇〇九年九月、歴史的な政権交代が実現した。しかし国民の圧倒的な支持を得て発足した民主党連立政権は、大多数の国民の期待を無惨に裏切って、パックスアメリカーナの忠実な僕となって、卑屈なまでにアメリカの利益のために奉仕している。普天間基地問題にはじまり、今回のＴＰＰ加入問題にいたる一連の政策決定が象徴的に示すとおりである。そのうえ、戦後六十有余年に亘って、平和憲法を守り、経済的にも、社会的にも、安定した、ゆたかな国をつくるために、大多数の国民が力をつくしてきた、その志を無惨に打ち砕くだけでなく、東アジア全体の平和に恒久的な亀裂をもたらしかねない政策決定をおこなおうとしている。心からの憤りを覚えるとともに、深い悲しみの思いを禁じえない。

第Ⅷ部

未来への提案、これからの経済学

第30章　社会主義の限界

新古典派の市場経済理論に傾斜する資本主義に警鐘を鳴らす一方で、社会主義、共産主義にも厳しい目を向けた宇沢氏は、こんなエピソードを書き残している。

趙紫陽さんのこと

一九八〇年代の初め頃、瀋陽の近郊の農村にしばらく滞在して、当時始まったばかりの請負生産制を中心とする農村改革の実態について調査する作業に従事したことがある。当時の農村の言葉に言い表せないような悲惨な現実と共産党幹部による徹底的な搾取を知って、強烈な衝撃を受けた。「資本主義的搾取には市場的限界があるが、社会主義的搾取には限界がない」と題する報告書をまとめて、党中央に提出した。すぐ北京に呼び戻されて、厳しい査問を受けて、もう日本には帰れないと覚悟を決めた。そのとき、一番若い、末席に座っていた人が「宇沢教授の主張には一理ある」と言って、私を弁護してくれた。その人が趙紫陽さんであった。その後、総書記になられてからも、よく会っていた。あるとき、中南海のご自宅に呼ばれて、ご馳走になったことがある。趙紫陽さんが、それまでいくつかの五ヵ年計画がすべて失敗してしまったことを話題にされた。私が「党中央は常に誤謬を犯すという仮説に立てば、それまでの五ヵ年計画の失敗は合理的に説明することができる」と言った。趙紫陽さんが厳しい顔をして「政府の統計中心に入っているデータ、資料を全て出すから、証明してほしい」。

その作業は思ったよりたいへんだったが、一九八九年七月二一日北京で国際シンポジウムを開催してその成果を発表することになった。ところがその直前天安門事件が起こり趙紫陽さんは失脚し亡くなるまで自宅に幽閉されて、国際会議どころではなくなってしまった。

第31章　世紀末的混乱から二一世紀へ

資本主義と社会主義という二つの経済体制の対立が、世界の平和をおびやかしてきた二〇世紀を振り返った宇沢氏は、経済学者として、資本主義と社会主義を超えた先に、新しい二一世紀への展望を開こうと思索した。そこにあるのが制度主義、社会的共通資本の考えだった。

二一世紀と世紀末的混乱

二一世紀を考えようとするとき、二〇世紀の世紀末の状況、問題を無視して考えることはできない。もともと、世紀末という言葉は、イタリアの生んだ偉大な文学者で思想家でもあったダンテが最初に使ったといわれている。ダンテは当時、故国フィレンツェを追われて、ながい放浪の旅に出ていたが、一三世紀末の北イタリアを中心としたヨーロッパの政治的、思想的状況を憂いて世紀末的と表現したのであった。そのあと、西暦であらわした世紀の終わりはほぼ例外なく、大きな政治的、経済的、社会的、文化的混乱と変動に見舞われることになった。とくに深刻な世紀末的現象を呈したのが一九世紀末である。世紀末という言葉は現在、一九世紀末を意味するほどであるが、一九世紀末に起こった政治的、経済的攪乱は学問、芸術をはじめとして社会全般に大きな影響をおよぼし、まさに地殻変動といってもよい変化をもたらし、その波紋が第一次世界大戦を惹き起こすことにもなったのである。二〇世紀末の政治的、経済的攪乱もまた、一九世紀末のそれと比肩できるほどの規模と深刻さをもっている。

この、二〇世紀の世紀末的混乱と混迷は、経済学の場合とくに深刻である。マルクス経済学と近代経済学を問わず、理論的整合性と現実的妥当性との両面から有効に機能しなくなったことが明らかになっていった。二一世紀における経済学のパラダイムはどのような考え方に立つものであろうか。この設問を考えるとき、二〇世紀を通じて、経済学の考え方がどのように変わってきたかを簡単に振り返ってみよう。

世紀末へのプレリュード

一九一七年のロシア革命を経て、一九二二年にソヴィエト社会主義共和国連邦が正式に成立したとき、経済学の理論的、思想的考え方が、一つの政治体制として現実に存在しうるようになったことに対して、世界の多くの人々は心から祝福し、その将来に大きな期待をもった。また、第二次世界大戦を契機として、かつての帝国主義的植民地であった国々が独立し、その多くが社会主義を建国の理念として新しい国づくりの作業を始めたとき、私たちは、新しい時代の到来を心からよろこんだのであった。しかし、その後の社会主義諸国の経済的、社会的展開は必ずしもこのような楽天主義に応えるものではなかった。とくに、スターリンによって東欧諸国が社会主義に組み込まれていったプロセスについては、その暴力的、強権的手段に対してつよい批判と反感をもつことになった。さらに進んで、ソ連自体における社会主義建設の過程が、きわめて専制的、暴力的に強行され、はかり知れない数の人民の犠牲をともなっていたことが明らかになるにつれて、社会主義の理念と、その理論前提に対して、私たちは不信の感をつよめ、そのあり方に対して、きわめて否定的にならざるを得なくなっている。

他方、アメリカ軍がヴェトナムでおこなったジェノサイドに近い行為は、世界の歴史にもその比をみない規模と残虐さとをもっていた。このことは、世界の多くの人々がそれまでもっていたパックス・アメリカーナに対する多少なりとものの信頼をほぼ完全に喪失させ、アメリカ資本主義自体の衰退過程をさらにいっそう進めるものとなった。それはまた、当時支配的であった新古典派経済学、あるいはアメリカン・ケインジアンの理論的根拠が、思想的にも、学問的にもまったく空虚なものであることを明らかにしたのであった。そして、経済学者の間では、資本主義、社会主義という既成の体制概念を超えて、新しい、リベラルな経済体制の理論的枠組みを模索する作業が始まろうとした。新しい経済学の可能性について、わずかであったが、その萌芽がみられ、同時に、より人間的、調和的な経済、社会を求めて、革新的な流れが始まるように思われた。

しかし、一九七〇年代の後半から一九八〇年代の終わりにかけてのアメリカを中心とする世界の資本主義の歩みは、この流れとまったく相反するものであった。とくに、レーガン政権のもとで強行されていった数多くの、極端に保守主義的な傾向をもった政策、制度改革は、アメリカ資本主義をますます不安定なものとし、所得分配の不平等化がいっそう進むという結果を惹き起こした。一九九二年四月のロスアンジェルス暴動はまさに、このレーガン的政策の必然的な帰結でもあった。

レーガン政策の背後には、反ケインズ主義ともいうべき政治思想と経済哲学の考え方が存在していた。それは、サプライサイドの経済学、マネタリズム、合理的期待形成の経済学などというかたちをとって現われ、一九七〇年代の後半から一九八〇年代の前半にかけて、きわめて保守的、反動的色彩のつよい経済学の流行を惹き起こした。一九八〇年代の後半になってレーガン政策がもたらした社会的、経済的打撃の大きさが明らかになるとともに、これらの経済学は影も形もなく消えていった。しかし、それまで支配的であった市場経済哲学の限界を超えて、新しい経済学のパラダイムを構築するのは容易なことではなかった。ジョーン・ロビンソンのいう「経済学の第二の危機」が依然として続いていたのである。

新しいレールム・ノヴァルム

このとき、私たち経済学者の考え方に大きな影響を与えた文書が出された。それは、ローマ法王、ヨハネ・パウロ二世が出された回勅、「新しいレールム・ノヴァルム」である。二つの「レールム・ノヴァルム」一八九一年、ときのローマ法王レオ一三世によって出された回勅（Encyclical Letter）は「レールム・ノヴァルム」（Rerum Novarum）と題され、今日にいたるまで歴史的重要性をもちつづけている。「レールム・ノヴァルム」は、「新しきこと」、ときとしては「革命」と訳されている。このなかで、レオ一三世は、一九世紀末の、ヨーロッパを中心とした世界が直面していたもっとも深刻な問題を特徴づけて、Abuses of Capitalism and Illusions of Socialism「資本主義の弊害と社会主義の幻想」という印象的な言葉で表現された。資本主義のもとで、資本家階級のあくなき利潤追求によって労働者階級の大多数が悲惨な生活を送らざるを得ないという、社会正義に反するような状況が存在するとともに、他方では、多くの人々が、社会主義のもとではこのような悲惨な状況は消滅して、調和と正義が支配するようになるという幻想を抱いていることをつよく警告されたのである。それからちょうど一〇〇年経った一九九一年五月一日、ヨハネ・パウロ二世によって「新しいレールム・ノヴァルム」が出された。その中心的テーマは、Abuses of Socialism and Illusions of Capitalism（社会主義の弊害と資本主義の幻想）という予見的言葉で表現されている。

一九一七年、ロシア革命によって、世界で最初の社会主義国が成立して以来、七〇年以上の間に数多くの社会主義体制をとる国々が誕生した。しかし、いずれの社会主義も大きな内部的矛盾を抱いて、はかりしれない規模の人間的犠牲を生み出し、社会的、文化的、自然的破壊がおこなわれてきた。ポーランド、東ドイツをはじめとして、これらの国々がつぎつぎに、ソ連の圧政から解放されて、社会主義体制を解体し、ようやく、新しい政治・経済体制を求めて、主体的選択をおこなえるようになってきた。

これらの社会主義諸国はこぞって、市場経済制度を導入して、資本主義体制への道を歩もうとしている。しかし、資本主義諸国もまた、社会主義の国々に比して、優るとも劣らぬような内部的矛盾をもっていることを人々ははっきり認識する必要がある。

資本主義か、社会主義かという問題意識を超えて、人々が理想とする経済体制は何かという問題提起が、ローマ法王によってなされたことに対して、私たち経済学者は、謙虚に、また誠実に対応しなければならない。

「新しいレールム・ノヴァルム」が出されてから、わずか三ヵ月、一九九一年八月、いわゆる「八月革命」が起きて、ソ連社会主義自体の崩壊、ソビエト社会主義共和国連邦の解体という、世界史的な事件にまで発展していった。

社会主義から資本主義へ

ヨハネ・パウロ二世が「新しいレールム・ノヴァルム」のなかで関心をもたれたのは、社会主義から資本主義への移行というこれまでの経済学ではまったく考えられなかった問題である。資本主義から社会主義への歴史的移行という古典的なマルクス主義のシナリオに反して、世界がいま直面している問題は、社会主義から資本主義への移行をどのようにしたら円滑におこなうことができるかという、まさに一八〇度逆転した問題である。しかし、このような制度的転換によって、はたして安定した、調和のとれた経済体制が実現できるであろうか、というのが、ヨハネ・パウロ二世が私たち経済学者に提起された問題である。この設問に対して多くの人々はきわめて懐疑的回答をせざるを得ない。それは、分権的市場経済制度も、集権的な計画経済と同じように深刻な矛盾を抱えているからである。

中央集権的な計画経済は、いずれも国家権力の肥大化が著しく、しかも、その行使が往々にしてきわめて恣意的なかたちでおこなわれてきた。市民的権利は最低限の生存に限定され、一般の市民に賦与される自由も最低限に抑えられていた。過去七〇年にわたる社会主義諸国の経験が明白に示すように、経済計画は、中央集権的な性格をもつものはいうまでもなく、かなり分権的な性格をもつものについても、例外なく失敗した。その原因は、一部分、経済計画の技術的欠陥にあったが、より根元的には、経済計画が個々人の内発的動機と必然的に矛盾するということにあった。一般の市民の生活水準もまた、期待にほど遠いものであって、大多数の人々がもっていた夢とアスピレーションは決してみたされることはなかった。

他方、分権的市場経済のパフォーマンスもまた矛盾にみちたものであった。実質所得と富の分配の不平等化、不公正化の趨勢は、さまざまな平等化政策、とくに累進課税制度がとられたにもかかわらず、止めることはできなかった。市場価格と需要条件の変動はあまりにも大きく、ソースティン・ヴェブレンのいう「生産倫理」（Instinct of Workmanship）を貫くことはきわめて困難となってきた。利潤動機が常に、倫理的、社会的、自然的制約条件を超克して、全体として社会の非倫理化を極端に押し進めていったからである。と同時に、投機的動機が生産的動機を支配して、さまざまな社会的、倫理的規制を無効にしてしまう傾向がつよくみられるようになってきた。

制度主義と社会的共通資本

このような状況のもとで、市民的自由が最大限に保証され、人間的尊厳と職業的倫理が守られ、しかも安定的かつ調和的な経済発展が実現するような理想的な経済制度は存在するであろうか。それは、どのような性格をもち、どのような制度的、経済的特質を備えたものかという問題が、私たちの考察の対象になるわけである。この設問に答えて、ソースティン・ヴェブレンのいう制度主義（Institutionalism）の考え方がもっとも適切にその基本的性格をあらわしている。

私たちが求めている経済制度は、一つの普遍的な、統一された原理から論理的に演繹されたものでなく、それぞれの国ないしは地域のもつ倫理的、社会的、文化的、そして自然的な諸条件がお互いに交錯してつくり出されるものだからである。

制度主義の経済制度は、経済発展の段階に応じて、また社会意識の変革に対応して常に変化する。生産と労働の関係が倫理的、社会的、文化的条件を規定するというマルクス主義的な思考の枠組みを超えると同時に、倫理的、社会的、文化的、自然的諸条件から独立したものとして最適な経済制度を求めようとする新古典派経済学の立場を否定するものである。かつて、アダム・スミスは『国富論』のなかで、論理的整合性のみを基準として想定された経済制度の改革は必然的に、きわめて多様な人間の基本的傾向に矛盾することになることをくり返し強調した。アダム・スミスは、民主主義的なプロセスを通じて、経済的、政治的条件が展開されるなかから最適な経済制度が生み出されることを主張した。私たちが、制度主義という経済制度を考察しようとするのは、まさにこのアダム・スミス的な意味においてである。

制度主義の経済制度を特徴づけるのは、社会的共通資本と、さまざまな社会的共通資本を管理する社会的組織のあり方とである。制度主義の基本的性格を明らかにするために、ここでは一般的な場合について述べることにする。

制度主義のもとでは、生産、流通、消費の過程で制約的となるような希少資源は、社会的共通資本と私的資本との二つに分類される。社会的共通資本は私的資本と異なって、個々の経済主体によって私的な観点から管理、運営されるものではなく、社会全体にとって共通の資産として、社会的に管理、運営されるようなものを一般的に総称する。社会的共通資本の所有形態はたとえ、私有ないしは私的管理が認められていたとしても、社会全体にとって共通の財産として、社会的な基準にしたがって管理、運営されるものである。

ある特定の希少資源を社会的共通資本として分類して、そこから生み出されるサービスを市場的基準にもとづくのではなく、社会的基準にしたがって分配するというとき、それは、どのような考え方にもとづくのであろうか。この基準は、たんなる経済的、技術的条件にもとづくのではなく、すぐれて社会的、文化的な性格をもつ。社会的共通資本から生み出されるサービスが市民の基本的権利の充足という点でどのような役割、機能を果たしているかに依存して決められるものである。

社会的共通資本は、土地、大気、土壌、水、森林、河川、海洋などの自然資本だけでなく、道路、上・下水道、公共的な交通機関、電力、通信施設などの社会的インフラストラクチャー、医療、金融、司法、行政などのいわゆる制度資本をも含む。

社会的共通資本は全体としてみるとき、広い意味での環境を意味する。社会的共通資本のネットワークのなかで、各経済主体が自由に行動し、生産を営むことになるわけである。市場経済制度のパフォーマンスも、どのような社会的共通資本の編成のもとで機能しているかということによって影響を受ける。

社会的共通資本の管理、運営

社会的共通資本の管理について、一つ重要な点にふれておく必要がある。社会的共通資本は、それぞれの分野における職業的専門家によって、専門的知見にもとづき、職業的規律にしたがって管理、運営されるものであるということである。社会的共通資本の管理、運営は決して、政府によって規定された基準ないしはルール、あるいは市場的基準にしたがっておこなわれるものではない。この原則は、社会的共通資本の問題を考えるとき、基本的重要性をもつ。社会的共通資本の管理、運営は、フィデュシァリー（fiduciary）の原則にもとづいて、信託されているからである。

社会的共通資本は、そこから生み出されるサービスが市民の基本的権利の充足にさいして、重要な役割を果たすものであって、社会にとってきわめて「大切な」ものである。このように「大切な」資産を預かって、その管理を委ねられるとき、それは、たんなる委託行為を超えて、フィデュシァリーな性格をもつ。社会的共通資本の管理を委ねられた機構は、あくまでも独立で、自立的な立場に立って、専門的知見にもとづき、職業的規律にしたがって行動し、市民に対して直接的に管理責任を負うものでなければならない。

政府の経済的機能は、さまざまな種類の社会的共通資本の管理、運営がフィデュシァリーの原則に忠実におこなわれているかどうかを監理し、それらの間の財政的バランスを保つことができるようにするものである。制度主義経済体制における政府の経済的機能は、統治機構としての国家のそれではなく、すべての国民が、その所得、居住地などの如何にかかわらず、市民の基本的権利を充足することができるようになっているかどうかを監視するものでなければならない。

さまざまな社会的共通資本の組織運営に年々、どれだけの資源が経常的に投下されるかということによって政府の経常支出の大きさが決まってくる。他方、社会的共通資本の建設に対して、どれだけの希少資源の投下がなされたかということによって、政府の固定資本形成の大きさが決まる。このような意味で、社会的共通資本の性格、その建設、運営、維持は、広い意味での政府、公共部門の果たしている機能を経済学的にとらえたものであるといってよい。

第32章　リベラリズムの思想

資本主義と社会主義の対立を超えた新しい時代の経済学について、宇沢氏は、社会的共通資本、制度主義とともに、リベラリズムをキーワードにあげている。

リベラリズムの思想と経済学

教育の経済学だけでなく、現実の諸問題と関わりをもつ経済学一般について、それぞれの経済学者のもつ思想的立場によって、具体的な分析方法も、また政策的帰結も極端に異なったものとなります。このような点から、経済学がはたして、一個の社会科学として存在形態をもっているのかという疑問がしばしば提起されます。しかし、これら経済学者たちの所論を詳細に研究してみると、社会科学として、経済学者とそうでないものとの区別はきわめて明確に分けられていることが分かります。このとき、リベラリズムの思想に忠実であるか、否かということが一つの決定的なメルクマールの役割を果たすことに注目したいと思います。現在の経済学の主流を形成しているのは、あまりにも反社会的、反人間的な考え方であって、教育や医療という人間の生き方の根元にかかわる問題を考察するさいに、きわめて大きな障碍となっています。このことはこれまで何回か繰り返し強調してきましたが、この節では、私自身の個人的なエピソードをお話しして、現在の経済学の考え方の非人間性、非社会性を改めて浮き彫りにしたいと思います。

経済学の分野で、リベラリズムという言葉はときとしてはきわめて多様な意味で使われることがあります。またリベラリズムの思想は、シカゴ学派の経済学と混同され、ミルトン・フリードマンないしはその亜流の経済学と同一視されることもあります。この点にかんする誤解をなくすために先ず、シカゴ学派の経済思想について述べておくことにしたいと思います。

シカゴ大学における経済学研究は、一九世紀の終わり、大学創設の頃までにさかのぼります。そのとき、もっとも中心的な役割を果たしたのが、ソースティン・ヴェブレン（Thorstein B. Veblen）でした。ヴェブレンの経済学は、その後、ウェズレイ・ミィチェル（Wesley Mitchell）、ジョン・コモンズ（John Commons）などによって、制度学派の経済学として経済思想の歴史に一つの大きな流れを形成することになりました。制度学派の経済学の基礎をなしていたのがリベラリズムの思想だったのです。

ヴェブレンがリベラリズムというとき、それは、人間の尊厳と自由を守るという視点にたって、経済制度にかんする進化論的分析を展開することを意味していました。

リベラリズムの思想は、同じシカゴ大学で、ヴェブレンの同僚であったジョン・デューイ（John Dewey）によって、プラグマティズムの哲学として集大成され、二〇世紀前半のアメリカの思想形成に決定的な役割を果たすことになりました。アメリカにおける学校教育制度の発展に重要な貢献をしたわけですが、このことは、先にくわしく述べました。

デューイは、人間が神から与えられた存在ではなく、その置かれている環境に対処して、人間としての本性を発展させようとする知性をもった実体としてとらえます。そのとき、リベラリズムの思想は、人間の尊厳を守り、市民的自由が最大限に発揮できるような社会的、経済的制度を模索するというユートピア的な運動なり、学問的発想の原点となっていったわけです。

本当のシカゴ学派

シカゴ大学は、その後半世紀にわたって、リベラリズムの中核的な大学として、二つの世界大戦を通じて大きな役割を果たしてきました。そのときシカゴ大学にあって、リベラリズムの伝統を支えていたのはフランク・ナイト（Frank H. Knight）教授でした。

経済学の分野で「シカゴ学派」というとき、ともすればミルトン・フリードマン（Milton Friedman）とか、ジョージ・スティグラー（George Stigler）の名前を連想しますが、それはまったく誤った理解にもとづくものです。本来的な意味での「シカゴ学派」は、フランク・ナイトと、もう一人の経済学者ロイド・メッツラー（Lloyd A. Metzler）の経済学を中心としたものでした。この間の事情を分かりやすく説明するために私自身の個人的体験を語ることにします。

私が一九六四年四月、スタンフォード大学からシカゴ大学に移ったとき、最初に親しくすることになったのがフランク・ナイトとロイド・メッツラーの二人の教授でした。お二人ともすでに故人となられてしまいましたが、この二人の学者から受けた思想的、学問的影響は、その後の私の経済学研究に決定的な意味をもっています。

当時フランク・ナイト教授はすでに八〇歳近い高齢でしたが、毎日元気で重い鞄をもって研究室と図書館に通っておられました。

一九六五年六月のことだったと記憶していますが、ある日、ミルトン・フリードマン教授がおくれて、昼の食事の席にやってきました。その頃、経済学部の教授はファカルティ・クラブの決まったテーブルで一緒に食事する慣わしでした。フリードマン教授は興奮して、真赤になって、話しはじめました。その日の朝、フリードマン教授はシカゴのコンチネンタル・イリノイ銀行に行って、国際担当のデスクに会って、英ポンドを一万ポンド空売りしたいと申し込んだというのです。当時国際通貨基金（ＩＭＦ）の制度が機能していて、固定為替相場がとられていました。一ドル三六〇円、一英ポンド二ドル八〇セントの時代です。フリードマン教授がシカゴのコンチネンタル・イリノイ銀行に行ったときは、英ポンドの平価切下げが間もなくおこなわれようとしているときだったのです。ＩＭＦ理事会の議決事項は必ず一週間か二週間前にはリークされてしまうのが慣例で、そのときも英ポンドの平価切下げがすでに時間の問題だということは周知の事実となっていました。ただ、その切下げ率のみが不確定であって、経済学部の同僚たちは切下げ率について、賭けをしていたほどでした。実際にこのエピソードの一週間前後に一英ポンドが二ドル八〇セントから二ドル四〇セントに切り下げられることになったのです。

それはさておき、英ポンドを一万ポンド空売りしたいというフリードマン教授の申し出を受けて、コンチネンタル・イリノイ銀行のデスクはこういったというのです。“No, We don't do that, because we are gentlemen.”「外貨の空売りというような投機的行動は紳士のすることではない」。

そこで、フリードマン教授は激怒していったのです。資本主義の世界では、もうけを得る機会のあるときにもうけるのが紳士だ。もうける機会があるのにもうけようとしないのは紳士とはいえない。

フリードマン教授が得意になって、この話をしている間中、ナイト教授がむずかしい顔をしてじっと黙っていたのが、いまでも鮮明な記憶として残っています。

コンチネンタル・イリノイ銀行は、シカゴ最大の銀行で、全米でたしか七番目の規模をもつ銀行だったと記憶しています。その経営方針はすぐれて金融的節度を保ち、銀行の範とされていました。私たちは金融論の講義でよくコンチネンタル・イリノイ銀行の例を引いて、Monetary Discipline（金融的節度）のもつ経済的、社会的意味を学生に説いたものでした。しかし、このエピソードから数年して、一九七一年八月、ニクソン・ショックのとき、東京の外国為替市場が二週間にわたって開かれたのを利用して、巨額のドル売りに走って、大きな投機的利益を手にしたのです。このとき、全世界の外国為替市場がただちに閉鎖されましたが、東京だけは大蔵省のきびしい指示によって、閉鎖されなかったのです。東京の外国為替市場は二週間にわたって開かれたわけですが、その間に巨額のドル売りがなされ、その後の日本のマネーサプライを膨大な額に上らせ、日本経済全体に大きな攪乱要因をもたらすことになったのです。

コンチネンタル・イリノイ銀行は、巨額な投機的利益を手にして、それまでの金融的節度を支え切れなくなり、次々に投機的なプロジェクトの融資に走るようになりました。コンチネンタル・コーポレションという持株的会社をつくり、名前もコンチネンタル銀行と変えて、土地、石油資源などに関連した投機的活動にもっぱら専念しはじめたのです。やがては、銀や一次産品の先物市場にも関係し、とうとう一九八四年五月には、事実上の倒産という事態にまで立ちいたってしまいました。事実上の倒産というのは次のような意味です。

コンチネンタル銀行の経営が危機的状況になっていることが分かり、一日で数十億ドルに上る取り付け騒ぎが起こったのです、コンチネンタル銀行は閉鎖され、倒産の手続きが始められることになりました。しかし、コンチネンタル銀行を競売に付しても、イリノイ州にはコンチネンタル銀行を買収できる規模の銀行は存在しないことは明らかでした。そこで、役員を全員解雇して連邦準備制度が直接管理することになったのです。ちなみに、このコンチネンタル銀行の事実上の倒産は、フリードマン教授たちが中心的な役割を果たして強行された金融機関のディレギュレーションのもたらした最初の結末でもあったのです。

この頃、経済学部のワークショップで、フリードマン教授がセミナーをしたことがあります。当時、黒人問題がようやく深刻な社会的、政治的問題として、心ある人々の関心を惹きはじめていました。フリードマン教授は、黒人問題は経済的貧困の問題であると位置づけて、次のような主張を展開したのです。

黒人は平均して、学歴も低く、技術的知識ももたず、技量的熟練度も浅い。したがって、一般に限界的な雇用の機会しかもつことができず、賃金水準も低く、また経済的不振のときには最初に解雇される運命にある。しかしと、フリードマン教授はつづけていいます。大多数の黒人たちは、一〇歳代のときに、勉強して上の学校にゆくか、あるいは遊ぶかという選択に迫られたときに、遊ぶということを自ら選択して、その結果、学歴も低く、技術的レベルも低く、経済的貧困を味わうことになったのだ。したがって、黒人の経済的貧困は、各人が合理的な選択の結果として起きているのであって、その選択がいいとか悪いとか、経済学者としては何ら主張することはできないのだ。

このフリードマンの主張に、セミナーに出席した人々は唖然として言葉もなかったのですが、一人の黒人大学院生が立ち上がってこういったのです。「プロフェッサー・フリードマン、私たち黒人に、自分の両親を選ぶ自由があったのでしょうか」

それからしばらくして、ジョージ・スティグラー教授が、『独占はすばらしい』という意味のタイトルをもつ書物を出版しました。独占が大きな経済的利益をもたらすということをもっぱら大企業の立場から主張するという内容の書物でした。しかも、American Association of Manufacturers（経団連のアメリカ版）から委嘱されておこなわれた研究の成果だったのです。

一九六五年秋、フランク・ナイト教授の八〇歳の誕生日を祝う会が経済学部の主催で盛大に開かれました。ナイト教授に師事したことのある経済学者が全米から集まって、ファカルティ・クラブの大きな会場いっぱいにテーブルが並べられました。ポール・サミュエルソン（Paul A. Samuelson）、ケネス・アロー（Kenneth J. Arrow）、ローレンス・クライン（Lawrence R. Klein）などの姿もありました。

ジョージ・スティグラー教授が司会して、会は盛大に進められ、数多くの経済学者がお祝いの言葉を述べました。ところが、サミュエルソン、アロー、クラインなどのリベラリズムの立場にたつ経済学者は一人も指名されず、スティグラー、フリードマンの亜流の似非シカゴ学派の経済学者だけが挨拶に立ち、一種異様な雰囲気となってしまったのです。

会の終わりに、ナイト教授が立って、次のような挨拶をしました。私はこの集まりの性格について事前に知らせてもらっていなかった。ただまわりの人々の動きから、多分私のお葬式の用意をしているのだと思っていた。八〇歳の誕生日のお祝いから、一月ぐらい経ってからだと記憶しています。ナイト教授がみんなを集めて次のように宣言したのです。ジョージ・スティグラーとミルトン・フリードマンの最近の言動は目に余るものがある。この二人は、私の最初の学生であるが（二人とも博士論文をナイト教授の指導のもとに書いたのでした）、今後、私の学生であったということを禁ずる。

ナイト教授にとって経済学の研究はあくまで、人間的尊厳を守り、市民的自由を守るための方便であって、決して政治的権力、経済的富、宗教的権威に屈してはならないというのがナイト教授の常日頃の信条だったのです。教育の問題を経済学的に考察しようとするとき、フランク・ナイトのいう意味でのリベラリズムの思想のもとに、分析を進めなければならないと思います。しかし、多くの近代経済学者は、スティグラーや、フリードマンのような極端な立場をとらないにせよ、往々にしていわゆる新古典派的誤謬に陥る危険をもっています。

その代表的な場合が、ゲイリー・ベッカーのヒューマン・キャピタルの考え方にもとづく教育経済学です。

第33章　新世紀を開く社会的共通資本の提案

宇沢氏は、社会的共通資本を管理の事例として、共有地や強力な自治制をもつ都市の例を収集するとともに、三里塚農社のような実践構想も提示してきた。生まれ故郷の鳥取県のためにも、教育、医療の社会的共通資本形成を提案している。

二一世紀と鳥取県

鳥取県の人間的、自然的、歴史的、文化的、経済的特性を上のようにとらえるとき、鳥取県は、リベラリズムの思想にもとづく社会的共通資本の形成を通じて二一世紀への展望をひらくために尖鋭的な役割をはたすに相応しい条件をすべて備えているといってよいと思います。とくに、環境問題に焦点を当てて、教育、医療を中心とする社会的共通資本を整備して、安定的な人間関係と定常的な経済を保ちながら、絶えず新しい文化が形成される魅力にあふれた社会をつくり出すことこそ、鳥取県に与えられた二一世紀の課題であるといってよいでしょう。このとき、

「公園都市」の発想ほど、鳥取県の二一世紀への展望を的確に表現した言葉はないと思います。

公園の思想はもともと、一八世紀末、ドイツの生んだ偉大な文学者ヨハン・ヴォルフガング・フォン・ゲーテが提唱した考え方です。それまで国王や貴族によって私有化、専有され、排他的に使われていた美しい庭園、すぐれた文化的、学術的、芸術的施設をひろく一般市民に開放して、自由に利用できるようにしたのが、公園という制度の始まりです。このような美しい庭園、すぐれた文化的、学術的、芸術的施設を社会的共通資本として、社会にとって共通の財産として管理・運営し、その果実をすべての市民が斉しく享受することができるようにしたのが公園の制度であるわけです。ドイツに始まった公園の制度はやがて、世界各国に普及し、公園の質と量が、一国の文化水準の高さを測る重要な指標とまでなったわけです。鳥取県の「公園都市」の発想は、各都市が、それぞれの置かれた自然的、歴史的、文化的、経済的条件のもとで、できるだけ多様な、すぐれた自然的、文化的、学術的、芸術的施設を社会的共通資本として形成、運営しようとするものです。まさにゲーテの提唱した公園の思想の二一世紀の具現化といってもよいと思います。このとき、上に述べたような鳥取県の人間的、自然的、歴史的、文化的、経済的特性を考慮すると、教育と医療にかかわる社会的共通資本を中心として「公園都市」の形成をはかることが望ましいように思われます。

この問題を考えるときに先ず、留意しなければならないことがあります。それはグランド・デザインをつくって、遠い将来を拘束してはならないということです。上の理念を具現化するためのプロトタイプ（原型）ともいうべきいくつかの事業を起こして、その実態と経験をふまえて、新しい展開の方向を調整し、新しい事業のあり方を模索するというフレキシブルなかたちをとることが望ましいといえましょう。このプロトタイプとして先ず、次の三つの事業がもっとも高いプライオリティをもっているように思われます。

（Ⅰ）中高一貫の全寮制の「環境学園」

(Ⅱ)「リベラル・アーツ」の大学としての「環境大学」
(Ⅲ) 長期療養、リハビリテーションの医療機関を中心とした「医療公園」

これらの社会的施設は、社会的共通資本としての教育、医療を考えるときに基礎的なプロトタイプとしての役割を果たすものですが、その具体的な組織については、項を追って説明したいと思います。

社会的共通資本としての教育

社会的共通資本としての学校教育を考えるとき、初等中等教育と大学教育とでは自ずから、その機能と役割に大きな差違があります。ここに提案する中高一貫・全寮制の「環境学園」と「リベラル・アーツ」(Liberal Arts)の大学としての「環境大学」とが、「公園都市」の重要な構成要因としての学校教育のプロトタイプとしてふさわしいように思われます。

中高一貫の全寮制の学校――「環境学園」

中学、高校の六年間は、子どもたちの知的、情操的、身体的成長の過程で、きわめて重要な、ときとしては決定的な意味をもちます。この六年間を決して、教育理念に反する「偏差値」による順位づけに使ったり、あるいは非人間的、反社会的な「入試センター試験」のための受験勉強に使ったりすることがあってはなりません。一人一人の子どもたちが、そのもっている先天的、後天的能力、本有的性向を充分に生かし、発展させ、それぞれのもっている多様な夢、アスピレーションができるかぎりみたされるような学校をつくらなければなりません。そのためには、教師が子どもたちと一緒に生活し、一緒に生きるような条件のもとで、一人一人の子どもをよく知ることができるような環境が必要となってきます。また子どもたちができるだけ自然と接し、自然の中に生きるような環境をつくり、自然とともに生きることを生業《なりわい》とする人々を接する機会ができるだけ多いような環境をつくることが必要となってきます。この理念を現実的な制約条件のもとで可能な限り具現化しようというのが、ここに提案する中高一貫の全寮制の学校――「環境学園」です。

「環境学園」の構想

（1）　中高一貫の全寮制の学校

美しい自然の中にあって、木造のしっかりした建物が望ましい。

（2）　原則として、食糧は自給自足

子どもたちは全員農作業に従事する。農作業の指導は、近在の農家の方々に指導してもらう。農作業は精々、週二、三日（半日ずつ）を限度とし、いやがる子どもには、代替的な作業（炊事、清掃など）を割り当てる。

（3）　数学、国語、英語については、子どもたちが自ら希望する大学の入学試験には十分受かるだけの学力をつける。

一般に、大学の入学試験で決定的な役割を果たすのは数学、国語、英語です。これらの科目を修得するプロセスは、母親が赤ちゃんに愛情をもって、絶えず話しかけ、赤ちゃんが少しずつ言葉をおぼえ、マスターしていくプロセスと同じです。中学一年から二年にかけて、子どもたちに愛情をもって教えれば、どんな子どもも必ずそれに応えて、すばらしい進歩をみるものです。ちなみに、数学について、「環境学園」の六年間のために「教科書」を用意してあります［『数学入門』シリーズ（全六巻）として、岩波書店から近く刊行予定］。英語、国語は、すぐれた文学作品（初めは児童文学が中心）を子どもたちが一人一人で選択し、全文の通読、音読、筆写、要旨の作成、批評を義務づける。高年度になると、作文（日本語は手書き、英語はタイプライター）も入れる。

（4）農作業、数学、国語、英語に使う時間以外は、子どもたちは完全に自由で、自分たちが好きなことをしてよい（テレビ、コンピュータの類は原則としておかない）。

子どもたちの選ぶテーマは、生物、物理、化学、歴史、地理、絵、工芸、音楽、大工、スポーツなど、多様にわたると考えられますので、そのための準備、指導が大へんになります。

（5）「医療公園」の医療機関で、雑用、運搬などの手伝いを交代でする。

この「環境学園」の子どもたちの中から、将来、医師や医学研究者になることを志望するものが出てくると思いますが、そのさい、すぐれた医療機関で働き、医師、看護師その他の医療専門家を直接知る経験をもつことの意味は大きいと思われます。

（6）機会をみつけて、山登り、遠足、お祭り、工場見学などの行事を企画する。

（7）成績の評価はするが、決して成績の順位はつけない。

これは余談になりますが、小生まだ東京大学におりましたとき、定年退官後、上のような中高一貫の全寮制の「環境学園」をつくりたいという夢をもっていました。同僚の中に、小生の構想に賛同して、名誉教授になったら是非「環境学園」の教師に雇ってほしいという人も何人かいました。また、ある県の山村の村長さんからは、一坪一円で何万坪でも提供するという申し出をいただき、近在の何人かの農家の方々も、子どもたちに農事の指導をしてくださることになっていました。しかし最終的には、断念せざるを得ませんでした。子どもたちを何百人も預かることになると（一年から六年まで、六〇〇人を念頭においていました）、どうしても病気になったり、事故にあったりする子どもがでてくる、場合によっては亡くなる子どももでてくる、小生にはその負担を負いきれないというのが、断念せざるを得なかった理由です。小生としては、プライベートなかたちで、このような学校をつくることの限界を痛感したわけです。

「リベラル・アーツ」の大学としての「環境大学」

「リベラル・アーツ」（Liberal Arts）の大学というとき、こまかな専門分野の枠組みにとらわれないで、また政治、宗教の束縛から自由な立場に立って、あくまでも真理を追求し、一人一人の学生の全人格的完成を可能にすることを目的とした大学を意味します。一〇代の終わりから二〇代の初めにかけての多感な若者たちが、学問研究を契機として、また教師や他の学生との接触を通じて、社会的に有為な人間として成長することができるような場を提供するというものです。

ここで「リベラル・アーツ」の大学というとき、ギリシアの昔、ピタゴラスのつくったアカデミア、あるいはその発展的形態であるプラトンのアカデミアを範とするものです。この二つのアカデミアはたんに哲学、数学、自然科学を教えるだけでなく、学生の一人一人が高い教養を身につけて、その全人格的完成を目的とし、政治、宗教の束縛から自由な立場に立って、あくまでも真理を追求することを目的とした理想的な学園であったのです。これらのアカデミーでは、幾何と代数がその中心となっていました。何事にもとらわれずに、自由な立場にたって、図形や数の性質を考えることによって、空間、物質、時間の本質を明らかにしようとする人間のもっている本有的性向（Innate Propensity）を展開するということを重要視していたからです。このような意味で、ピタゴラスのアカデミアはまさに、ギリシア文明の精神を具現化するものだったといえます。

二一世紀の「リベラル・アーツ」の大学はあくまでも、二一世紀において人類が直面する最大の課題である地球環境問題を主要な軸として、自然、社会、人間の間に存在する輻輳した相関関係を解明することに焦点があてられなければならないと思います。このような視点から、県企画課によって作成された「新大学についての基本的な考え方」（H09／05／30）がその基本的骨格をあらわしたものであるといってもよいと思われます。ただし、「環境」というとき、各学問分野におけるパラダイムの形成過程において、「環境」を主要な軸として考察を進めることを意味し、「環境」自体を一つの学問分野と考えるべきではないことを強調しておきたいと思います。

社会的共通資本としての医療

医療を社会的共通資本として考えるとき、市民は保健・医療にかかわる基本的サービスの供与を享受する権利をもち、「政府」は、このようなサービスを提供する責務を負うことになります。具体的にいうと、「政府」は地域別に、病院体系の計画を策定し、病院の建設・管理のために必要な財政措置をとることが要請されます。さらに、医師、看護師、検査技師などの医療にかかわる職業的専門家の養成、医療施設の建設、設備、検査機器、医薬品などの供給をおこない、すべての市民に対して、原則として無料ないしは低廉な価格で、保健・医療サービスを提供することが義務づけられるわけです。

しかし、国民経済全体にとって利用しうる希少資源の量は限られたものです。各市民の必要とする保健・医療サービスを必要に応じて無制限に供給することは不可能です。病院をはじめとするさまざまな医療施設・設備をどこに、どのようにつくるか、医師をはじめとする医療に従事する職業的専門家を何人養成し、どこに、どのようにして配分するか、またどのようにして、実際の診療行為をおこなうか、診察にかかわる費用、とくに検査・医薬品のコストを、だれが、どのような基準で負担するのかなどにかんして、なんらかの意味で、社会的な基準にしたがって、希少資源の配分がおこなわれなければなりません。しかし、この社会的基準は、決して国家官僚によってつくられるものであってはならないし、また、官僚的に管理されるものであってはならないわけです。それはあくまでも、医療にかかわる職業的専門家が中心になり、医学にかんする学問的知見にもとづき、医療にかかわる職業的規律・倫理に反するものであってはなりません。そのためには、Peer's Review などを通じて、医療専門家の職業的能力・パフォーマンス、人格的な資質などなどが常にチェックされるような制度的条件が整備されていて、社会的に認められているということが前提となります。

長期療養、リハビリテーションを中心とした「医療公園」は、上のような社会的共通資本としての医療を具現化するための一つの実験的試みで、「公園都市」の中核的存在といってもよいと思われます。長期療養、リハビリテーションを中心とするのは、現在の日本の保健医療制度の下で、この二つのタイプの診療行為を安定的、効果的におこなうことがきわめて困難であって、社会的共通資本としての医療という観点から、これらの医療機関を設計し、運営することが望ましいからであるわけです。

医聖ヒポクラテスの時代、医療施設の多くは、山奥の温泉地の自然の美しいところにあって、温泉や森林が医療に役立っていました。現在でも、長期療養、リハビリテーションにかかわる医療については、高度に発達した現代医学の成果が必ずしも効果的に適用されず、自然的、社会的環境のはたす役割が重要視されています。長期療養、リハビリテーションを中心とした医療施設を「医療公園」の中に置くことの臨床医学的効果は大きく、また「医療公園」を「都市公園」の重要な構成要因とすることの社会的意義も少なくないと思われます。

第34章　二一世紀社会の構図

宇沢氏は第二次世界大戦の戦中・戦後期に青春時代を過ごし、研究者として活動を始めたアメリカでもベトナム戦争をめぐる混乱を目の当たりにした。彼にとって、二〇世紀は対立と混迷の世紀であり、二一世紀には平和を取り戻し、人間的に魅力ある経済社会を実現させたいと強く願っていた。宇沢氏が描く二一世紀の社会像にはそんな思いが込められている。

対立の二〇世紀と社会的共通資本の二一世紀

二〇世紀は資本主義と社会主義の世紀であるといわれている。資本主義と社会主義という二つの経済体制の対立、相克が、世界の平和をおびやかし、数多くの悲惨な結果を生み出してきた。この二〇世紀の世紀末は、一九世紀の世紀末と比較されるような混乱と混迷のさなかにある。この混乱と混迷を超えて、新しい二一世紀への展望を開こうとするとき、もっとも中心的な役割を果たすのが、制度主義の考え方である。

制度主義は、資本主義と社会主義を超えて、すべての人々の人間的尊厳が守られ、魂の自立が保たれ、市民的権利が最大限に享受できるような経済体制を実現しようとするものである。社会的共通資本は、この制度主義の考え方を具体的なかたちで表現したもので、二一世紀を象徴するものであるといってもよい。

社会的共通資本は、一つの国ないし特定の地域に住むすべての人々が、ゆたかな経済生活を営み、すぐれた文化を展開し、人間的に魅力ある社会を持続的、安定的に維持することを可能にするような社会的装置を意味する。

社会的共通資本は自然環境、社会的インフラストラクチャー、制度資本の三つの大きな範疇にわけて考えることができる。大気、森林、河川、水、土壌などの自然環境、道路、交通機関、上下水道、電力・ガスなどの社会的インフラストラクチャー、そして教育、医療、司法、金融制度などの制度資本が社会的共通資本の重要な構成要素である。都市や農村も、さまざまな社会的共通資本からつくられているということもできる。

社会的共通資本が具体的にどのような構成要素からなり、どのようにして管理、運営されているか、また、どのような基準によって、社会的共通資本自体が利用されたり、あるいはそのサービスが分配されているかによって、一つの国ないし特定の地域の社会的、経済的構造が特徴づけられる。

社会的共通資本のなかで、とくに重要な役割を果たすのは、自然環境、農村、都市、教育、医療である。これらの構成要素がはたしてきた社会的、経済的な役割をふまえて、社会的共通資本としての機能が十分に発揮され、その目的がうまく達成でき、持続的な経済発展が可能になるような制度的前提条件をつくり上げるとき、日本が現在置かれている世紀末的混乱と閉塞とを乗り超えて、二一世紀への展望を開くことができるといってよいであろう。

本書の原稿の掲載先一覧

・本書の内容はすべて著者のオリジナル原稿に依っている。見出しなどについては原稿を尊重した。
・本書収録原稿の掲載先となった書籍、雑誌、あるいは原稿が発表された講演は左記のとおりである。

第Ⅰ部　社会的共通資本への軌跡

第1章　一高リベラリズム、経済学との出会い
『日本の教育を考える』岩波書店、1998年、第Ⅲ部第九章「疾風怒濤の時代（Strum und Drang）」

第2章　市場原理主義への疑問
『エコノミスト』毎日新聞出版、2007年1月9日号「格差社会を考える――市場原理主義の跳梁を許さず真にゆたかな国をつくれ」

第3章　帰国――ヴェトナム戦争の奔流に巻き込まれて
『日本の教育を考える』岩波書店、1998年、第Ⅲ部第九章「疾風怒濤の時代（Strum und Drang）」

第4章　帰国して直面した「豊かな社会」の貧しさ
『日本の教育を考える』岩波書店、1998年、第Ⅲ部第十一章「新しい経済学を求めて」ほか一部掲載先不明

第Ⅱ部　『自動車の社会的費用』を著す

第5章　自動車の社会的費用を問う
『自動車の社会的費用』岩波書店、1974年、まえがき、序章「1　自動車の問題性」、序章「2　市民的権利の侵害」

第6章　自動車の社会的費用と経済学
『自動車の社会的費用』岩波書店、1974年、序章「2　市民的権利の侵害」、Ⅲ　自動車の社会的費用「8　自動車の社会的費用とその内部化」
『ゆたかな国をつくる』岩波書店、1999年、第七章「都市を考える」

第7章　自動車は都市を破壊する
『宇沢弘文著作集Ⅹ』岩波書店、1995年、第一部第四章「自動車は都市を破壊する」
『ファイナンス』財務省、1985年2月号「子孫に残したいもの」

第Ⅲ部　近代経済学の限界と社会的共通資本

第8章　正統派近代経済学の限界
『宇沢弘文著作集Ⅱ』岩波書店、1994年、第一部まえがき、序章

第9章　市民の基本的権利と経済理論
『宇沢弘文著作集Ⅱ』岩波書店、1994年、第一部第五章「社会的共通資本の理論（一）——市民の基本的権利——」

第10章　勢いづく市場原理主義への懐疑
『宇沢弘文著作集Ⅳ』岩波書店、1994年、第一部第七章「合理的期待形成の仮説」

第11章　経済学の新たな課題と社会的共通資本の概念
『宇沢弘文著作集Ⅵ』岩波書店、1995年、第三部第七章「経済学の新しい課題」

第12章　社会的共通資本とコモンズ
『宇沢弘文著作集Ⅵ』岩波書店、1995年、第三部第七章「経済学の新しい課題」
『Economic Affairs　社会的共通資本——コモンズと都市』東京大学出版会、1994年、プロローグ
『社会的共通資本』岩波書店、2000年、第2章「農業と農村」

第13章　社会的共通資本と都市
『ゆたかな国をつくる』岩波書店、1999年、第7章「都市を考える」

『ヴェブレン』岩波書店、２０００年、第Ⅱ部第9章「『自動車の社会的費用』と社会的共通資本」
『Economic Affairs 7　都市のルネッサンスを求めて――社会的共通資本としての都市1――』東京大学出版会、２００３年、第2章「ヨーロッパにおける新しい都市づくり　ビルバオ、ストラスブールの事例から」ほか一部掲載先不明

第Ⅳ部　環境と社会的共通資本

第14章　公害・環境破壊規制の考え方
『宇沢弘文著作集Ⅵ』岩波書店、１９９５年、第一部第二章「七〇年代から八〇年代へ――日本における環境と公害」ほか一部掲載先不明

第15章　自然環境資本の位置づけ
『社会的共通資本』岩波書店、２０００年、第7章「地球環境」
『ヴェブレン』岩波書店、２０００年、第Ⅱ部第7章「リベラリズムの思想と経済学」

第16章　温暖化対策の理論
ＣＲＵＧＥ（中央大学地球環境研究推進ユニット）創立記念シンポジウム、１９９９年3月15日講演　ほか一部掲載先不明

第17章　地球温暖化の対策――炭素税と大気安定化国際基金の提案
『Economic Affairs 9　地球温暖化と経済発展――持続可能な成長を考える――』東京大学出版会、２００９年、プロローグ
『経済解析　展開篇』岩波書店、２００３年、第Ⅰ部第1章「地球温暖化と動学的帰属理論」ほか一部掲載先不明

第Ⅴ部　医療と社会的共通資本

第18章　経済学的に見た日本の医療
『公衆衛生』医学書院、２００８年8月号「特集地域における医師職のあり方　社会と医療――社会的共通資本としての医療」
『宇沢弘文著作集Ⅱ』岩波書店、１９９４年、第二部第四章「経済学的にみた日本の医療制度」

第19章　医療制度にもしのび寄る市場原理主義
『社会的共通資本としての医療』東京大学出版会、２０１０年、序章「社会的共通資本としての医療を考える」、第Ⅱ部第4章「日

本の医療崩壊と後期高齢者医療制度――イギリスのＮＨＳの歴史を教訓に」ほか一部掲載先不明

第20章　医療費抑制が招く危機的状況

全国保険医団体連合会ホームページ「特別寄稿　宇沢弘文東大名誉教授　日本の医療崩壊と後期高齢者医療制度――世界に誇るべき国民皆保険制度　完全な崩壊への決定的第一歩」http://hodanren.doc-net.or.jp/iryoukankei/seisaku-kaisetu/080222uzawa.html

第21章　社会的共通資本としての医療

『社会的共通資本としての医療』東京大学出版会、２０１０年、序章「社会的共通資本としての医療を考える」

第22章　望ましい医療制度

『宇沢弘文著作集Ｘ』岩波書店、１９９５年、第一部第九章「望ましい医療制度とは」

第Ⅵ部　教育と社会的共通資本

第23章　教育の危機と経済学

『ゆたかな国をつくる』岩波書店、１９９９年、第九章「学校教育の全般的危機」

第24章　ヒューマン・キャピタルという非人間的な考え方

『日本の教育を考える』岩波書店、１９９８年、第Ⅱ部第六章「教育の経済学」

第25章　リベラリズムと学校教育

『宇沢弘文著作集Ⅻ』岩波書店、１９９５年、第一部第八章「教育と社会体制」

第26章　社会的共通資本と教育

『ゆたかな国をつくる』岩波書店、１９９９年、第一章「社会的共通資本の考え方」ほか一部掲載先不明

第27章　望ましい学校教育を求めて

『日本の教育を考える』岩波書店、１９９８年、第Ⅳ部第十四章「リベラルな学校教育制度を求めて」

第Ⅶ部　農村とコモンズ

第28章　新古典派経済学の虚構と農業

『宇沢弘文著作集Ⅹ』岩波書店、１９９５年、第一部第十章「新農本主義を求めて」
『宇沢弘文著作集Ⅱ』岩波書店、１９９４年、第二部第二章「近代経済学と日本の農業」

第29章　農の営みの再生を求めて

『宇沢弘文著作集Ⅻ』岩波書店、１９９５年、第一部第十章「三里塚農社の構想――日本における農の営みの再生を求めて――」
『社会的共通資本』岩波書店、２０００年、第2章「農業と農村」
『毎日新聞』（２００６年８月８日夕刊）「成田空港建設閣議決定から40年　流れ変えた後藤田氏の英断――一部反対派の主張受け入れる」
『農文協ブックレット　ＴＰＰ反対の大義』農山漁村文化協会、２０１０年「ＴＰＰは社会的共通資本を破壊する　農の営みとコモンズへの思索から」
『地球温暖化を考える』岩波書店、１９９５年、第八章「新しい展望を求めて」ほか一部掲載先不明

第Ⅷ部　未来への提案、これからの経済学

第30章　社会主義の限界

『朝日新聞』（２０１０年5月14日夕刊）「私の収穫――趙紫陽」

第31章　世紀末的混乱から二一世紀へ

『エコノミスト』毎日新聞出版、２００３年5月6日号「創刊80周年記念論文（４）「社会的共通資本」に託す未来」
『エコノミスト』毎日新聞出版、１９９３年4月6日号「21世紀における近代経済学の可能性――世紀末の今、社会的共通資本重視のシステムを」
『宇沢弘文著作集Ⅻ』岩波書店、１９９５年、第一部第一章「世紀末に立って」
『社会的共通資本としての川』東京大学出版会、２０１０年、序章「社会的共通資本としての川を考える」ほか一部掲載先不明

第32章　リベラリズムの思想

『宇沢弘文著作集Ⅵ』岩波書店、１９９５年、第三部第五章「リベラリズムの思想と経済学」
『ヴェブレン』岩波書店、２０００年、第Ⅱ部第7章「リベラリズムの思想と経済学」

第33章　新世紀を開く社会的共通資本の提案
『日本の教育を考える』岩波書店、1998年、第Ⅳ部第十五章「鳥取県の「公園都市」構想」
『ゆたかな国を求めて』岩波書店、1999年、第九章「学校教育の全般的危機」
『日本の教育を考える』岩波書店、1998年、第Ⅳ部第十五章「鳥取県の「公園都市」構想」ほか一部掲載先不明

第34章　二一世紀社会の構図
『社会的共通資本』岩波書店、2000年、はしがき

本書の刊行に当たって

本書は夫・宇沢弘文が学究生活の後半四〇年に執筆した数々の論攷をもとに刊行されました。最後に使っていたノートパソコンに残されていた二〇〇〇以上の文章から選定し、彼が生涯を通じて取り組んだ社会的共通資本の概念、人間のための経済学の考え方を一望できるようにと編集されています。

宇沢は、二〇〇九年に同志社大学社会的共通資本センター長を退任した後も、精力的に活動していました。二〇一一年に設立された「ＴＰＰを考える国民会議」の初代代表世話人を、八〇歳を超えていましたが、お引き受けしました。講演や新聞・雑誌への寄稿を通じ、医療、教育、格差や地球温暖化など様々な社会問題に取り組んできました。最後に彼が作成したフォルダは東日本大震災に向けたものでしたが、残念ながら空のままでした。人々がゆたかに生活できる社会、持続発展可能な社会の構築を目指して数理経済学を基盤に真摯に向き合ってきました。二〇一四年九月一八日に八六歳の生涯を終えましたが、文章を通じて生き生きと語りかけてくれるようで、まだすぐそばにいるような気さえします。

この三月に、コロンビア大学のジョセフ・スティグリッツ教授が弔問のため日本に立ち寄ってくれました。一九六四年のシカゴ大学のセミナーに大学院生であった彼が参加してからの古い友人で、追悼シンポジウムの講演も快く引き受けてくれました。本書の巻頭にその講演が掲載されています。地球環境や格差を巡る現在の社会情勢を分析し経済学から突き詰めようという姿勢の中に、宇沢の心を受け継いだものを感じています。研究のため大学に寝泊まりするほどの、それはもう大変な勉強家であったことを私もよく覚えています。講演に出てくる数々のエピソードは、まるで昨日のことのように思い出されます。

本書は大変多くの方々に支えられて完成いたしました。スティグリッツ教授、松下和夫・京都大学名誉教授・公益財団法人地球環境戦略研究機関シニアフェロー、竹本和彦・国連大学サステイナビリティ高等研究所所長、小島寛之・帝京大学教授の各氏にはとりわけ多大なご協力をいただきました。厚く御礼申し上げます。そして、宇沢の闘病中から、出版に心をくだき、二〇〇〇本もの論攷を丁寧に整理しこの本の刊行にご尽力いただいた東洋経済新報社の山崎豪敏・伊東桃子両氏には言葉に尽くせない感謝の気持ちで一杯です。ありがとうございました。

「宇沢の思考は三〇年先んじている」と評してくれた方もおりました。この本が真の意味でのゆたかな社会を築く礎になればと思っております。

最後になりますが、この本を手に取っていただいた方々にも深い感謝をお伝えしたいと思います。

二〇一六年秋

宇沢　浩子

【著者紹介】

宇沢弘文（うざわ　ひろふみ）

1928－2014年。東京大学理学部数学科卒業、同大学院に進み、特別研究生。1956年スタンフォード大学に移り、同大学経済学部助教授、カリフォルニア大学助教授を経て、シカゴ大学教授。1969年東京大学経済学部教授。その後、新潟大学教授、中央大学教授、2003－2009年同志社大学社会的共通資本研究センター長等を歴任。1997年文化勲章受章。

専門は数理経済学。著書『自動車の社会的費用』（岩波新書、1974年）が当時のクルマ社会に衝撃を与えるなど、現実の経済問題にも精力的に取り組み、水俣病や成田空港問題の解決に力を尽くした。都市、医療、教育、地球温暖化問題などに関しても多くの知見を残した。

『近代経済学の再検討』『近代経済学の転換』『「豊かな社会」の貧しさ』『「成田」とは何か』『日本の教育を考える』『社会的共通資本』『ヴェブレン』『好きになる数学入門』シリーズ（いずれも岩波書店）、『経済学は人びとを幸福にできるか』（東洋経済新報社）など、専門書から一般書まで多数の著書がある。

宇沢弘文　傑作論文全ファイル

2016年11月10日　第1刷発行
2021年 6 月 8 日　第2刷発行

著　者――宇沢弘文
発行者――駒橋憲一
発行所――東洋経済新報社
〒103-8345　東京都中央区日本橋本石町 1-2-1
電話＝東洋経済コールセンター　03(6386)1040
https://toyokeizai.net/

装丁・本文デザイン……橋爪朋世
D T P………………キャップス
印　刷………………東港出版印刷
製　本………………積信堂
編集協力……………新木洋光
制作協力……………重田祐子、石津裕美
編集担当……………伊東桃子

Printed in Japan　　ISBN 978-4-492-31486-9